站在科學背後的
造物者

張之嵐———著

THE CREATOR BEHIND THE SCIENCE

自 序

那不知盡頭的遠空

揚起頭來，將眼光深入夜晚帶著微藍的星空，注視著那些微亮而閃爍著的星點，星光撒滿了整個天空，隱約的暗示著那深遠而不知盡頭的遠空裏，蘊藏著有無比的神秘與所有的不可知。事實上，在那些無數的亮點中，每一個亮點都是宇宙中的一個極大世界，也許是另外的銀河系或是星雲或至少也是一顆恆星。凝眸長夜星空，我想到了此刻的自己，思緒如空中的那條娟細的銀河，一直的在延伸著……延伸到了很遠、很遠，似乎是飛越了的時空，而我究竟是在宇宙中的那一個地方？

這是一本以科學為基石並以事實的真象為依據而寫作的論述。我盡量的不使用過於艱澀的科學用語，而是使用一般的白話語文來表達這個宇宙與我們生命中所呈現的一切狀態與事實。由於對宇宙充滿了好奇、憧憬與神往，所以，對一般人而言的「天文學」、「物理學」、「光電學」、「量子物理」等等都是興趣缺缺的科目，但是對我而言卻是趣味昂然。我總喜歡深入的思考一般所謂不著邊際的問題，也由於深深的感悟到宇宙是具有如此高的智慧而又如此的深妙不可思議。於是，我逐漸的醒悟到，這大自然的一切現象，乃至於宇宙萬象，對於人類的科學家們而言，那就有如在大海中無數浪花裡面的一顆小小水珠而已，距離大海的真正知識還差得太遠了。科學家們在面對這宇宙與大自然的這一切「成就」之時，應該要先讓自己能有一顆無比真誠而敬畏的心。

我並沒有歸屬於任何的宗教與團體。也許，正因為如此，我才可以從容的以各種不同之角度與方位來探討我們的生命及宇宙相關的時空與現象。在本書中我們將會談論到在「巨觀」下實際的宇宙「時間」與「空間」的問題，再以「微觀」世界來看一看「基本粒子」的神秘不可測現象。長年反覆的思考與論證，終於使我解悟到宇宙的「創生」與人類的「創生」應是在同一個題目的議題上。於是逐漸地回過頭來，以現有的事實開始深思、探討與研究這些問題。

　　近代人類在科學的加持之下，總以為是人定勝天。我則深深的不以為然，一粒塵沙如何與那一百多億年的宇宙時空與億兆的星辰去比擬呢？其實，沙塵比我們有幸，因為，當我們離開之後，那顆塵沙還會繼續的隨風而自在的飄盪著。但是，我們會到哪裡去呢？在這些無盡深遠的宇宙時空與無數億兆的繁星裏，哪裡才會是我們歸去的地方？

人類不是進化而來的

　　把從看星星的眼光調轉過來，回過頭來再看看我們自己，我們人類的源頭究竟是怎麼來的？我們在地球上究竟是如何出現的？有人說地球上的生物都是由「進化論」逐漸進化而來的，但事實真的是如此嗎？現在就讓我們從最微小的生命體之一的「細菌」說起。細菌是單細胞生物的一種，大約出現於 37 億至 41 億年前，是地球上最早也是最古老的生物，然而一直長遠的到了現在的今天，它們一直的還是單細胞的細菌，並沒有因為 40 億年的歲月而一步步的進化成為人類或是比人類具有更高文明的物種。事實上，它們是最有資格進化成地球上最高的文明物種，因為它們可

以「進化」的時間最早也最長，所以當然應該可以進化成最高級與最完美的生命體才對。但在 40 多億年後的今天，它們還是細菌，也還一直的停留在單細胞生物的狀態，這該如何用進化論來解釋或是有個什麼說法呢？

另一種常聽人提到的說法，那就是認為人類是由猿猴進化而來的。對於這樣說法，我總感覺相當的遺憾。這代表的是他們對於人類出現的「實質背景」與對近代「生物學」知識上的輕忽或漠視。如果人類是由猿猴進化而來的話，那麼我們與猿猴之間必然有著非常親密的「血緣關係」，但事實上卻完全不是如此。要知道人類與猿猴的染色體的「對數」是全然不相同的。人類有 23 對染色體，猿猴則是 24 對染色體。染色體的不同就根本不可能進行「分裂配對」而生殖與繁衍。說得更清楚一點，「染色體」的不同所代表的就是兩個全然不同的「物種 (Species)」，那就是連細胞的「基本結構」都不相同。想想看，有誰見過人類在的換肝的時候可以用猿猴的肝臟來代替呢？有誰在輸血的時候可以用猿猴的血液來代替呢？又有誰見過人類可以跟猿猴生得出「下一代」呢？不同的「物種」之間是完全不可以相互衍化的。一隻田裡的水蛙即使經過十億年，相信牠也無法進化成為一隻水牛。同樣的道理，因為牠們是不同的物種。

這個宇宙是虛幻的嗎？

對於本書的相關論述，我個人的態度是慎重的。也就是說，我希望能讓「真實」的宇宙與「真實」的人生，在相關的科學層面上能夠確確實實地被反映出來，並呈現在世人的面前。就目前而言，當科學家們使用各種方式在進行觀測或量測這個世界上與大自然中的微妙與深奧之時，所發現

的結果竟然都是屬於極端「虛幻」的現象與狀態。描述「微觀」世界的量子力學是我們最重要的依據之一。然而，在量子力學中最重要的「不確定性原理（Uncertainty principle）」 所描述的一切現象與事實，是明確的在告訴我們，在物質宇宙中的一切狀態與現象的確都是不可被確認的。而事實上，那整個「不確定性原理」的數學方程式就是一個不等式方程式。它在告訴我們，由基本粒子所組成的整個宇宙中最基本的四個現象，它們卻全然的都是「不可確認」的，它們分別是：1.「空間△X」的不可確認。2.「時間△T」的不可確認。3.「動量△P」的不可確認。4.「能量△E」的不可確認。

　　在上述我們所屬的這個宇宙中，如果連這四種最基本的物質狀態都是「不可確認」的話。那麼說得更真確些，則所有基本粒子的行為及現象都是不可測知的。如此，我們一定想要真實而確切的問：「在這宇宙中，還有什麼是可以確認的嗎？究竟還有什麼是真實的呢？」「這個宇宙是虛幻的嗎？」

　　事實上，經由大自然界所顯示在外的一切事物，必然都是有其脈絡可循的。例如，我們眼前的一座高山，在地質學上則是有能力可以鑑定出它大約是源自於多少年前，或由於地殼的變動而從海底逐漸升上來的等等。這所有的考證其實並不困難，我們可以發現在山上存有曾經是海底動物的化石，我們也可以從化石的鑑定中，得出它所存在的年代。但是，構成這大自然一切的「基本粒子」則完全不是那麼一回事。其本身的現象則是鬼

神莫測的，沒有人知道它「究竟」是什麼？而它所表現的一切在實際上也遠遠的超過我們人類的詞彙與智慧所可以描述及形容的。基本粒子構成了整個宇宙中的一切物質，而又是如此的不可思議，那麼，它究竟是如何被創造出來的呢？而這位超越一切智慧的「造物者」究竟是「誰」？是「創生者」，是「神」還是「上帝」？也許，祂們的本身就是全然一體的。

絕大多數的人都聽過「色即是空」這句話。但真能了解或解悟這句話真實意義的人可能就不是很多了。然而就科學上來說，這句話確實是說得非常的貼切。這話怎麼說呢？就以我們人類在感官上最主要的「視覺」現象而言，相信沒有任何一個人會認為自己眼睛所看到的東西會是個「假相」。但科學與事實上卻證明「真的」是如此，也就是說，我們肉眼所看到的這個世界上的物質真的都是一種「假相」。各位都知道，我們的眼睛是在用「光」在看東西，沒有「光」則什麼也看不到。那麼我們所看到的這些五彩繽紛與繁花綠葉，明明是真實而確切的存在著，那些美麗的花朵怎麼可能是「假」的呢？是的，事實上一般人可能不知道，「光」的本體就是「電磁波」，而肉眼的可見光也只是電磁波頻譜中的一個小段落而已。電磁波是由「電場」與「磁場」所構成的，試問電磁波哪來的什麼顏色呢？這一切的現象其實都是我們腦子裡的作用，顏色的不同代表光的頻率和波長的不同，不同「波長」的「光」所具有的能量亦不相同，這些各不相同能量的「光」會在我們的腦子對應出不同的「虛擬色彩」，這也就是我們所看到而自以為是的美豔色彩。在真實的物質層面上，色彩的本質是根本不存在的。我想再說一遍：「光」是電磁波，而電磁波是沒有顏色的。所以，顏色只是我們人類在腦子裡所呈現的一種自體現象，而不是事物的真實本質。

能在我們的腦子裡形成千般萬種的色彩，是「造物者」對人類的恩賜。其他的動物就沒有那麼幸運了，牛馬豬羊狗等等，牠們都是色盲。從來沒有人見過有任何的牛會對花朵產生興趣。當然也從來沒有人會發現其他的動物會對那無數而美麗的花朵產生興趣。也許有人會說蜜蜂對花朵就會有興趣，其實牠興趣的不是花朵的美麗，而是花裡面的花蜜。人類是地球上唯一會欣賞萬紫千紅色彩的動物，而人類也是唯一具有「靈性」的動物。那麼這最不可思議的人類究竟是怎麼來的？在這一切不可思議的背後，也許唯一可以解釋得通的，那就是人類真是被刻意「創生」的。

太多的巧合就不是巧合

首先，我們應該可以理解的是：

人類不可能是由「無」中生有，或由單細胞而變成現在這個樣子。

事實上，人體的結構與每一個器官的功能，不但能分工而又能合作得如此完美無缺，其神奇與奧妙簡直是到了不可思議的神妙地步。別的不說，單就人體細胞的數量就有 60 兆個細胞之多，每一個細胞核之內則又有染色體、DNA、基因與鹼基對。人類的 DNA 則又是由 30 億個鹼基對所組成。而人體每一個「細胞」所在的位置與功用亦皆不相同，大腦、小腦、眼睛甚至於腸胃等等，每一個「器官」的作用也皆各有其專屬性，我們全身的每一個細胞都受到「基因」的作用。最重要的是，我們如此複雜的形體是如何被精密的「塑造」出來的？要塑造任何具有形體的東西就一定要有模具，那麼什麼是塑造我們人體的模具？那又是誰具有這種能力可以塑造我們人體？使每一個細胞與器官生長在最正確的位置，並進而發揮自身

與整個器官的最佳化功能？這真是不可思議的到了極點。

　　若將人體的細胞總數與鹼基對的數目相乘，那就是 1800「億兆」的天文數字。若依進化論而言，人體若是由單細胞依進化論而來，即使是以「每天」完成一個細胞與其內的基因與鹼基對的進化，那也要「萬兆」年才能完成一個人體的結構。整個宇宙至今的年齡也才不過是 138 億年的歷史，而地球的誕生至今也才不過 45 億年而已，那裏來的「萬兆」年的進化時間可以讓人類進化？更何況人類的每一個器官的功能與相互配合的作用，是如此的完美，也遠遠的超越了「神奇」這兩個字可以形容的完美。

　　當我們再回過頭來看看我們自己，這 1800 億兆的「物質」組合而造就了人體，沒有任何一個地方出錯，也才能夠形成如此暢順與如此複雜而完美的結構。我們的地球同樣的是有著億兆個巧合，才能夠形成如此完美的一個可以供人類舒適生活居住的星球。　那麼，您認為這一切趨近於無限大的幸運，都是依靠無意的「巧合」而來的嗎？而不是被「安排」或「創生」的嗎？事實上，我希望大家要能夠體會這句話：

　　「太多的巧合就不是巧合。」

的道理。所以，依這樣的現實證據與條件之下而產生的「我們」與這個「地球」，在這一切的背後，自然是可以認定這個宇宙是被「創生」的，而不是自生的。如今也早已被證實整個宇宙是由「大霹靂（Big Bang）」所「創生」而來的，並已寫入了全世界的物理學教科書中。但是，如果要問：大霹靂之前則又是如何的呢？事實上，大霹靂的前身是一個無限小的「時空奇異點（spacetime singularity）」或簡稱「奇異點（singularity）」。那麼再問，這個「奇異點」又是從哪裡來的呢？當然，沒有任何人知道它是從哪裡來的？但可以確認的是它不可能是無中生有或是自生的。雖然，

完全沒有人可以知道它是如何來的？但它絕不是自己跑出來的。「創生」是這一切最高也是最合理的唯一解釋與推論。

天文生物學（astrobiology）是一門研究宇宙結構與生命之起源、存在與分布等的一門科學。當然，這也包含對地球上能夠生存的生物之研究。事實上，我們一直的想要了解，到底這接近於無限宇宙中可以讓人類居住的星球是多少？是很多？還是很少呢？就以我們在地球上所發現所有的物理和化學定律而言，它們都可以延伸到宇宙其他的地方使用，除了那些特殊的區域之外，這些物理與化學定律都可以繼續的存在與使用。那麼依此而言，是否就表示宇宙中其他地方也一樣的也可以如地球一般，蘊育出具有智慧的生命系統來呢？事實不然，在宇宙中生命所能夠存在的條件是極為嚴苛的，尤其是具有高等智慧的生命體就極度的嚴苛。就以我們的太陽系來看好了，如今太陽與地球的位置真是好到極點了，否則距離只要差一點點，溫度的變化就不可能讓人類可以存活下去。更簡單的說，溫度只要超過攝氏 100 度就不可能有人類存在。金星（Venus）是地球的內行星，只比地球靠近太陽一些，它的地表平均溫度是攝氏 464 度，可以融化金屬鉛，所以它當然不可能會有高等生命體的存在。火星（Mars）是地球的外行星，只比地球遠離太陽一些，則其地表的溫度平均是 -63℃ 有些地方則是低到 -143℃。我們不敢說它完全沒有生命體存在，但至少可以確認的是它沒有任何高等生物可以生存，甚至也沒有任何植物可以存活，當然也就更沒有氧氣了。在實際上，人類可以存活的條件不但是相當狹小而且是極為嚴苛的。人類至今竭盡全力的在尋找宇宙中類似地球的星球，但是到目前為止，人類並沒有發現有任何一個星球接近或類似於地球的星球存在。事實上，這個地球幾乎可以說是專門為人類這種高智慧的生命所

特意打造的。否則，這億兆個巧合不可能完全聚合在一起。那麼，這會是誰設計與製造的呢？

　　科學家有一個非常重要的信念與守則，那就是必須要「誠信」。因為科學所追求的是真理，而所謂「科學的精神」就是當真理與我們本身信念相互矛盾與衝突的時候，我們就應該接受真理而放棄本來自己所設定的認知。也因此，這世界上有許許多多知名的科學家都相信這宇宙必然是由所謂的「創生者」、「神」或「上帝」所創造的，因為擺在眼前的事實就是如此。聯合國曾經以蓋洛普民意測驗的方法進行了一項調查，調查人類之中 300 位最著名的科學家裡面，問他們是否相信宇宙中有「創生者」、「神」或「上帝」的存在。這其中除了有 38 位因特殊工作而不願意接受調查之外，在其餘 262 位科學家中，信神者有 242 人，占整體的 92.36%，而不信神的人僅有 20 人，僅占總數的 7.64%。從這裡也可以理解，知名科學家們絕大部分是如此這樣的思維則是相當可以理解的。

　　在我的內心中，總想要追尋一個能最合適也是更恰當與最貼切的名稱或名詞，來表達內心對於宇宙中那位至高無上的智慧者與創生者由衷的一種稱謂。我想了很久。最後，還是選擇了「上帝」、「神」、「創生者」與「造物者」這四個不同的名詞。名詞雖然不同，但是他們在各方面的意義上卻是一致的。他們之間也沒有任何特殊宗教的歸屬性或專利性。

　　從遠古到現在，不論任何一個民族或種族，也就是無論古今中外，可以說整個地球的人類都有一個共同的奇怪現象，那就是都會崇拜他們心中的「上帝」或「神」。雖然沒有人可以說得出這個「上帝」或「神」究竟

是什麼？但在心裡面就是有那一份的崇敬與崇拜的感覺，而這也是其他任何動物所沒有的現象。這也許真的是在我們最根本的「基因」裡面，有著某種程度與「創生者」有著非常微妙與奇妙的基因片段在感應與聯繫著，只是我們到現在還不自知而已。

　　對於宇宙的這一切，我們不可能仰賴那單純的「隨機論」或是「進化論」就可以成就這一切的奇蹟與神奇。人類也絕不是隨機就可以成就了我們如此複雜的身體與心智。人類如果是「進化論」而來的，那就應該有億兆個屬於中間的「過渡物種」，但是至今一個也沒有。讓我們仔細的想一想與看一看，我們周圍的這一切，竟然是如此的美好而又不可思議的圓滿與存在著。這種種的一切是配合得如此的恰到好處與完美，當然會使我們深深的感悟，在這一切的背後必然是有著至高無上智慧與能力的「上帝」或「創生者」或是「神」，創造了如此完美、神奇而又不可思議的這一切。我們除了要好好的珍惜之外，更應該要好好的把握此刻並確切的感悟著生命的一切，畢竟我們的創生是有著太多的神蹟與不可思議。然而，在這一切中最難得而且也是最應該深自體悟的一句話，那就是「此身難得，此生難再」。我們的此生永不再來。我們真的應該好好的珍惜所擁有的這一切，更應該要懂得深自的感恩這所有的一切。

　　本書由衷的感謝內人子卿與 12 位相關領域的博士們及謝豔玉主任的推薦與協助。

2020 立春

目　錄

第 20 章　再談「時間」的虛無之謎　426

第 21 章　宇宙創生是無解的神蹟　444

第 22 章　人性與科技的新對決　462

第 26 章　宇宙的最高無上智慧　　535

第 27 章　無限時空的複變數宇宙　　558

【第1章】
屬於生命的旋律

1.1
上帝的非專屬性

在這個世界上，會有許多的人認為「上帝」這個名詞是西方人專用的名詞，也是在特定宗教上常用的「專屬」名辭。事實上，這樣的看法與認知是不正確的，也是不確實的。中國史書上最早出現「上帝」這一詞句之記載的書籍是「詩經」，它是中國文明史上最早的詩歌總集，其篇幅所涵蓋的範圍可以溯自西元前 11 世紀到前 6 世紀。在《詩經。大雅》篇中記載著這麼一句話：

「商之孫子、其麗不億。上帝既命、侯于周服。」

此言商朝之子孫，其人口數量雖是眾多，但「上帝」則是任命了周朝，應帶領天下，而天下也應臣服於周朝。文中的「麗」不是華麗，而是「數量」的意思。而「億」則代表的是眾多的意義。古人也有以十萬之眾為一「億」的計量單位。所以，「不億」這兩個字是在說其人數眾多而不是僅僅只有十萬人而已，是人數非常眾多的意思。文中的「上帝」也就是「上天」之別名，泛指主宰宇宙天地的無上大神。

再以近代的事跡與歷史上來看，在北京市東城區的天壇，是明清兩朝帝王祭天、祈穀和祈雨的場所，也是現存中國古代規模最大、祭祀等級最高的祭祀建築。而「祈年殿」則又是整個天壇中最重要的建築物。在整個「祈年殿」之中所供奉的唯一牌位，是用金筆寫著四個大字的「**皇天上帝**」這四個大字。「皇」不是皇帝的意思，否則皇帝自己去拜自己，那豈不是很可笑嗎？這個「皇」是偉大與輝煌的意思。「皇天上帝」是對偉大輝煌而至高無上的上天之帝的尊稱。所以說，天壇就是祭拜「上帝」的地方。說得更深入一些，這個「上帝」其實不僅僅是對地球上，而是對於整個宇宙中最高主宰者的尊稱。宇宙的這一切不是「自生」的，也絕不可能會是無中生有，如此龐大的宇宙有著萬萬億個銀河系，也有著萬萬億個星球，怎麼可能都是從「無中生有」而來？因為它違背了因果律，也違反了事實存在的真相。事實上，這一切都是「創生」而來的，而不是無中生有。當然也包含了我們每個人在內。請問，您是「無中生有」而來的嗎？當然不是，所以，若要談起與面對著這一切的「創生」，就像是音樂中響起的「序曲」一般，且讓我們仔細而慢慢地說起。

來自序曲的旋律

　　「序」它是一個形容詞，是開頭或起始的意思。「序曲」這兩個字指的是在歌劇或舞劇在開幕前所演奏的短曲，一般又稱「開場音樂」。事實上，「序曲」這兩個字還有其獨到與特殊的涵義，而且所涵蓋的意義的確是非常的好，在一般我們日常使用的詞彙中，並沒有其它辭彙在語意上可以與它相比擬的。其實，「序曲」的作用並不是僅僅代表音樂要開始了而已，它是綜合性的在敘述全劇發展的關鍵，而其內涵除了包含該音樂或舞劇中所代表之「主題旋律」之外，它也是整個「賣場」的縮影。序曲不僅僅是序幕的歌曲，而是整個歌劇或交響樂的影子。

　　「旋律」並不是專指音樂而已，一般人多以為「旋律」是代表音樂迴旋的音律。事實上：

　　我們每一個人生活在這個世界上，都必然會有屬於自己獨一無二的「生命旋律」。

　　生命是無可替代的，每一個人在這宇宙中都是獨一無二的。所以，這種「生命的旋律」需要的就是自己去譜曲。如果我們把自己的眼光與視界放得遠一點來看，這世界上所有的一切，不論是個人的、群體的、哲學的、思維上的、經濟的等等，都有屬於它自己獨特的旋律存在於這個世界上。

所以，如果我們能在這短短的一生之中，找到了屬於自己的「生命旋律」，那不但是找到了真正的知音，更重要的是找到了全然屬於自己生命的那種「旋律」，並進而陶醉其中，那才是生命的最上層意義，也是生命無可比擬的喜悅。

1.3 上帝的旋律

在這一本書中，我會提出一些具有針對性的論述來談論那不可思議的人類起源問題，以及那神奇無比的人體結構與相應之人性等等的層面與相關問題。在宇宙巨觀方面，我則會以較接近口語的方式，來談論這個無限大的宇宙其中的「時間」與「空間」以及「時空」轉換的問題，這應該是我們生存在宇宙中另一個非常值得探討的一個大題目。此外，我還會進一步的談論在微觀方面的一些詭異事實，那是在量子力學中所觀測到基本粒子的鬼神莫測之事實與現象。但是，在這所有一切之中最重要的則是「上帝」的本身了，祂在這個宇宙中所有一切的現象與事實是不可思議的。祂在人類的本質與最基本的「基因」上面究竟又擔任的是什麼樣的決定性與關鍵性的角色？我想要再次說明的，在本書中我所使用「上帝」的這個名詞，並不具有任何宗教上特定的定義。所以，書中所使用的這個「上帝」

名詞，也等同於是宇宙中的「創生者」、「造物者」或是「神」，都是屬於宇宙中那至高無上者的稱謂。

　　任何的事物必然都有它的主題，而在主題中也必然有它的旋律存在。一般而言，「旋律」它是體現音樂作品其思想與感情的最重要元素之一。但是，除了音樂之外，「旋律」還包含的有「動作」的成分在內。「旋」是旋轉或轉動的意思，所以它也可以是一個動詞。「律」是一種「界定」或是法則與規範的意思。非常奇怪的是「宇宙」的本質就存在於「旋律」之中。這一句話可能各位會覺得很奇怪，但卻是事實。各位請看看「宇宙」中所有的星體都是圓形的，更重要的是它們都必須一直的在旋轉著，它們不但有著自身的「自轉」，而且還必然會有「公轉」的現象。再放大來看，我們的太陽系同樣的是環繞著銀河系中心在快速的旋繞著，我們的銀河系是一個旋轉的碟形的形狀，它的直徑有 100,000 光年，光年是「距離」單位，不是「時間」的單位，它是表示光線在宇宙中行進一年的距離。銀河系中心的厚度是 40,000 光年，而我們的太陽系是在距離銀河系中心約為 27000 光年距離的位置，所以是略靠外側一點。太陽系是環繞著銀河系的中心在旋轉著，整個太陽系環繞銀河系一周所需的時間是 2 億年。所以，這 2 億年週期又稱之為一個「銀河年」。其他所有星雲或星系中的星球也都是如此。也都有它們都有各自的自旋與公轉的現象。但無論如何，這整個宇宙內所有的星系都是如此的在旋轉而運行著，而在這一切的旋繞之中，卻有著極為嚴謹的規律與法則，這就是上帝的旋律。

　　各位請仔細的再看一看，構成物質之「元素」的最小單位是「原子」，

「原子」是元素能保持其化學性質的最小單位。「原子」的周圍充滿著快速旋轉而且具有韻律性的「電子雲 (Electron Clouds)」所環繞著。這「電子雲」是由極高速的「電子」全面性的在環繞而如同是一團雲霧似的。奇特的是，這些「電子」除了必須環繞原子核高速旋轉之外，更奇特的是它的本體還有「自旋 (Spin)」的現象。「電子」環繞原子核的速度雖然很快，但是它們在環繞原子核的時候卻都各有其各自不同的旋律，所以它們是從來不會彼此互撞。同樣的，若是進一步的看一看由原子所構成的「分子」，它們之間「共用」的電子同樣是在兩者之間永不止息的在相互交越的旋繞著，並在極為嚴謹的規則之下相互飛舞與交越，這一切所表現的現象也就是構成了所有基本粒子的旋律現象。事實上，這整個宇宙中凡是不旋轉或是沒有韻律的物質則是不存在的。人體是由原子所構成的，所以在基本上當然也必然存在著自我旋轉的韻律，而這實際上也是構成了整個無限宇宙最基本的物質現象。當然，這種旋律之「由來」若是真正的追究起來，沒有人可以知道它是從何而來？也許，唯一可以解釋的原因，那就是這一切的本質是來自於「造物者」的智慧與創生，也就是說，這一切的不可思議必然是由「創生者」所創生、規範與安排而來的。至少，就目前來說，不論就巨觀或微觀的事實與現象而言，它的根由是我們人類完全不能思考，也無法想像的。

什麼是生命的旋律？

　　那麼，現在就讓我們進一步來談一談什麼是「生命的旋律」？「旋律」這兩個字在字面上的意義就是迴旋的韻律。「迴旋」是周而復始的，「韻律」是具有韻味的節奏。「旋律」同樣是可以運用在我們的生命上面，那就稱之為「生命的旋律」。這個世界上所有一切的生命系統同樣的都有其各自的「生命的旋律」。身為萬物之靈的人類當然更是不能置身事外，因為我們也是大自然的一部分。想想看，我們的生命一分一秒，日復一日，年復一年的在過著，是不是就是一種旋律呢？我們每一個人在生活中都不斷的在用自己的生命譜出屬於自己獨特的「生命的旋律」。這些自我的「生命的旋律」有些會被大多數人所接受，而有些則不然。但無論如何，我們都要有屬於自己的旋律存在，至於是否都能夠被他人所賞識與聆聽或接受，其實也不必太過於在意。因為我們畢竟不是為著別人而活，也不是活在別人的眼神之下過日子，我們真正需要的是找到屬於我們自己的歸屬。

　　我們每一個人自出生之後，一直到最後的死亡，這中間歷經著生、老、病、死。這是在小圈圈之外的大圈圈，經過了這個大圓圈之後，又回到了原點。有些人的圈圈小了一點，有些人的圈圈會大一點，其中的甘苦辛勞與酸甜苦辣，可以有道不盡的曲折與遼闊。但無論如何，「生與死」這兩個原點最後都會回到同一點上，也成就了我們這一生的整個的過程。

它可以是漫長的，也可以是短暫的，是溫馨的也會有艱困的。但無論如何這一切也都必然會融入我們的「生命的旋律」之中。

　　生命是沒有貴賤的，而人世間也沒有誰是天生的「偉人」。事實上，這世間幾乎所有的「偉人」多是被塑造出來的，而且多是有政治目的的。政客們每天勾心鬥角，你爭我奪唯恐不及，這難道就是偉大嗎？農夫們耕種田地，養活了全天下的人們，這難道就不偉大嗎？所以說，這人世間沒有什麼偉大或不偉大的事。你能說白天偉大而夜晚就不偉大嗎？或是白天好而夜晚就不好嗎？事實上，我們都知道白天與夜晚是等分量的，夜晚的睡眠與白天的工作是同樣重要的。所以，這一切端看我們自己如何去對待生命？「生命的旋律」是必須自己親身去譜曲才能完成的旋律，成就也是屬於自己的，而代表的也是我們自己。

　　「心」是有旋律的，這個「心」也就是「生命」的意思，我們「生命」的境界可以用「心」這個字來表達。而這所有的一切，也都是生命的旋律。雖然「心」的思維或是意境也祇是生命現象的其中一部份而已。就現在的人們而言，滿足飲食上的基本需求並不困難，真正困難的是心理上的需求，那才是一件大事。所謂「人者心之器」就是這個道理。我們人類所有的行為其實就是「心靈」的表現。所以，就以層級來說，「心靈」的層級是最高的。那麼該如何滿足人類心靈上的需求，這的確是大學問的所在，而這個問題的本身，最後還是要回歸到我們人類自身的「認知」上面。所謂「認知」就是認識與知道，那麼該認識什麼呢？或是知道什麼呢？答案就在於每一個人的需求與智慧上面。

音樂的本質是令人愉悅的，所以，「生命的旋律」在本質上則是使用娛悅的「心」來譜出我們整個人生的「生命的旋律」。修養可以使生命進入到更高的境界，而能夠用「旋律」的心境去體驗人生的真道理，則對於生命的認知與修為必然是會有更高而完全不一樣的層級與境界。把生命的境遇用「旋律」的思維去真心的體認，您將會發現我們的生命不但是充滿了真正的「旋律」，而且也真如音樂一般的，充滿了旋律的喜悅。

　　事實上，我們自出生以來就一直的是生活在大自然的「旋律」裡面，而我們生命的整個過程中，其實也就是一直都是處於「旋律」之中。想想看，我們的生活步調是不是就是一種「旋律」？有快慢、有節奏、有高低、有心境、有感情、還有更多的生命感受等等不一而足。一個人若是真能把自己生命的過程用音樂般的「旋律」方式來看待自己與對待別人，而不純粹的以「是非」、「善惡」、「利與害」、「執著」以及「自我」來看待這一切，則必然心中會有音樂的旋律來調適自己生命中的際遇與修養，如此也必然會使生命充滿著快樂的心境與強盛的生命表達力量。

來自生命的旋律

　　涼寒的秋天早已經來臨了，在寒風中我注意到了一顆楓樹的樹枝上僅存得一片枯黃的葉片，在陣陣的寒風之中來回不斷的擺盪著，就是不肯落下。雖然，地上已經堆積了很厚的一層落葉。飄盪的黃葉代表的是什麼意義呢？沒有人知道，但也許那就是楓葉本身的堅持。也許，枯葉的本身才是真正的當事者。生命的倔強是抵不過大自然之運律的。但是，哪怕是片刻的依戀，畢竟是有過堅持的「心」。

　　古人所謂的「明心見性」。翻開典籍，對於「心」的解釋可以有一籮筐，但卻幾乎沒有一個人可以說得出「它」是什麼？事實上，只要把整個事情簡化，就可以得到答案了。「心」為「性」的主體，「性」是心的載體。「心」與「性」其實是相通的，也是互為因應的。我們的「心性」其實就是我們「內在的本性」。什麼是「內在的本性」？正確的說，那就是「內在的自我」。事實上，任何一個人「內在的自我」才是他自己真正的「自我」。除此之外，都是一種「假相」。

　　「心性」與「本性」行並不相同，「本性」是與生俱來的一種天性。但是「心性」就需要後天的修持與修養，更重要的是「心性」與認知及學養有著相當大的關係。所以，在「心性」上的修養，人與人之間可以有相

當大的差異，故而行為上的差異也很大。我們每一個人的「本性」可以相同。但是我們的「心性」卻未必相同。但無論是相同或是不相同，這都是自然的現象，沒有什麼好壞的問題。也許有人會說，大家都是一條心，那不是很好嗎？事實不然，這個世界上之所以能夠有多采多姿、五彩繽紛的現象，就是因為我們每一個人的「心性」都不盡相同。這個世界上有人會發明，有人會做工、有人會耕田、有人會木工等，每一個人的「心性」都不盡相同，但對這個世界與人類的貢獻卻是一致的。所以說，大家都是一條心，那是要看對什麼事情而言，如果大家都要做水泥工，那麼鐵工誰要去做呢？如果大家都要去坐辦公室，那麼戶外的工作是誰要做呢？這個世界上能夠如此的精彩，正就是因為我們每一個人的「心性」都不盡相同，這個道理是相當明顯的。

我們一個人的一生中，其實能夠明白自己「心性」的時刻太少了，絕大部分時刻我們的「心」不是在「體內」，而是在「體外」。當然，我所指的「心」不是心臟的「心」。在「體外」的這顆心紛紛攘攘於五光十色中忘了自己，這且不必去說它，即使是在明月清風之下，總可以見到自己的真心了吧！不然，在明月清風之下，也許你認為自己的心是平靜的，但其實是仍然是掛著的，掛在哪裡？至少你的心是掛在明月上，也飄在清風裏。所以，那顆「心」仍然是在外界之中，而未必是真正的在自己的「真心」裏。

生命的真實是必須能夠回歸內在的「自我」才能安適。說得更清楚一些，那就是回歸「自我的心性」。其實，這也就是生命的真諦與真實意義。

在生命的深層裡，我們終於會發現，我們會有專屬於自己的「自我心性」，它實際上也就是屬於自我的生命旋律。各位請仔細的想一想：「什麼是我們的生命中的最需要？」不是吃，也不是喝。吃喝故然不能少，但那並不能代表是真正「我」。我們真正需要的不是在外「流浪」，這個流浪不是指身體的在外界的流浪，而是指我們的「心」無所「定」，也就是沒有返回自己的「真實內心」。為什麼我們每次出外久了一點就會想到要回家呢？那是因為我們回到了家中，就可以找到與面對自己的真實「自我」，有了真實的「自我」自然安適。而能夠「安適」的生命則是喜悅的。

1.6

靈性的超越

　　人類是這個地球上唯一具有「靈性」的物種，「靈」是心靈的感知與覺悟。「性」是天生本性的意思。所以，「靈性」是使我們人類進入「非凡」智慧的一種天生本性。這是地球上一個非常奇特而不可思議的一種現象，也就是唯獨人類具有「靈性」的這種特質。那麼，憑什麼說我們人類是這地球上唯一具有「靈性」的動物呢？就讓我們看一看四周，除了人類之外，其它所有的一切動物，在它們的生命週期裡，都只存在著兩種生理慾望，那就是來自於它們身體本身所需求的食慾與性慾而已，而我們也實在是看不出牠們除了這兩種慾望之外，還有什麼其它更高層次的慾念或慾望存在。

　　很明顯的，人類在這兩種慾望之外尚存在著特殊性的「思想」與「行識」的能力。這種特殊的思想與行識的能力其實也就是人類的「靈性」之所在。而這種「靈性」在最重要的表現上，那就是人類具有一種特殊而其他動物所沒有的「創造力」。我們會創造文字、音樂、藝術等等以及各式各樣的工具，用來改變我們自身的事物與周圍的環境。地球上沒有任何其他的動物會去思考或處理地球以外宇宙中的萬事萬物，但是我們會。地球上也沒有其他任何的生物具有語言及文字與大量傳遞訊息的能力，但是我們「有」。想想看，人類所擁有這許許多多的「靈性」能力，是地球上其

他所有的動物都完全沒有的，這的確「創生者」給我們的是一種特殊的福報與恩典。

　　這種具有語言、文字、創造與思想的能力，這其實就是一種承自於「上帝」的靈性的展現，尤其是人類的「創造」能力，則更是靈性的最高表現。也因為有「創造」能力的表現，使我們人類可以不斷的提升自己。為什麼我們人類具有這樣的「靈性」呢？這種「天生本性」則又是如何來的呢？也許，唯一的答案那就是在這個大宇宙中，一定有一個無上的「創生者」或「上帝」的創生，否則我們又如何能得到這種如此巧妙的「天生本性」呢？就以我們一個人的身體而言，是誰能夠設計出如此不可思議的身體所有的細胞與器官呢？若是沒有「造物者」的安排，是不可能有這麼巧妙的存在著的。人類當然不是進化而來，我們應該可以想像得到，進化需要有一個低階的「被進化者」。各位有誰可以說得出誰是低階的「被進化者」？或是哪一種動物是低階的「被進化者」嗎？一個也「沒有」。也許有人會說，人類是由猿猴進化而來的。雖然在自序中我曾經提到過，有這樣的想法與認知是相當荒謬的，但是，問問周圍的人們，卻大多都有如此的認知。所以，我想在此再認真的說一遍：「人類與猿猴是分屬於兩個全然不同的物種(Species)」。也就是說，也由於「物種」的不同，在身體的結構上其基本細胞結構與染色體也與猿猴是完全不同的。人類是 23 對染色體，而猿猴則是 24 對染色體。染色體的不同代表則是明確告訴我們，這是分屬於兩個不同的「物種」。所以，有誰見過人類可以跟猿猴生的出下一代來了嗎？答案是不可能。當人們需要輸血的時候，有誰可以用猿猴的血液來替代嗎？答案還是不可能。當然人們需要換肝換腎的時候，有誰

可以使用猿猴的肝與腎來替代呢？答案仍然是不可能。水蛙與水牛也是兩個不同的物種，即使再過一億年，水蛙也不會進化成水牛。

　　所以，除了令人讚嘆的不可思議意之外，而那唯一的答案也許只有歸之於「上帝」才能解釋這一切，並以「上帝之手」才能造就這一切，承擔得起這一切。寫到這裡，我總覺得我們人類最需要有的，就是要有一顆誠摯而感激的心，感謝「造物者」以如此龐大的宇宙資源，成就了我們每一個人與唯一無二的那個「我」。也願我們每一個人都能以「神」或「上帝」或「創生者」所賜給我們每一個人的存在，並結合著屬於自我生命的旋律而與其共舞，寫下那屬於自己的「旋律」。而在這一切的「旋律」中，能讓我們真實的體認出那些來自於「自我」與那份不可替代的「自在」。

生命是宇宙的神蹟

　　我們的銀河系形狀像是在運動場中所擲的鐵餅的外型，中央較厚外側較薄，銀河系以每秒 550 公里的速度以中心為軸在高速的旋轉著，銀河系裡面約有三千億顆恆星，也就是這裡面包含著約有三千億顆太陽在裡面。而我們的太陽是銀河系其中的一個小恆星而已，並跟隨著銀河系同時在旋轉，由於我們的銀河系中約有三千億顆恆星之多，而我們的太陽是這眾多恆星中的一顆，所以，我們合理的邏輯推斷，如果每一個恆星都可能會有一顆適宜高等生物生存的「行星」存在的話。那麼，在我們的銀河系中就會有三千億顆適宜生物生存的星球。雖然人類至今還沒有真正的發現具有生命的行星存在。然而，這種推斷應該是一項合理的推斷。

　　但是，在最近美國科學家所發表的論述中，卻將這樣的推論徹底推翻，他們認為銀河系中絕大部分的星球根本不具備高等生物生存的物質條件。相反的，我們所生存的地球，卻真正的是銀河系中絕少有的一朵奇葩，這真的是何其幸運。若要配合地球能孕育出生命，尤其是高等智慧的生命，那就不是「奇蹟」這兩個字可以一語帶過的，而是真真實實的不可思議。

　　不知道各位有沒有想過，就數學上來說，我們每一個人在這宇宙中能夠出現的機率，若以「極限」的觀念來看，其實，那幾乎是等於「零」的。

然而就在這種趨近於「零」的狀態之下，各位與我卻出現了、存在了。這種的存在，在實質上是超越了任何可以思考的領域與計算範圍。想想看，以科學及數學的認知而言，我這個「我」，每一個人都是這個「我」，能夠出現在這個世界上的機率是多少呢？簡單的算一算，「你」的誕生是父母親的一次受孕，是五億精子中的一個，而是「你」的機緣則是五億分之一，也就是數學上的 (1/500,000,000)。各位，您買過獎券嗎？您中過第一特獎嗎？那怎麼可能？是的，「您」的出生要比中第一特獎還要低得太多了。這樣低的機率，您卻拿到了，也因而出生了。在時序上任何一點的差誤，則下一刻一定不會是你。所以，你的出生、成人、長大等等能不說是天大的奇蹟嗎？但是，這一切還只是計算到您的父母親而已。如果我們再往上將您的祖父母都算了進來的話，那你的出現就是五億分之一中的那一個再區分為五億分之一，用數值來寫的話，那就是 25 億億分之一，而如果要是算到了曾祖父呢？這個答案 125 億億億分之一。如要再往上計算，那就留給讀者自己細心的去算一算好了。就算是用「此生不易」這四個字來描寫我們的於今於世，那還是遠遠的不足以說明我們「今生」能來到地球的幸運。所以，各位自當好好的珍惜今生，善用此生，而能夠以如此神奇的出現，這一切真的也許只有「神」才知道你今生的答案？

我們都是舞台上的旋津者

在年輕的時候，覺得身體是個金剛，感覺到的是百毒不侵。從來不知道病痛是什麼。當然，在心中也不太懂得去體恤或同情那些有病痛的人。年輕的歲月有著無窮的精力與體力，總認為這強健的身體本來就是如此，也是天經地義的事，也從不會對身體有什麼顧忌，腦子裡面什麼都想，就是不會想到自己的身體，更不會想到我們人類的身體有什麼特別與不可思議的地方。

大約在三十多年前，我曾經主持研發與製作過機器人，也得過許多的獎項。不過那個時候的機器人也只能說是純「指令機器人」，它所有的一切動作都是須根據程式指令設計的項目而動作。所以，它完全不可能超遠程式的控制項目。雖說是如此，它其實還是具有學習能力的。我們可以帶著它一起做一些動作，當整個動作完成之後，它會記得剛剛所做過的每一個動作的步驟，在下一次要動作的時候，它就會一樣的畫葫蘆完成剛剛它所做過的一切動作，而且絕對是一模一樣的。當年還沒有模糊控制 (Fuzzy Control) 的理論與思維。所以，機器人的一切完全是掌控在程式設計上，即使有這麼一點點學習能力也是被動式的，與現代化的人工智慧 (AI) 是不可同日而語的。

也由於對機器人的設計，所以我開始注意到人體的結構，也因而讓我深深地感覺到人體結構的奇妙與不可思議。而這種感覺讓我直接的想到，如此完美的人體與運作，哪裡是隨機的進化論可以進化得出來的？不論是我們身體的外型或內在的各項運作機制，都達到了最完美的境界。這「造物者」的藍圖是什麼？誰有能力可以設計到如此完美的藍圖？我們人體的結構即使是以「靜力學 (Statics)」或「動力學 (Dynamics)」的立場上來看，那只能說是好到了極點。全身的筋骨能讓我們完成每一個動作，我們的雙腳可以支持我們的身體之外，還可以靈活的運動，可以走路、跑步、跳躍、登山以及游泳等等，這是何等的神奇。我們的雙手那更是「動力學」與「結構學」上的奇蹟，它可以完成人類任何想要做的動作，最重要的是我們的「手」可以設計出各式各樣的工具，並使用各項工具讓人類成為萬物之靈。

我們人體的外形與筋骨的結構在如此完美無缺的境界下，讓我們不得不懷疑「造物者」必然有完美的藍圖可以依據，才能有可能創造出如此神奇的人類身心。也許，我們應該可以想像得到，我們的身體這個樣本是不可能是由自己「生」的。而必然是另外被設計出來的，而最根本與最可能的就是根據「造物者」的形影所創生的。但卻可能被保留了一些更高的智能與體能。所以，至今我們都還無法找到與「上帝」直接溝通的管道，也希望科學的進步，對於此是有助益的。

許多人總以為凡是在這個世界上的事情，人類必然是可以人定勝天的。其實，若是認真的說，以人類目前的這一點科技，那才是剛開始而已。我們認為寫字是很簡單的事，拿起筆來就可以寫。但是，說真實的，人類

至今為什麼可以用手寫字？這麼單純的事情其實還是個謎，甚至是無法想像。事實上，這其中的整個過程，直到現在還沒有任何一個科學家弄清楚。人類的手在寫字，其實是跟大腦是連結在一起的，大腦的反應究竟如何能指揮我們的手去完成這個動作，這真是奇妙的無法解說。事實上，人類對於腦部的作用所知道的那還只是滄海的一粟而已。那麼神妙的腦部器官，配合著人體的結構，把人類帶到了超越其他一切物種的境界。也許我應該說的不只是人類的外形是有著「造物者」的形象，我們甚至要說：

「甚至連我們的腦部與體內的器官組織，都有可能同樣的是源自於「造物者」的內涵而被創生。」

所以，人在某種程度上，與「造物者」或是「上帝」或是「神」能夠有某種程度的「感應」或者是「感動」或是科學上所講的「共振」現象，這在道理與邏輯上當然是可以說得通的。

我們都知道，地球是在太陽系中被創生的，這在近代天文學上已經有很深入的研究了。一塊石頭經過一億年也不會進化成人類，那是因為，人類是被「創生」的，不但如此，而且卻還是地球上唯一具有高智慧的生命。各位想想，要「創生」人類其複雜的程度是不可思議的程度真是到了極致。單就我們人體的 60 兆個細胞而言，能夠各就其位，不會長錯地方，而又能充分的發揮單獨與合作的功能，這其實真是難以想像的。

人類現在的科學自認相當的進步了，但是我們卻連一個人類最基本的細胞都做不出來。不要說細胞了，我們甚至連細胞內的蛋白質也都做不

出來。至於那染色體或是基因或是鹼基，那就更不用說了。60 兆個細胞的藍圖唯一可以解釋的，那就是我們是真實的來自於「造物者」的恩賜。而如此複雜的藍圖唯一可以想像的也就是，「造物者」是依照他自己的形象，設計了整個藍圖而給人類使用，這也就是所謂的「上帝之手」的意義。仔細的想想，這是何等的奇妙而又神奇與偉大得難以想像的不可思議。此刻，我的耳邊響起了一首曾經寫過的一首詩。

生命的存在

是無可比擬的

它是宇宙億萬年的奇蹟。

每一個人的存在

也都是無可替代的

我常想把雙手高高地舉起

迎向長風

並用力的合上雙掌

想要

捉住剎那的時間光陰。

但是

時光仍然從指縫之間溜走了。

白雲飄風，陽光歲月

造物者早就暗示了

人類的存在

是超越了奇蹟的不可思議。

不要總想去擁有什麼

而卻忘記了

你現在的自己才是這一切中最珍貴的

才是無可比擬的。

好好的珍惜這一切

但也要懂得對於這一切存在著

感恩之心……

【第 2 章】
靈性中的感性與悟性

2.1

感性與悟性的知覺

　　人類是有「靈性」的，所以在我們的體內也同時存在著「感性」與「悟性」。「感性」與「悟性」是兩件並不相同的事情，雖是如此，但它們彼此之間卻也有某種程度的關聯性存在。「感性」，是「感覺」與「知性」的意思。最重要的，它是人類經由身體的感覺器官，對於某種事物，無論是體內體外的，產生直接感受與影響情緒的一種能力。所以，若是沒有人體的感覺器官的話，則是談不上感覺或知覺的。「悟性」是指人類對於事物的領悟能力，許多人認為「悟性」是針對外界的一種領悟能力。事實不然，「悟性」也可能發生在我們自己的身上，對於自己的思想和行為產生新的自我感知或認知，進而甚至於可以提升自我或超越自我。

　　「靈性」這兩個字大多是被宗教所詮釋的，並認為「靈性」是人類被「上帝」所恩賜的一種具有「靈」的本質。但是這樣的說法是不容易被理解，也不徹底的。而也有許多的人會認為「感性」與「理性」是相對的一

種狀態。事實上，它們是可以彼此相通與相容的。「靈性」的本質其實並不帶有「神格」的意念。若是說每一個人都有「靈性」的話，並不代表我們每一個人都可以通神。事實上，我們每一個人的「靈性」應該是並不完全相同的。就如我們每個人的身體並不完全相同，甚至我們的面貌也彼此不相同。有些人在科學上有他的靈性，這是在說他在科學上具有某些特殊的感性與悟性，可以感悟出宇宙中許多科學的道理。有些人在音樂上有他的靈性，他可以創作出無比感人的樂曲或音樂。所以說，在「靈性」方面，人人皆不相同，但皆有屬於他自己專屬的「靈性」，許多時候只是他自己不知道而已。

我思故我在

　　所謂「知覺」是知道與感覺，它與幻覺不同。而「幻覺」則純粹是屬於一種「虛幻」的感覺，這兩者之間是當然是可以明顯的加以區分。很多人常說人生如夢似幻，然而對於生命的真實現象，我們是真實的生活在「知覺」的世界裏，而不是生活在「幻覺」的虛擬世界裡面，這點我們應當是可以確認與知覺的事。

　　但是，這個宇宙，也就是包含地球在內的一切事與物，真的就那麼單純的只有存在於我們的「知覺」世界裏嗎？其實，我想要問的是：

離開我們所「知覺」的世界之外，其他的一切就都不存在嗎？

　　對於這樣的問題，其實是值得我們進入更深層面的思考。法國著名哲學家、數學家、物理學家笛卡兒 (René Descartes 1596-1650）他曾說：

「我思故我在。」

（法語："Je pense, donc je suis"；英語："I think, therefore I am"）。」

　　在中文的翻譯中，有人認為這翻譯與笛卡爾的原意並不完全相符。而將它譯之為「我想，所以我是。」這是個哲學命題，對於這一個語句的翻譯，我個人則是傾向於「我思，故我在」的用法。事實上，它不僅僅是一

種翻譯而已，而是代表一種廣泛而深遠的思維。

　　笛卡兒將此作為《形上學》中最基本的出發點。然而，這句話是什麼意思呢？如果我們照字面上的意思來看，那是

　　「因為我有思想，所以我才知道我是實際存在著的。」

　　對於上面的這樣說法，雖然只是完全照字面上來解說，但不能說它是錯的，畢竟在意境上是有它意義的。事實上，這句話就整體性來說，我想可以整理出下列幾點重要而相關的認知與思維：

(1).　只有在我用「思想」的時候，我才是「存在」的。

　　這也就是說，當一個人若是失去了「思想」能力的時候，他其實就不能稱之為真正的一個人。例如植物人而言，他沒有思想的能力，所以我們只能說他是植物人，而不是一個正常的人。植物人並沒有生與死的觀念，他甚至也不知道自己是存在或是不存在。

(2).　用「思想」肯定自我的「存在」。

　　我如何才能認定「自我」是存在呢？純粹只有「感覺」是不夠的。含羞草也是有感覺的，當你去摸它的時候它的葉子立刻就會整個縮起來，它給人的感覺是有反應的而且是會動的，但我們不能說它這就是有思想。人是有「思想」的，只有「思想」才是可以肯定「自我」存在的唯一因素。

(3).　一個人的「存在」是與「思想」等值的。

　　這一句話與上面的那句話並不完全相同。在第 (2) 點所說的是認為思

想是可以確認我們的存在而已。但在這第(3)點則是進一步的提升了位階，並認為我們的「思想」與「存在」是同等價值的。簡要的說，人類的思想主宰著我們人的一切心性與行為，所以我們的「存在」當然是與「思想」是等值的。

(4).　思想是生命的最高價值。

這是笛卡兒思想的主流。能夠表現一個人的是他的「思想」，而除此之外都不足以道也。「我思」是駕臨一切之上，也是生命的最高價值與生命的最高意義。人類的一切成就都是來自於我們思想的表現。所以，一個「人」最高的價值則是來自於他自己的「思想」價值。

從以上的論述，我們可以得出一個結論，那就是：

「我是可獨自思想的個體，並能擁有自我的思想，才是真正的我。」

笛卡兒認為「我思」是駕臨一切之上。但這是一種不對等的思想，其實也只是一些哲學家自以為是的一種想法。事實上，一個人有與「思想」對等的另一種關係存在，那就是「身體」。也就是說，一個人的「思想」與「身體」應該是處於對等的狀態。它們實際上是不可以分離的，而是合而為一的。我們在祝福別人的時候總是說：「祝您身體健康！」，沒有人會說「祝您思想發達！」，這就是對「身體」的存在是很重要的一個課題。

靈性中的感知

若問：「我們人類在宇宙中真的是有『靈性』的嗎？」相信絕大多數的人都會肯定說「有」的，我們當然是有靈性的，因為我們人類是地球上的萬物之「靈」。那麼如果我再進一步的問：什麼是「靈」？我們的「靈」究竟在哪裡？恐怕，就很少人能夠真實的回答出這個問題了。

事實上，我們人類在這個世界中的確是有「靈性」的。要追究這個原因並不難。因為我們甚至連看東西的「思維」都與其他所有的動物不一樣。在這山河大地之中景色美麗而迷人，人們可以為著眼前的景色而流連忘返。但是，我們卻同時可以看得到那低頭只顧在吃草的牛群與羊群，牠們從來不會抬起頭來，欣賞這山川大地的雄偉與美景，這周圍的這一切似乎與牠們一點關係都沒有。同樣的，在廣闊的大地原野與森林之中，那狼群與猛獸們只是專注而一心一意的在追逐著可被掠食的獵物。在這些所有動物的眼中只有一條定律，那就是弱肉強食。

各位，您幾時見過牛羊在看到美麗的花朵的時候會仔細地欣賞而捨不得吃它？您幾時見過過獅狼虎豹會到山上欣賞雲霧繚繞的仙境美景？但是，有一種動物會，那就是「人類」。在這地球上的一切生物之中，人類是唯一的例外，這是非常奇怪而特異的事情，但事實就是如此。地球上唯

獨我們人類會在山林曠野中讚嘆這大地美景與奇觀。那麼要問：「為什麼只有人類是如此突出的？」而地球上億萬種其他任何的生物都沒有這種能力，這不但是特異，而且簡直是奇特得不可思議。如果「人」是進化來的，那為什麼地球上只有「人」有這項特殊的待遇，甚至連猴子或猿猴都沒有呢？因此，這究竟是什麼樣的一種「特殊待遇」使人類能如此的傑出與突出呢？

如果各位還需要有更多的見證，那麼我就再舉一個事實給各位看看。那就是我們人類是地球上唯一會「笑」的動物，地球上有著億萬種生物，但唯獨人類會「笑」。有誰見過哪一種動物會聽笑話而笑的四腳朝天的？絕大多數人會覺得人類會「笑」是天經地義的事，但事實上，若是真實深究起來，會「笑」這件事一點也不簡單，否則為什麼其他億萬種的生物完全都沒有這種能力。而唯獨只有人類可以。所以，事實上，這也是一種「靈」的現象，我們千萬不要把「靈」想成是怪力亂神的現象，人類的「靈」就充滿在我們的智慧裡。

「美」是這個世界上最奇特的「東西」，它其實並不是「東西」。一個人如果長得很美，我們大家都可以感受得到她長得很美麗，但是如果真的要問：「怎麼個「美」法？」就沒有人可以回答得出來了。也就是說美麗是屬於感性的，但卻無法使用語言來描述或表達的。嬰兒的笑容是世界上最美的事物，但是它卻跟「美麗」或「漂亮」完全無關。所以說，「美」同樣是屬於我們人類內心深處的一種「靈性」。

人類既然是一種有「靈性」的動物。所以，我們就不能完全以「理性」

作為對付一切事情的歸依。也就是說，人類在「理性」之外，還必須同時存在著有相當份量「感性」的內涵。對於一個較具「感性」內涵的人來說，他所看到的世界相對於理性人而言，往往會是更加美好的。因為，他只要用一顆美好的心去感受這一切就可以了，有了美好的心，那麼看這世界上的一切也就都會是美好的。也許有人會說「感性」的人是一種比較情緒化的動物。但是，實際上「感性」與「情緒化」是八竿子打不著的兩件事。

　　一般來說「理性」是比較屬於知識性與邏輯性的。這是一種處理事情的步驟與態度，我們不能說這是錯的，「感性」則是多半用來對人而言的。若能結合感性與理性並將它們融合成一體，則必然可以達到生命中至高的悟境。也就是在「理性」的層面裡面也要參合的「感性」的存在，而在「感性」的場合裡，也要帶幾分「理性」的成分才好。

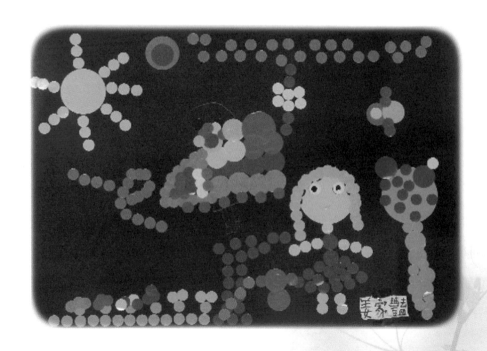

2.4

知覺不真的外遇

　　我們真的不要以為我們在這個世界上所具有的「感知」就是真正的這個宇宙的真相或實像。事實上，我們人類肉體上面的「知覺」或「感覺」不但是非常粗糙，而且也非常遲鈍。就以人類的最重要的視覺來說好了，光譜的波長範圍可以是從「零」一直的延伸到趨近於「無窮大」。但是人類的視覺光譜波長卻僅僅拘限自 370 奈米 (nm) 的紫色至 780 奈米 (nm) 的紅色之間的狹小範圍裏。以如此窄小的 410 奈米的範圍中，我們怎麼可能期待能夠看盡這個近乎無限大宇宙中的一切？ 所以說，在人類如此狹小的視覺範圍中，想要了解宇宙，那是簡直是在以管窺天，用竹竿在量海深啦！

　　「感性」與「理性」都是屬於人類在意識形態的範疇。就「理性」而言，多是以知識與學養作為歸依，這項特質同樣是地球上其他所有一切動物所沒有的。所以，在「理性」的法則下，對於一件事情的看法與決策是有「知識」的脈絡可循，就一般而言，「理性」所做成的判斷與結論通常是可以預測的。「感性」是偏屬於人性上面的依屬。人類是一種會被感動的動物，也是一種會感動別人的動物。無論是「感動」或者是「被感動」，這都是屬於「感性」的範圍，所以說「感性」與「理性」經常是需要互依的。

「感性」包含著「感覺」與「知性」。許多的人都會認為我們是仰賴「感覺」才能感受到生存在這個世界上的。「感覺」是我們人體與外界相通的一種介面，缺少了這種介面人體將無法「自知」也無法「自存」。那麼「感覺」是不是就是我們對生命的真實本體呢？或者是說，「感覺」是不是就是我們自覺存在的一種必須呢？當我們失去了對外一切「感覺」的時候，是不是就難以覺得自我的存在的這個事實呢？事實上，在某種意義上來說的確是如此。但是，卻也並非絕對是如此。因為，除了「感覺」以外，我們還有思考的能力，而「感性」是超越「感覺」的。「感性」是一種「靈」的作用，這種「靈」的作用是使我們「人類」在地球上成為唯一具有最高智慧的動物。

　　宇宙畢竟是比我們人類偉大得太多了，我們人類的這一切畢竟還是有其極限，而不是無限的。而在「知覺」上則是非常粗糙在反應上更是非常遲鈍的。所以，我們不能說超出我們「感覺」範圍的東西則在宇宙中就不會存在，這當然是不可能的事。事實上，在我們的周圍存在著有太多的事物是我們完全無法察覺的。

　　例如說，科學明確地告訴我們，我們所看到的一切東西，都不是「真實」的。就以我們人類所看到一切的「顏色」來說，那都是「光」的作用，而「光」是電磁波，電磁波它哪來的什麼顏色呢？所以，這一切的「色彩」其實就是我們的「自體幻覺」，也就是我們自身本體的一種幻知感覺。很多人會認為「幻覺」是身體或是腦部生病時候的現象，也是一種不正常的狀態與現象，但事實上卻未必是如此。

另一種最常見的例子就是「視覺暫留」的現象。我們每個人都喜歡看夜晚的煙火，那美麗的火樹銀花十分的動人心弦。但是事實的「真相」卻不是如此，如果我們用高速的攝影機來拍攝煙火的時候，我們看到的卻是一點一點的火光，一點也不漂亮。它是點狀的而不是以線條的形狀所構成的，我們所看到的那美麗的影像其實是人類「視覺暫留」的一種「假象」。運動的物體只要超過16分之一秒就會使我們人類的眼睛傳達到腦部的速度跟不上，而產生「視覺暫留」的現象。我們每天所看到的電視機就是一種標準的視覺暫留的產物，它每60分之一秒給你看一個畫面，也就是一秒鐘給你看60個具有連續性的畫面，於是我們看起來就是完全會動的連續畫面。

　　現在，我們用另一個角度來看石頭，當我們在觀賞一顆美麗的石頭的時候，我們看到的是它的外表。但如果我們再深入的研究下去，我們就可以看到它是由許多元素的分子所結構而成，但如果我們再細研究下去，那就是無數的基本粒子了。那麼要問，究竟哪一個層面才是真的呢？水有三態是大家都知道的事，但是知道是一回事，能夠「體認」則是另

外一回事。　如果我說在把一億噸的水掛在天上，你會認為那是瘋了嗎？各位可能認為這是在說笑了，一億噸的水是多麼的重，怎麼可能將它掛在天上呢？各位不要忘了，水蒸氣也是水，是我們肉眼無法所見，但是它存在，而且是無所不在。一場颱風籠罩整個台灣所帶來的雨量就不止是一億噸的水。這就是人類所依賴的「知覺」，常常給我們所帶來的不確定性。在這個地球上，不同的物種它們所看到的這個世界皆是不同的。為什麼蜜蜂可以很快地找到一朵花，並很快的吸取其內的花蜜。而我們人類卻未必能夠找得到那朵花，至於花蜜就更不是我們人類所能覺得到的了。這就是在這個世界上，不同的物種所見亦皆不相同的道理。

內在的知覺與醒覺

現在，就讓我們進一步的談一談「內在」知覺的問題。事實上，內在的知覺往往很難全然的獨自存在於身體之內的。雖然說，對於知覺的問題我們應該分成為外在的知覺與內在的直覺這兩個層面來談，但其實這兩種知覺經常是互相影響的。如果說，你在目前正處於生活的煎熬之中，而想要暫時的把自己的煩惱忘掉，讓痛苦遠離自己。關於痛苦的問題有一句話要跟各位共勉的，那就是：

「 痛苦是來自於我們的心，並非事情的真實本質。

無礙並不是都沒有障礙，而是一種心靈的流暢。」

這也就是說，自我的認知很可能會產生生命中的一些痛苦。然而，不要忘了，「痛苦」的本質不在於「事」與「物」的本身上面。石頭的本身沒有什麼痛苦的問題，它就是石頭而已。流水的本身也沒有什麼痛苦的問題存在，億萬年以來它一直都是流水而已。這一切痛苦的根源是在於我們的「心」，這一點我們一定要弄清楚，想明白才好。只要我們的「心」是愉悅的，則這一切都將會是流暢的。

知覺中的幻覺

古人形容時間的流逝常常用流水來表達，這在詩詞中常有所見。明代中葉的文學家"楊慎"是個才子，但可惜卻很少有人知道他，他有一首《臨江仙》〉乃千古絕句，也是大家都耳能詳熟的：

滾滾長江東逝水，浪花淘盡英雄。是非成敗轉頭空。青山依舊在，
幾度夕陽紅。
白髮漁樵江渚上，慣看秋月春風。一壺濁酒喜相逢。古今多少事，
都付笑談中。

這整首詩都是文人的感性。在第一句話中「滾滾長江東逝水，浪花淘盡英雄。是非成敗轉頭空。」談的即不是江水，也不是英雄人物的問題，這句話真正的重點則是在於「時間」的問題上，是非成敗轉眼會讓一切都不存在，而「時間」則會不留痕跡的帶走一切。古人沒有數學微積分等，只能用有限的形容詞來述說時間。所以，也只能隱喻的說時間有如江水滔滔東去而不復返。在「時間」上可以使用的形容詞的確是太有限了，全世界都是如此。因為沒有任何其他的形容詞可以用來真正的描述「時間」，用江河之水來講「時間」也只是不得已的一種比喻。

除了「時間」是一種難以描述的「知覺」之外，綜合近代的科學則告

訴了我們許多的事實，而我也希望各位能夠認真並多方面的的思考與體認「知覺」的這個問題。至於我們所面對的宇宙，我們必須要有一種認知，那就是：

「宇宙的真相從不以其真面目顯示在外。」

這句話是什麼意思呢？說得更清楚一些，那就是我們所存在的這個宇宙，絕不是如我們肉眼所見到的那個樣子。古人常說「眼見為真」，那是因為他們除了肉眼之外，沒有其他任何可以輔助視覺與看東西的器具，甚至連近視眼鏡或老花眼鏡都沒有。

當我們用眼睛在注意看一個人的時候，其實，我們看到的只是一個人都外表而已。除此之外我們無法再深入的看到些什麼。但是，我們的真相並不是在於外表上。我們先不要以較深的「心靈」領域來看一個人，就以肉體的本身而言，人類健康的身體是由約為 60 兆個細胞所構成的。而細胞裡面在又有細胞核，細胞核裡又有染色體，染色體又是有雙螺旋 DNA。那麼什麼才是「人」的真面目？上面所談的這些，也只是用人類作為一個比喻或例子而已，其他所有的一切事物，莫不如此，我們所能夠看到的，事實上，都是一些外表而已。也就是說，我們對這一切的「認知」，也只是我們所面對的一種外表的「假相」而已。

如果要用「時間」來談生命的「知覺」，那就更有意思了。一般說來，「時間」在目前的科學上，是可以使用計量的，在運動場上，就選手來說，那是一分一秒都不容有絲毫差錯或是模糊不清的。當我們抬起頭來看一看

時鐘，它每一秒都是那麼的真實的在走著，那有什麼虛幻可言？事實上，若是當我們把放在時鐘上的眼光移開，而望向那宇宙的深處，這時，相關的科學卻都告訴我們，時間不是真實的，也不是絕對的，而是相對的一種現象，甚至可以說是虛幻的。一百年前愛因斯坦的《狹義相對論》就告訴我們，在宇宙中高速的飛行會產生「時間膨脹 (Time dilation)」的現象。如果太空船的速度到 99.99999% 光速，一個 20 年的來回，在地球看來卻是過了 20,000 多年的歲月了。那麼要問，這個事實與現象，那一個才是「真實」而那一個是「虛幻」的呢？而事實上，「真」與「幻」則可能是一體兩面的事情。

　　事實上，大家都沒有錯，這些都是真實發生，但也都是真實的「虛幻」。由於不同的速率所產生的「時間膨脹」效應都不相同。所以，當你面對這種現象時，其實並沒有「真」與「假」的問題。當然，也就沒有什麼可以爭議的。不如說那是一種「虛擬的幻知」現象還比較實在一點。就現代科學上的認知，「時間」當然不是如河水一般的在流動，它不但不像流水一般的流逝，事實上，「時間」的現象是遠遠的超過一般人的認知與想像，它完全不是各位想像中的那個樣子，甚至是遠遠的超過了人類可以想像的範圍。人類甚至於不知道「時間」究竟是「真實」的還是「虛幻」的？因為我們真的是不知道「時間」究竟是從哪裡來的？又消失的去了哪裡？

2.7
片段式的記憶與生命投射

　　人類的「知覺」其實是跟「時間」息息相關的，正如我們看電影一樣，影片中是一張一張是獨自的，但連續的播放達到某一個速率之後，我們看起來就是連續的。其實我們的「認知」也是片段的，各位仔細的回想一下在你腦海中所能夠存在的記憶，是不是也是片段的？人類的記憶就是片段式的記憶方式，我們不可能一年 365 天都記得每一件事情。所以，我們會做選擇性的記憶，也正因此，我們的記憶才會呈現片段式的記憶現象。也由於記憶是如此，所以說，我們的生命其實就存在於片段式的記憶之中。

　　我們人類在「知覺」上是與「時間」息息相關的，但卻又偏偏對「時間」是「無感」的。首先，我們必須先要知道，「時間」的「流逝」是沒有方向的。在這裡我們先把「流逝」這兩個字用括弧圈起來，因為對於時間的流逝，在本質上還是有問題的，直到今天，沒有一個科學家可以證實「時間」是會「流逝」的。現在，我們就先回到時間的「方向」的這個問題上來說。河水的流動不論是朝東西南北的那一個方向，但無論如何總歸是有一個方向可循。然而「時間」如果會有「流逝」的話，它當然不是單一方向流動的，而是「全方位」的方向，就像是電燈的發光一樣，那是全方位的。也就是說在宇宙中不論任何的一個地方，或是任何一個方位，

「光」都存在著流動與變化的現象。更奇特的是，它甚至於可以同時的存在於「無限量」的方位。這「無限量」是什麼意思呢？簡單的說，它不但是在任何一個方位都存在，甚至它可以是逆向的存在流動，不論是正面而來，或是反面而去，「光」都能同時的存在，而「時間」也是如此。它可以是個「向量」，但卻也是「非向量」。

這可能讓很多人覺得不可思議，河水只能朝一個方向流動，如果我們說一條長長的河水在同一條河道上，同時有兩個方向的河水在對流，那是很難想像的。正如我們說長江在大體上來說是由西向東流而出海，但如果說它「同時」也從東海向西流向高高的山上，那不是很奇怪的事嗎？然而，「時間」的流逝卻正是如此。宇宙中所有的星球的「時間」與「空間」都在運動，任何一個方位都有，所以說它是「無限量」的方位。

現在回到我們的生命來說，其實，我們生命的本身就很難確定什麼是真實的？什麼是虛幻的？如果放大一點來看生命的本身，在生命中不只是記憶是「片段式」的，其實生命的存在更是「片段式」的，過了這個時段生命是不可能再回頭，也不可能再存在，我們的存在就人類的歷史而言，當然也就是片段的存在，人類文明的五千年，我們也只存在於這小小的一個小片段的「時間」與「空間」而已。

心靈的脈動

我們人類是地球上唯一具有高等心靈智慧的生物。所以,我們的:

「心靈的脈動也是我們生命的脈動。」

「心靈的歸向就是我們生命的歸向。」

我們與其他的動物在「心靈」上有著相當大而差異姓,而人類的行為模式與思想的模式更是其他萬物所莫及。人類會想上太空,會想上月球,就是地球上所有的萬物除了人類以外都不會去想做的事情。更確切的說,人類是屬於「心靈」的動物,雖然「身體」的存在是不可缺少的,但是我們卻活躍在心靈的層面上,而不是純粹是肉體在支配的著我們,雖然身與心之間有相互因應的關係,但是我們人類的行為與思想模式,不但是極為複雜,而且是極為細膩的,也因而容易造成我們身心失衡的狀態而備受煎熬與痛苦。

事實上,我們所遭遇到的困難絕大多數都是來自於我們自己心理層面的問題。我們是根據自己的想法去做心裡面想要做的事,心靈不但影響我們的行為同時也會影響我們的心性與身體。懂得「喜悅」是生命中非常重要的要素,更重要的是:

「喜悅」不需要外來的施捨,它來自於我們深心的自覺。

「喜悅」並不是依靠別人施捨可以帶給你的，它是一種自發性的情緒，它來自於內心的深處。「喜悅」與「歡樂」並不相同，「歡樂」往往是短暫的，是多屬於物質性的。而「喜悅」則就是來自於我們心靈的深處，用「歡喜」的角度來面對人生。「歡喜」這兩個字中的「歡」是歡愉，而「喜」則是喜悅，合起來就是「歡愉喜悅」的意思。不要讓陰影長年的纏繞在我們的心中，對於我們珍貴而唯一的生命而言，那是不值得的。再說一次：「喜悅是來自於我們深心內的自覺」，只要我們的心有「喜悅」，則陰影就沒有它可以盤桓的地方。

　　人類的「心靈」是一切力量的源泉，是「心靈」在決定著我們的方向。而「心靈的脈動」則決定了我們的力量的大小與快慢。就「心靈的脈動」而言絕對不是越快越好，我們是人而不是機器，不能夠用快慢來比較。相反的，懂得調適的人才是自在的。時間是公平的，並不是「快」的人時間就多，而「慢」的人時間少，「心靈的脈動」不在於快慢，正如我們每一個人生命的價值不在於我們的外觀的高低大小。我們真正該用「心靈的脈動」來啟動另一個「脈動」，那就是「喜悅的脈動」，在人生的過程中能夠時時啟動「喜樂的脈動」那才是喜樂的人生，而有什麼比這種「喜樂的人生」對我們的一生而言，還更重要與更生動的呢？

【第 3 章】
神秘的生命曲線

3.1
什麼是「生命曲線」？

如果要問什麼是「宇宙」？我們一般都會認為它是存在於我們的四周所有的空間，並且延伸到眼睛所看不到與想像不到的整個星空，包含所有一切「空間」的延伸，那就是叫做「宇宙」。事實上，這樣的說法是不正確的。「宇宙」這兩個字並不是只有空間的存在，它同時也包含了「時間」。所以說，「宇宙」這兩個字也就是同時的包含了我們所有的「空間」與「時間」的意思。在漢·高誘·注中所言：

「四方上下日宇，古往今來日宙」

這真是說得好極了，「宇宙」是無所不有與無所不能的，這是事實也是真相。其實，我們常用千變萬化來形容我們所處身的這個宇宙，那還真是不足以描述於真實的現象與事實的億萬分之一。但是無論宇宙是如何的萬有或是如何的變化。生滅之道，卻有一條「曲線」可以用來說明與解釋這一切現象的變化之道。所以說起來，這條曲線的本質是蠻偉大的，事實

上也的確是如此。這條曲線就是所謂的「生命曲線」。

「生命曲線」其實它是用來解釋宇宙「一切」的生滅現象。所以，在意義上，並不只是專指具有生命現象或是活生生的事物才能適用。當然，宇宙中生命的現象也只是億萬種現象的其中一種現象而已，生命的存在並不是宇宙的全部，正如在整個地球的存在，並不是只有人類的生命或這個物種而已。仔細地說來，山河大地、草木樹林都是地球的一分子。但是各位一定要知道，地球的存在不是永恆的，不但地球是如此，其實連太陽也不是永恆的。太陽是在約 45.7 億年前形成，在其主序的演化階段中，目前已經到了中年期，太陽的核融合是將氫融合成氦，以每秒超過 400 萬噸的物質，將質量轉化成能量，而輻射出來。以這個速率，約在 50 億年後，它的體積會膨脹而使它成為一顆「紅巨星」，並將吞食整個地球。事實上，並不需要等到太陽成為紅巨星的階段，就在成為紅巨星之前的太陽只要略微膨脹一點點，它的熱度就會把地球烤乾，而所有的生命也都不可能存活。太陽最終成會為一顆「矮白星」，並在宇宙中而逐漸的冷卻並黯淡而消失。所以，即使是太陽，它仍然還是必須符合這個標準的「生命曲線」的型態，只不過是它的數據要大的多而已，而曲線的整體型態並不會有太大的改變。「生命曲線」無處不在，它是一切物質與生命現象的基本形態。從宇宙大爆炸形成的渦旋星雲，到人類的的生命、動物及植物等等，無一不是如此。

「生命曲線」的哲理

　　生命曲線（Life distribution）又名高斯分布（Gaussian distribution),是一個連續機率分布的曲線。在生命曲線中，它的分布狀態看起來沒有什麼特殊奇異之處。但是，事實上，這個生命曲線卻蘊合著宇宙中最高的哲理，那就是「一切」的事與物以及生命的現象，都可以顯示在的這個高斯曲線的蘊涵之中，它是宇宙的道理也是法則。那麼，這個道理也是法則究竟是如何的呢？那就是它蘊涵了整個宇宙或人生的五大階段，也就是「生、起、盛、衰、亡」的這個法則。我說的「一切」是包含了宇宙中萬事與萬物衍化的道理。各位不要小看這五個字，這五個字道盡了宇宙中的一切生死存亡的道理所在，它同時也是宇宙自然及人生現象衍化的天理所在。能懂得這個道理的也就是所謂的「天道」。

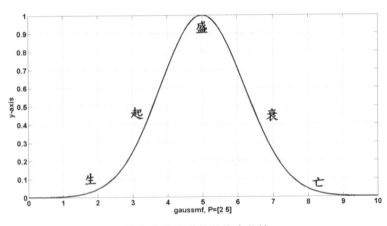

圖 3.1 宇宙萬物的生命曲線

人類的生命比起整個宇宙而言，是微不足道的渺小，但是在這麼渺小的生命中，我們放大來看，那就是我們每一個人的一生。雖然，我們的壽命是如此的短暫，但是在這短暫的生命中卻還是充滿著無數的變化，觀看一個人的「生、起、盛、衰、亡」，其實是與我們每一個人共通的而且是密切關聯的。現在，就讓我們看一看這「生命曲線」究竟是如何？如圖 3.1 所示。

它所顯示的不只是個人或是人類或是單指有生命的動物或植物的生命過程。這條曲線其實是很偉大的一條曲線。我們將會發現，整個宇宙中所有的「物質」現象都脫離不了「生、起、盛、衰、亡」這五個字的道理。

生命是大自然的一部分，現在，讓我們回過頭來看一看我們自己，去體認一下圖 3.1，看一看我們的生命成長的過程曲線。首先是「生」，當然我們從「零(0)」而來，也就是生命起自「零(Zero)」點，這個時候是「生」的起點。然後再漸漸的，逐漸而長大，由嬰兒開始，漸漸長大而幼兒、少年至於青年。這是我們生理與心理發育必然的過程。再跟著而來的就是求學時代，由小學、國中、高中、大學乃至於研究所這一連串而上的教育。除了教育之外，同時也可以是我們的身體逐漸的日益的壯大，也逐漸的強壯，所以，這段時期也是生命中興起的時候，不論是生命、學業或事業等等也都可以推而廣之，也都處於興「起」的狀態之中，故稱之為「起」。

如此的再經過了這一段興起的歲月之後，我們身體的各方面的發展會逐漸的接近到一個顛峰的狀態。這正如我們的人體一般，在到達 20 歲到 40 歲的時候，我感覺到自己是如此的身強體壯，有如金剛一般的百毒

不侵，百害不入，這也是一生中的最佳狀態。我所感覺到的是每天都有無窮的精力，從來也沒有疲倦的問題，身體上沒有任何的不適，一夜的睡眠，第二天又是金剛一個。所以說，這時候是生命體能中來到了最顛峰或興盛的狀態，這就是一個「盛」字。在這段期間，也是我們生命中最輝煌的時候。雖然我們每一個人的最佳狀態與時機並不都是相同的，但一定都會有。也許有人想藉助於運動或醫療，可以讓自己的身體保持一段較長時間的巔峰狀態，但這絕不代表他可以一直的維持在那種狀態之中，而不會下降。任何人，無論你用任何方法，生命都一定會逐漸老化的。同樣的，除了身體之外，其他的事物一同此理。世界上沒有不會衰敗的事業，更沒有不會滅亡的帝國。所以，生命或是這世上所有的一切，都會必然的越過這個極「盛」的時期，在越過了「盛」的這個時期之後，接著而來的是一個「衰」字了。

如果生命中「起」是必然，在過了「盛」這個時期之後，相對的「衰」的來臨也是必然的事情。「衰」是逐漸由強盛而微弱、老化、敗壞的意思。老年人的身體當然不可能與年輕的時候同日而語，身逐漸的衰老敗壞，當然各項能力也會逐漸的喪失而不在，甚至在到了某一個程度之後，老年人於連走路不如幼兒。宋·辛棄疾曾經說過：「過盛必衰」，可見得古人就已經非常懂的盛衰的道理了。

「衰」久必「亡」。「衰」是一種敗壞。衰敗久了則死亡必然會來臨。一般人認為「死亡」是喪失生命的意思。人類的死亡是平等的。但對於君子而言，可能有一點點的不同，《淮南子》曰：「君子雖死，其名不滅。」

千古以來不知道有多少人為這個「名」字而死。其實，有一種更超越的思維，那就是「名」這個字，其實是人類想像中的一些事物，它並不真實而是虛幻的。這古今中外，有多少人成名，各位您又能夠說出幾個人的名字呢？然後又能說出什麼呢？事實上，說得出來又能如何呢？所謂「虛名」不正就是在說那是一種虛幻嗎？想想看，古往今來所有的名字所能留下的，不是正如天上的浮雲一般，過後則是一片的虛無。

「亡」這個字的意義在實際上是遠超過一般人的定義。其實這個道理並不是只有對生命而言是如此，甚至於對於非生命體也同樣的適用。所以說，在有人類歷史以來就從來就沒有一個不會滅亡的帝國。身體是如此，事業也是如此，花樹果木同樣的也是這個道理。甚至於有人會問，沒有生命的石頭也是如此嗎？是的，地球是如此，太陽是如此，銀河系是如此，這是宇宙的「天」道，沒有任何的事物可以改變這個道理。

如圖 3.3 所示，它的「峰值」約在 35 左右就已經「盛」了。所以這整個曲線的峰值就明顯的向前移動。但這並不代表他不會衰退，他同樣的會衰老敗壞。在圖 3.2 我們可以看到另一個不同的範例，他興起的時段較晚或者是較慢，有一句俗語說：「人生 70 才開始！」就是這個樣子，而在圖上的最後一段我沒有把它全部劃到底，那也許他活過了 100 歲吧。坐標軸的橫軸部分是時間刻度，它可以代表 10 年一個單位，但也可以使用更長或更短的時間或週期來代表。縱軸則是使用「1」來做為代表性。這個「1」可以代表是一生，一輩子，一個最高的頂點等等。

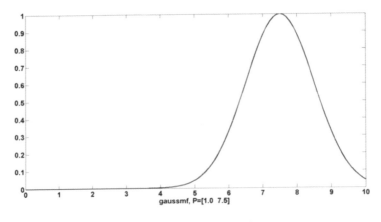

圖 3.2 有些人大器晚成

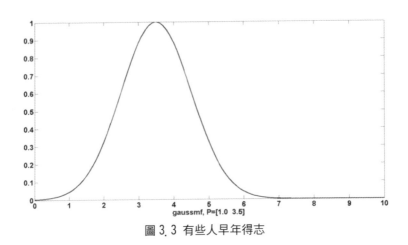

圖 3.3 有些人早年得志

　　我們生活在這個世界上，從「零」點開始「生」起，而這一切的最後，都還是要回歸到「零」點，也就是這個「亡」字。各位，在看完上面這些「生命曲線」之後，您可以想想看，您現在是處於那一個階段？但無論如何，我們時時刻刻都會深深的感觸得到生命的無常，但是，卻絕對不要讓生命匆匆而來，匆匆而過，不論是在那個階段，都要能把握「當下」，也就是「現在」才是。所以，當我們深深的了解這一個曲線所代表的大致上

的意義之後，不但要有一些新的認知，而且，也應該會對該曲線產生相關的引伸或聯想才好。正如我們對一位好朋友是一樣的，在我們熟習並深交了一位好朋友之後，相信，我們一生都不會忘記的。雖然我們未必天天放在心中，但是，隨時都可以想得起來。而彼此之間的互益則是終身受惠的。

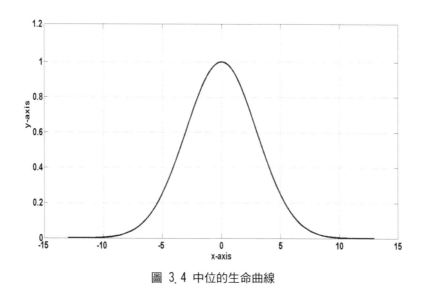

圖 3.4 中位的生命曲線

在圖 3.4 是將生命曲線的中心點放在 X=0 的位置上，並讓它的左右兩邊成對稱的現象。在「負」的這一端代表的是過去，也就是我們出「生」的那個時候，對現在而言那已經是過去了。「(0)」這一點代表的是「現在」，而在右端「正」的這一方就是代表「未來」，我在下一步將預備把這個部分進行微分，看一看這個「生命曲線」它能進一步告訴我們些什麼。

用微分來解析「生命曲線」

　　現在，讓我們更深入的探討與研究一下，如果把這個「生命曲線」加以「微分」的話，它會進一步告訴我們那些事情？或顯示那些情節與問題？這的確是一個非常有意義的事情，它必然也將提供一些極為奇特與神奇的一個現象與結果。所以，如果讓我們先想一想：

如果把「生命曲線」進行微分，則微分的結果會告訴我們

那些進一步的意義或現象？

　　也許有人會問：「**生命曲線**」是論述宇宙大自然的的運行之道，那是可以微分的嗎？是的，任何的函數與曲線只要它是具有連續性的，都是可以微分的。那麼，「**生命曲線**」可以「微分」嗎？答案是肯定的。這個「**生命曲線**」不是用嘴巴說說而已，它是以 Gauss 曲線的型態在表現，也就是說，它的本質是一個數學函數式，它的函數式為如下所示：

$$y(x) = A \cdot \exp(-\frac{x^2}{B})$$

　　式中的 A 決定着 Gauss 曲線的高度，而 B 則是決定着 Gauss 曲線的寬度。那麼，如果把這條「生命曲線」加以「微分 (differential)」，那會是告訴我們什麼？有關於數學上的微分方程式我就不再列出來了，有興趣的朋

友們可以自己進行微分，取得微分方程，並把微分方程式的曲線圖繪製出來，是一件蠻有趣的事。

　　將圖 3.4 的曲線加以「微分」可以得到如圖 3.5 所示的結果。對一般較陌生人而言也許會感覺到蠻驚訝的，微分後的曲線怎麼會變成這個樣子？是的，的確是如此。這也正是它相當高明的的地方。該如何解釋它的現象與道理呢？這其實是一件很有趣也玄妙的一件事。

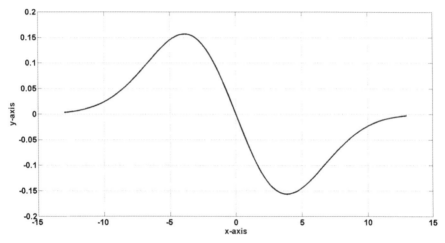

圖 3.5 生命曲線的微分方程式曲線

「生命曲線」在微分下 顯現的不可思議

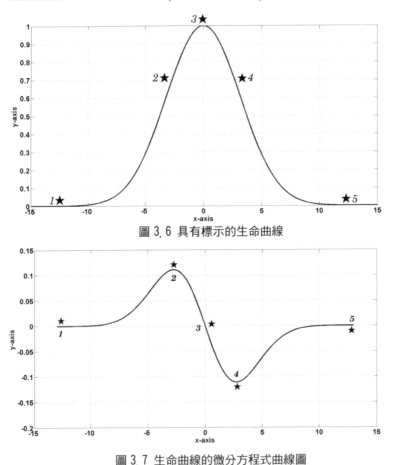

圖 3.6 具有標示的生命曲線

圖 3.7 生命曲線的微分方程式曲線圖

那麼，這個大自然的「生命曲線」的微分該如何解釋它所表達的一切

現象與道理呢？這實在是很有趣的一個問題。首先，讓我們來看看這「生命曲線」的微分結果。為了方便解說起見，讓我們先將這兩張圖靠近而成對比的形態再來看。在圖上均區分為 5 個要點，上面標示的有「★」記號與序號，以便於可以分別的加以解說與對照。在觀看圖 3.6 的時候，必需再詳細的做進一步的對照圖 3.7，也就是點對點的對照，然後我們再來解說。

(1). 在分析圖 3.7 的時候，首先，就大格局來看，我們立即可以看到的它的正半波與負半波這兩個半波呈現的是全然對稱的形式，正半波與負半波各佔一半。這說明了「生命曲線」進一步用微分來看，它的「好」與「壞」或是「白天」與「夜晚」或是「北半球」與「南半球」或是「男性」與「女性」等等，都是各自佔一半的道理，事實上，整個大自然的運作與道理也是如此的，這個圖一開始就顯示得很偉大。

(2). 這整個「生命曲線」的微分在它的結果中顯示，它共有三個「轉折點」。分別是 2，3 與 4 這三點。就一般人而言，大多只認為只有圖 3.6 的點 3 才是一個「轉折點」，但在對應的圖 3.7 的這個微分後的曲線圖卻告訴我們，事實不然，它有 3 個「轉折點」。如果以我們一個人的一生來看，他至少有三個轉折點，而不是一個最高的頂點的那個轉折點。這是它第二個很偉大的地方，超出了一般人的認知。的確，第 2 與 4 這兩點「轉折點」在「生命曲線」圖中一般是不易看得出來的，除非是很有經驗的人士。事實上，這三個「轉折點」都有它們不同的意義。所以說，這是它第二個很偉大的地方。

點「2★」這個點在「生命曲線」上一般我們幾乎看不出它會是一個非常突出的轉折點。但在微分方程的特性曲線上,它很明確的告訴我們「生命曲線」會在點「2★」有一個極為突出的狀態。它是在「起」這個階段的中間。就我們一般人的認知,認為這才是他剛剛興旺起來的時候。但是對照圖3.7「2★」這一點來看,它提早在預告我們,未來的成長將會不但「趨緩」,而在超越「2★」點之後,事實上整個成長的態勢是朝「漸少」的趨勢在發展的。這個預告的趨勢在圖3.6的「生命曲線」幾乎是看不出來的,但微分之後卻已經嚴重提前的警示我們了。這種的變化對於我們分析事物而言,提前的提醒了我們需要特別留神與注意的。這是它第三個很偉大的地方。

(3). 現在關鍵點來了,在圖3.7中「2★」與「3★」的這兩個位置中間,它的斜率是急遽的向下傾斜,雖然他還是在正值區域,但它卻是在警示我們,「衰敗」將會急遽的來臨,並很快的會落入「負」值區域。這是在告訴我們,在圖3.6中當人們都還看不出「未來」會有急遽變化的時候,「微分」已經很明顯的「指向」下墜而提出警示了。這是它第四個很偉大的地方。

(4). 當整個趨勢再繼續往下走的時候,就來到了第「3★」點,這是一個關鍵點。它是由「正」值轉往「負」值的起點,回過頭來看,在第「2★」往下走的時候所表達的還只是一個趨勢,但是到了第「3★」點則不一樣了。這是一個具有關鍵性的「點」,也就是它由「正」值區域進入了下半部的「負」值區域,這也是一切衰敗「正式」的成立。

就一般人而言，會認為圖 3.6 的第「3 ★」點是最高「峰值」，是一生的最高境界，並認為「旺」是生命的最高峰。但是，他們看不到，這個「微分方程式」已經在「預言」，事實不是如此，而是會相反的。在圖 3.7 的這個微分候的曲線圖告訴我們，它是「正」、「負」的交接之點，往後會有一段很長的下滑的路程。俗語說得好「物極必反」，在中國的《易經》裏一開始的「乾」卦中，就有一句非常重要的話，所謂「亢龍有悔」，因此自古以來，所有的帝王最多也敢自稱「九五之尊」，而不敢提升至「九六」的這個最高點。這是它第五個很偉大的地方。

(5). 微分曲線過了第「3 ★」點至第「4 ★」點的時候，這有兩個主要的徵兆，其一是曲線完全進入負值區域，也就是位於橫軸以下的位置。其二是曲線向下值到最低位置。進入負斜率狀態代表的是沒有成長的可能。而曲線向下探底則告知衰退在繼續惡化之中。第「4 ★」點的斜率水平，也就是為「零」的意思，其實它是很有意義的。很少人能夠在圖 3.6 中看得出何時該退休了呢？微分告訴我們，在這第「4 ★」點的時候，我們該退休了。所以，我常將它比擬是一個人的「退休」時機。一個人退休之後，生命現象並未結束，但是在事業上該是可以放手的時候了，回歸自然，而身心趨於「平靜」，以前的一切都將它歸零。過了這第「4 ★」點之後生命雖然還是在繼續退化，最終則是逐漸的回到了函數值為「零」的初始狀態。生命的最終歸向還是「零」，化為煙塵，而塵歸塵，土歸土，回到了一無所有的「無」。這是它第六個顯示很偉大的地方。

「生命曲線」在微分後 的神祕啟示

最後還有一個非常重要的問題值得一提的，那就是在圖 3.6 中我們在最左邊看到的是「1★」點，這是一個「生」起點，這是生命最早的一個起點。如果再向左邊推前一些的話，我們就可以看得到它由「零 (0)」點開始的，它也就是「生」的這個起點。所以，如果我們繼續的向前延伸的話，曲線的最後就會跟 X 軸相合而成為一體，也就是與「零」軸合而為一，這是必然的，也符合事實。畢竟我們在出生之前一切都是為「零」。同樣的，我們可以在圖 3.6 最右端看到的是「5★」點，這是一個「亡」點。而如果我們再繼續往後延伸的話，就可以看得到它再次的回到了 X 軸上，其 Y 軸上的實質是「零 (0)」，塵歸塵，土歸土，一切終結還是回歸了「零」值，而結束了這一切。

但是，當我們將「生命曲線」加以「微分」而轉化成為「微分方程式」的時候，這個曲線圖顯示了非肉眼可見的細節與事實，如圖 3.7 中所示。現在，讓我們再仔細的對照這兩張圖。它們是同一個來源，唯一的差別就是在於前者式曲線的原圖，沒有微分，後者是經過微分而成的微分曲線圖。用微分的趨於「極限」的思維來仔細的觀看圖 3.7 中「生 (1★)」與「亡 (5★)」的這兩個極限點。

首先我們來看看生命的「生 1 ★」這個點，這是一切事物與生命的起點，在微方程式的特性曲線中，它顯示是由「正」值而無限的趨近於「零」，也就是我們常說的「0^+」這個值。所謂「0^+」就是數學中的「極限」觀念，它表示不等於 0，也就是：

$$0^+ \neq 0$$

　　「0^+」不等於 0 的觀念是它永遠都比 0 多一點點，至於多多少呢？那只能用極限中的「無限小」來形容它，但就這無限小的這一點點，使得這兩個數值並不相等。

　　現在，再讓我們把焦點往最後的這一點看看，在曲線的最後那一點是「5 ★」，是由「負」值趨向於「0」，以極限的觀念而言，那就是「0^-」。它的極限值一定會比「0」要小那麼一小點點，這少掉的無限小的一點點，也使的它不等於「0」而是「0^-」。我曾經試過，不論我們用多麼小的「負」數代入微分方程裡面，絕對都不會使那最小的極限值為「0」。

　　於是就出現了一個非常奇怪的現象，那就是「生」的「0^+」不等於「亡」的「0^-」。也就是：

$$0^+ \neq 0^-$$

　　的這個現象。看到這樣的結果，讓我直呼驚嘆不已。我們一直都認為「生」與「亡」是同歸於「0」，我們的生前與死後是完全相等的。但是在這張「生命曲線」經過「微分」之後的「特性曲線圖」，卻告訴我們生命的起點與終點並不相等。這代表的是「生命曲線」中的「生」與「亡」這兩個點，並不都是回歸到同一個「0」的軸線上。

3.6

在極限中看到了「靈」 的不可思議

在這之前我一直的都認為「生」與「亡」都必然會回到「0」點上面，也就是這一切都必須歸「零」才對。但事實上，這「生命曲線」的「微分方程式」的特性曲線卻告訴我們，在 $0^+ \neq 0^-$ 的情況下，證明的是：

「我們出生前的「(生)」與最後的「(亡)」這兩個狀態並不相等。也就是說，我們出生前的「(生)」與最後的「(亡)」它們並沒有都相等的回到「0」的狀態下，這也就是說「生(0^+)」的起點並不等於「亡(0^-)的終點」。

原先，以我的認知，人類必然是生於塵土，歸於塵土。而這一切最後都要回歸塵土之中，我們來自於哪裡，也必然要回到那裡去。但是，當我們進一步的對「生命曲線」加以微分的時候，微分方程式的特性曲線卻告訴我們：

「生命只要有了過程，則出生與死亡就不相等。」

那麼當人類最初的「生」的起點，不等同於「亡」的最終點的時候，這之間就出現了差異。也就是在數學上的「0^-」的值會略小於「0^+」這個值。所以，這之間就一定有一個極限的「差值」存在，在數學中則可以表示為：

$$0^+ = 0^- + C$$

　　這就是說在我們死「亡」之後，比起「生」之時，少掉了一個「C」值。也就是說，只有當這個「C」值遞補上去的時候，才能夠與出「生」的時候相等。這個「C」值究竟有多大或多小？沒有人知道。唯一可以肯定的是 C 的值雖是可以具有「極限」的小，但是，就是不會等於「0」。

　　那麼這個「C」值究竟是什麼？首先，我們可以肯定它不會是「物質」。而同樣的，「C」也肯定不會是「能量」。事實上，如果這個「C」值是物質或是能量，那就很容易的會被科學家們量測出來。一個電子 (electron) 的「質量」小到了極點，但在上一世紀初英國科學家湯姆生在 1897 年就發現了電子，並測得電子的「質量」為 $e_m = 9.109\ 383\ 56(11) \times 10^{-31}$ kg 因而在 1906 年得到了諾貝爾物理獎，這是一個世紀前的事。電子是屬於虛擬粒子 (virtual particle)，因為它本身並沒有「體積」，但是它有「能量」存在又稱為電子伏特（electron volt），符號為 eV，是能量的單位。代表一個電子所帶的能量：

　　$1\ eV = 1.6021766208(98) \times 10^{-19}$ 庫侖

　　也就是電子在經過 1 伏特的電位差加速後所獲得的動能。

　　如果這個「C」值即不是「物質」也不是「能量」的話，那它究竟是什麼？在宇宙中能夠存在的不外乎是時間、空間、質量與能量，如果這個「C」都不是這些，那麼它到底會是什麼？也許，那唯一可以解釋的存在就是這個「靈」的現象了。奇怪的是人類的「靈」魂自古以來不論古今中外都有記載可循，雖然皆是莫測，但也從沒有人可以真正的拿出證據來證

實些什麼？

在這本書上用了一個小小的微分方程式，卻顯示有生死並不相等的現象，而如上圖所示，死亡若是加上一個「C」的極限值才會等於「生」。也許，這個極限的「C」值就是「靈」的存在的一種隱喻。數學是宇宙的真理，這個生命曲線的微分方程式，也許可以提供世人一項小小的認知。至於「靈」究竟是什麼？或是存在於何方？也許還有待進一步的證實，就如同人類的起源一般，在基本上就是屬於一個特大的謎題。而同樣的，人類的「創生」除了只有「上帝」可以解釋之外，同樣的也還都是完全的無解。但無論如何，對於「靈」而言，本篇也許提供的只是小小的一小步，其餘的，尚有待大家真實的共同研究與探討。

【第 4 章】
人類的基因密碼與揭示

4.1
從神秘的「基因」談起

「基因密碼 (Genetic Code)」這四個字在英文的原意裏並沒有「密」的意思，但是如果我們若將它翻譯成「基因密碼」也是相當不錯的一種翻譯方式，因為：

「基因的確是一種極度神秘而且是非常不可思議的一種生物編碼。」

在英文上「Code」這個字的原意就是「編碼」的意思。現在加上一個「密」字，的確就會顯得更神秘些，不過事實上，「基因」的本質也真的確實是如此。

要談到「基因」，首先我們就會要談到細胞的問題。我們人類每一個成人體內存在有約 60 兆個細胞，而每一個細胞的細胞核內又有約 30 億個信息基因，這兩者相乘的結果就產生了人體內一個難以計數的天文數字。但是，在這麼多的信息基因內，實際上真正發生功能與作用的僅約 5%-10% 而已，其餘的 90%-95% 的基因是處在長期休息狀態。至於哪些是在

作用狀態或是哪些是在休眠狀態？真正的原因人類並不知道，只知道基因的本身它們會不可思議的自動調適。

近代的研究報告告訴我們，這世界上最聰明的人之基因與智能障礙者的基因相比差別不到 1%。而人類之間的差異程度並不是基因本身上的差異，而是在「喚醒」基因的能力上面的差異程度。所以：

人類的某些基因的確是可以在某些時刻被外界所喚醒的，這一點非常的重要。

為什麼有些人始終在考試的時候考不好，而有些人卻輕易的可以過關？這固然與他們專注的能力有關，更可能的是他們的某些基因在某些條件下比別人提早被打開了，因而發生了作用。所以，若想要喚醒體內的某些基因，它實際上是與我們的信念、思考、行為、習慣以及專注能力具有相當程度的關聯性。

基因的大小約在 100Å「埃（Ångström）」左右，它的符號是「Å」，那是一個長度計量單位，請注意，它不是一個 A 字，而是在 A 的上方帶有一個小圈圈，請注意的看一看「Å」就能看出來，它在微觀世界會常被用到，由於它是一個長度計量單位，所以需要特殊的一個符號，以便與一般的「A」可以區別。1 Å = 10^{-10} 米 = 0.1 奈米。基因的大小約在 100Å，若以奈米來計算是 10 奈米大小。請注意，我們人類的視覺最低的範圍是紫色光的 370 奈米。所以，「基因」的大小顯然要比我們人類的可見視覺小的太多了，故而當然不是我們人類肉眼可以看得到的。這樣的安排是神蹟的，

否則若是肉眼可見，則每一個人可以自己動來動去那就天下大亂了。

　　各位請仔細而深入地想一想一個事實而又實際上的問題，那就是人類的基因密碼，也就是生命的設計圖為什麼設計得如此的絕妙絕巧，而且是將這些密碼寫在極微觀的「另一種」的世界裡，這究竟是「誰」所為？父母親只是把我們生下來而已，至於我們身體每一個器官與細節的構造，那就要進一步的問，這究竟是怎麼長出來的？這真是一個「大哉問」。當然，我們人類本身絕不可能自己去設計或製造一個自己完全看不到的設計圖。它遠遠的超過我們人類的認知與智慧，而又設計得如此完美無缺。是「誰」有這個能力去設計？是「誰」有這個能力去製造？另一個重點是，我們知道，若是將所有的元素都集合在一起，則無論如何，它們也絕不會經由轉化而變成生命的。於是，我們不得不開始思考，那必然是有一種超越人類的「神格」存在而成為造物主，唯有如此，才會有如此完美無缺的設計與製造出我們人類的身心。事實上，整個基因密碼所顯示的啟發，那就是在告訴我們人類，我們身體的每一個部分都是被不可思議的「神格」所設計與製造出來的。

　　我們每一個人在外觀上看起來似乎都差異不大，但是，內心的世界與特質，卻可能有著極大的差異性。每一個人都有他自己不同的個性、長相、智能、體能等等，而這些特徵全都是受到天生的「設計圖」的設計而來。譬如說科學家們曾經調查過人類有 2 項能力是最受到與生俱來的影響而有差異性的，第一個就是「音樂」，音樂很有可能是一種天才，靠後天的訓練很難有創作或大成就。其次是運動員，有些人天生就是跑得快，100 米

稍微一跑就是接近 10 秒，而大部分的人即使是訓練了一輩子，也到不了這個速度。所以說這個「設計圖」影響著我們每一個人的一生，甚至於說得更精確一些，我們身體的一切都是依照這個「設計圖」而製造出來的。那麼這個「設計圖」究竟是什麼呢？近代的科學告訴我們，它的答案就是「基因 (gene)」。

我們人體全身就依照這個充滿最高智慧而又完整的基因序列編碼或稱之為密碼的「設計圖」而產生出來的。為什麼說它是具有最高智慧而完美的「設計圖」呢？因為，它的確是完好與完美得太美好了，它沒有任何缺失的地方。只是人類至今還沒有辦法完全的解讀這些基因密碼具有的真實意義。是誰有如此絕高而無上的智慧與能力，能夠設計出如此完美的一個「設計圖」？而又能根據這個完美的設計圖，製造出一個完美的聚合體來？至少，在現代的人類中，沒有人能夠真正的回答這個問題，近代的科學家們，不得不只能夠依照真實的現象說：

「這一切只能說，生命它真的是來自於造物者的創生」。

同時，也可以確認的說，人體的這一切機制，也絕對不是在地球上依據周邊的環境與物質，而隨機進化就可以成就人類這整個身體、智慧與相關的機制。

人類基因密碼的啓示

要談到我們人類所有一切的最根本，那就先是要從我們的身體說起。然而這就必須要先了解一些最基本的專有名詞，也才知道這一切究竟是在說什麼？其實，這些基本的專有名詞在我們的日常生活中也常常的聽人家說起。但是，我總感覺許多時候大家講的專有名詞，讓人們不知道他們究竟是在說什麼？所以，我想盡可能的用大家都能聽得懂的詞句，而捨棄過於艱澀的部分。讓大家都能了解我們自身那神秘而不可測的事物。我們人類是由超過「60兆」個各式各樣的細胞所構成的一個聚合體。整個身體的布局、構造、機制與運作其實是複雜無比的，不但是各體器官的運作，更重要的是各器官之間彼此相互的因應與關連，以便於完成相互之間與整合各體運作的完整機制，這其實是不可思議的。

那麼首先就來看一看下列這些我們常會見到的一些相關的名詞：如細胞核 (nucleus)、基因體（genome）、染色體 (chromosome)、脫氧核醣核酸 (DNA。(DeoxyriboNucleic Acid)、基因 (gene) 以及鹼基 (Base) 等等這些名詞。它們其實都是我們常常聽到的，那麼，它們究竟是什麼呢？它們之間究竟又有什麼關係呢？而它們又有什麼不同的作用呢？其實，在這些名詞中，我們真正只需要知道或了解一個正確的概況與觀念就可以了，並希望各位能夠深深的體會這其間的道理：

首先，就讓我們先從「細胞核」[4.1] 談起，各位必須先知道：

「在我們身體中最微小的地方，隱藏著宇宙中最偉大的神奇。」

「細胞核」是存在於細胞中的封閉式膜狀細胞核體。細胞核的作用，是維持基因組織的完整性。細胞核的主要構造為「核膜」，它是一種將細胞核完全包覆的雙層膜，可使膜內物質與其它細胞質分隔開來。由於多數分子無法直接穿透核膜，因此會有一個「核孔」作為相關物質的進出通道，細胞核的核運輸是細胞中最重要的功能，細胞核內染色體的保存等，皆須仰賴「核孔」

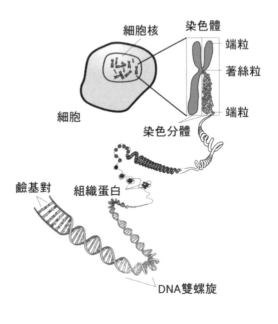

上所進行的輸送作用。這真是造物者何等的巧思與安排。

我們的「染色體」是存在於我們全身的「細胞核」之中。人體的細胞核內共有 23 對染色體 (chromosome)，一對是兩條，也就是共有 46 條的染色體，它們是將我們遺傳資訊直接傳遞給後代的實體物質。編號從 1 號到 22 號的染色體，我們又稱之為「常染色體」。另外還有一對就是個「性染色體」，它是專門主宰性別染色體。染色體內所具有的遺傳物質相當龐大。所以，它是被壓縮而形成的一種聚合體，由於它很容易在鹼性

染料染成深色，在英文中「chromo」是顏色的意思，「some」則是說某樣東西，所以合起來「chromosome」就叫做「染色體」。「染色體」它主要由雙股螺旋的脫氧核糖核酸 (DNA) 和一些被稱為組蛋白的蛋白

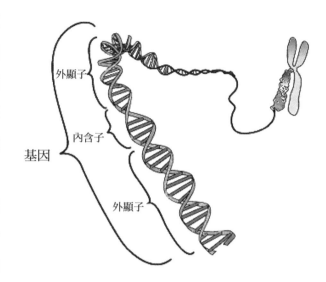

質構成。染色體的雙股螺旋形成中空的線狀體，稱為「螺線體」或稱「核絲」。其外徑約 300 埃 (1 Å = 10^{-10} 米 = 0.1 奈米。「埃 Å」一般用於原子半徑、化學鍵長和可見光的波長。氫原子的共價半徑在 0.3 埃，它也被廣泛應用於結構生物學中。[4.1]

在人類生物學中，一個生物體的「基因組（genome）」，是指包含在該生物的 DNA（或 RNA）中的全部遺傳信息，又稱基因體（genome）。基因組包括全部的基因和尚未非編碼 DNA。DNA 是一種長鏈聚合物，每一個細胞內的 DNA 則又是約由 30 億 (3 billion base pairs) 個「鹼基對」[4.2]排列而成的序列，這所有整個的鹼基序列，也就是包含了全部所有的訊息。23 對染色體分別以 1 號染色體、2 號染色體與 1 條 X 染色體和 1 條 Y 染色體等稱呼之。這「30 億」個鹼基排列而成的「基因組」。在「基因組」中呈現有一節一節可以區分為數萬個鹼基區域的，這就是所謂的「基因」。

「基因」一詞來自希臘語，其意思為「傳而生之」的意思。是指攜帶有遺傳信息的 DNA 序列，也是控制性狀的基本遺傳單位，亦即一段具有功能性的 DNA 序列。所以，在整個「基因組」中區分為數萬個鹼基區域的「基因」，每一個「基因」都代表著遺傳的特質。所以，可以說「基因」是整個染色體的一小片段，做為遺傳基本單元，上一代的遺傳性狀會藉由基因傳遞給下一代。人類約有兩萬至兩萬四千個基因。近代的科學家們對於所有的「基因」都設定了編號，而這個編號也經常的會被說成為「基因密碼」。根據 2007 年 NCBI 的資料，1 號染色體中一共包含 2782 個基因，但在 2010 年，1 號染色體上發現的基因數量在原有的基礎上增至 4228 個，人類基因組計畫花了 20 年才將這些序列排序完成。

　　一般來說，生物體中的每個細胞體都含有相同的基因，但並不是每個細胞中的所有基因所攜帶的信息都會被表現出來。職司不同功能的細胞或不同的細胞類型中，活化而表現的基因也不同，我們人體有「60 兆」個各自分工的細胞，而每一個細胞內又有「30 億」個「鹼基對」。再由這許多的「鹼基對」中形成各個段落的「基因」。至此，讓我們好好的想一想，我們每一個人的身體都有著如此龐大的細胞，而具有如此龐大的「基因」與「鹼基對」，這將是多麼浩大的一個極限工程啊！在微觀的領域中，這個如此高度智慧的一個天文數字的「基因」結構體，是設計得如此完美的運作中，這除了可以使用「神」這個字可以形容之外。相信，沒有任何語言可以再加以形容了。

基因能從物質進化而成嗎？

各位想想看，我們現在的身體，若是真的依照「進化論」所言，也就是論及一切生命的起源，那我們就應該用追根究底的方式，回到生命的原始點。生命應該是由一點一滴進化而來。那麼，在剛開始的時候，就必須先由無機物中的「碳 (C)」、「氫 (H)」、「氧 (O)」與「氮 (N)」，以的比例再經歷大自然的雷電與火山高溫等等條件，在天時地利之下開始形成了「胺基酸(Amino acids)」。「胺基酸」它是生物體內最重要的有機化合物，它是由胺基（-NH2）和羧基（-COOH）的所組成的。「胺基酸」是構成「蛋白質 (protein)」的基本單位，並賦予蛋白質特定的分子結構形態，使它的分子具有生化活性。事實上，蛋白質是構成人體各種大小組織所必須的基本元素，從身體的肌肉組織、乃至骨骼、牙齒等等。甚至於在細胞中每一個個體均存有蛋白質，而在人體內廣泛的被應用著，它同時也能夠調節身體的諸多有關於酵素跟激素方面的功能，甚至是荷爾蒙。同時蛋白質也能夠製造病毒和細菌的相對的抗體，並維持血液滲透壓的平衡。

但是，至今仍沒有人知道這些無機物是在什麼狀況之下，形成了這有機物的「蛋白質」。至少以人類現在的科技，尚無法把這些無機物混合在一起，不論是用任何的方法，我們甚至做不出任何的一個「胺基酸」來，更不要說是「蛋白質」了。我們實在很難想像，大自然是如何利用這些無

機物體產生了「胺基酸」或「蛋白質」的這個有機物的？而更重要的是，要讓這些「蛋白質」能夠存活下來，而又能夠與其他的有機物產生了必須的共同體作用，單就這一點，其實就是很難想像的。然而，這才是生物「進化」的起始點而已。地球上充滿了所有的各式各樣的無機元素，但至今卻從未有人看到它們會自動合成「蛋白質」的。

在基本上必須有了足夠的「胺基酸」才可以構成「蛋白質 (protein)」。它是由一個或多個由胺基酸所組成的長鏈條所構成的。蛋白質是生物體內重要的活性分子，包括催化新陳代謝的「酶（Enzymes。又稱：酵素）」等。「蛋白質」是地球上所有的生物體中都必須要有的組成成分，它參與了細胞的生命活動中的每一個進程。

「酶 (Enzymes)」也是最常見的一種蛋白質，它可以催化生物化學反應，尤其對於生物體的代謝作用居於關鍵性的腳色。醣類 (carbohydrate)，又稱碳水化合物，一般由碳、氫與氧三種元素所組成，廣布於自然界。醣類的另一個名稱為「碳水化合物」。其由來是根據生物化學家先前發現一類物質可寫成經驗分子式 $C_n(H_2O)_n$，其氫與氧元素的比例始終為 2:1，故以為醣類是碳和水的化合物。醣類為人體之重要的營養素，主要又分成三大類：單醣、雙醣和多醣。在一般情況下，單醣和雙醣是較小的（低分子量）的碳水化合物，通常稱為醣。例如，葡萄糖是單醣，蔗糖和乳糖是雙醣。多醣（Polysaccharide）是由多個單醣分子聚合而成，如澱粉類則為多醣類食物。

有了這些是不是就具備了可以組成生命的最基本條件了呢？不！那還

差得太遠了。這些成分甚至連「生物分子(Biomolecule)」的資格都還談不上。「生物分子」是組成生命的基本單位，它是所有存在於生物體中的分子的總稱。包含了蛋白質(protein)，碳水化合物(carbohydrate)，脂質(Lipid)和核酸(Nucleic Acids)等等。「生物分子」已經已經包含了有「核酸」的存在了。「核酸」是一種位於細胞核內的大型生物分子，負責生物體遺傳信息的攜帶和傳遞。「核酸」有兩大類，分別是脫氧核糖核酸（DNA）和核糖核酸（RNA）。

雖然大自然具有一切的物質，但是至今卻沒有人見過大自然可以自行合成「胺基酸」，更沒有人見過大自然有能力合成「蛋白質」的。甚至於大自然還要有能力合成「核酸」中的 DNA 及 RNA 具有如此超高智慧的遺傳「基因」，那就更不必說了，那是絕不可能的。各位想想，大自然可能自動隨機的演化出「生物分子（Biomolecule）」，然後再進一步的演化成「細胞」，並再進而成就了一個生物體嗎？。這是一步都不能有絲毫差錯的事，大自然的進化若是隨機的，它可以在隨機的狀況下，到達如此不可思議的神奇而又完美無缺的境界嗎？

人體與人性的創生奇蹟

　　會走路有什麼稀罕的嗎？那不是天經地義的事嗎？從生下來一直到長大，天天都在走路，幾乎沒有人會在意自己的走路的事。走路當然是用兩隻腳，而且每次只能有一隻腳著地，而另一隻腳是空的並且向前移動。兩隻腳這樣子的來回踏落在地上向前進，那就是走路了。事情就是這麼的簡單，會走路好像是天經地義的事情。

　　絕大多數的人沒有認真的體會到，

　　其實人體用兩腳「走路」的本身就是一種奇蹟。

　　只是當我們還健康的時候，從不會去體認「走路」會是多麼複雜的問題。直到……你一旦失去的健康而不能走路的時候，這個時候你才會覺得會走路是多麼偉大的奇蹟，是多麼偉大的幸福啊！

　　我們是地球上唯一用單腳著地而走路的智能動物，而單腳走路最大的一個問題就是全身身體平衡的問題。當我們在行進中的時候，左腳右腳交互的在向前進行，會走路並不是只有腳的問題。而實際上，在走路的時候，我們身體的每一個肌肉都在配合著身體的平衡。大腿肌肉強而有力的交互配合，腹部肌肉的伸張與收縮的配合，甚至還必須配合來自於雙手的自動平衡的擺動，甚至於頭部的搖擺，更決定了身體平衡的位置。

所以，一個走路的現象，它需要全身所有肌肉與肢體在適當的位置、適當的方式與適當的力量，做整體性完美的配合，才有可能完成一個完整的走路的動作。想想看，一個走路的動作，需要有這麼多完整而又完美的整體性的毫無缺失的相互配合，才能完成這麼一個動作。各位，在您還能走路的時候，應該要好好的珍惜你的每一個步伐，好好的去走路，並好好的體認走路給我們所帶來的愉悅與身心的快樂。因為，它的本身真的就是一種奇蹟。

　　事實上，我們身體的每一個器官都是精巧而複雜無比的，而每一個器官所產生的功用還須彼此之間相互緊密而無缺的配合，這種配合度的精密而準確其實是不可思議的。每一個器官的完整與完美的聚合，並造就了我們整個完整的身體與大腦的智能，這一切的成就絕不是偶然發生的，更不可能自體造就的，而事實上，這一切只有那至高無上智慧的「創生者」才有可能是如此的完美無缺的「創生」我們的身體與智能。

45

對生命的小實驗真體驗

　　我想做一個小小而真實的實驗，我們用特製骰子來做實驗，藉以讓各位可以明瞭自然的隨機演化，有沒有可能性會演化出我們所需要的排序。首先我給各位一萬個骰子 然後每一次要搖出來的結果都必須從1號完全依照順序的連號排列一直到一萬號，一點都不能錯誤。如此這般一直的連續了的這樣子持續的搖，您認為要搖多久才會出現從1號一直連續的排列到一萬號而都不會錯亂呢？在機率上答案幾乎是「零」。因為第一個要出線是1的機率是六分之一，第二個要出線是2的機率也是六分之一，這兩個子要從這特製的一萬個號碼的骰子中排成12順序的機率是三十六分之一，也就是0.027%。那麼，要順序的排列一萬的號碼，約是小數點後面一萬萬萬………個「零」。其機率各位不妨自己去算一算就知道了。

　　我們現在再進一步的談談人體隨機進化的結果，是不是也是真的有可能有這種能力做如此完美的排序。請別忘了，我們現在的樣本才是一萬個骰子。現在，回過頭來看看我們自己，各位知道我們的身體有60兆的細胞，每一個細胞內又包含有30億個「鹼基體」，這兩個數值的相乘就是1800億兆的天文數值。我如果拿這個數值讓各位去搖骰子的話，這1800億兆的天文數值，每一個細胞或鹼基體的位置都不能出任何一點差錯，就算每年可以超快速，用飛的排妥1800億個細胞或鹼基體，那也要花一兆

年，您認為這個「一兆年」的歲月是多久遠呢？當然，宇宙才不過誕生 138 億年而已，比起這個數值還差得太遠了。所以，您認為這有可能嗎？而我們真有可能是這樣演化而出的嗎？相信各位必然也會抱持著否定的態度的。

想要全盤的深入解讀與了解我們的基因，那至今還沒有人可以說得出來了，若有人企圖改變這些「基因」或是加入其他物種的基因，而改變了「創生者」所賜給我們原有的基因，到時候，絕對沒有人可以說得出人類會變成什麼模樣？但有一點可以確定的，那絕對不是人類的福氣。所以人類未來在走基因的這一條路上，必須要非常的小心而受到嚴密的管控才可以。要記得，挑戰「上帝」的結果，必然是只有毀滅一途。還是那句話，那就是：

要懂得敬畏「上帝」，才是我們真正的福氣。

人類的「靈」就在「基因」裡面

　　仔細的研究，才會知道我們人體的結構是如此的複雜而又如此的完美，沒有任何一個器官是擺錯了位置，也沒有任何的器官是多餘的或是無用的。我們會以為用腳走路那是天經地義最稀鬆平常的事，但是可曾想過，我們在走路的時候會動用到身體的每一個肌肉，從頭部開始一直到腳底，每一個肌肉與骨節都能配合得完美無缺才能成就這一切。事實上，連一個小小的腳底筋膜炎都能夠讓我們無法走路。不知各位想過沒有，這一切到底是誰在作用得如此完好？使得全身的肌肉與組織能夠配合得如此的完美而圓滿，才得以讓我們走路，這實在是神乎其技。我們用嘴巴吃東西，各位可曾想過，為什麼我們的牙齒剛好就長在口腔裡而，而不是長在其他的地方。請問各位，單就這件事情而言，那無序進化的巧合？還是一種安排？我們身體其他所有的作用都是如此，也就不必一一的再去描述。各位可以深自的自己去想一想與體驗。如果您說這是巧合，那麼我們身體所有的器官都長得它們剛好的位置也剛好可以適當的發揮它的功能，您說這全都是巧合嗎？我想再說一遍：「太多的巧合就不是巧合！」。

　　想想看，當我們要製造一部複雜的無比的機器的時候，首先要做的事情就是要有設計圖，有了完美的設計圖還不一定能製造出完美的成品，這裡面還需要有完美的材料與製造。當這些全部都能夠達到完美之後，才能

夠製作出一個完美的成品，我們的身體與心靈的創生也是同樣的道理。那麼再問，這樣的說法有根據的嗎？是的，事實上我們體內每一個細胞裡的「基因」就是我們全身的設計圖。可能很少人會想過，其實我們的「靈」就存在於我們的「基因」裡面，只是我們不知道而已，而它也很可能是處於「休眠狀態」。但是要如何的「開啟」基因，那才是一門真正的大學問。

　　現在，就讓我們再進一步的談一談人類的「靈」的問題。其實，「靈」的問題也是最難談的一個問題。如果要談到「靈」，那麼就一定要跟「造物者」或是「上帝」連上關係，而不是我們自以為是的一些感覺或感知。人類的「靈」是可以超越一般認知的，而提昇到另外一個層次。它跟「上帝」確實是有著某種特殊與密切的相連關係。這並非全然是依據宗教上的說法，而是在實質上有相當密切而奇特的根據的。人類的嬰兒是屬於父母親的「基因」之遺傳而才有了開始與有後來的一切。然而，「基因」則正是來自於「上帝」的傑作，自然界是不可能製造得出如此複雜、神秘而又不可思議的人體「基因」。所以，我說屬「靈」的層次確實是跟「上帝」有著某種特殊的關聯與因由，其原因就在這裡。屬於「造物者」或「上帝」以「基因」的方式開啟了人類的生命。同時，也以某種的方式，開啟了人類腦部的智慧，使新生的嬰兒在成長的過程中，開始快速的有了人類智慧。

　　人類與其他的動物在「智慧」上的相比，若非「造物者」的介入，其實，人類是絕對沒有優勢的。剛出生的嬰兒沒有任何的生存能力，而在智慧上，比起其他的動物的智慧也都要來的晚許多。那麼，憑什麼人類最後卻贏了？而「上帝」是如何把人類最高等級的相關的智慧傳遞給人類的嬰

兒呢？最後的答案還是要回到「基因」上面，它讓人類具有極高智慧的「頭腦」。人類的「腦化指數」比起其他動物高出得太多了，這是一種超越型的突出，也是一種跳躍式的突出。那麼進一步的要問，人類憑什麼「能得」到這種特殊的待遇？如果要說得更深入一些，那就是我們人體的「基因」內隱藏著能與「上帝」有著某種特殊屬於「靈」的關係存在，而我們的「基因」則很可能就是承接自「上帝」的本身。

現在來談談我們人類的大腦。事實上，人類現在的大腦只使用了不到總體的 10%，也就是說，我們的大腦還有 90% 以上的地方都是處於休眠狀態。而在「基因」方面，我們人體的基因有二十三組基因，其中十八組是跟我們的免疫力有關的。然而，在某些的休眠狀態之下，我們也許可以用一些內在或是外在的方法來「激活」休眠狀態的基因，並用以提升人類對於某些癌症的抗體與免疫力。在我們體內的細胞，除了已經分化的免疫細胞外，每個細胞中都含有相同的基因，但並不是每個細胞中的所有基因的信息都會被表現出來。不同功能的細胞或不同的細胞類型中，基因活化而表現的程度也不相同。

我們知道，人類的大腦基因庫在基本上是相同的，但是，為什麼會出現一些人比另外一些人更聰明的情況呢？而一些運動員之所以比一般人優秀，這些都不完全是鍛鍊出來的，也就是我們常說的那是「天生」的。事實上，那是因為在他們身體裡發現了一些被「活化」或是「喚醒」的「基因」。同樣地，科學家們也在一些高智商人群的大腦中，也發現了能改善神經元的「活化」基因。而根據最新的研究顯示，人類基因組中僅有約 8.2% 的基因實際上被表達出來，成為了有用的組織與器官。而在人類

的基因組中，大約有 32 億個鹼基體，在近代的研究中發現，這其中僅有 2.5 億對個鹼基體是具有功能性基因片段，而其他近 30 億的鹼基體所形成的基因都「沒有」被表現出來。

這些在我們的細胞中沒有被表現出來的「鹼基體」或是「基因」它們究竟是為什麼沒有功能與作用呢？答案是：目前還沒有人知道。但是我們知道的是，若能「喚醒」體內的某些休眠中的「基因」，則人體就必然會出現其獨特而截然不同的作用與反應。我認識的一位鄰居王老先生 93 歲了。他在經過一連串詳細的檢查並同內視鏡檢驗之後，確認了他罹患了大腸癌第三期，並做成了影像紀錄。但奇怪的是，過了幾個月之後，在開刀的前夕，醫生再次檢查的結果卻發現他的癌腫瘤完全的消失不見了。拿出在同樣的位置的病理攝影與現今比對之下，腫瘤真的是不見了。為他看診的醫師還嘖嘖稱奇的問他是否吃了什麼仙丹妙藥？其實，他的這種現象也許正是在他身體內的某些基因被「喚醒」了，或是「活化」了，因而產生了特殊的抗體與免疫作用而消除了那個腫瘤。

「基因」的內涵是如此的複雜而又不可思議，我們真的不知道那裡面究竟隱藏了些什麼樣奇妙的事物，但如果這個宇宙中真的是有「靈」的存在的話，那也必然是存在的無比複雜與神奇的「基因」之內。「上帝」的訊息真的很有可能就隱藏在人體的基因中剩下的 90% 的那些「基因」裡面，若能喚醒它們，也許真的就會使我們可以與「上帝」具有某種相通或是相應的關係。不要讓我們的「靈」永遠的埋沒是在休眠的那 90% 的「基因」裡面。不過，要如何喚醒這些「休眠」的「基因」，那的確是人類未來的一門大學問。

基因的創生是神蹟

　　讓我們仔細而深入的思考一個問題，那就是如果我們就是宇宙中「造物者」的話，那麼，如果若是想要創造地球上的「人類」，應該要如何著手？或從哪裡著手？相信很少人思考過這個問題，但是如果我們真的想要了解人類的源頭或根源的話，則這個問題其實是一個非常好的問題，至少它可以升高我們思考的位階，讓我們可以用更超越的思考，去思考問題。

　　想想看如果我們是「造物者」的話，我們應該如何去創生人類？當然，我們可以使用類似於用樹木雕刻的方式來做成一個人，但是這個方法卻只能製造出一個人的外型來，沒有辦法把我們的內臟與神經系統等器官一併放到體內去。於是我們就會想到是用最基本的方式，逐漸的一點一滴跟根據功能的不同與結構的不同而細細地堆砌成一個人人體。但是各位要想要看，我們的身體並不是由單獨而一致的細胞所構成，我的細胞之間還有互相的聯繫，各器官之間彼此有相互的作用與功能，想想看那整體性的複雜的關係與狀態，當遠遠的超過我們人類可以思索的程度。但是，我們卻誕生了。

　　至今我們不得不承認，使用「基因」的方式確實是無上智慧的一種方式。人體有 60 兆個細胞，要管理這麼龐大的細胞組織與聚合體，那就必

須使用每一個細胞裡面的「神奇」個體來管理整個細胞。重點是，不但要管理好這些細胞，而且還要讓它們有繁殖的能力，否則人類就不能延續。於是「造物者」就把這最重要的「物件」放到我們細胞裡面，而形成了「細胞核」，在「細胞核」裡則又包含了有染色體，而染色體之下有 DNA，在 DNA 之內則又放入了「基因」這個神奇的結構，讓「基因」來管理這一切，包含我們全身的身體系統與生殖與及繁殖在內。「造物者」也許可以創造一位或兩位的人類，但卻絕不可能親自去創造那幾十億的人口，於是就把這個工作就交給「基因」去管理與運作，這樣的思維與這樣的智慧，真的是只有「神格」才能想像得出來。

「基因組（genome）」包括了所有的基因在內，人體「基因」的數目，人類目前所能測得的約在 3 萬到 4 萬之間。而人類目前對於「基因」的解讀可以說費盡了一切的心力與智慧。但是，有一點是可以肯定的：那就是人類至今仍然不知道「基因」究竟是如何真實而細緻在管理著人體？而基因的基本構成又究竟是如何形成的？即使是人類解開了基因的序列，也絕對不意味著破解了遺傳奧祕或生命祕密。

人類「基因組」是包含了人體全部 DNA（基因）的總稱，它包含了人體的所有遺傳訊息。它經常會被比喻成是一部用 A，T，G，C 四種字母書寫的「生命之書」。而目前正在進行的「人體基因組計畫」之目的，就是要把這本基因所構成的「生命之書」所包含的字母，按其順序全都抄錄下來。組成「生命之書」的字母是「鹼基對」，想想看，單單抄錄這 30 億個「鹼基對」就是一個天大的工程。但是，抄了下來則絕不等於就能讀

懂它，對這本「天書」的具體內容，它的意義是什麼？其實，我們還真的知道得很少。 要弄清楚所有的「基因」與「鹼基對」的具體功能和相互聯繫的作用，那幾乎是永遠也完不成的工作。想要略為讀懂這本「天書」，人類還需要相當漫長的時日。想要全盤的深入解讀與了解，那就沒有人可以說得出來了。然而，更大與更危險的挑戰還在後方，那就是若有人企圖改變這些「基因」或是加入其他物種的基因，而改變了「創生者」所賜給我們原有的基因，到時候，絕對沒有人可以說得出人類會變成什麼模樣？但有一點可以確定的，那絕對不是人類的福氣。所以人類未來在走基因的這一條路上，必須要非常的小心而受到嚴密的管控才可以。

　　「基因」是屬於上帝的工程，我們一定不要去要試圖改變人類的基因的各種序列，而還自以為是的認為我們是可以超越上帝的。事實上，我們人類在宇宙中甚至連一粒微塵的大小都不如。我們真的並不了解「上帝」創生我們人類的真實意義，隨意的改變了這一切原本就不可思議的

「無上設計圖」將是極為危險的。然而人類目前卻正在嘗試著想要改變這一切，我相信這也必將遠離了上帝的祝福，而後患無窮。再說一次：要懂得敬畏「上帝」，才是我們真正的福祉。

[4.1] https://en.wikipedia.org/wiki/Chromosome
[4.2] https://en.wikipedia.org/wiki/Gene

【第5章】
生命究竟是什麼？

5.1
生命的特異是神蹟

生命是什麼？

它不單純的是什麼。

它的神奇是在「什麼」之上。

對於生命的創生，來自於太多的不可思議，

才會有今天的你。

☆

生命是什麼？

是宇宙無限的洪荒中，億萬年的一個奇蹟。

每一個人的出現，都是宇宙中的不可思議，

而此生難得，此身不再⋯

☆

生命是什麼？它是空前絕後的，

宇宙中絕不會有相同如一的我，

而且是永遠…的不會

能認識什麼是真我，才是生命的起點。

☆

生命是什麼？它是恬適和怡樂的，

豐富的學養可以使自己昇華，

細細的品味，

在時間裏每一片刻的生命奇蹟

就才是真正的

幸福無比

5.2

生命是不可思議的

　　我們是生存在宇宙的萬億個星系中的一個星系，而我們這個星系又稱之為「銀河系」。也就是說，在宇宙中除了我們的銀河系之外，還有這億兆個銀河系在那無盡的遠空裏。我常會回想起小時候在家中的院子裡，院子很大而且樹木很多，有大芒果樹、大龍眼樹等等，還有前後院都各有一棵我永遠也爬不上去的高高椰子樹。這裡所謂的「大」指的是很古老也很巨大的意思。每當天氣晴朗，微風徐徐的仲夏夜晚，我總喜歡把蓆子鋪

在後院的大樹旁，然後躺下來仰望著星空。雖然至今已不復記憶當時在童年的腦子裡想的是什麼？但是，那種看著天空中點綴著無數的星光，還有那非常明顯如同一條銀色的河流，一直在天空中閃爍而似乎流動著的銀色之河。

面對著橫跨整個天際的銀河與滿天的星星，似乎是伸手就可以捉住的樣子，這總讓我在內中深深的感動不已。雖然這條銀色的河流總是靜靜的閃爍著，但思緒卻可以深入到那深遠而不知盡頭的遠空。所以，從小我就對宇宙天文一直的有著濃厚的興趣與喜愛，而在最後學程裏，我選擇了「光電」作為我的主修，不是為了時髦，也不是為了其他任何的理由，而是由於我從小就在內心中對於宇宙那種深遠的極限與那不可測的神祕。因為只有「光」與「電」可以到達宇宙中最深遠的地方，而「光電」的本身也是宇宙中最神秘的事物。對於宇宙深遠的遐想，總是會深深的烙印在我兒時的腦海裡，而這對於我未來生命中的導向起了相當大的影響與作用。

如果要問這個宇宙中最神秘最不可思議的現象或奇蹟是什麼？各位可能會說那應該是「UFO(幽浮)」或是「黑洞」或是宇宙的億萬深遠或是那近年發現佔有整個宇宙 96% 的「黑暗物質 (dark matter)」 與「黑暗能量 (dark energy)」吧！這些的確是宇宙深遠之處的各種不可思議之奇異與特異現象。但是，真正的答案都不是上述的這些，固然上述的那些也的確都是完全無法思考的事實。但是，它們畢竟與我們日常的生活相去得太遠了。我們一般人實在可以不必太過於庸人自擾。而事實上，這一切最重大的奇蹟，它不在天涯海角，而是就在我們的身邊：

宇宙中所存在最偉大的神蹟就是我們自己。

　　各位不必懷疑這一句話的意義，我絲毫沒有自大和自以為是的意味。在這裡所使用的「我們」這兩個字是需要特別說明的。實際上，「我們」這兩個字是具有雙重的意義：一個是針對我們全體的人類而言。簡言之，就是我們「人類」整體的意識。另一個則是代表生活在這個世界上的我們每一個屬於單獨「個體」的人，也就是包含了你或我的各自本體，都是宇宙中最偉大的神奇。也許有人會說，我們人類在宇宙中何其渺小，應該談不上所謂的「偉大」。

　　事實上，神奇的本身與體積的大小無關，一隻小小的螞蟻要比它身邊其他的動物小的多了。但是，螞蟻的本身同樣是神奇的。其實我們人類一直到現在都不是很了解螞蟻。單就「嗅覺」而言，我們很難思考螞蟻的嗅覺，為何它是如此的靈敏？我放在床頭上一塊沒有吃完的餅乾，不多久就發現這塊餅乾上爬滿了一群的螞蟻，平常的時候都看不到有螞蟻，才不過是一塊小餅乾，它們是用什麼器官在做「嗅覺」的？一隻螞蟻跟我們人類的鼻孔相比，我們的鼻孔比它大得太多了，而我們這麼大的鼻孔卻聞不出有什麼味道，它這麼小的形體，卻可以察覺得到我的床頭有餅乾屑。各位，如果我們能夠仔細的想想，螞蟻的這一切不也是一種神奇嗎？更何況是我們人類呢？

　　在年輕力壯的時候，覺得身體非常強壯，全身每一個地方揮霍不完的體力，感覺正如金剛一樣的強壯。然而，卻在感覺之外，發現了行年漸長，年紀越來越大大了。雖然在科學智能與人生的學養上也逐漸的豐盛了，但

卻也開始領悟到我們的確不是金剛，於是，也就開始了使用科學的思維來思考我們的身體，也因而深深地領悟到，真的不要小看了我們的身體，他的神奇毫不輸給宇宙中任何的現象，只不過宇宙中的現象多是巨大得無可比擬，但我們人類雖小，卻是五臟俱全，而且還多出了那一份超越一切的「靈」。

　　平日一個最簡單的呼吸，它甚至關係到我們生命的存亡。但我們卻幾乎忘了它的存在，它沒有時時刻刻的打擾我們，但卻時時刻刻的配合我們，使我們可以注意其他的事情，而忽略它的存在。它完全自動的調整自己以配合我們的生理需求，讓我們可以專心從事其他想做的事情。我們呼吸調整的作用，竟然是可以自動完成得如此的完美，這豈止是妙不可言？各位可曾想過，是誰在主導著我們的這些事物呢？透過這樣的呼吸作用，它無時無刻都在為身體盡忠職守中，如此的完美的把我們呼吸所得到的氧氣，輸送經過十萬公里的血管總長度，而送到每一個細胞裡去。這樣的工作，當然不是人類可以思考的，即使到現在，人類仍然是並不清楚它們是如何整體而又合一的運作與工作？，但它們自身卻在我們的不自覺中輕易的完成了這些不可思議的工作。

　　若是單獨的依靠心臟那一點點的 120 釐米高的血壓，是絕對不可能把血液從一端擠送到全身血管總長度為十萬公里的另一端輸出。但是我們心臟卻輕易的完成了這項工作。今天是約略的提及了人類的呼吸及心臟的作用，就已經神奇與奧妙到不可思議的地步。其他的器官還沒有到提起，而我們整個身體整合起來的人體整個運作的智慧那就更高了，其實如果真的

仔細追究，每一個細節的功能都是難以思考的。如果連人體的本身都難以或無法思考的話，那麼又怎麼能談論與完成我們每一個身體如此龐大的一種成就？想想看，我們的根源若是其自身無法自成的話，如此則必然是有著無上智慧的「創生者」成就了我們的這一切，而我們卻還絲毫的不能自知，而自以為是的認為本來就是這樣，但卻從來沒有想過，這一切並不是必然，只是我們實在是太幸運了。

「靈」是一種共振現象

這宇宙中有一種非常奇特的事物，它不但是奇特，而且簡直是無比的神奇。他不是別的，我剛才說了，那就是我們人類的「身體」與「智能」。雖是如此，但是我們人類的本身還有另一個難以描述的特質，那就是「靈」的現象。「靈」這個字是很難解釋得清楚的，有人認為「靈」就是人類的「精神（spirit）」作用。但是我並不單純的認同這樣的說法，它們之間是不相同的，而且也不相屬。如果按照上面這個說法，我們說一個人的「精神」好，難道就可以說這是他的「靈」很好嗎？如果我說不要委靡不振，打起精神來走路，難到就是說我們要用「靈」來走路嗎？所以，「靈」與「精神」是完全不同的。

一個人的「精神」好是代表他的生理與心理狀態都很好，但未必與「靈」有關。如果把「靈」說成「性靈」就會比較好解釋。因為，「性靈」中的這個「性」包含的有所謂「天性」，是與天生俱來的意思。因而，「性靈」就是：

我們內在天生俱來的一種屬於「靈」的特質。

事實上，「性靈」與「靈性」是不一樣的。「性靈」是天生的「性」是與生俱來的。「靈性」則是我們內在的「性靈」表現於外在的一種「感

悟性」。所以，這種特質表現在外，則常又稱之為「靈性」。我們常說某個人很有靈性，也就是在說他這個人的「性靈」表現在外的那種屬靈的特質。

事實上，如果我們能更深入的探究，則會發現：

「生命是藉由靈性而展現其身影。」

肉體也只是「性靈」的依附而已。故此，人生表現於外在的所有現象，其實都無法避開這個「靈性」的問題，而人類真正應該解決的問題，也正就是這個屬「靈性」的問題。

現在，再說深入一點，「性靈」這種屬於人類特有的靈智，故而我們在思想上以及情感上是相當特殊的。而這種特殊性也就形成我們內在的一種「自我意識」。這種「自我意識」經常是包括在我們的潛意識裡面，它是以「自我」為中心的。這種以「自我」為中心並不是不好的事，當然也不是壞事，這跟一般常罵人「自私」一點關係都沒有。那種「自私」是一種品德的問題，而「自我意識」則是一切「自我」的緣起，這一點卻是非常重要的。

這種「自我」的現象在宗教界尤其明顯。我剛才說了，「自我」絕對不是壞事，這種的「自我」現象在遇到了有「共同」認知的時候，則會產生一種彼此非常親近與親合的感覺。這種親近與親合的感覺對於人類的身體與心理都有非常喜悅的感受。為什麼信教的人們對於他所信仰的宗教始終是深信不疑的。其實這同樣是一種心靈的「諧振 (Resonance)」現象，找到了「諧振」的頻率，這整個生命會與之「諧振」或稱之為「共振」的。

別忘了，在《物理學》中明確的告訴我們，任何物體在「共振(Resonance)」的時候，就可以獲得外界最大的能量，並且也因而可以獲得自身在「共振」的時候的最大能量。事實上，這種「共振」現象在我們日常生活中比比皆是。學過「電學」的人一定很清楚的知道，沒有「共振」的現象就沒有今日的世界，也沒有現在的你我。「造物者」的能力是多面性的，所以，祂可以用任何的頻率與我們人類產生「共振」的現象。也因此，在信仰之下許多人會與他的信仰產生「共振」，所以在感覺上是愉悅無比的。

「諧振」的現像是我們每一個人都會有的一種現象，例如我們在聽音樂的時候，有時會感覺到特別的感動，但同樣的音樂對別人來說卻沒有什麼特殊的感覺。同樣的，在生命中某些時刻，我們會特別的敏感，而在某些時候卻又渾然不知的沒有什麼感覺，若是我們能夠找到自身的諧振頻率，我深信在這種頻率作用下，對於身體是極為有益的。事實上，我們的身體每一個器官都是依靠「諧振」而在運作的，同樣的我們的血液也是靠個器官的「諧振」才能輸送到每一個器官與細胞。

再次的我們談到生命中的「自我」現象。事實上，「基因」才是我們生命中最「自私」的一種生命起源的組織，但是，這種「自私」是絕對必須的。也正因為是如此才能在宇宙中保有一個屬於真正的「自我」，對於這個真正的「自我」而言，宇宙中若是失去了它，當然，宇宙還是會繼續的存在，一點影響都沒有。但是，若是人類沒有了「自我」，則再談其他任何的一切事物都是屬於沒有意義的。有了「自我」才能論及其他的一切，也才是其他任何一切事物的開始，也是屬於一個「人」的真正起點。但是不要忘了，就這個人而言，他仍然是屬於「性靈」中的一部分。

生命中的自我意識

　　事實上，說得深入一些，「自我意識」是綜合我們生命中的肉體與性靈的一個起始點。我們的肉體受傷，於是在「自我意識」中就會產生疼痛的感覺，而這種疼痛的感覺是完全無法讓他人替代的。我的內人拔牙，我自然不會有肉體疼痛的感覺，當然，「心疼」是免不了的。「自我意識」對於一個人是如此的重要，不！應該說是最重要的事。那麼該如何正確的培養與提升「自我意識」那才是一個人真正應該好好終生需要學習的。有了超越的「自我意識」才會有超越的人格特質與思維智慧。所以，我們必須要有一種堅實而超越的「自我意識」，因為，它代表著我們的生命與性靈。

　　人類自出生以來看得到的都是我們肉體的成長，人類的肉體全然的是由物質所構成，奇妙的是，這些構成人體的物質都是我們一般常見的化學物質，神奇的是，這些常見的化學物質經過了特殊的組合之後竟然出現了有生命的個體。而這個生命竟然讓人類直到今天都無法去定義他。事實上，人類的生命究竟是什麼？當然沒有人可以回答的出來。但也許，大家應該會認同，人類的生命就「性靈」與「肉體」的結合。對於「性靈」的真相則是屬於「形而上」的學問了，一切都必須親身去領受。至於對於「肉體」的研究，人類雖然已經進行了一段相當長的時間。除了頭部之外，我

們身體大部分的器官都可以被更換，而換心手術則是在 1967 年就已經有成功的例子了，至今已有 50 年的歷史。肉體的存在並不能代表一個真正的「我」，但也不能說他完全的不重要。這正如一個人駕駛一艘獨木舟在橫渡大河，獨木舟是我們的身體，而駕駛獨木舟的則人的「性靈」。失去了獨木舟則人無以為依，亦不能渡河。而相對的，失去了「人」的獨木舟則必然在江河中的飄盪，即沒有作用，也毫無意義。

對於「性靈」而言，許多人認為那是一種能量 (Energy)。事實不然，科學上對於「能量」這種事情知之甚詳，我們甚至可以量測出基本粒子中的電子的基本電能與動能，但我絕不認為人類的「性靈」這件事可以用「能量」來量測或解釋的，那就完全不通了。如果它是能量的話，則我們當然也一定可以量測得出來。能量不但在本質上可以被轉換，而且在形式上也可以在不同的形式中被相互轉換。一顆石頭從天上掉下來，它會將它原有的「位能」轉換為「動能」，所以我們可以看得到具有高動能而燃燒中美麗的流星。機械能更是常被用來轉換為其他能量，人類現在最常做有的就是將機械能轉換為電能，我們日常所使用的電力系統就是這麼來的。所以，如果「性靈」是一種「能量」的話，那很可能會在不知不覺中也會被轉換掉，也許，或是用來發電也很不錯。所以，也是很顯然的，人類的「性靈」當然不是一種能量，而是一種「非物質」。如果它是「物質」的話，那就有大問題了。因為，所有的物質都有質量，也都會受到地心引力的影響與其他相關物理定律的作用。我想另外告訴各位一件事，那就是「光子」或「電子」等，它們不是「物質」。因為光子和電子都沒有體積，所以它們並不符合物質的定義。而我們人類的「性靈」當然也不是物質。

「性靈」究竟是什麼?

　　人類的「性靈」既不是物質也不是能量,那麼它究竟是什麼?其實,它是一種「非物質」與「非能量」的「靈」。時至今日,我們人類所測得的宇宙,包含了時間、空間、物質與能量。有很多人都認為「真空」中就是一無所有,其實這是相當謬誤的。事實上,在宇宙的真空中是充滿了各式各樣的「場力 (Field)」作用,也就是宇宙中到處都充滿著這種「場力」的作用,這種「力」未必都是直接接觸所產生的作用力。它是一種「超越場力」,這種力量不需要直接接觸就可以產生「力」的作用。例如,太陽的重力現象就可以透過長遠的宇宙「真空」,而直接影響到地球。若以「力」的作用而言,則整個宇宙中是由四種「原力 (fundamental interactions)」所構成的。它們分別是 (1). 萬有引力作用下的「重力」。(2) 原子核內聚的「強力」。(3) 電磁作用的「電磁力」。(4) 以及會讓原子衰敗的「弱力」。這 4 種「場力」都是屬於宇宙的基本「原力」,然而從上面所述的這一切,不論是時空質能或是宇宙的四種原力,都無法用來解釋「靈」的作用。但不可否認的,「性靈」的確是對人類的身體上產生無以倫比的影響與作用,而不能說它是完全不存在。

　　在這裡我有一點需要強調的,那就是「性靈」的存在並非是宗教性的,而是一種普及性的。更重要的是文中所謂的「靈性」與「靈魂」是完

全不同的，絕不可以混而一談。「靈魂」是常被用來表達人類死亡之後可能還存在的東西或事物。至於人們常說的「鬼魂」，我個人並不認同「鬼魂」的存在，如果真的有「鬼」的話，它大可光天化日之下出現在你我的面前，表現出它們應有的「自性」，它們可以想做什麼就做什麼，而不需要躲躲藏藏的總是在黑夜的夜晚用來嚇嚇膽小的人。事實上，就宇宙中屬於第一定律的「能量守恆定律」而言，「鬼」的存在是完全違反了這項定律。天下沒有白吃的午餐，在這個宇宙中任何物體的移動都需要有「能量」的提供，才會有「動量」可用。沒有「能量」自然也就談不上有「動量」可言，而如果是「鬼」的話，它本身還需要以「能量」來維生，那就太可憐了。大概從來沒有人見過有鬼會自動從墳墓裡爬出來，到處尋找它的生活必需品「能量」的這件事情吧！「能量守恆定律」是宇宙第一大定律，宇宙一切的運作皆為符合此一定律而產生，小自基本粒子，大至銀河星系，皆沒有任何事物可以例外的，而我當然也不認為一個人死了之後的「鬼」，可以違反這宇宙第一定律。

在生命中成長的「性靈」

「性靈」可能是在所有的物種之中是人類所獨有的。它主導著每一個人的生命現象與意識、知覺與智慧等。而這裡面最重要的則是「智慧」這個項目，它就存在於人體之內，並主導著人體一切活動、思維與知覺。那麼，如何能證明「性靈」是存在的呢？這不難，各位可能都看過病床上的「植物人」，他在外觀上完全是一個完整的人。但是，他卻不具有一個人所必須的心智條件，也就是，他失去了「性靈」。我們也許不知道他們的內心世界中是否還有活動，但是，他們所表現在外的則是一個全然的失去了「性靈」的人，他們無法正常的動作、生活與溝通。但是，我們不能說他們不是一個人，他只是一位失去了「性靈」的人。「性靈」雖然是與生俱來的，它卻還需要經過後天的輔助成長。是的，「性靈」是可以成長的，但也不一定是隨著年齡而成長。它同樣是需要修鍊的，透過正統的宗教來修習鍛鍊是一種很好的方式，但是，更重要的是它可以透過教育與訓練來增長，更可以透過具有智慧之思維的傳遞而得到超越。

人類的大腦是「神」的奇蹟。在地球上的動物界之中，人類的大腦並不算是體積最大的，大象的大腦就要比人類的大腦大很多，但唯獨人類的大腦不但是具有智慧，而且還是具有「靈性」的。這種現象很容易證明，我只舉一個例子來說明這個道理。在地球上所有動物中非常奇怪的，只有

人類會去敬拜「上帝」或是「造物者」或者是「神」，而且這種現象是自有人類以來就有這種敬拜的現象存在，古今中外皆然。

這就很奇怪了，在遠古的時代的人類，由於地域的不同，人們之間根本不可能跨越大山大海而有聯繫，然而卻在這種完全沒有任何聯繫的條件下，產生了這種共同的行為與動作及思維。而這種現像直到現在的今天都一直還存在著。不知道這是不是我們人類在性靈的深處，始終會「感應」得到有超越人類更高的「上帝」的存在，這種「感應」並不是少數的現象，而是自古至今，人類集體共同的一種認知。想想看，這個大自然的一切是如此的豐富，是如此的有序，而各種的安排則又是如此的超越人類的智慧而又不可思議，也許，真的只能說，這一切真是那具有無上智慧與能力的「上帝」所特意製造與安排的，否則，無論如何人類都不可能單獨的在地球上獨佔鰲頭，並以「萬物之靈」的身分，在地球上，呈現這一切的文明與進步。

一段微妙而真實的經歷

　　我一生經歷過許多很奇異的事情，但是，大多數這些奇異的事情我都會進一步的求證，而在事後也都能得到正確或圓滿的解答，雖然還是有些極少數的未解，但時日久遠之後也就難以求證而淡忘了。我們人在這個人世間來來往往，總會有一些巧合的事情發生，但如果事情的巧合竟然到了機緣相應的程度，那就讓人感覺到似乎是跟「靈」這一方面有一點因應與關係。我在 2018 年就經歷了一件相當難得的一件巧合與機緣相應的事情。所以，讓我也覺得似乎是有點巧合的「機緣」或「靈」的這種感覺，也因此，我想說出來你給大家聽一聽。

　　在我家附近有一個教會，由於認識的朋友之推薦，在教會中認識了一些很好的朋友，兩年多來經常在周日的時候，大家相聚共餐與談話，非常融洽的在一起相處而又相當的愉悅歡喜，李陳培英女士就是在這個時候認識的。友人告訴我，她得了腹膜癌，我也親自問了她，並得到了證實。閃亮的兩隻大眼睛，她多是默默的聽著他人講話，每次見面我總會走過去與她交談幾句，卻發現從她講得不多的話中，總是充滿著發人深思的智慧，而她那從容安祥的舉止與神態，則令我印象十分深刻。

　　我有的時候也蠻喜歡參加一些不同宗教的演講會或聚會，分別地去領受不同的風格與感受，也比較不同宗教之間的一些差異和認知。事實上，

我總感覺各宗教之間，不論是在表面或是內涵上，其實讓人在感受上的差異性還是蠻大的。但在這不同的宗教裡面中，令我個人印象非常深刻的就是基督教對於人們的「大愛」在表達方式上是以一種相當喜悅的方式在表達著，當這種「大愛」直接表達在對方身上的時候，會讓人從心裡感覺到非常的愉悅與喜悅。

去年春天的一個週末晚上，我請了一些教會的朋友來家裡茶敘，李陳培英女士與她的丈夫李先生與女兒也都來了，我內人也在場。在談天中，我看了一眼培英女士，然後跟她說：「我想跟妳說一句話，可能是妳完全想不到的。」培英女士說：「好啊！你說說看。」於是我就接著說：「妳可能不知道，那就是我很喜歡妳。」這時，我看著他的先生李先生，說到：「你沒意見吧！」李先生忙說：「沒有，沒有，很好！很好！」然後我又望著她的女兒說道：「妳也沒有意見吧！」她女兒說道：「很好，我覺得很高興。」 是的，我之所以敢在眾人面前真實的說出我的感覺來，雖然那是我「誠信」的人格特質之一，但更重要的是基督教朋友們在彼此之間勇於表達彼此敬愛與祝福，這是非常好的一種生命態度。事實上，除了當眾表達我對培英女士的尊敬之外，還有更重要的心意，那就是希望能藉此帶給她一股精神的力量，讓她知道有好朋友在真心的關祝她，並真心的希望她能努力的好起來並戰勝病魔。

記得去年有一次去到他們教會中，有一位 80 多歲滿頭白髮，卻整理得很整齊，很美觀，帶著微笑而又慈祥的老者，她站起來給大家講了一段是她從聽到得了癌症的那個時刻起，以及一路艱苦的走了過來，直到抗癌

成功的整個心路歷程，她口齒清晰，字正腔圓，整個演講的過程中非常的精彩而生動。會後散場的時候，我走到她旁邊跟他說：「妳講得很好，我很喜歡妳。」她立刻大聲的說：「我愛你！」，然後用雙手緊緊的環抱著我，我從來沒有這樣的經驗，但在當時是，我受到的感動則是十分肯定的。

人與人之間能夠表達相互的敬愛是多麼的難能可貴，而又能夠大聲的說出來，則是多麼歡喜的一件事情。雖然我並沒有歸屬於任何一個宗教團體，但我感覺到他們能夠大聲地把「大愛」說出來，是生命中的極大的一種喜悅。而不是要人們在殿堂之下，低頭肅穆，禁聲勿語或快速的通過。生命的本身就是一種喜悅，能夠把這種「大愛」說出來，讓人們彼此之間也都能夠感受到這種的「大愛」，其實，這種行為的本身就是偉大的。

很遺憾的，培英女士在 (2018) 三月底病逝了，我個人覺得相當的難過。在參加追思會的靈堂上，看到了佈滿了紅色鮮豔的玫瑰花，這是我生平第一次看到有人在送別的追思會上，使用鮮豔的玫瑰花佈滿了整個追思會的會場，我感覺到的是，她想告訴人們：「那是另類的喜悅，大家不必哀傷。」在詩歌的引導下，大家都充滿了往日的思緒與懷念，我第一次感覺到追思會可以辦得如此的美好。

第二天 3 月 26 日她的骨灰要歸返到新北市福山家族的靈骨塔，我與內人也隨眾親朋好友一起的隨行，那是一間相當豪華別墅的頂樓。今年的夏天似乎是來得特別早，雖是三月天，但太陽高掛而萬裡無雲，天氣十分炎熱。在這整個奉厝歸位的過程中，卻發生了神奇般的一些現象，感覺上真的是冥冥中有著一些不可思議的安排。由於事情太過於巧合了，所以才

令我感覺在冥冥中似乎有一些什麼。

　　在頂樓的奉厝的過程中，親朋好友及教友們圍繞著培英的靈骨罈並唱著詩歌，儀式並沒有人主持，大家卻都能夠自動自發齊唱詩歌。由於我不是教友，我不會唱那些詩歌，所以，我就退開一段距離，感覺這是很美好的一段時刻，於是我立即開始錄影留念，一直到歌聲結束。當整個儀式完成後，攝影師請大家來個團體照，這個時候的太陽正高掛在天上，由於已經過了中午的時刻，所以太陽已經略微偏西，頂樓面積很大，大家面向著太陽沿著欄杆而立，而我也帶著相機，一併給團體拍照。由於太陽相當的亮，所以照得每一個人的面孔都非常的清晰，這將會是一張很成功的團體照。

　　在完成團體照之後，培英的兒子請求攝影師幫他們照一張全家福，這也就是說要家人在一起的合照，這也就是說必須要包含培英靈骨罈在內。此時的場景剛好就是背對著太陽，而相對的攝影師的鏡頭反而是正對的太陽。培英的兒子顯然對於攝影也是相當有經驗的，所以他對攝影師說：「你的鏡頭對著太陽怎麼照？」攝影師說：「我會打開相機上的閃光燈。」陪英的兒子又說了：「你對著那麼亮的太陽，而這個小閃光燈可能發揮不了太大的作用吧！」攝影師說：「我也只能盡力了，就試試看吧！」這時我也站在旁邊，要幫他們拍照，鏡頭面對著強烈的太陽，我不認為放在屋子裡面培英女士的靈骨罈可以顯示得出來。因為對比於室外強烈的陽光，室內是較為陰暗的多，故將無法顯影出來。就在此時，天空突然暗了下來，我抬起頭來，很明確的看到有一朵圓形的白雲飄過來，不偏不差的剛好就正好開始遮住了太陽，所以整個地面的光線瞬間變得很均勻了，就趁此時

我按下了快門，連續照了好幾張。照完了之後再抬頭看看太陽，那朵白雲已經飄過去了，整個大地又暴露在強烈的陽光下。這真是巧得不可思議，整個朗朗乾坤，晴空萬里，怎麼會在最需要的時刻，突然飄來了這樣的一朵白雲？而在那一剎那之後，則又飄逝了。我心裡想著這真是巧合得太妙了。

奉厝之後回到一樓，大家休息餐飲閒談了一陣子，看看時間也差不多了，於是準備要返回台北，正當我走出了別墅的大門，車子就停在屋外，然而，我們正要上車的時候，突然下起雨來，雨點很大，但並不密集，雨點打在地上非常的明顯，我們趕快地上了車，沿途上雨勢開始逐漸略大了，山中的微雨非常的清涼，半開的車窗感覺非常的涼爽無比，屬於他家的山地相當的廣闊，車行約五分鐘後才到達她家圍籬通道上的鐵門，這時候雨突然停止了。我真的注意到了，沒有雨了，下雨的範圍幾乎就在她奉厝之家的環境四周，怎麼會是這樣呢？怎麼會有這麼巧的陣雨，不但是時間，而且是地點，都是那麼的恰到好處。我在當時，有一種深深地而濃厚的感覺，那就是感覺培英女士在天上揮淚在跟我們告別，各位永別了⋯⋯

回到了家中，因為心中想著這件事情。所以立刻把所照的照片以及錄影檔取出來詳細的檢查，尤其是他們家人合照的那一張。照片顯示得非常的清楚，不但屋外的家人照得非常清晰，甚至貫穿到裡面，連骨灰罈上面培英女士的姓名都清清楚楚的顯示出來。一般不知道現場場景的人可能不認為那有什麼特殊的，但我在現場，所以我知道這真是不容易的一張全家福。

再來就是檢查錄影檔了，我的書桌兩旁分別配得有高音與低音的喇叭，在放映的過程中不但影像清楚，唱歌的聲音也非常清晰，但是，在整個錄影的影像過了一半的時候，在眾人的歌聲中，隱隱約有聽到有很低音的雷聲在應合，在我的低音喇叭中非常清晰，它真的似乎是在與大家的歌唱的聲音相應著，而且是非常的有節奏。由於我是在現場位於大家的背後錄影的，並沒有參加詩歌合唱，所以，對現場的情景非常了解，但是，在現場的時候並沒有發現這個現象，而是我在家裡檢查錄影帶發現的。再次的檢查每個人的背影，他們在地上的投影都非常的清晰，那代表當時的太陽相當的大，所以才會有很明顯的影子的出現，那麼，又是哪裡來的雷聲呢？而又輕輕的配合的詩歌再響應著。事後我問現場唱詩個的人們，他（她）們都說在唱歌，除了歌聲外沒有聽到其它的聲音。但是，再次聚會的時候，她女兒靜宜使用電腦播放錄影的時候，大家都說聽到了。而我再補充的說，如果使用具有低音喇叭的音響設備，這種遠處的低音鳴唱就聽得非常清楚了。　．

　　這真是是一件非常奇妙而巧合的事情。這整個事情從攝影時的白雲遮太陽開始，然後到了合唱詩歌的時候，遠處的低沉的雷鳴聲音，最後在離開的時候開始下雨，奇怪的是就在他家的大範圍內才有雨，車子開了約五分鐘離開了他家的鐵門，雨就停了。這三件事情似乎是透露著某種相當微妙的情景，也似乎是有著某種的感應。這也是我第一次感覺到似乎是一種「回應」的現象。當然，對於沒有注意的人，就感覺不到什麼，也沒有發生什麼。但是對於一個注意到而又感覺到的人而言，對於這些現象的感受真的是非常的奇特的一種經驗，也真的是簡直不知道該從何解釋起，但事情就是這麼的真實，而我所學的卻又是屬於近代高端科技的知識與專長。

【第 6 章】
來自創生者的神蹟

6.1
超越人類思維的認知

　　人類自認為現今的科技已經是很發達，很先進，也很進步了，上自天文下自地理，似乎是都能有所知。美國國家航空暨太空總署（NASA）於1977 年 9 月 5 日發射了航海家 1 號（Voyager 1），是一艘無人外太陽系太空船，直到 2020 年仍然正常運作。它是人類有史以來飛行距離地球最遠的人造飛行器，也是第一個離開太陽系的無人飛行器。當它飛離太陽系之前，還回過頭來為整個太陽系合照了一張全家福，這是一張史無前例，而且是非常有名的照片。在照片中除了太陽之外，其他的行星每一個看起來都像一粒發光的沙子一般的渺小。當然，也包含我們的地球在內。不要以為它已經高速飛行得很遠了，飛行了 40 多年，其實他才走了不到 0.002 光年而已。就以距離我們太陽系最近的一顆恆星 4.3 光年的「比鄰星」而言，以這個速度，那還要八萬多年才能到達這顆最近的「比鄰星」，更不要說那幾百年、幾千光年、幾百萬光年或幾億光年之外的宇宙星雲，相較之下，我們甚至連想像都還無法想像。對於科學的探測，人類是永遠不會停止，

當然，也永遠都沒有止境的時候。當人類「知道」的越多，其實也就會越了解「不知道」的更是多得多。也就是說，在科學的研究之下，每一個「知道」之後面，又會產生了無數個「不知道」的事情。那麼事情究竟有沒有完了的時候？ 科學有沒有到頭的時候？答案應該是「沒有」。因為，研究到了物質的微觀時候，基本粒子的現象簡直就是原子中的幽靈，而其所表現的高深莫測，簡直是到了匪夷所思的地步。

費曼博士（Richard Phillips Feynman，1918 年 -1988），是美國量子電動力學創始人 (Quantum Electrodynamics，簡稱 QED) 之一，更是二十世紀最傑出、也最具影響力的科學家之一。費曼博士也可以說是繼愛因斯坦和波耳之後，在全球學術界影響力最大的理論物理學家。面對構成物質中的基本粒子的現象，他認為它們簡直就是原子中的「幽靈」。對於「幽靈」這兩個字的描述，其實是非常傳神的。因為，人類簡直不知道它究竟是什麼？但是，整個宇宙卻又是由它們所構成的。然而它們的現象又是那麼神奇式的怪異。但是它們不是「神」。所以，也只能用「幽靈」這兩個字來表達它的一些狀況與現象。對此費曼博士曾說過一句名言：「沒有人可以真正的了解量子力學。」的確，基本粒子的現象其實是鬼神莫測的，人類真的不可能知道它的真面目與真相。所以，在量子力學的實驗中我們遇上的第一個實驗定律就是德國物理學家，也是量子力學創始人之一海森堡博士（Werner Heisenberg，1901-1976）的「測不準原理 (uncertainty principle)」。其原因也再一次的說明了基本粒子的行為，絕對沒有人可以知道那是怎麼回事？怎麼來的？是誰賦予的？

來自創生者的形與影

　　真正了解科學的人知道，我們現在的這一切知識，其實還只是一層極為膚淺的表面而已。若是說到我們人類的生命本質，甚至於是連細胞核中最基本的 DNA 以及每個基因的作用與功能到現在都還沒有弄清楚。至於說人類想要從無中生有的去製造一個生命中最基本的有機化合物，例如，構成生命細胞最基本的「胺基酸 (Amino acids)」，直到現在，不要說是不可能，甚至是連一點頭緒都沒有，更不要說構成細胞更大的一個有機分子如「蛋白質 (protein)」等。而蛋白質是地球上所有生物體細胞中必要的基本組成成分。如果人類經過各種最複雜的實驗都無法產生一個生命中最基本的有機化學元素「胺基酸」。那麼大自然憑什麼就可以產生「胺基酸」呢？我不認為將構成「胺基酸」的四種基本元素，氧 (O)、氫 (H)、碳 (C) 與氮 (N) 混合在一起放在石頭裡面，經過一億年最後，它就會形成一個「胺基酸」，或是一個細胞個體。

　　在複雜到如此不可思議的程度下，要如何產生一個完整的人類的身體與心靈？因此，我不得不問：

　　「是誰有這個能力可以完整的創生我們人類的身體與心靈呢？」

　　是的，就我們人類而言，無論是身體或心靈，如果我們認真仔細並深

入的研究，那些有關於我們身體結構的完美與心靈之敏銳，我們真的不得不感慨，也不得不承認，這一切是太不可思議的神蹟了。

各位仔細地想看，我們人類的身體內外有千百個器官和組織，如何能奇妙的生長在它們剛好又絕妙的位置上？其實這本身就是一種極端的不可思議的「成就」。所謂「成就」這兩個字的意義就是「成功的造就」。因此，我要特別強調「成就」這兩個字的原因，那正因為我們「人類」就是被「成就」出來的。各位想必清楚，我們的人體不是依靠天然而自生的。大自然中的高山峻嶺可以是天然成就的，大江河流蜿蜒千里也可以是天然成就的。但就是我們人體絕不是大自然可以變化的出來的，也不是大自然可以「成就」的。我們先不必講得太深入，各位就約略的思考一下，就可以知道我們人體的每一個器官的：

「細胞的成就」、「器官的成就」與「整體的成就」

這每一個細胞或每一個器官，如果我們越深入的瞭解它的作用之後，我們就越不得不感嘆是誰有這個能力？是誰有這樣高的超越智慧？能創造出我們人類的身體與心智來。

若從上述的這些道理來看，我們當然可以體會：

「我們不是由一個零件、一個組件，被逐步的創造出來的。」

也就是說，我們不可能先被創造出雙腳來，專門走路而已，而其他的部分還沒有完成。我們也不可能單獨被創造出一副腸子來，而其他的部分也還都沒有完成，否則，食物要從哪裏來？當然我們更不可能只有心臟被

創造出來其他的部分也還沒有完工，否則那輸出的血液要給誰？因此，我們必須要能夠深自的體會這一切的內涵，那所得到的結論應該就是：

「我們一定是一次被完成的，一次就被完成「創造」而「成就」出來的。」

但是，如果要一次就被「創造」與一次就被「成就」出來，那就一定要有一個「樣本」，而這個「樣本」會是依照誰的形像被「設計」與「製造」出來呢？也許，我們應該思考這一切的究竟，並合情合理的能夠解釋這一切。的確，因為這一切都太完美了，而人類絕不可能是在地球上以「自生」的方式，自己來臨到這個地球上，以「自生」的方式成就如此完美的個體。如果人體無法以單細胞的方式演化而成為現在如此完美的的身心與靈魂，那麼，唯一可以思考的就是「創生」的現象了。在「創生」的思維下，人類如此完美的身心與智慧，唯一可以依照的標本，也許真的就是那屬於「上帝」或「創生者」的本身的形像與樣本了。

人類所不懂的智慧

　　現在讓我們來看看一個比較少為人談論的問題，那就是「死亡」的問題。所有的生物一定都會死亡，對不對？那是當然的。事實上，未必！這世界上的事情並不完全都是這樣。在地球上，人類可能是對於生與死的問題具有最強烈之意識與認知的一種動物。所以，也沒有其他任何動物會像人類一樣，對於死者會有隆重葬禮或祭拜儀式。人類在生死問題之上，若是能選擇的話，每一個人都會選擇「生」，而且是活得越久越好，最好是不會死。然而，這當然是不可能的。事實上，死亡也是一種「平等」，更重要的是：有了「死亡」才會有代代的「新生」，沒有死亡就沒有新生。

　　但是，並不是所有的生物都是如此，這世界上有許多的生物是可以超越死亡的。什麼？這怎麼可能？是的，的確是如此。這也可能是絕大多數的人從未想過的事情。在生物界裡面，的確是有不會死亡的生物。其實，它就在我們的週遭，而且就多的是，答案之一就是「細菌」。「細菌」充滿著整個地球，而且它無所不在。但是，細菌是超越「生」與「死」的這個現象與問題的。也就是說，細菌並沒有所謂的生與死的現象，至少我們人類是看不出來。說得更清楚些，細菌是超脫生死的，它們不在生死之列。所以，我們絕對不要看輕細菌它們，其實我們的一生絕大部分的時間都是它們作弄的對象。

對於懂得《生物學》的人一定都知道，細菌在繁殖的過程中，最重要的特色是它們能夠「自體」繁殖，也就是說，它們可以直接進行無性生殖或遺傳重組。它不需要經由生殖細胞的結合，也就是不必經由減數分裂來產生生殖細胞。而是直接由母體進行細胞分裂後，直接產生出新的個體與新生命。在這樣的生命過程中，我們實在看不出它們個體的死亡現象。因為，每一個個體或群體都是它自己，而每一個其他的群體也還都是它自己，它也可以離開現有的群體，而形成其他的群體存在，但無論如何，這每一個各體，都是它自己。所以，我常感覺到，真正能超越生死極限的是一些低等的生物，它們活著但卻沒有死亡的問題。不要小看細菌，它在地球上生存了四十億年，而偉大的人類與之比起來，才不過區區的五千年，我說過，絕大多數的人最後都會慘遭它們的毒手，病死在它們的手中。

　　這種只有 0.5 微米大小的生物，卻有它獨特與近乎神格的一面。事實上，這種的生存與生活的方式，也提供了我們另類的對於生命之方向與出路的思考。在人類所有的認知中，最重要的認知就是「我」自己，所以總

喜歡用比較心去比較自己與別人，祇要有不如人家的地方，心中就不痛快。當然，這也正是人類痛苦的根源。而如果是在沒有「你」、「我」與「他」的物種或世界中，它們的境界究竟該如何去思考呢？是天堂嗎？不是嗎？

我們的身體在死亡之後會分解，然後讓所有的新生一代可以繼續的使用，這就是細菌偉大的功能，是它們在分解我們。可能從來沒有人真正的想過，這其實是非常神聖的工作。所有的生物在死亡之後，牠的身體如果不會腐敗的話，各位能夠想像嗎？那這些屍體很快的就會堆滿了整個地球的空間，那就沒有任何的空間與物質，可以讓其他的生物繼續生存，而地球也不再可能會有任何的生物存在。細菌把牠們分解了成為元素之後，讓新生的一代使用這些元素繼續的繁衍下去。這是多麼偉大的一種功能與設計，但卻很少人懂得。然而，這同樣也正是「造物者」默默地安排他最高的智慧之一。所以我們也可以說，如果沒有細菌也就不會有其他的生物，細菌也提供了人類生存的實際的資源與空間。

6.4
不要小看了微生物的智慧

　　提到了細菌，我們不妨再深入的提一下「病毒 (Virus)」的問題。病毒其實是非常神奇而傑出的「東西」。當它在有宿主可以寄生的時候，就會表現出「有」生命現象。但在沒有宿主可供寄生的時候，它所表現的卻是「無」生命現象。這真是神奇到匪夷所思的地步。所以，我們可以說，病毒是介於生命與無生命之間的一種神奇微妙的「東西」。也因此，它究竟是不是生物或有沒有生命都很難界定。那麼微小的病毒，體積比一個細胞還要小得多，想來必然是談不上什麼「智慧」可言的吧！但事實未必，當它面對宿主的時候，它會偽裝、欺騙、會偷襲還會攻擊，簡直是壞透了，它會用一切難以想像的方法來繁衍自己，它甚至於在面對強大的藥物要消滅它的時候，它會改變自己的基因而產生抗藥性來對付外界，你能說它沒有智慧嗎？它不但有智慧，而且是「高」得不得了。所以，我們可以想像得出來，宇宙中有太多不可思議的「事物」與「東西」了。

　　大多數病毒的直徑是在 20 奈米（nm）左右。20 奈米（nm）究竟是有多大呢？一般人可能沒有概念，我就用「光」做例子來說明好了。人類的可見光的波長是介於 370nm 到 780nm(奈米) 的波長範圍之間，370nm 是紫色光的波長，780nm(奈米) 是紅色光的波長，而介於中間的是 550nm，它是黃色光的波長。人類的眼睛對於黃色光的感覺最靈敏，所以高速公路

交流道與一些警戒光都用黃色光照明。但是，病毒的直徑卻僅僅祇有 20 奈米（nm）而已，遠小於人類的可見光的波長範圍之內，也就是說，人類是無法使用「可見光」來看病毒的，更確切的說，在可見光的世界中，它是無影無蹤的，但是它卻真實的存在。而來去能夠無影無蹤的不是什麼小說中的「鬼怪」，而正就是這些「病毒」。它在我們這個「光」的世界中，我們是完全沒有可能用自然方法可以看見它，它遠遠的小於一切動物的視覺波長，當然也包含我們人類在內。但是，它卻可以殺死絕大部分的人類。所以，不要小看這種看不見的「東西」，它比「鬼怪」可怕的太多了。即使是這麼微小的病毒，卻具有如此無比神奇的能力，但是，它同樣是不可能「自生」的，因為演化和進化都必須先要有「有」，然後才能進行演化和進化。病毒雖小但卻也不可能完全的是「無中生有」。

我們不了解病毒在地球上生存的意義，其實，在說這話的時候，我們也應該反過來想一想，人類在地球上生存的意義又是什麼？同樣的也沒有人可以正確的回答出來。也許我們會問「上帝」創造這些細菌與病毒的目的究竟是什麼？近代的人類終於了解，細菌還在營養素循環上扮演相當重要的角色，細菌為我們人體製造出非常多的各種營養素，而許多的細菌其實是有益的，例如乳酸菌就是大家都很熟悉的。事實上，如果地球上沒有細菌的話，任何的生物都不能生存，生物的死亡，包含人類，若是它們的身體不能被分解的話，那麼將一層一層的堆滿了整個地球的所有的空間。也因為有了細菌的分解，所有死亡的有機體將會被細菌分解，而回歸到物質的元素階段，讓其他的生命可以繼續的使用這些元素。所以說：「細菌」是「偉大」的。各位大概從來沒有聽過有人會說這樣的一句話吧！但事實

上真是如此。但是，對於「創生者」而言，那就不是「偉大」這兩個字可以形容的，祂也許真是「至高無上」吧！

當我們內心中在質疑「上帝」為什麼有能力創造細菌和病毒的時候？其實，我們更應該要回過頭來想一想另外一個層級的問題，這正如螞蟻是無法了解人類的思想與行為是一樣的現象。當然，這樣的比喻是粗糙了些，但也只能略微的示意而已。從螞蟻的眼光中看我們人類的行為，它們會認為那是不可思議或是沒有意義的事，因為它們完全無法了解人類的心性與行為。同樣的道理，我們人類對於「上帝」的認知，不也正是如螞蟻一般的在看著人類嗎？

生命的現象是什麼？

「生命的現象」遍及於整個地球，甚至廣及整個大宇宙。那麼，生命的現象究竟是什麼？簡單的定義就是：

「生命的現象就是生命的個體或群體所活動的一種現象。」

就人類而言，這種活動又可以區分為「肉體」的活動與「心靈」的活動這兩個部分。表面上看起來這兩者是不同，實質上它們是兩者合一的。肉體的死亡則不再會有心靈的活動。相反的，心靈的失智與喪失功能則肉體存在的意義也就不大了。人類在地球上總以為自己是最高等的生物，然而，人類的文明才不過五千年而已。細菌沒有文明，也沒有歷史，什麼也沒有。但是細菌在地球上卻存活了四十億年之久，直到現在的今天。許多科學家相信，人類終究是會滅亡的，而且在時間上也不會是太久遠的未來。不是老天爺要滅絕人類，而是人類太過於快速的科技發展，失控的高科技會毀滅了自己。但是，屆時可以相信的是，細菌它還會繼續的存活下去。至此，該要提問的是，生命的意義可以與文明相同等值嗎？如果要講生命的意義，應當不能只說是我們人類的生命而已，而是應該擴大與包容至所有的生物或物種的各層面才可以。

單就人類的肉體而言，那當然是無法超越死亡而永遠存在的，不論

科學是如何的發達，「死亡」永遠是必須的。這一點在本質上就有著深遠的涵意，而各位也一定要有這種認知的智慧才好。即使未來科學的進展真可以延年益壽，就算壽命加倍好了，但終究還是要面對死亡的，長生不老是不可能的。就大自然真實的層面而言，用人工的方式來延長人類的壽命絕對是不智的。這麼說，難道我們所希望長壽是不好嗎？誰不想活個兩百八十歲呢？但是，這又將會回到一個老問題上，你能想像當地球上的人口增加了四倍之後的後果是如何嗎？您真的認為地球還可以再養活比現在還多四倍以上的人口嗎？事實上，現在地球已經有許多地方自缺水了，到那時候，不要說用水了，恐怕連喝的水都有大問題，其他就更不用談了，相信各位應該可以了解我所說的問題的嚴重性了。

講到生命現象，我們絕大多數的人所想到的都是人類的生命現象，其實在這個地球上，除了人類以外還有著其他無數的生命存在著，並與我們息息的相關。如果地球上只有人類而沒有其他任何的生物存在，那人類可以單存獨活嗎，答案當然是否定的。所以，在考慮人類的生命現象的時候，我們應該也一併的思考其他生物的生命現象。一個小小的微生物世界就有如此複雜的生命現象。如果我們是尊重生命的話，那就應該一併考慮這個世界上與大自然中所有的生命個體與生存的現象。而我們會發現，它們所有的生理現象與生活機能，同樣的是如此的複雜與不可思議。

一隻螞蟻它可以很輕易的找到我們所吃剩下的餅乾屑，牠那顆小小的腦袋究竟憑的是什麼？一隻蜜蜂可以很迅速的發現哪裡有花朵，然後又迅速地飛回牠的蜂巢，牠那小小的腦袋憑的又是什麼？不要小看這些動物與牠們的動作，牠們的感知其實是超越我們人類太多了，那種知覺不但是複

雜而且是神秘的。不要以為只有我們人類有感知，也不要以為只有我們人類有思想與知覺，其實所有的生物都有牠們特殊的感知與知覺。只是我們還根本的不了解牠們。因此，如果要詳細的解釋這世界上各種不可思議的生命現象，那對人類而言，幾乎就是一個無解的問題。但是，現象畢竟是存在的，是誰有能力創造地球上的一切生命現象？而每一種生命現象又都是如此的獨特而又難以解析。

生命的哲學觀念

　　「生命的哲學」在字面上看起來是屬於《哲學》的範濤。其實，《哲學》這個字 (philosophy) 是從希臘語（philo-sophia）轉譯而來的，它的原意是「熱愛智慧」的意思。但由於近代各類學術的積極發展，因此與「哲學」並行的則又衍生出一個非常龐大的另一支脈，那就是「科學」。時至今日，人們已習慣的將「哲學」與「科學」分開而並列了。在人類的生命哲學中，對於生命的生存與死亡，是與人類的社會及文化的脈絡是相依而成的，並與教育及知識的普及有著極為密切的相關。《生死學》不但是近代的一門學科，甚至在大學中正式開課，而且還相當的熱門。因為它牽涉到社會學、科學、醫學、法律等相關的層面，並從理論與實務層面上，提供人類生命的存在與死亡的相關知識。從《生死學》的觀點來看，由於它幾乎涉及到人類的整個的知識與智慧的領域。所以，單就對於人類而言，整個知識的領域又可以歸納成三個主要的架構：那就是「宗教」、「哲學」與「科學」這三個架構。「宗教」則是用以解釋人類生前的由來與死後的歸向或歸屬；「科學」則是解決從人的出生到死亡之間實際的生理問題與存在現象；而「哲學」則是在思想上解釋人類整個自生而死之間的思維與群體現象。

　　不論古今中外，人類都竭盡所能的希望能解答「人生」與「生命」之間的關係與奧秘。各位當知道，「人生」與「生命」這是兩門不相同的學

問，是不可以混而一談的。「人生哲學」每一個人都可以寫他自己的一套，不論「是」與「非」都可以是他自己的人生歷程，也都可以是他自己的人生哲學，不需要也沒有什麼值得批判的。正如白天的日子不可以去批判夜晚的時刻。但是，生命的現象卻是科學性的。《生死學》是連接著《生命科學》與《生物科學》並息息相關的。它廣泛的研究生命體的所有現象，這其中包括了生命起源、細胞學、進化、構造、基因工程、代謝工程、結構生物學、發育、功能、行為、環境等等的科學。所以，這是一門科學的學問，當然它也不是可以隨心所欲或暢所欲為的，它除了理論外，尚必須經由詳細而確實的證據與嚴苛的驗證。

　　人類到了二十一世紀的今天，「科學」似乎在這三個架構中逐漸有獨占鰲頭的現象。「科學」不在於憑藉空談，而是以理論與事實證據合而為一，並逐漸的堆砌起堅不可破的理論基礎與事實的真相。「哲學」原本是在思想上可以用來貫串生死的時空。然而，「時間」與「空間」的探討，在哲學的領域上反反覆覆的卻沒有一點新的成就。而科學在此時卻大步的邁開了腳步，提供了許多有關於宇宙的時間與空間的各項事實與證據，並有著許多輝煌而著名的事實成就。相對的「哲學」在這一方面就逐漸的流落為口舌空談，拿不出相關的數學模式與確切的事實證據。或許「科學」終將有一天能逐漸的與宗教及哲學合併為一體。放眼今日世界，宗教與哲學在這段時日裏精進的實在不多，而科學卻正在方興未艾，急遽的升起。相信不久的未來，科學必能解開更多的未知與許許多多不可思議的問題，讓人類能真正的觸及到我們生命中的最深奧的真實與實質意義，使人類得以真正的超越生死的認知與時空的極限。

幾乎自古以來，所有的學說與論述都認為只有人類的生命有「靈魂」的存在，並以此而延續直到未來。人們並認為其它所有的動物或植物都是沒有靈魂可言的。若果真是如此，那麼我要問的是：

「如果「天界」的世界裡只有人類，而沒有其他任何的花草樹木與飛禽鳥獸等等的存在。那麼，我們去那樣的地方，究竟還有什麼意義呢？」

也許我們應該擴大「生命哲學」的領域，而不只是考慮人類個體的生與死問題，同時也應該考慮到大自然中所有生命系統的生與死現象。這一切是相互關聯的，生命的個體本是獨自的，但也是一種群體的共生現象。在考慮個人的時候，我們也應該一併的把群體的生命現象同時考慮進去。因為，這畢竟是一個龐大的「共生」系統。

如果在「天界」的世界裡，也同樣的是由生命共同體所組成的世界，同樣的有花草鳥獸，那麼我們實在是沒有理由要去擔心與顧慮未來的去處。而若是所有的花草鳥獸都可以上「天界」，那我們還有什麼可以擔心自己的呢？我們實在是應該好好的把握我們的生命的此刻，生命畢竟是一去不復返。我們應當好好的把握，好好的生活，好好的活在這珍貴無比的「現在」與「喜悅」中。

基因的宿命論

古代基於各方面相關的知識之不足，而所使用的工具更是受到圍限，所以在人類的演化歷史上，跟命運有關的各種神話、傳說、信仰都再再的影響著早期人類的一切，而且淵遠流長。但是，在科技逐漸文明之後，人類的知識有了正確性並且能夠快速的累積與傳遞，這種圍限也就逐漸的被打破了，神話與傳說許多都被歸類到童話故事裡去了，也不會有人相信打雷與閃電會跟雷公與雷母有什麼關係了。諸位如果注意的話，許多立在高高的山頭上神像，都可以發現它們的頭上都頂了一根避雷針。是的，這就是天理。在物理定律之內，沒有任何事物可以有特權的存在。這就是「定律」的可貴。

近代有關的《生命科學》的研究有著相當顯著與卓著的成就，在歷年諾貝爾得獎的成就中，我們可以看得出人類在這方面有著確確實實而突飛猛進的成果。尤其是近年來在《分子生物學》的進展，以「核酸」為物種之間的共同語言，以此探討的範圍，除生物體本身之外，更包括了《心理學》及《認知學》等等領域，成為一門對於生命具有整合性的科學。

有許多科學家是相信《宿命論》的，但這個《宿命論》與一般的算命先生的「算命」是完全不同的，它跟算命完全無關，與生辰八字更是八竿子打不著。但是卻不可思議的與「天生」有某種程度而真實的關聯，那就是《遺傳學 (Genetics)》中的「基因 (Gene)」的問題。「基因」它是控制生

命的最基本遺傳單位。於 1909 年丹麥遺傳學家詹森（W.Johansen 1859 ～ 1927）在他所發表的《精密遺傳學原理》一書中，首次提出這個「基因」的名詞與概念。一百年後的今天，人類的基因組研究計劃，已發展出測定人類基因組序列，並已經在 2003 年完成系統測定，因而可以進行基因組序列的測定，並催生了一個新的研究領域《基因學 (Genomics)》，它是一們研究「生物基因組」以及如何利用「基因」的一門學問，並提供基因組信息以及相關的資訊與數據系統，用以解決生物與醫學以及跨越生命系統的重大問題。

　　觸碰到生命的本體與本質，而問題也就要涉及到生命最基本的組成分子。了解的人一定知道，「基因」可能是宇宙中最偉大的神奇。地球上一切的生物皆由基因所構成而遺傳下來。各位請注意，「品種」的改良與「基因」的改變是完全不同的兩件事情，決不可以混而一談。古代宮廷之內近親繁殖，使得下一代的人的品種越來越差，各位也一定也聽說過，混血兒可以改善後人的品種。但是，若是涉及關鍵性基因的改變，則可能造成的是「物種」的改變了，他將可能不再是與我們是同一個物種。也就是說，若是人類經過蓄意的改變基因，那生出來的人就未必是人類了，沒有人可以說得出他是什麼。對於我們人體而言，我們可以有一萬個為什麼？然而，這一切的背後都是「基因」在掌控著。於是，我們在身體就成了「基因」的宿命者。然而「基因」畢竟是「上帝」的事，我們不應該想要去變換人類的「基因」，那將會是逾越了「上帝」的事，想去改變基因的問題，則必然會有所謂的天譴與難以臆測的大災難。

上帝與人類心靈之相契

　　的確「上帝」以「基因」的方式創生了我們身體的每一件器官或組織，達到非常完美的境界，也成就了我們的身體的一切。但是，人體內有一樣東西雖然是他創生的，但「創生者」卻不以祂自己的思維來控制我們，那就是祂給了我們人類在「心靈」與「智慧」上的自由與自主。這一點是很重要，如果「上帝」在創造我們的時候，將我們的心靈與智慧都受到祂嚴密的控制，那麼我們身為人類就沒有多大的存在意義了。

　　當祂創生我們，而不掌控我們的「靈魂」或者是說「心靈」的時候。事實上，我們每個人的「心靈」與「認知」都彼此有著相當大的關聯性。後天的教育可以改變我們的認知與思維，而認知與思維則可以影響我們的心性。所以說，我們是「基因的宿命」者，這樣的說法雖是難以否認，若是檢查我們的身體，我們的確是基因的宿命者。但是，「上帝」還成就了我們的身體的偉大功能之外的一項偉大的成就，那就是人類所獨有的「靈性」與「心智」。故而，祂沒有限制我們的心靈與思維的自在與自由，這是在告訴我們：

　　人類可以用後天的努力而成就自己。

　　人類之所以偉大，就是我們確切的使用了「上帝」賦予我們的「生

命」、「心智」與「靈性」的努力，而我們也使用自己生命的力量，創造出許多具有前途的未來，讓人類更進步更幸福。這是一種「結合」也是一種「契合」。結合了上帝的創造並使用我們個人的心智力量，使我們的生命更能因而發揚光大，進而使人類更幸福美滿，這才是「上帝」的創生與我們個人心智的一種偉大的「契合」，這也是我們生命中最重大的意義，同時也成就了地球上的進步現象，這應該才是真正來自於「上帝」所創生「人類」的真正目的。

【第7章】
宇宙與人生智慧

7.1

藍色的夜

藍夜

淡淡的微藍

在點點銀色的粉底霜膏中

閃爍的星光媚眼

似那藍紫色的眉膏

眨著眼

並微笑的與我相望著我

而我

也只是微風吹起

飄盪在無邊天空之中的一粒砂塵

不知何時會回歸到塵土。

但在此刻

我泡了一壺喜愛的茶

靜靜地

坐在桂花樹下

感受那

輕風拂面的微軟

是生命也是心靈沉靜的時刻

但在此刻

星光下那淡淡的藍色靜夜卻對我說

此時最宜深思

不宜作夢．

7.2

無限星空裏的一粒砂塵

我們一般人談到「宇宙」這兩個字，總是認為「宇宙」是無窮的深遠與無盡的時空的事情。這樣的想法固然是沒有錯，但事實上也不盡然，我們也可以談到很小的宇宙。在漢・高誘・注：「四方上下曰宇，古往今來曰宙」。我們也可以把一個地球比喻成一個小宇宙，我們也可以將那神奇而微小的身軀，看成是一個另一個小小的宇宙。所以，「宇宙」的大小其實是一個觀念上的問題。它同樣的可以近在我們的身邊。如量子力學、次

原子粒子、微粒子等等同樣的都是「宇宙」中的問題。現在就先來談談我們自己本身好了。

我們每一個人自出生以來就生活在人類所規畫好的這個社會與世界上，日子久了也就經習慣了所看見的周圍事與物，即成了習慣也就自然而然地成為生活中的一部分與生命的一部分。所以，一般的人們，比較難以想像，離開地球之外，還真實的存在著另外的無垠宇宙星空與時空。事實上，我們是處身在浩瀚無垠的宇宙星空裏，而太陽也只是宇宙中億兆顆星球中的一顆。至於人類，不要說多偉大了，在宇宙中其實更渺小到數都數不出來。

如果我們飛到太陽系的邊緣再回過頭來看一看我們的地球，我們就會發現，那甚至連一個亮點都看不到。因為地球的本身不但是體積小，並且

也不發光。至於離開了銀河系到了最近的仙女座星系，此時若想要回頭看看我們的地球，那就不要說是地球了，恐怕連太陽都看不見了。像這樣渺小的地球卻能夠存在於無限的宇宙之中，而又有如此豐富的生命體系，這樣奇妙的萬億生命，其實，在宇宙中真的是非常奇特而又享有難以描述的神奇。

我們人類生存在這幾近於無限渺小的一個時間與空間裡，但卻有如此豐富的大自然。我們常覺得自己很渺小，但有的時候卻又覺得自己很偉大，不是豐功偉業的偉大，而是生命本身的偉大。至少，我曾覺得自己在這宇宙真實「時空」中存在過。時間的流逝雖是是生命中最大的無可奈何，但這也正是宇宙最偉大也是最具有智慧的地方。「時間」的停留與靜止，那也許就是我們所謂的「永恆」。但是「永恆」同時也隱藏著「停止」與「死亡」現象。宇宙如果有「永恆」的存在，則就不可能有「新生」。我們身體所使用的每一個元素，都是來自於前人的遺留，我們所喝的每一口水都是古人曾經喝過的，四十五億年來地球上的水一直的再循環著。所以，如果沒有「新生」的存在，則另外一層的意義，那就是一個死亡的星球。

深遠無盡的宇宙與無限的星際，它們不是幻覺，而是真真實實的存在著。任何事物都不會無中生有，那麼宇宙中的一切也必然都是「創生」的。是誰「創造」了這些幾近於無限的「時空」與「繁星」呢？宇宙的形成需要有四個接近於「無限大」的「因子」，而又缺一不可。這四大「因子」就是「質量」、「能量」、「時間」與「空間」，它們都是接近於無限大的宇宙「因子」。事實上，我們實在很難想像這四個接近於無限大的「因

子」，而又能夠同時的存在，才能形成這個宇宙。這不但是超越了我們人類可以想像的思維，也讓我們隱約的感覺到有一雙「上帝」之手在圓滿的安排著這一切。而所謂的「上帝」則是指在整個大宇宙中具有「無限能力」與「超越一切」極限的「無上者」。

　　在上一世紀初，物理學家愛因斯坦證明了質量、能量本是一體的，而時間及空間也不是各自獨立，它們同樣也是一體的。為了便捷起見，在「物質」與「能量」的稱謂上，經常合併的稱之為「質能」，而在「時間」與「空間」的稱謂上，則又稱之為「時空」。在我們今後談論宇宙的時候，如果提到的是「空間」的問題，我們就應該要同時的聯想到「時間」。而同樣的，如果我們提到的是「物質」的問題，我們應該同時聯想到也是「能量」。所以，如果簡單的說，要形成這個近於無限的宇宙就必須要有接近於無限龐大的「質能」與「時空」。宇宙的存在是事實，它必然是有一個起源的源頭。所以，對於這個宇宙的起源，應該有最根本的因果對應關係。也就是說，宇宙的形成必須先具備有「質能」與「時空」，這「四」樣「因子」，如此才可以有後來的宇宙之形成。正如我們一個人的存在，必須先要有個出生的時間、空間與物質身體及身體能量，才能逐漸的長大成人而活在這世間。

什麼是生命的真實哲學

要說生命的哲學，這就需要從兩方面著手來談：

其一是：生命的目的。
其二是：生命的意義。

先就「生命的目的」而言，自古以來有太多的古聖先賢與近代的各方賢達人士，他們談過各式各樣的人生目的，有為國為家的，為道德與正義的，甚至是為全人類幸福的等等。事實上，這些大多都是一些時代性的口號而已。

其實，人生就是人生，那來的什麼「目的」？人類不是為了「目的」而生下來的。人生可以沒有目的，因為，我們不是器物，也不是工具，更不是物品。孔子說得好：「君子不器」就是這個道理。所以，人生當然可以沒有「目的」。但是，人生卻不可以沒有「理想」。「理想」的層級要比「目的」高得多了，為了達到「目的」許多政治人物可以不擇一切手段，只是為了達到他的「目的」。但是「理想」卻不一樣，在政治上的最高理想，可以是國泰民安，百姓幸福。我們每一個人在生命的過程中都會有許許多多的理想，而這些理想都是崇高的，也都是我們生命中的仰望。所以說，我們要談的是生命中的理想，而不是生命的目的。我們每一個人絕不

是為了某些「目的」而生下來的，但若能夠有崇高的「理想」才會有崇高的人生境遇。所以說，讓我們不要再談什麼人生的目的，而真的要談的是我們生命中的理想，理想可以使一個人奮鬥向上，理想也可以使一個人的生命多采多姿的生活著。

至於說到「生命的意義」，其實這個題目的本身就沒有什麼意義。若一定要講求人生的意義，事實上，題目的本身就是它的答案。我們一個人生活在這個世界上，則生命中所有的一切都是我們的人生意義。我們不能說生命中的那一段是不存在的或是沒有意義的，或是那一段才有特殊的意義。生命是具有它特殊的完整性。而在生命的過程中，事情的本身則無論是對的或是錯的，這一切本來就沒有什麼定論可言，而其屬於自己真正的人生意義則必須要自己去定義才可以，別人是不可以也無法真正的為你去定義你自己的人生究竟是什麼？

再談生命的意義

　　現在所談的是「生命的意義」這個題目，不是已經讓人們談了幾千年了嗎？難道現在還要再說嗎？是的，確是談了幾千年的問題了。但是由於時代的不同，它所代表的意義也不完全相同。所以，到現在還是一個大好問題。因此，我想要特別提出一些個人也是跟現代時尚的人類不太相同的看法與想法。

　　在資本主義的社會裡是以「獲取」為生命的宗旨。但是，我要說的是：「人生不要以獲取為其終生信念。」現代化的新人類總是將賺取視為生命中唯一具有價值的事物。在現代這個時代裡，地球上許多的資本家，他們正在快速的累積金錢，他們也快速的吸收了周圍所有的財富。但是我想要問的是：這樣的事情真的有意義嗎？許多人也許會說，有了錢才可以實踐理想。但其實這是一句「空話」，為什麼說是「空話」呢？因為人的理想是會變的，會改的，或不一樣的。原本認為有意義的事情，會變得沒有意義了，而原本不在意的事情，卻變得在意了。

　　我的小姪兒從小他最喜歡就是坐公車去上幼稚園，不喜歡坐娃娃車，每天上學下學都要婆婆帶著他坐公車，然後快要到站的時候再趕快去按下車電鈴，按到了電鈴就感覺非常高興。坐公車讓他快樂無比 他也很明確

的告訴我，不要我開車去接他。有一次我下了班就順道去接他，並希望他能喜歡，所以告訴他說我們上高速公路去兜風一下。遛了一圈回到家以後，他告訴我說：

「老爺！我們哪裡有去兜風呢？」

我告訴他說：「剛才我們不是在高速公路用時速 100 公里遛了一圈嗎？」

他說了：「沒有啊！你根本就沒有打開窗戶，怎麼能叫兜風呢？」我還真被問住了，而答不上來。

他經常告訴我們大家，他將來的志願是要當公車司機，他還說他將來也要跟老爺一樣，要讀到電機博士，然後再回來開公車。他媽媽聽到了這話，忙說：

「哪有這樣的事？怎麼可以這樣呢？」

我趕緊的說道：

「老爺說可以！這種事情留到他將來長大以後自己再在做決定，我們先不要替他做決定。」大家才沒有異議。

這事一直到了上小學一年級，有一次他坐了高鐵到南部，看著窗外感覺到高鐵的速度真快，真過癮。這個時候他又立下的志願，說他要當高鐵的司機，開著飛快的高鐵真過癮。到了小學三年級的時候，由於爸媽常帶他出國去旅遊，他迷上了飛機，也訂閱了相關的飛機雜誌，任何型號的飛機他只要看一眼就可以叫得出名字來，他喜歡在台北松山機場旁的咖啡店裡，看著飛機起起降降，而快樂無比，這個時候他的志願是要當機長，開飛機。再仔細的想一想，什麼是「理想」？在我們的一生中可能浪費了太

多的時間，在自以為是的理想之中，不是嗎？

沒有人說得出什麼是「理想」？也沒有人可以說得出什麼是人生的「目的」？還是那句話「問題的本身就是答案。」很多人都希望自己在一生中能很有錢。現在就假設你是一個大富翁，那麼讓你每一頓飯吃10碗，每一個晚上睡10張床，那又如何呢？那就很快樂嗎？但我相信那不是一件快樂的事。事實上，我們一個人在生活上的需求並不是很大，要想擁有所有想要的一切，我個人認為那是不切實際的。東西的存在為什麼一定要擁有呢？一顆美麗的大樹沒有必要一定要搬到家裡來，在原野裡有它的風光美麗。鄰居在牆邊種了的一朵美麗的芙蓉玫瑰，但主人工作忙碌而早出晚歸，從來沒有正眼看過它一眼，可是我每天進出的時候，都會仔細的看看，真是很美麗的一棵玫瑰，有的時候要看上它好幾眼，並伸手摸摸它，聞一聞它的香氣，真是美好啊！那麼要問？這種玫瑰花究竟是誰的呢？所以，我才說，我們人生不應以追求財富為目的。所謂：「求足何日而足？知足便足。」《紅樓夢》的「好了歌」說得很好：

世人都曉神仙好，惟有功名忘不了！古今將相在何方？荒塚一堆草沒了。
世人都曉神仙好，只有金銀忘不了！終朝只恨聚無多，及到多時眼閉了。
世人都曉神仙好，只有嬌妻忘不了！君生日日說恩情，君死又隨人去了。
世人都曉神仙好，只有兒孫忘不了！痴心父母古來多，孝順兒孫誰見了？

我們應該要的是「追求生命」。「追求生命」這四個字其實有它非常特殊的意義，「生命」是時時刻刻的，是及時的，而不是遙不可及的。「生命」就在此刻，人生也就是從此刻開始的，好好的把握現在，好好的重視

現在，好好的規劃現在，並且好好的享受現在。這就是我們生命的最根本的意義，生命的意義不在於外求，而是發自於我們自己內心的深處，懂得珍惜，懂得感恩，也懂得享受生命中的每一個片刻，這才是我們真正的生命的所在，也才是真正生命的道理，除此之外都不真實。

7.5

宇宙就是我們的家

　　我遇到過許多文人雅士，他們總認為那些宇宙深遠而距離我們億萬年之遠的地方，那裏的生活真相與生命的特質與我們有何關係？正如地球上某些偏遠而人煙稀少或沒有人跡的地方，那裏的生活與事物我們有什麼好在意的？但是，人類的生命畢竟不是樹石，而我們本身就生活在這無垠的宇宙時空裡的一份子，宇宙時空裡它們就是我們的家，而我們則是家中的一份子。對於熱愛生命的人而言，不但感覺地球是我們的家，而事實上，整個宇宙也是我們的家。

　　當思緒也飛到那無盡之處而與那星空相融的時候，思想投入了那變異的「時間」與「空間」裡面。137億年前宇宙的誕生以來，那是一切的所在，也是流傳到現在最古老的故事之起源。望著那無數的銀河星系，心中總是

有著一份的難以名稱的感動。諸位，請想想看，當我們看到那些宇宙盡頭傳回來的真實影像「哈伯超深遠宇宙 (Hubble Ultra Deep Field，HUDF)」，它們每一張都歷經了百十億光年以上，才到達我們的視線，才讓我們看到，也才讓我們攝影到，這才是真正的「時光隧道」。我們可以親眼的看到一百億年前的宇宙的真實影像，而這些影像在宇宙中旅行了上百億年，才與我們相遇，述說著它們的一切。一百億年的宇宙時空是如何的浩瀚無垠，而今能夠相遇並可以親眼目睹，這不是單靠憑空口舌的舌花燦爛，也不是在一些聚會上，把整個宇宙說成是他自己所想像的樣子。科學不是舌花燦爛的虛空，但是，它卻在述說真實而久遠的故事，並讓我們看到那故事盡頭的一瞥。雖然，那只是一粒塵般的渺小，但這一切卻是真實的。這也是我們的家，因為，我們也身歷其中，是其中的一分子。

7.6
在宇宙中的創生智慧

宇宙的本身是具有至高無上之智慧的，面對著如此高的無上智慧，我們人類的本身也是不容被忽視的，因為我們也是具有高智慧的。然而，面對著宇宙至高無上的智慧，它正是我們在宇宙中的明燈，遠遠的指引著我們人類未來的去向與道路。當我們人類被「創生」的時候，在「智慧」上

的能力與發展並沒有受到任何的限制或抑制，而也似乎是具有無限的發展潛力。所以，面對著深遠無限的宇宙，我們就需要積極的提升我們專屬的相關智慧。重點是，必須在有益於全體人類的福祉的狀況下，積極的提升我們全體人類的智慧層次與層級。

那麼宇宙與我們人生的智慧有什麼關係呢？是的，這就得先要從人類在宇宙中被創生的問題談起，我們的身體當然不是由單細胞生物進化而來的，我們全身有 60 兆的細胞，不可能先有了手腳再進化出有了下肢，有了下肢的進化才有的腸胃，不可能有了腸胃之後才進化生出了肺臟，有了肺臟之後再進化出了頭腦。事實上，我們的身體當然是一體成型的，也是一次成型的，所有的器官是一次性的完成。由此，當了解我們人類智慧被創生之前，先讓我們約略地看一看這整個宇宙的被創生，而後才有我們人類在被創生出來。所以，我們與宇宙是緊密而完整的成為一體的，在如此緊密而為一體的狀況之下，當然我們必須提升自身的智慧，才能融入宇宙並與宇宙結合成為一體，而成就了我們所需要的更高的智慧。

在宇宙中除了生命系統是奇蹟之外，更奇特的就是「智慧」這個東西。當然，「智慧」的本身並不是一個「東西」，但也沒有更好的「單位」可以稱呼它，因為它的本身全然是抽象的。「智慧」這種現象是不可思議的，尤其是人類的高智慧是被特殊所創生而賦予的，所以，人類在地球上也是唯一具有高智慧的物種。這種特殊的現象是很容易驗證的，例如，地球上只有人類會觀察宇宙中的星際與星球，而其他所有的動物都沒有這種能力，也沒有這種思想與行為現象。人類會創造各式各樣的工具，讓我們

可以上山下海。人類也會為了時光的流逝而感嘆不已等等，這些都是其他動物所不可能會有的現象。那麼，在這地球上唯有人類的生命具有高智慧而又被「創生」的真正原因究竟會是什麼呢？雖然我們目前並還不是十分清楚，但是，無論如何總應該都會有它深遠的意義存在才是，也許這是在暗示著我們，我們人類的高智慧應該要跟宇宙是相通相連才是。也正因為是如此，我們人類對於宇宙的探測不但是充滿了好奇心，而且是前仆後繼，從來就沒有間斷過。這也許是「創生者」在創造我們人類與高智慧的時候，就埋下了伏筆，在當人類的文明發展到某一個層次的時候，也許我們與「創生者」就應該可以進行某種程度的溝通與相互了解了。

很少人能真正的體認到，我們人類的存在的確是宇宙中最大的一種「神秘」與「神奇」。最怪異的是，在地球上，我們人類是唯一具有特殊超高的智慧，地球有億萬種生命，人類的這種特殊智慧，卻是不可思議的。那麼，這樣的一種專屬性的唯一神奇，是不是「造物者」在強烈的暗示著什麼？甚至是在我們的基因中，已經埋下了某種狀況與條件，也就是在「形而上」的境界中，人類是可以用我們自己的智慧或心靈，與「造物者」做實質上或是在心靈上進行某種形式與方式的溝通或是交往。在目前人類科技的實際運作下，人類也許終會有一天真的具有極為強大的能力，可以深入宇宙深遠無盡的某處，而能結識那位偉大而無上的「造物者」。我們現在的不能並不代表未來也不能，身體的不能，也不能代表我們靈性的不能。近代科技的進展會越來越快，希望能為人類在這一方面帶來一些曙光，並得著實質的利益與福祉。

人類是生活在靈性之中

　　人類不但是在智慧上是具有敏銳的思維能力與感知的知覺，更重要的是人類在地球上還具有特殊的「靈性」。所以，我們是以具有「靈性」的眼界與視界及思維。例如，人類自古以來就會感測到宇宙星空，所以自古以來也就留下了無數的人類對於天文觀測的紀錄與資料。地球上有萬億種生命系統，很多人可能不知道，其實我們身體的本身就存在著有無比的靈性，甚至於連每一個最微小的細胞，都存在著不可思議，想想看，我們身體的每一個細胞都能夠生長在它所該生長的地方，甚至於連我們的指甲都不會長錯地方。更重要的是，我們具有能夠思考一般動物本能以外事情語能力。什麼是一般動物本能的事情？那就是「食物」及「生殖」這兩件事情。但是，人類卻具備了動物本性之外的超越能力，這種超越的能力其實就是超越的「智慧」與無比的「靈性」這兩個部分。

　　有人可能會懷疑，空空洞洞的宇宙會有智慧嗎？這個現象就有一點像是一隻螞蟻，當它在搬動一小塊餅乾屑的時候，看到了在旁邊的人類，然後會想：「他們人類有智慧嗎？否則怎麼會把如此好吃的餅乾屑掉在地上呢？」雖然，螞蟻與人類都是地球上一種小小的生命系統。這樣的比喻也還只是一種比擬式的比喻而已。但是，如果人類要跟宇宙比起來，那就完全的不成比例，也無從比起了。因此，這句話我應該要反過來問才是，那

些微量的餅乾屑並不是我們人類思考的重點，甚至於連嬰兒都不會去撿起來，相對的，我們可能考慮到的是這些餅乾屑會不會弄髒我們的地板。所以說，人類對於事情考慮的方式與其他的動物在看法上，就有着截然不同的現象，也就是說連出發點都不同。

自萊特兄弟在 1903 年 12 月 17 日進行的飛行，也就是人類第一次以重於空氣的航空器具進行動力的飛行，至今才不過一百年。但是，各位想一想，今天已經是飛機滿天飛的時代了。我們人類對於宇宙的了解，雖然剛踏出第一步而已，也就是除了月亮以外，我們哪裡也沒有去過。而且那還是 45 年前的事了，在這之後的這段時間裡，沒有人知道發生了什麼事情，雖然這 45 年來人類科技的發展一日千里，但就是再也沒有人去過月球了。

再想一想我們人類的本身，其實就是一個小小的宇宙。以我們的身體的構造而言，其複雜與神妙的程度同樣的是匪夷所思。不知道各位有沒有注意過，我們的每一個器官與組織，不論是它的生成、它的位置、它的形狀、它的功用等等，都是不可思議的神妙。我們身體內的每一個器官組織，每一個組件甚至是每一個細胞，都長在它當好的位置上，它們不但能獨自的發生功用，最重要的是，它們具有分工合作的功能。我總是在想，各器官具有個體的功能也還說得過去，但是，一個器官若是它沒有靈性，它如何會知道要分工合作的共同完成任務，這樣的事情，除了用「神奇」來形容之外，真是沒有其他的字句可以論述的。

宇宙不是空空洞洞的，現代的天文學告訴我們，在真空的宇宙中全部都充滿著各式各樣的粒子與場力 (Field)。宇宙是有智慧的，不但是有智慧

而且是具有無上的智慧。這一點如果我們能仔細的觀察與體驗，就一定會深深的感受得到宇宙中的這種無上智慧其實是無所不在的。近代人類的研究，發現即使以最小的「粒子」來說，基本粒子它可以「同時」存在於兩個以上的地方，它也可以是「粒子」的型態，但也可以表現出「波」的形式，而它們一旦產生了「量子糾纏」的現象，則不論將它們分開到天涯海角，不論有多遠，它們都會有超越時空而產生「瞬間」感應的現象。宇宙中所有的一切，都是透過這種現象在運作着。故而，您能說宇宙是空空洞洞而沒有思想的嗎？那麼，您認為如此結構複雜、如此井然有序、而又無奇不有的整個宇宙，而又運作得如此嚴密而又井然有序，難道這一切是可以自生的嗎？宇宙是幾近於無限的在運作。所以，它必然具有無上智慧，而事實上，宇宙的微妙與不可思議，又豈僅是使用「神蹟」這兩個字可以來形容或敘述的？

【第 8 章】
探討「上帝」的心靈脈動

8.1

人類的來源是神奇的

　　人類不可能在是地球上以單細胞的生物，經歷短短的幾千萬年進化而來，更不可能逃過的地球上那五次的「大滅絕」而存活到現在。這些「大滅絕」每一次都有 90% 以上的生物因而滅絕並絕種。這其中最近的一次則是六千五百萬年前的大滅絕，所有的恐龍也因而滅絕與絕種。當然，我們更應該可以想見的，如果我們人類是由一個細胞肉團進化而來的話，我確切的相信，以這樣的一個細胞肉團而言，是絕對逃不過那些的大滅絕。如果人類是由早期的肉團演化而來，那麼，它在原始的荒野中，也絕對逃不過其他動物的掠食的。更何況，我們的赤身肉體甚至打不過荒野中的一匹野狼。人類絕對沒有以進化論的道理，可以逃脫「大滅絕」與被其它動物獵食而存活直到今天。

　　如果以進化論來說的話，當然也不可能只有人類有高等智慧的出現，因為其他的動物在進化論的現象中，同樣的應該也會產生高等智慧。但是

事實上，地球上自人類的出現，從一開始就是萬物之靈，也是地球上唯一具有高等智慧的生物。我們早期就曾經想為了要證明自己是萬物之靈，於是我們就以大腦的容量來做為一個標準，腦袋的大小一直被人們認為是智力與認知能力高低的一種指標，這也就是所謂的「等價關係」。簡單的說，也就是以動物的腦容量的大小來認定該動物的智慧高低是如何？於是開始對於相關的動物進行了多方面的取樣量測，但是，結果卻是失敗的。我們發現大象的記憶非常的好，牠們的壽命平均達到 60 歲，比我們早期的人類壽命還要高，而腦容量也比我們人類的腦容量大得多。鯨魚是具有非常高智慧的動物，人類曾經發現有達到 90 歲高齡的鯨魚，而牠們的腦容量更是那比我們大了數十倍之多。所以，如果是以腦容量的大小來判斷生物界的智慧高低，那萬物之靈一定則是完全輪不到我們人類的。所以，這樣的量測方式不但說不通，也是一種似是科學而實際上是不科學的做法。

所以，我們應該要好好思考的一件事情，那就是如果我們是「造物者」所「創生」的話，那我們「人類」與「造物者」之間，必然還會存在著有某些隱藏式的溝通管道，也許不是一個，而是可能相當多的管道可以與「造物者」相互的溝通。但如何去尋找這些管道，那也許是我們生命中，所面對或面臨最大也是最值得的課題之一。當然，「基因」是最有可能隱藏著「造物者」的某些訊息。

神秘的鐘擺效應

電機工程的科技人員對於「共振 (resonance)」或稱「諧振」的現象應該是非常清楚的。無論是在理論上或在實際應用上,「共振」在電機工程、電子工程或是通訊工程上都是主要的課題之一。我們平日在無線電中收聽到的廣播或是聲音或是在手機上看到的畫面等等,它們在通訊上最根本的原理就是使用「共振」的現象。也就是說,當我們的手機內的共振電路的頻率跟發射源的頻率相同的時候,則必然引起我們手機內共振電路的共振,這種共振現象就會將外界的無線電波「引入」而進入到我們的手機裡面。再經過解碼、濾波、轉換、放大等等之後,就可以將聲音與影像還原出來,也就是我們聽到與看到的那個樣子。

那麼除了無線電具有這種「共振」的現象之外,其他地方就沒有了嗎?當然不是,「共振」的現象是遍及整個宇宙與每一種物體的。它幾乎是在主宰著整個宇宙但卻鮮為人知。事實上,「共振現象」是宇宙的通識,它不但可以傳遞本身的訊息,並可以潛移默化的改變外界的事物。宇宙中一切物體的振動頻率對於各個物體皆有不同,而當產生「共振」的時候,它們能夠發出或獲得最大的個體或群體能量。也因此,為了證實這一件事情,我想,做一個小小的實驗,但是它的效果卻使許多人們感覺到非常的奇特與詭異。但事實上,它卻是根本而真實的,那就是:「節拍器實驗」。

「節拍器實驗」也有人稱之為「鐘擺實驗」，希望藉助於這個實驗中，讓諸位能夠深切的感悟出，在這個宇宙中「共振」現象的超越與偉大。現在我就把實驗的步驟一步一步的列出來，可以讓各位逐步的去探討與檢驗或實驗。

【節拍器實驗】：

(1). 使用至少 2 個以上的「節拍器」。所謂「節拍器」就是經常使用在鋼琴或其他樂器演奏時，作為音樂節拍教準之用。能夠多使用一些更好，有 30 個、50 個或 100 個那是最好了，因為那樣會非常的壯觀，大約的排列整齊即可。

(2). 將所有的「節拍器」放置在懸掛的平面木板上面。「懸掛」這是為了避免外界無謂的震動與阻抗或其他相關的干擾。

(3). 分別用手啟動各個「節拍器」，使它們開始打節拍。由於啟動的時間有先後，所以這個節拍器的節拍動作與聲響皆不一致，在聲音上聽起來也是全然的雜亂無章。

(4). 這個時候我們什麼事都不要再做，只要靜靜的觀察與聆聽即可。

(5). 如果我們使用的是 100 個節拍器，約過了 3 分鐘之後，各位可以看得到約有三分之一的節拍器，它們的節拍很奇妙的產生了的一致化，滴答…滴答…. 很整齊的在進行打節拍了。

(6). 再經過了約 3 分鐘之後，我們可以看到節拍器約有三分之二已經完全同步的在滴答…. 滴答…. 一致化的在擺動了，非常的整齊，聲響也一致。但剩下的還有三分之一在那邊各自不同的的擺動著。

(7). 約再經過了 3 分鐘後，我們會發現站立在平台上的節拍器已經全體都同步化了。也就是所有的「節拍器」它們的動作都一致化了，非常的整齊可觀，而所有的聲響也完全的同步了。雖然有 100 個「節拍器」，但是現在我們看到的只有一個動作，聽到的只有一個聲響。這種全體同步一致的擺動與同步的聲響，滴答…！滴答…！如閱兵中的踢正步一般，相信會令人在場的人十分驚訝與感動而印象深刻。

以上的這個實驗，各位也可以不必親身去做，只要在網路上或是在 YouTube 上輸入關鍵字眼，就可以看到相當多的類似的實驗。那麼我們的結論是什麼呢？結論有三點：

1. 「共振」在宇宙中是所有物體共同一致時的動態能量之表象。
2. 「共振」的時候，個體會「獲得」或「輸出」最大能量。
3. 「共振」的能量與現象可以影響並傳遞至其他相關的事物上。

共振的現象使萬物因感應而存在

就基督教而言，認為人是由體 (flesh)、魂 (soul) 與靈 (spirit) 這三者合而為一。「體」是身體，「魂」是人的精神力量，而「靈」則是人與上帝溝通的管道。但是，如果我們要深入一點的問，我們的「靈」用什麼方法或方式與上帝溝通呢？至此，則多在這個問題中碰上大家各說各話的現象了。人們說不出一個真實的證據與道理來，也沒有任何的證據可以歸依。不要說是正面的證據了，事實上，反面的證據同樣的是不少。

現在，讓我們再次的把問題拉回到這個主題上，那麼，我們究竟是該如何與這位「上帝」或「神」或「創生者」相連繫或溝通呢？事實上，當我們仔細的觀察宇宙萬物的時候，我們應該可以發現，這個真實的道理其實就隱藏在我們每一個人的身上。「共振」的現象是可以跨越時空，而在宇宙中可以讓物體「產生」最大的能量，或是「獲得」最大能量，或是將該能量瞬間的傳送到任何一個其他的地方去。哇！宇宙中真能有這種如此美好的現象與事實嗎？是的，這個事實其實我們在宇宙中的每一個地方，甚至於是在我們的身體上隨時都可以看得到，在上一節所做過的「節拍器」實驗，各位可以細細的去體驗這其中所傳達的涵義。

我再舉一些實例來說明，「共振」的現像在宇宙中可以讓物體在特有

的情況下獲得最大的能量，或者是可以傳輸最大的能量給對方的道理。例如我們在拉小提琴的時候，若把小提琴上的「共振箱」拿掉，僅剩下那根柱子與弦的話，那拉出來的聲音各位應該可以想像得出來，簡直就不能聽了。但在加上了「共振箱」之後，這一切就可以變得那麼美好了。事實上，宇宙萬物彼此之間都必須有「共振」的現象才能存在，這一點很重要。我們可以從宇宙中的「微觀」到「巨觀」，都可以發現這些重大的現象存在著。我想先問一個問題，看看各位能否解釋在宇宙中，「原子」的本身就存在著極為不合理的現象與矛盾。現在就讓我們進一步的來談一談：

我們從小就被教導宇宙中所有一切的物質都是由「原子」則所構成。「原子」的中心是原子核，它是由帶正電的質子與中性的中子所組成。所以，原子核是帶正電的。而在原子核外面高速環繞的則是有帶有負電的電子。那麼我要問：

「如果原子核是帶正電，電子是帶有負電，那麼根據兩個最基本的原理：其一是萬有引力原理。電子與原子核都有質量，它們必然具有相互的吸引力，而終究會結合再一起。其二是正負電荷相吸原理。帶有正電的原子核應該立即會吸引帶有負電電子，使它們立刻相吸而結合。」

「根據以上這兩個原理，它們都是使原子核與電子相互結合的重要與明確的力量，而且是無時無刻不在作用之中，這兩種力量將永遠把它們拉在一起，合併而成為一體，而不可能一直的環繞下去。所以，宇宙應該在一瞬間就崩潰，整個宇宙也必然不可能繼續的運轉到現在。」

「但是事實又卻不是如此，宇宙誕生的 137 億年來，都相安無事，電

子也不會墜入原子核之內，整個原子的結構都能穩定而相安無事。那麼，說個道理來聽，這該如何解釋？」

當然，時至今日，我們可以用海森堡（Werner Heisenberg，1901-1976）的「不確定性原理」（uncertainty principle）來解釋它。「不確定性原理」又稱之為「測不準原理」，但是單就這個原理的本身，我就不認為有多少人可以真正的了解它，它並能理解事實的真相。事實上，「測不準原理」也只是就現象的層面來做說明而已，並沒有說出根源的所在。這就如同牛頓的萬有引力公式一般，他只是在說明現象界的一些表象而已。但是，他卻不能解釋萬有引力究竟是怎麼來的？事實上，人類直到今天，還是並不清楚重力現象在宇宙中究竟是怎麼來的。英國理論物理學家希格斯（Peter Ware Higgs，1929-），以「場 (Field)」的觀念，也就是「希格斯場（Higgs field）」認為它遍布於全宇宙的量子場，讓某些基本粒子因為與希格斯場之間交互作用而獲得質量 (Mass)。但是，若是進一步的問，「希格斯場」又是怎麼來的？全人類就沒有任何一個人可以回答得出來。不！也許有一個唯一的答案，那就是來自於「造物者」或稱之為「上帝」的。

但是，原子核與電子環繞的這一切現象，還是沒有解決啊！事實上，簡單的說，它們其實就是處於彼此在「共振」的現象與狀態之下，使得整個原子能夠運行到現在還不會崩潰。至於這「共振」的現象究竟是怎麼來的，當然，這同樣也已經不是我們人類目前可以了解與思考的問題了。

在巨觀來看，我們的太陽系所有的星球也同樣的是處於一種「共振帶」上面，也因此都能獲得各自最大的能量，而與太陽一起的共振並產生

環繞，以維繫各星系的正常運轉，否則繞久了，略有缺失或誤差，這些星球早晚都會被太陽吸進去的。我們的本銀河系也是如此，其內的恆星與行星加起來有一兆顆之多，但所有的星球都因彼此的「共振」現象而可以久遠而平穩的在繞行着。

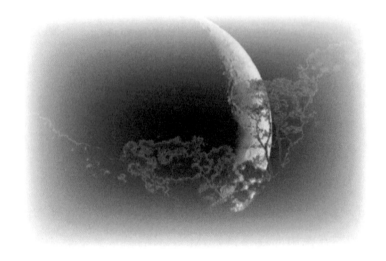

「感應」是宇宙的本質

　　講到「上帝的語言」這五個字，可能大家都會聯想到這個世界上可能有千百種語言，不曉得「上帝的語言」使用的是哪一個國家或是哪一個地方的語言呢？答案都不是。這是把「上帝」想的太狹小了。事實上，我想很正經、也很正式地跟各位面對這個問題，詳細的談一談這個問題的根由，事情完全不是各位想像的那個樣子，但也不完全不是。

　　真正要談「上帝的語言」當然不是說上帝會講哪一國話。事實上，「上帝」所表達的方式應該不是用語言，而是使用一種「感應」的方式。講到「感應」的現象可能會有很多的人認為這些都是騙人的把戲，是不切實際的東西。但是，我想很確實也很真實地告訴各位，「感應」的現象在宇宙中是真實的，也是千真萬確的，而且就在我們日常生活中到處都是如此。甚至可以說，我們這個世界如果脫離了所謂的「感應」現象，就不會有我們今日的科技與文明，也沒有任何科學的產品可以使用。所以，「感應」是真真實實的存在，只是絕大多數的人可能不懂，而誤認為它是不存在或是虛幻的。

　　有人以為「感應」這兩個字用的比較虛幻或是不切實際。事實上，剛好相反，在我們日常生活中「感應」的這種現象到處都是，天天都在

用，時時刻刻都不能少。例如，我們所使用的「電源」，它是經過一連串的變壓器的「感應」而來的。我們的電力輸送系統所輸送的是超高電壓345,000伏特(Volt)。根據「歐姆定律(Ohm's law)」，在同樣的電功率之下，這輸送線的電壓越高，電流就相對的減小，電流越小則使用的傳輸線的線徑就可以越小，也越可以減輕成本。這就是為什麼在主要的傳輸線上都需要如此高的電壓來傳送電流的道理。各位在許多山丘地帶都可以看得到有許多的高大的鐵塔，上面兩邊都掛著長長的電線，延綿不盡，由南北貫穿整個台灣，這是台灣電力的主要動脈。但是這麼高的電壓不可能讓一般家庭使用，甚至一接近就燒焦了。所以，在使用的時候，必須再一層一層的降壓。我們一般家庭所使用的電壓都是 220 伏特和 110 伏特的交流電壓。所以，就必須經過一連串的降壓變壓器，一路的降壓到 220 伏特和 110 伏特，提供給所有的家庭使用。

這個一連串的「降壓」的作用是怎麼來的呢？那就是經過各相關的「變壓器」把各種高電壓降低成為較低的電壓。而「變壓器(transformer)」就是這種真實的「感應」裝置，它完全是靠電磁「感應」的現象在作用而產生「變壓」的功能。真切的說，變壓器有輸入端與輸出端這兩個端點，電源進入變壓器的輸入端再由「電磁感應」的作用，而由變壓器的另外一端，也就是輸出端產生輸出作用。它們之間完全沒有任何硬體上的直接連結，它們完全是靠電磁的「感應」轉換能量而來，所以我們才有適當的「電源」可以使用。這種感應現象不但是功能強大，而且可以完全的在人類的設計與控制之下，造福全體人類，所以說，這種「感應」的現象，您說偉大不偉大。

講到電力系統的線路，各位可能不熟悉。其實，當我們在市區裡的人行道上面走路的時候，經常會在馬路邊看到有方形的鐵箱凸出於地面之上，其實，那裡面裝的就是變壓器。以前電線還沒有地下化的時候，街道兩旁到處都樹立著電線桿，上面掛滿了電線。實在是影響市容觀瞻。後來實施電纜地下化之後，這些高壓電纜就被埋在地下，而原來在電線桿的變壓器就只能放置在地上，形成一個個的鐵箱子。這個鐵箱子雖然難看，那也是無可奈何的事，那裡面就是居家要用的電源變壓器，也就是那不折不扣的「感應」裝置。

　　各位現在經常使用的 3C 產品，包含許多人每天都離不開的手機，它們之所以夠對外界接收或發送訊息，也都是靠「感應」而來的。當我們的手機與基地台相互感應的時候，我們就可以把基地台的訊號接受下來，或者是把我們的信號傳遞給基地台，再由基地台傳送到目的地。所以我們幾乎可以說，凡是與無線電通訊有關係的電子產品，它們同樣的都必須仰賴該產品中相關的「感應電路 (inductance circuits)」的作用，才能完成無線傳輸的工作。所以，這種「感應」的現象是真真實實存在的，它絕不是什麼虛幻的東西，而是我們每日生活上必須的東西。事實上，這種「感應」的現象更是遍及宇宙中每一個角落的，它們一直都存在的。

貫通宇宙的感應與共振現象

電場與磁場的電磁領域中，則多使用「諧振」這兩個字來代替「共振」這個名詞，這是為了區別一般的「共振」現象與電磁場中的「共振」現象。所以，今後如果看到在書中所寫的是「諧振」現象，則多是指的是電場與磁場方面有關的共振現象，而如果書中所使用的「共振」這個名詞，則代表是一般的「共振」現象。在這裡有一點要提出來特別說明的，各位可能以為「諧振」一定使用在電路方面的作用，但事實上則不然，我們身體是一個導電體，電流在我們身體的作用上扮演著非常重要的角色。各位如果看過心電圖與相關的儀器就會明白。我們的身體是一個微電作用的系統，所以，我們身體也會產生「諧振」的現象。

不論是「共振」或是「諧振 (Resonance)」它們的基本意義是相通的。那麼，「諧振」跟我們日常生活中有什麼關係呢？是的，這之間的關係其實是非常緊密的。例如，在前面曾經提到過的日常所使用的收音機，它是根據諧振的原理而設計的。也就是說，讓收音機它自身的諧振電路與外面電台的廣播頻率產生的諧振現象，那麼收音機就可以取得廣播電台頻率中的電磁波，再將諧振中的「載波」濾掉之後，就還原出原始的聲音了。例如愛樂電台的 FM99.7MHz，這 99.7MHz 就是載波頻率，是無線電的頻率，也就是說，它使用的電磁波的載波頻率是 99.7 百萬週次／每秒。「載波」

是為了方便於無線電天線的傳送或接收，所以必須使用高達「數億週次／每秒」的高頻率電磁波來傳送。載波 (Carrier) 的意思就是將我們屬於極低頻率的聲音或影像，使用極高頻率的無線電波作為承載的工具，再將這些影像或聲音以天線傳送給對方，接受的對方只要有天線可以接收這些訊號，再經由諧振電路接收這些高頻率的載波訊號，然後再經過濾波與放大之後，就可以還原出原來的聲音或影像。

由於電磁波傳輸的頻率與天線成反比，也就是頻率越低則使用的天線會越長，相對的，如果我們提高的載波頻率則可讓天線縮小。以前的大哥大「黑金剛」型的手機，體積很大，天線也很長，很威風。但是，在使用上並不是很方便。到了 1G 與 2G 的時代，那時候的手機上還是可以看得到凸出的天線。如今經過了 3G、4G 到了 5G 的時代，手機的載波頻率會高達 2GHz 以上，所以天線就小很多了，而一般人不會覺得它的存在。由於載波的頻率太高，當然不可能是我們人類的耳朵可以感應的。因此，濾掉載波之後，就還原出原始音樂頻率，再加以電子電路將聲頻放大之後，就成為我們所聽到的音樂了。所以，「載波 (carrier)」的問題其關鍵是在於「天線」上面，頻率越高的載波則天線可以越短，現在的手機所使用的頻率在無線區域網路（Wi-Fi）與藍牙（Bluetooth）的通訊頻率為 $2.4GHz(2.4*10^9\ Hz)$，意思就是它使用的電磁波每秒鐘傳送的頻率達到 24 億周次。所以他的天線可以短到收藏在手機裡面，而在外面則當然是看不出來。電磁波可以在已知的宇宙中暢通無阻，也就是可以在任何地方傳收。

超感官的知覺與意識

我們一般人的感覺是靠五個「感官」而來，故又稱之為「五官」。它包括眼、耳、鼻、舌、身。這是現今大家都能很熟悉的一些感官。我們人類是透過這「五官」才能夠與感測到外界並與外界的世界相互聯繫，我們也因而才能夠感覺得到自己是存在的。但是，事實上，還有一種感官是常被絕大多數人所忽略的。除了上述的這「五官」，也就是除了眼識、耳識、鼻識、舌識、身識之外，我們的身體還有著所謂的第「六」官的存在，也就是「意識」。雖然沒有人知道「意識」究竟是如何存在？但我們應該是清楚的，它確確實實是存在的。我們的「意識」事實上同樣是一種「感覺」，它不但是一種「感覺」，而且是超越前面的所說的「五官」的感覺，而是處於一切的感覺的最上端位置。

人類的腦部有 2 千億個腦細胞，約可以儲存一千億個訊息，平均每天會產生三千個各式各樣思想或念頭，人腦是宇宙中最奇特的一種思想器官，也是最精密、最靈敏的一種組織。研究發現，我們的大腦中仍然蘊藏無數的待開發的資源。而事實上，我們一般人對腦力的運用還不到整體的10%，其餘絕大部分都還是待開發的腦力與潛能，而這也是 21 世紀的人類最需要，也是最渴望去開發的領域。

各位，讓我們「用心」好好的想一想，這種「用心」想一想其實就是

一種「感覺」與「意識」。例如，我們每一個人都會在自己的心裡面有一種感覺，那就是那些人對我好，某些人對我不好。而我們自己也會感覺得到，我對某些人有好感，對某些人沒有好感。這種「感覺」雖然並沒有直接的接觸，也不一定說得出是什麼道理。但就，就是有這種「感覺」在，而且這種「感覺」往往是很真實也很確切的。所以，我總是認為我們要想接觸「上帝」或是「神」，不可能是用我們的五官去接觸，唯一可以接觸的管道那就是「第六感」的意識，也就是利用我們內心深處的「感覺」去「感應」。大多數的人可能不知道這一個重要的現象，那就是「共振」與「感應」雖然這兩個名詞不同，但事實上，它們確是彼此之間是相通的，而且是互為因應的。人類之間相互的「共振」是怎麼來的？其實，它多是來自於「自身」與外界的「助力」相互「感應」而來的。

許多人也許聽過「超感官知覺」這幾個字，但是卻又不知道它究竟是在說什麼？其實，在我們每一個人的體內都有可能蘊藏著另外有一種神奇的知覺，那就是「超感官知覺 (ExtraSensory Perception。ESP)」的。這種「超感官知覺」它並不需要依靠我們一般的感覺器官去感覺外面世界的一切，它也不是只有用我們的五官去感覺。而是運用到我們的「腦內」與身體的每一個細胞去「感應」與接收外來的訊息。這種「超感官知覺」有些人認為它是奇怪的。但是，許多的科學家們卻認為它是實質存在的一種能力。而近代的科學研究卻越來越證實它的存在性。

人體在大腦的最中心位置，有一個非常神秘的腦組織叫「丘腦」或稱之為「視丘 (thalamus)」的，這是人體非常神祕的一個器官，人體所有的感覺訊息都必須經過「丘腦」，再傳送到大腦皮質。因此，「視丘」有時

被稱為腦的中樞。所以，「丘腦」也是感覺神經元的信息與中樞神經系統的網路中心。最近的研究發現，「丘腦」可能在認知與自我感應及對外方面，有著更廣泛、更深入與更為莫測的一些作用，那是目前人們所完全不了解的。研究人員只是初步的發現，「丘腦」的確可以「放大」人類的思考與感應的能力與作用。

許多人都聽過「腦死」這兩個字，而以為這就是整個「腦子」都「死」掉了。其實這樣的說法是不正確的，「腦死」可以分成為 3 個部分來談。如果是大腦失去的功能，則我們就會變成為植物人。如果是小腦失去的功能，則我們的身體運動與平衡就不可能。但如果是「丘腦」失去的功能，則所以我們的心肺一定會停止，而生命的現象也必然不可能重現。當我們對於丘腦的作用有了更深的了解，並深入而積極的提昇「丘腦」的功能與作用，進而加強「感覺神經元」與「中樞神經系統」的作用，那也許將會更有利於我們每個人與「上帝」之間的溝通。也讓我們更有可能因此而直接地與「上帝」產生了相互的感應或共振的作用，如此，也許可以更一步的接近「上帝」或「造物者」。

8.7
諧振的本質是與宇宙共鳴

　　我想各位可能看過這樣的影片，那就是一位女高音在表演場中發出高頻率的聲音，而當音調漸漸的調高的時候，我們可以看的到她旁邊的玻璃杯開始震動，而當聲音高到某一個頻率的時候，她旁邊的玻璃杯則突然的爆開來了。也許很多人以為這是一個魔術的鏡頭或是純粹做娛樂性的表演。事實不然，這樣的現象是真實的，而且是很多人都可以做得到的。

　　那為什麼玻璃杯會突然都爆開了呢？其實，這同樣是一種「共振（Resonance）」的現象，我們只要能夠找到一個玻璃杯，當它共振的頻率如果跟我們聲波的頻率相同的時候，這時候玻璃杯「感應」到外界的能量，當頻率相同的時候就產生了玻璃杯與音源的「共振」現象，「共振」會傳遞最大能量，而當這個「共振」的能量超過了玻璃杯結構所能夠承受之能量的時候，當然，它就爆裂開了。我常說：「共振的時候會產生最大的能量」也就是這個道理。使用一個小小的實驗就可以得到證明，其實這種試驗各位也可以去自行實驗一下，將房門關起來，然後多準備幾個葡萄酒杯，因為每個玻璃杯的共振頻率都不相同，若是你的音量夠大，頻率夠高的話，或許就剛好有酒杯共振的頻率與你的相同頻率，此時它就會裂開來或爆開來，這會有很高的娛樂效果，也兼具科學教育的效果。

　　我們每一個人的身體是真實的同時存在著有「共振」與「諧振」的

現象。「共振」的現象是可以經由我們肉體而表現出來，而「諧振」的現象則跟電磁現象有關。我曾說過，我們的身體是一個弱電控制的系統，所以，在這種系統下的共振稱之為「諧振」。各位如果看過自己的心電圖就一定知道，電子儀器可以充分的感受我們身體各部位的電壓變化狀況，我們心電圖所展現出來的是類似於正弦波的「交變」電壓波形，這種交變的電壓經過我們身體的時候，就一定會產生「感應」的作用，有感應的作用則就一定會有電的「諧振」現象。我們的腦部同樣的會發出一系列微弱的生理電壓與生理電流，藉助於這些電壓與電流的變化，掌控著我們身體的一切機能，而同時，我們的身體各器官也會與大腦所發出來的訊號共同的「諧振」著。我們的身體各項的功能的運作是由位於大腦中央系統位置的「自主神經」在控制著，「自主神經」之下又可以區分為「交感神經」與「副交感神經」。事實上，這兩項神經系統是控制著我們身體上所有一切的運作。而這兩個神經系統的作用，也都與我們身體的「共振」有著極為密切的關係，它可以是由內在的，但也可以是由外來的影響。

人體有共振才有和諧

很少人會注意到，我們的身體其實是依賴的各種的「共振」現象才能夠運作並存活下來。我們身體的各器官間皆以不同的共振現象在運作，所以，在人體中會不斷的有共振波在交互的作用。實際上，所有的器官是與心臟共振為其基礎的，在維繫著生命的運作。同樣的道理，血液也是依附著共振波而輸送到各部位、各組織與各細胞之內。

對於人類身體血液的循環有一個非常重大的問題，它曾困擾了醫學界很長的時間。那就是人類身體的所有血管全部加在一起，其總長度高達 10 萬公里之長，這個長度剛好可以環繞地球 2 兩圈半。各位想想，如果是一根水管的話，要把水從一端打出去，然後環繞地球兩圈半後從另外一流出來，這將會需要多麼大的壓力才有可能辦得到？但是，奇怪的是我們的「心臟」卻辦到了。心臟的收縮壓一般是 120 mmHg，也就是 120 毫米的水銀柱高，以這樣的一點壓力，絕不可能把血液輸送到 10 萬公里之那麼遠的距離，甚至於要傳送 100 公尺都不可能。醫學界對於這種現象一直無法回答。科學家經過詳細的研究與計算，首先得知我們心臟每跳動一下所需要消耗的功率是 1.5 瓦特 (Watt) 的功率。各位我們知道，在我們的家中所使用最新也最省電的二極體燈泡一般大多是在 10 瓦特左右，這樣小小的一個燈泡，它的功率都可以超過心臟的功率甚多。所以，以心臟這

樣的一點點的功率，絕對不可能把血液「瞬間」傳輸到 10 萬公里之遠。為什麼說是「瞬間」呢？因為血液需要在瞬間攜帶氧氣給每一個組織或細胞。這種最基本的血液循環系統的現象，卻在醫學界困擾了很長的時間，而無法解釋這種人體最基本的血液循環現象。

事實上，這種以心臟的壓力來解釋傳輸血液給每一個細胞之觀念與想法，從一開始就錯了，所以問題當然就無解，也講不下去了。直到最近科學家們的參與了這項研究，才終於解開了這個謎題，那就是「共振」的現象解決了這一個天大的問題。為什麼「共振」就可以讓身體的 60 兆個細胞，在每一瞬間都可以獲得血液與氧氣呢？這之間與「共振」又有什麼關係呢？

要回答這個問題就要倒過來說了，一般的觀念是錯誤的，並不是心臟用壓力把血液瞬間傳送到每一個細胞或器官上。而是相反的，是我們的每一個細胞與器官都能夠產生與心臟「共振」的現象。這個觀念非常的重要。身體的各器官能夠與心臟共振，這器官就可以獲得最大的傳輸能量，也就是說，當身體內的器官在與心臟做共振的時候，則器官就可以從心臟那裏獲的最大的傳輸血液的能量，所以它也就能夠從心臟那裏得到它所需要的血液和氧氣。我們身體中的每一個器官都是如此。以心臟為中心點，各個器官分別與它一起共振，所以各個器官都能夠獲得最大的傳輸能量，而得到即時性的血液與氧氣。

我說過宇宙中所有的一切事物，都必須仰賴「共振」才有可能存活下來。事實上，我們的身體就是一個小宇宙。所以，我們身體的每一個器

官都會以心臟為中心而與它「共振」。也因此我們必須要知道，人類的心臟並不只是一個單純的血壓的加壓器官而已，而我們全身所有的細胞和器官，也都以心臟為中心，而與它共同的一致在「共振」。所以，這也是為什麼人類到現在都做不出「人工心臟」的道理，而所有的換心手術都仍然必須以人類的心臟來更換。這樣的一個共振系統，也難怪人類至今設計不出來，更製造不出來。因為，這是我們的肉體與心靈匯合在一起而同時的相應，並在共同的共振狀態之完成了全身的循環任務，並奠定了生命的基礎功能，而生命也才得以如此的循環不已的延續下去。而正也因為是因此，我們真的是不得不感佩「造物者」或「上帝」的超越與不可思議的智慧，那真的是遠遠的超過人類的智慧太多太多了。

心靈的共振現象

　　我曾經見過有人在打坐或是靜坐到某一種程度的時候，全身會不由自主的抖動著，有一些人是肢體性的小抖動，而有一些人則是擺動的幅度相當的大，整個身體產生了相當大幅度的震動。這種抖動不是蓄意的，而是發自於自身本體的自然現象。其實，這也是人體的一種共振現象，這種現象的確是可以使人感覺到精神的振奮與神情的愉悅。

　　事實上，我們可以說整個大自然都是在「共振」的狀況之下才能夠流存下來的。所以，在大自然中這種「共振」的現象可以說比比皆是，而且到處都可以看得到。只是一般的人可能沒有注意到，或是沒有這樣的觀念，也沒有這樣的想法，所以也就沒有感知。大自然中每一樣東西都會產生共振，也都有共振的現象。所以，各位必須要知道的是：

　　「大自然中所有的一切的物質，都有共振現象的存在。」

　　當然也包含我們人體在內。我們的身體其實與大自然有著密切的關係，所以在中醫的醫學上常常會講「時辰」的問題。一天中的十二個時辰與我們身體中的許多器官會產生對應的關係，而這種對應的關係其實也與「共振」有這密切的關連。

　　講到了我們的身體這個部分，我們需要分開來講，那就是必須要先

把肉體與心靈分開來談。當然我們可能都認為，心靈這個部分可能比較重要，正如古人所說的：「人者心之器。」但是若問，我們的「心靈」是不是也有共振或感應的現象呢？答案是肯定的。從簡單的現象來說，我們每一個人的言行舉止與說話態度等等，都會在別人心目中留下一個印象，印象不好的，我們就會把他排除掉，印象好的我們就會感覺到有某種程度的契合。其實這就是最直接也是最初級的一種「感應」現象，正因為這種最初淺的感應現象，卻也造成了人們之間有些人合得來，而有些人彼此之間就是合不來的各種問題。

「心靈感應」的現象畢竟是相當複雜的，人類是屬於心靈的動物，而所有一切屬於心靈的活動，最主要的還是必須要靠「學養」，也就是學識與修養。能有良好的學養，是一切心靈活動的基礎。心靈的學養是能夠進階的，故而它的層級也要高得多。其實這種心靈的感應與共振的現象，我們一般人都曾經發生過，只是許多的人不知道而已。這種的共振也是生命中另類的新「體認」，也許在某些情況之下，你會在身心中感受到非常強烈的「感動」。例如我們在某一段時間，聽某一種音樂的時候，我們會有突然有非常感動的感覺，甚至於姍姍落淚。但是同樣的音樂，對於其他人而言，可能沒有絲毫的感覺。所以說「感動」的現象其實就是一種「感應」的現象。這些現象都是真實的，它會為我們的身心帶來非常強烈的「動感」。而這種現象又稱之為「心靈共振」，也是人類所特有的真實現象。

我們的「感動」其實就是一種「心靈共振」。這種「心靈共振」是可以跨越古今而存在的。正如我們閱讀古代的詩詞或者是聽一些古典音樂的

時候，往往都會對於某些詩詞或樂曲有着特殊的感動，這種現象正是代表我們的思想和感受的「動感」與對外界的感受是一致的，這就會如同是同調的「共振」波一樣，產生共振的強大作用力。人類的心靈是頭腦的語言，而感受則是身體的語言，當心靈的語言與身體的語言一致的時候，這就會產生了「身心共振」現象。「共振」是具有高能量的，這也是我們一直在談的問題。近代的對於癌症的療法有一種叫做「自然療法」的。事實上這種「自然療法」也就是一種身心的療法，讓身體的語言與心靈的語言趨於一致的時候，就能夠讓身體與心靈產生「共振」的現象，也因此可以讓我們整個人體獲得最大的能量，來抵抗癌症的侵襲。諾貝爾物理獎得主，也是量子力學祖師爺之一的薛丁格 (Erwin Rudolf Josef Alexander Schrödinger，1887-1961) 曾說：「生命是靠信息來餵養的。」這句話正是告訴我們，讓身體與心靈趨於一致的時候，就能夠讓身心產生「共振」的現象，獲得生命中的最佳狀態。

【第 9 章】
人類進化論之謬誤

9.1
人類絕非由猿猴進化而來

有一件事值得先要一提的，那就是在一般的知識分子與一些學術機構中，經常會有人談到有關於人類是如何「來源」的問題？對於這個問題，一直到現在都還常常還是聽到有老師在教學生說道：

「根據達爾文的《進化論》，人類是由猿猴逐步進化而來的。」

每次聽到對於這問題這樣子的回答，我心中總是相當的難過。因為，這不但是錯誤的，而且還會誤人子弟一生。在《生物學》中，近代延伸的有一門《遺傳學》，它很清楚的告訴我們，人類與猿猴根本是風馬牛不相及的，這是兩個完全不同的「物種 (Species)」。所以我也一再的強調，我們人類與猿猴之間一點關係也沒有。

事實上，英國的生物學家查爾斯·達爾文 (Charles Robert Darwin。1809-1882) 從來就沒有出版過一本書叫做《進化論》的書。但是他的確是在 1859 年出版了一本《物種起源》的著作，這本書完整書名很長，真正的書

名是《On the Origin of Species by Means of Natural Selection, or the Preservation of Favoured Races in the Struggle for Life》，我想可以把它翻譯成《經由自然之選擇或生存競爭並進而探討物種之起源》。雖然這本書認為新物種由早先物種演化而來的。但是，達爾文卻很小心，也很警覺的避開了人類的進化問題，他也沒有在書中觸及人類任何的演化問題。

時至今日，由於人類對於細胞生物學（Cell biology）的研究與進步，讓我們在近代的基因學或遺傳學 (Genetics) 說中可以很明確的知道，人體是由細胞 (Cell) 所構成，而細胞之內則有細胞核 (Cell nucleus)，在細胞核裏則又存有染色體（chromosome），染色體在體細胞中是成對存在的，每條染色體上都帶有固定數量的「基因（gene）」。而染色體內的「基因」則是在掌控著生物組構與結構。僅就染色體而言，它就直接的涉及到「物種 (Species)」的問題。不同的「物種」彼此之間是絕不可能相互演化的，這可以說是「上帝」設下的嚴格戒律。我始終認為基因科技不可以跨越「上帝」的極限戒律。

所有的動物都有細胞核 (Cell nucleus)，而在細胞核內則是掌管生物遺傳基因的染色體 (chromosome)。就人類而言共有「23」對染色體。然而，猿猴則是有「24」對染色體。也就是說，人類與猿猴的染色體數目是不相同的。染色體數目的不相同，所代表的是構成動物體內的「細胞結構」是完全不一樣的。而「細胞結構」不同的動物，當然是兩種完全不相屬的「物種」。所以我一再的說，我們人類跟猿猴其實是一點關係都沒有。否則，如果猿猴真的是我們的祖先，有一些肝病的人士，在他們需要換肝的

時候，我們可以拿猩猩的肝臟來換就好了，在需要輸血的時候用猿猴的血液有來代替人類的血液，這真是一大發明，那豈不是皆大歡喜。但是，為什麼沒有人這麼做呢？是道德問題嗎？那麼人類吃豬肉、牛肉難道就沒有道德上的問題嗎？是技術上的問題嗎？我們只要努力去做，技術就一定會改進的。那麼，為什麼從來就沒有人去碰這個問題呢？相信各位應該都知道，這是當然不行的。因為染色體的數目各不相同。所以，「細胞結構」是不一樣的。故而，當然不能夠相互替換。至此，各位應當明瞭了，人類與猿猴則是分屬於完全是兩個不同的物種。人類跟猿猴一點關係都沒有，人類與猿猴之間根本就不可能會「生」出下一代來的，不要再拿兩者來相互比較了。

「上帝」對於不同物種之間的遺傳，使用了染色體及基因進行著極為嚴謹而苛刻的條件與限制，絕對不是可以胡來的。否則「人」若是可以跟「牛」相互結合的話，各位想一想，那會是什麼局面？若是落得一個「牛頭人身」那還好一點，因為牛頭雖然是不好看，但那是主觀的問題，至少身體還很好用，十個手指頭還很靈光。但若是不幸落了一個「人頭牛身」，那可能就很慘了，那就什麼用都沒有了，連吃飯都有問題了。當然，未來的基因科技也許可以達到這個目標。現在有許多科學家在進行基因改造的工程，而他們卻還引以為自豪。但是，就我個人來看，卻是毛骨悚然的。人類不應該跨越「上帝」所設定的這個自然的戒律與極限。

若再問：「究竟有沒有證據可以證明些什麼呢？」考古學家不是曾經在 1927 年於中國北京市西南的周口店發現「北京猿人」的化石嗎？而且

經過測量的結果，距今已有 50 萬年了。但是請注意，它正式的名字就是「北京猿人 (Sinanthropus pekinensis)」，是屬於猿人階段。至於所謂的「晚期智人」是指約出現於 20 萬年前的類猿人，估計其腦容量約為 400 毫升至 500 毫升與現代人 1200-1500 毫升的腦容量相比相差甚遠。如果至今還是有人真的認為「人類」就是由「猿猴」逐漸進化而成為現代的人類的話，我希望他可以先從「遺傳學 (Genetics)」著手，了解「人類」與「猿猴」之間，就最根本的所在點之「基因 (genes)」的問題開始著手。當然，我們也可以從全人類的歷史與紀錄得知，這漫長的五千年來，從沒有任何一隻「猿猴」因為進化論的關係而變成了「人類」。

另外，還有一個觀念是很重要的，那就是跨越不同的「物種」之間是不能相互演化的。也就是說，在不同的物種之間，不但不可以在進化上用來進行相互對比或比較，更不可能藉由演化而變成另一個物種。這是說，一個物種可以進化與衍化，逐漸的進步使之更能適應大自然生態，但卻不可能進化到由一個物種變成了另外的一個物種。兔子的染色體是 22 對，而人類是 23 對，這其中僅僅相差一對染色體而已。但是，無論兔子到哪裡，或是如何的經過千萬年或億萬年的修行，相信沒有人會真的認為兔子是可以藉由進化論而進化成為一個人的。

單細胞可能進化成人類嗎？

絕大部分的人，甚至是知識分子，都以為生物是依靠進化論而產生的，由「原生」而進化到今日高階的生命。事實上，就以人類而言，近代的科學家沒有任何一個人還敢論述人類是「原生」進化而來的。試想，就算有億兆個因緣都能夠完全的巧合與聚合在一起，因而產生了第一顆的「細胞」，至於這顆細胞如何單獨的在地球上單獨地存活下來，我們先暫且不去討論它，當然我們知道這在理論上是不可能的。同時，我們也先不管這個存活下來的細胞，它是如何開始自我繁殖的。須知道，人類的繁殖是一種有性繁殖。是異體受精的，也就是由一個卵細胞與來自另一個體的精子細胞結合而受精之後產生的新世代。總不能由一個細胞而自行分裂繁殖而產生人類。所以，由單細胞的進化論而產生人類的想法是沒有任何可能性的。

現在，就算它有了一個小細胞了，然後不管它用任何方式產生了

繁殖，而開始繁殖有了一個小的「小肉團」。然後再經過千萬年進化成一個大一點的「大肉團」。其實，若真能自體形成一個大肉團就已經是很不錯了。而這個大肉團再經過千萬年的進化進化而長出了一隻腳來，然後再進化外出一隻腳。有的兩隻腳以後，再進化出我們的下半身的身體，而身體內的器官就不知道哪一個可以先進行了，若是先有了腸子，那其他器官怎麼辦？至此就說不下去了，難道說內臟都進化完了之後，再逐漸的長出了兩隻手嗎？然後最後再進化到腦袋？這樣子的進化有可能會真的完成我們的身體嗎？所以說，要由單細胞的進化論而產生人類的想法是極度不可能的想法。事實上，近代的科學告訴我們，上述這樣子的一種進化方式，其實每一個步驟都是不符合生物的生存根本定義，因為在這裡面我們完全沒有提到這個生物它們身體的「能量」來源是什麼？也就是說他吃什麼？消化什麼？如何取得食物上的能源？其實，這每一個步驟都是生死關鍵的大問題。還是上述那句話的問題，如果這些問題被認真思考的話，那物種原始起源的問題就整個談不下去了，也想像不下去了。

有人在非洲發現了一個距今約三百萬年前的南非的一些片段的「南園化石」，就認定了人類的起源是來自於南非洲。又有人在東非發現了一個殘缺的「包是谷南猿」的化石，距今約兩百二十萬年，於是又說人類的起源就是來自於東非洲。我們實在很難想像一個猿人的片段化石，為什麼就可以直接跟人類劃上等號的關係？沒有進一步可以驗證的染色體，沒有DNA的關係，更沒有任何基因的關聯，甚至於連長相都不一樣的情況下，就直接認定了它是人類的祖先，不曉得這是什麼樣的科學邏輯？

人類的歷史是詭異的

　　我有一塊很喜歡的硯台，這塊硯台是由燕子石的化石所構成的，根據記載，它其實就是生長在距今五億年前的寒武紀的後期的一種動物，是一種稀有的古生物的化石。我經常使用這塊硯台寫字，經常我會想，我所面對的不是一塊石頭，它曾經是有生命的，而如今凍結在石頭裡，歷經了漫長五億年的洪荒歲月，讓我們能夠再次的相遇，其實有的時候是蠻感動的。

　　我很喜歡化石，因為那曾經是很久遠以前的生命。但是，直到現在，令人感覺到最奇怪的，那就是人類的化石從來沒有在地球表面上被發現過，而屬於人類的遺骸，經過鑑定的結果，也沒有任何一個是超過一萬年以前的遺骸。各位可以再仔細的去找找看，全世界所有的博物館絕對沒有任何一個博物館曾經展覽過具有五千年前人類的遺骸或是化石或是任何的事物證據。四大文明古國的博物館都沒有，其他國家的就更不必說了。其實：

　　面對著地球上的化石，也這就是人類面對自己的歷史，出現了最詭異的地方。

　　如果地球的早期有人類的話，他們都到哪裡去了？象是生活在熱帶的

地方，但是人類卻奇怪的在西伯利亞發現了大量的「長毛象」的遺骸，距今已有四百五十萬年的歷史。人類若是依「進化論」而進化到現在的話，哪麼至少也有幾百萬年或是幾千萬年甚至是幾億年。如今地球上七十五億的人口，幾乎挖遍了地球上每一個地方。但是卻從來沒有任何一個地方，可以找得到人類這百千萬年來的人類古代遺骸。事實應該是很明顯的，那就是因為人類根本就不是一點一滴進化而來的。想想看，先有腳趾頭、再有腳，然後有腿，在然後有下肢…，那要進化到整個身體的存在，則真不知道各個器官是如何取得養分？如何維生？如何生存的？實在是說不下去了。答案只有一個：

那就是人類是被「創生」的，而且當然是一次成形的。

9.4

人類究竟來自於何處？

至於人類這物種究竟是來自於何處？目前全世界的人類學家，直到今天都還沒有找到得最原始的人類遺骸，或是與原生物種依序逐漸進化而來的「序列物種」或是「過渡物種」的任何證據。所謂「序列物種」就是物種在進化的過程中，必然是依照序列逐步一點一滴的進化而來。而所謂「過渡物種」就是在說一個物種如果可以進化為另一個物種的話，在其進

化的過程中，一定會有無數的過程，而這些過程也都會留下「無數的」遺骸或證據。所以，當人類至今都找不到任何進化的「序列物種」或是「過渡物種」的任何證據時，這就代表這一整個「序列」與「過渡」的過程從沒有發生過或是沒有存在過。在完全一絲一毫完全都找不到任何一點證據的情況下，當然也就沒有任何的可能在兩者之間的關係劃上等號。但是，更重要的是，反面的證據：

「證明人類不是屬於在地球上的原生物種，這些證據卻是齊全的不得了。」

地球的誕生，至今已有 45 億年的歷史了，這是不容置疑的事實。如今，要問的是，真正屬於現代型態的「人類」之出現，至今甚至不到一萬年。然而，在這段時間之前，卻沒有任何的事蹟、沒有任何的證據、沒有任何的遺骸，也沒有任何的化石等等或是其他的一切，可以佐證真正屬於現代型態的「人類」曾經在這之前存在過。其實，在恐龍統治地球的那一億五千萬年裡面，我絕不認為人類單憑赤身裸體的可以活得下來，沒有任何天然武裝的人類，唯一的下場就是「被吃」。事實上，以我們人類肉體的結構而言，我們甚至於打不贏一條狼狗。

打開屬於人類的「歷史」來看，那就更奇怪了。中華民族是世界上最古老的文明古國之一。但事實上，在商朝（西元前 1675 年─西元前 1046）之前的 「夏朝」之前為止，其實尚待歷史學家多加努力的。埃及的金字塔距今已有四千六百多年的歷史，再往前推至五千年前，同樣的是沒有任何物證與事證可以證實有過文明的跡象。印度最早在公元前 2500 年，其

印度河流域曾有石器時代創造的一些文明跡象，但這距離現在同樣的是不足五千年。

這的確是一件非常奇怪的事情。不！我們不能說是一件，而應該是「完全」不可思議的事情。這世界上最大也是最古老的三個文明古國，上推至五千多年前，都拿不出任何東西來了。至少是沒有任何人類大量活動的跡象，這不是很奇怪的事情嗎？近代人類基於好奇與興趣，對於地球的探險非常的熱門，也在各處發現了人類古代的零碎的遺骸，當時也都帶來了一陣驚喜。但是，經過仔細的科學驗證，這些零碎的遺骸，沒有一件是超過五千年前的。而檢驗找到的其他動物的遺骸，卻有跨越數億年的物種，有些甚至是至今早已絕種的物種。為何人類卻都在五千年前的時候，突然在地球上出現文明？這豈不是非常奇怪的事情。

鱷魚是地球上極古老的爬行動物，當地球還處於恐龍的時代，鱷魚的化石證實了它的存在至今已有二億多年的歷史，也就是在那個時代裡鱷魚就已經遍佈世界的各個區域了。它一點也沒有變。恐龍在地球上最早出現於 2 億 3 千萬年前的三疊紀時代，而在 6 千 5 百萬年前的白堊 (音惡) 紀晚期絕滅。現在，讓我們再回過頭來看一看自己，人類的出現不要說與鱷魚比了，人類這不到五千年的歷史比之於鱷魚存在至今 2 億多年，則「人類」的出現能不說是一個奇蹟式的「突然」嗎？

我十分的喜歡觀看各類的化石，只要有機會，我都會很仔細地觀看。每當手握化石的時候，我總是會細細地端詳，並深深的去體悟那些遙遠而失去的歲月。對於「化石」，我並不將它們看成是一塊「石頭」，它其實

是一個古老而曾經出現與存在過的真實生命。它何其有幸，用自己的生命留下了地球演化的歷史與紀錄，它才是真正的「時空膠囊」。很多人可能不知道，在台北市的許多地方都可以輕易的發現到海底生物的各種化石，我曾經多次的在景美溪的河床上，發現過非常美麗如大朵菊花似海膽化石，也有許多是不知名，也從來沒見過的一些怪異的化石，這說明了台北盆地在若干年前是存在於海底的事實。每當看到這些化石的時候，它們何其有幸，被大自然保存了幾千萬年或是好幾億年，而我們人類幾千年來挖遍了地球每一個角落，就是沒有現代人類的化石，這個事實，是不是也透露出人類的「突出」的事實。

不合理的人類物種大斷層

對於人類的起源，不論是任何的一種學說，人類的文明起源不但是一種奇異的現象，而且是「斷層」的現象，簡直可以說神秘到了不可思議的狀態。現在，我想再敘述一些人類真實存在而難以解釋的「斷層」的現象，這些「斷層」的事實，再再的都顯示出人類存在於地球上其真實的狀況則是屬於不連續性的，也就是不但具有不連續性，而且是屬於截然的「斷層」現象。所有這些斷層式的現象所顯示的證據都是在告訴我們，這與那些所記載人類最古老的神話故事一般，同樣是隱含的在述說，人類若不是地球之外的外來的物種，就是被「創造」出來的物種。現在，我想與各位談一談下列的五種專屬於人類這個物種的「斷層」現象，在地球上這是與其它所有的生命體系是完全截然的不同，也希望諸位能仔細的體認我所說的這些大斷層現象。當然，如果再仔細的鑑別，當然還是有許多的斷層。也望諸位讀者我們一起研考，相信還可以找出更多人類的斷層現象：

（1）. 人類在歷史上的斷層

屬於現代「人類」的這個物種，出現在地球上的時間其實是非常、非常短暫的。比起地球的歷史來說，我們人類的出現，在「時間」點上，短得有如一粒沙子一般的微小。在地球上所有文明古國的歷史沒有一個是超過五千年的，也就是：

人類所有的「歷史」與「文明」都斷層在五千年這個地方。

這是事實。在沒有任何相互交流與往來的狀態下，人類卻「突然」同時在不同的地區呈現了高度的文明。這究竟是為什麼？就這個問題的本身而言，它不但是極為特異的現象，而且是匪夷所思而難以想像的。直到今天，仍沒有任何一個人可以正確地找到並正確地回答這個問題，但這個問題卻直接的關係著人類的存在問題。雖然現代科技是如此的發達，但對於這一個問題，卻仍不知其所以然。一些專家們除了各說各話之外，沒有任何一個可以拿得出真憑與實據。所以，人類在地球上的突然出現，可以用「神蹟」這兩個字來說明，而「歷史」的斷層則是提供了事實與證據。

再說詳細一點，在地球上的文明古國之中，中國的歷史如果從有文字出現的商朝算起則有三千五百年，但如果從夏朝算起則有四千二百年，若從三皇五帝說起則約有五千年的歷史。印度是世界上古文明之一，存在過的舊石器時代遺留之器物，鑑定至今約有四千五百多年之久。埃及的歷史十分悠久，同樣是世界文明古國之一，約在五千年前就有初步的社會組織，埃及的金字塔是偉大的古建築群，也成為了古埃及文明最有力的證據，這些金字塔大部份建造於四千六百年前：

為什麼人類在「五千年」前突然出現了文明？那麼再往前推呢？答案就是「找不到，也沒有了。」

又為什麼地球上所有的文明古國幾乎是在同一時間都出現了這種高度的文明？這樣的一種文明的斷層現象，除了是一種外來的生物或是創生的物種之外，其實很難找到其他理由可以解釋這種真實存在的事實與現象。

（2）. 人類在智慧上的斷層

人類在地球上獨具高等智慧的這個現象，其實是一個「相對」特異的現象，也是一種非常「神蹟」的事情。所謂「斷層」就字面上的意義是：「層次斷隔」。就人類而言，在智慧上與其它所有的物種所呈現的智慧是完全不同的。想想看，在地球上包含了陸地與海洋的生命物種，何止億萬？為何只有「人類」可以獨具超絕的智慧與文明？除了人類以外，地球上不論是陸地或海洋有着億萬種不同的生命系統，而牠們卻完全沒有這種高等智慧的能力的能力。

也許很多人沒有注意到，若問「細菌」究竟是有沒有智慧？是動物？還是植物？有可能很多人會猜個半天。正確的答案是：「都不是」。它們只是「生物」而已。。細菌的個體非常小，平均約為 5 微米 (Micrometer. μm) 長，5 微米在觀念上大約有多大小呢？我想可以用我們的頭髮來做比喻好了。我們人類頭髮的直徑平均約為 100 微米。若是想要看到頭髮斷面直徑那真是不太容易的，眼力必須要非常的好才有可能。因此，細菌只能用顯微鏡才能看到到它們。它是所有生物中數量最多的一類，據估計這世界上約有 5x10^30 個細菌。這種生物的數量遠遠超過這個世界上所有動植物的總和。雖然，我們人類絕大多數的人最後會死在細菌的手裡。但是，不要以為細菌都是壞的，其實，細菌在人類的營養素的循環上扮演著相當重要的角色，缺少了細菌人類可能還活不成。例如，益生菌就是一個很明確的例子。細菌雖然可以有許多的變化，但若問細菌有沒有智慧？其實細菌雖然小，雖然沒有高等智慧。但是卻不能說有它沒有智慧。它其實是地球上生存最久遠的一種生物，能說它沒有智慧嗎？

現在，讓我們再回到人類在地球上智慧的斷層這個問題上。地球存在了 45 億年，而現代人類的出現才不到 1 萬年，憑什麼單獨只有人類具有如此獨特的「神來」高超智慧？現在，讓我把話用另外一個方式來說，在這個地球上，如果把人類拿掉，剩下來其他動物的智慧則都是差不多，而且也都相當的接近。常有人罵別人笨得像「豬」，其實豬在生理上、解剖上、代謝上、骨骼發育上、心血管系統上與消化系統等等都是與人類最為接近的，因此也是醫學研究、藥理研究與藥效等製藥方面是非常理想的實驗動物。更何況牠是人類肉類的主要供應者。我們天天在吃牠，還經常來用牠來做各種生物實驗，牠對我們人類的貢獻是很大的。所以，從這個角度上看來，我們應該多感謝「豬」的存在，而不是罵牠。

　　由於人類的智慧比起地球上其他所有的物種都高出得太多了，而在地球上甚至連較為接近人類智慧的物種都沒有。在人類中，三歲的娃娃就會講話了，六歲就上小學一年級，可以讀書寫字了。猩猩與猴子長的最像人類，但是牠們終其一生都沒有語言能力，更不要說讀書寫字了。在地球上的生物，其生理機能有可能隨著環境而改變。但是，在智力方面看來，地球上的生物隨著數十億年的歲月而進化。唯獨人類，在所有

的證據上都似乎「不」是如此。人類在地球上出現的最晚，但在智慧上卻是獨一無二的，這同樣的是顯示出人類並「非」是逐步進化而來，而是無比的「神蹟」奇的「突然」出現了。

（3）腦化指數的斷層

　　人類存在於地球上，除了上述的兩大斷層的現象之外，也許有人會問說，究竟有沒有一些科學上數據可以做為依據的呢？是的，在評量生物的生態上有一個名稱叫做「腦化指數（Encephalization quotient, EQ）」的。這個 EQ 不是「情緒商數（Emotional Intelligence Quotient）」中的 EQ，請不要弄錯了。「腦化指數」的「EQ」確可以提供我們一些較為詳細的數據證據，做為人類與其他物種之間斷層的一種數據依據與參考。

　　所謂「腦化指數」是指近代在比較科學上用來敘述動物自身的大腦與身體之間比例關係的量。也就是說，將動物真實的腦容量和他本身身體的體積相互對比的一種比值。「腦化指數」是具有科學上的數據比率的意思。但是這個「腦化指數」只適用於哺乳類動物。有趣的是，在所有的哺乳類動物的「腦化指數」中，人類以平均值 7.5 獨占鰲頭，而最接近人類的黑猿猴就直接的掉落到只有 2.5 而已，牠與人類之間的落差，是一個天大的斷層。至於一般的動物，如猴子只有 2.1，大象是 2.1，鯨魚是 2.3，狗是 1.2，貓是 1.0。這些動物牠們之間的「腦化指數」都相差不大。所以說，人類以如此高的「腦化指數」遠遠的超過所有一切的生命系統，也遠遠的在斷層之上，這真是一個不可思議的「神蹟」。而如果還有人說，人類是猿猴進化來的，那是一種無知，也許他的「腦化指數」真是跟猩猩一般高。

（4）. 人類生理上的斷層

　　人類的身體的結構在地球上也是斷層的。為什麼在地球上的人類是唯一需要穿衣服保暖的動物呢？事實上，人類雖然有毛髮，但是任何人的毛髮都不足以作為禦寒之用，在寒冷的冬天不但無法依靠自身的毛髮保暖而維生，至於冰天雪地的寒帶就更不用說了。人類是地球上唯一需要藉助於外來物禦寒的動物，這也就是說，如果人類是地球上長年進化而來的生物，則早就應當也跟其他動物一般，能夠以自體的能力而存活在地球上才是。早期的人類並不繁多，沒有足夠的禦寒能力與獵食能力，如果要靠進化論而來的話，我們應該在很短的時間內就被大自然所滅絕，而絕無法續存至現在。

　　人類的飲食也是一個奇蹟，自有文明以來，人類就是熟食的動物，不論是任何一個時期的古文明，只要是發現有人類的遺跡，就會發現有使用過「火」的遺跡。人類無法像猩猩一般那麼敏捷的在樹上採集樹葉與漿果而果腹，相信大部分的人如果爬到高樹上採漿果，很容易就會摔下來，不死也重傷。人類也無法像獅子或老虎一般的敏捷，可以捉住貓狗羚羊，並生食牠們的肉體。大猩猩是「靈長目」，牠是除了人類以外，在靈長目中最大與高聰明度的動物，但是大猩猩卻是素食動物，故也不需用火加以熟食。唯獨人類，即不是素食性動物也不是肉食性動物。人體無法消化各種樹葉漿果，也同樣的無法消化大量的生肉，而人類又獨具如此高超的智能。所以，可以想像得出來，人類使用火來進行熟食，是必然的結果。而人類使用火的歷史，也如同人類存在於地球上的歷史一般的久遠。這種生理上不論是皮膚的保暖或飲食的消化都與其他所有的動物截然不同的現

象，實無法解釋人類是在地球上長期演化的一種動物。

（5）. 人類語文能力的斷層

　　人類的語言能力則是對於地球上所有其他生物是另一項的斷層奇蹟。地球上的生物若包含廣大的海洋生物在內的萬億種生物中，卻沒有任何一種生物具有語文的能力。常說猩猩最像人類，但沒有任何的一種猩猩具備有完整而能夠相互交談與文字的語文能力。可有人聽過猩猩會講笑話，讓其他的猩猩聽了哈哈大笑？甚至不知道為什麼，在這的地球上除了人類之外，沒有其他任何一種動物具備有會「笑」的能力。有誰聽過一隻貓狗曾經哈哈大笑的？相信如果有人在晚上看到貓狗牠們在你面前露出「笑臉」的樣子，那不會覺得是十分好玩的事。

　　人類曾經長期對猩猩做過語文方面的實驗與訓練，但是，至今沒有任何一隻猩猩可以教得會並可以跟人類相互交談彼此的心意。在這方面，也許鸚鵡都比牠們強，更不用說是文字方面的訓練了。文字繪畫則更是人類的一種「神蹟」能力，地球上也許仍有一些地區的人類沒有文字，但是他們卻都善於使用繪畫來表達思想與事物。事實上，人類的文字早期也同樣的是源自於象形文字。人類的這種語文能力在地球上是所有生物中絕對是唯一的。這真是一種不可思議的神蹟，只能說這是「造物者」的恩賜。

談進化論必須有
「過渡物種」的證據

　　只要談「進化」這兩個字，那麼這中間就一定有無數的「過渡物種」。所謂「過渡物種」就是一個物種如果可以進化成為另一個物種的話，它絕不是一步可及或是一次就可以到位的。這中間需要有「無數」的銜接的物種。「進化」畢竟是非常緩慢的，必需是逐步的一點一滴微量的改變，更重要的是必須累積非常長時間的歲月，才能夠轉換過來。而這種演化的事情可能長達幾億年或幾十億年，在這段長年的歲月中，一定會有「無數」處於中間的「過渡物種」產生。那麼要請問的是：這些無數的「過度物種」請問它們都在哪裡？有誰看過任何的一種？事實上，這無數的中間「過度物種」，人類至今連半個都沒有找到過，更不要說是「無數」了。完全沒有任何一絲一毫的科學證據，甚至連科學最基本的精神與邏輯都談不上，就把人類的進化論說得天馬行空，這不是無知是什麼？

　　如果要在地球上要談進化論的話，那麼就應該是所有的物種都有全面性的進化的現象，也就是說，每一個物種他們都會產生進化的現象，而不是只有人類能夠進化。如果有人堅持說人類是猴子進化來的，那麼要問，猴子又是從哪裡進化來的？更早的時候，有人說「人」是由海底的魚漸漸的進化而來的。那麼我要問：有誰看過長的兩條腿的魚？又有誰看過長的

兩條手的魚？又有誰看過有手有腳的魚？在漫畫中有一種的美人魚，那是漫畫家的想像，她有女人的身軀，乳房，有兩條女人的手，嬌美的面孔與長髮。但是，進化成這樣的人魚，她在海裡能生存嗎？如果人類真的是最原始的是從海底進化來的，其「過度物種」應該是有千千萬萬的各種「過渡物種」」的物種存在，甚至是有化石與相關的證據才對，也應該在地球表面隨處都可以找得到才對。事情不應該就是這個樣子嗎？那麼要請問這處於中間億萬的無數「過度物種」自開天闢地以來有誰見過？

　　另一個重要的議題是，如果物種的進化可以自由選擇，也就是根據自己的需要而自我的選擇。那麼，所有的麻雀應該就會進化成老鷹才對，而不要一天到晚被老鷹到處追吃。而「人類」也應該長一對「翅膀」才對，是古以來人就是想要會飛，所以，這億萬年來人應該進化出一對翅膀才對，如此，就可以自由的飛翔了。但是，各位真的相信人類是會長出一對翅膀的生物嗎？事實上，我們應該知道，所有的進化有他的「天限」，也就是老天的界線。天限不是隨心所欲可以怎麼改就怎麼改。沒有人知道這個「天限」是誰設定的，但是，可以相信它一定是存在著。

人類的進化論是用「變」的嗎？

　　人體有「30 億」個鹼基對，就以人類的「進化論」來說好了，除非他是非常、非常快的在進化，快到能如魔術般的「一百年」就能夠進化出一個「鹼基」來，甚至還包含精準的製造、排列、調整、與序列整理等等，都能一絲一毫沒有差錯，那麼完成一個現代化的人，就算以這種超高速的「變魔術進化論」而言，「一百年」能夠進化出並正確的安排出一個人體「鹼基」來，也同時能安排出正確的「基因」來，那也要花 3000 億年才可以成就一個人體。那要請問，地球哪來的 3000 億年可以用來進化？地球從出生到現在也還不過 45 億年而已，而宇宙的誕生到現在為止也還不過次 137 億年而已。這在邏輯上，可以說一開門就不通了啊。

　　奇怪的是，地球上的生命系統為什麼到了近代，整個進化論的現象卻都完全的停止了。全然沒有看到任何一個物種，它們還在繼續自動的進化之中。人類曾經在地球上發現過兩億年前的鱷魚的化石，將牠比對於現在生存中的鱷魚，我們卻發現牠們之間卻沒有任何的差異，那麼要問，在這兩億年的時間裡，為什麼鱷魚並沒有在實質上有進化的現象？而單獨只有「人類」有如此高度的文明？

　　如果再說得深入一點，我們就不得不實際的要問，如果以進化論來描

述人類的話，地球存在的這 45 億年裏，地球有一半的時間是屬於火熔岩的狀態，如此的高溫，不適合於任何生命的生存，那麼在短短的 20 多億年裡面，又經歷了五次 90% 以上生物的大滅絕，那如何有可能會有一個單細胞的生物進化成為一個複雜的人類，而且是多達 30 億個鹼基，就算以這種以「魔術進化論」而言，那也要花 3000 億年才可以成就一個人體。這算是哪一種或是什麼樣的進化理論呢？是用「變」的嗎？即使是我們人類是完全的一廂情願的想法，相信，也應該是不可能的。

9.8

石頭不能進化嗎？

我們可以做一個小小而有趣的實驗，那就是把兩塊相似的大石頭，不論是把它們放在高山上或者是放在平地上。經過了一億年以後，看看這兩塊石頭會不會分別的呈現一個完美的男性的身體與完美的生理條件？還有更重要的，那就是另一塊石頭會不會剛好形成另外一個女性的生理條件，然後又可以出了下一代？

也許有人還會說，石頭是無生物啊，怎麼可能會變成生物？甚至於是變成人呢？但是各位請不要忘了，所有的組成生命最基本的元素 (element)

只有氫 (H)、氧 (O)、碳 (C) 與氮 (N) 這四種基本元素，它們的本質不也是無生物嗎？為什麼石頭有這四種基本元素就不可以變成有生命的個體，而人類有這四種基本元素就可以變成為有生命呢？

這個問題好像回答得相當奇怪的樣子，不論是誰來說，石頭怎麼可能會進化成有生命體呢？其實，如果按照科學的立場來看，我們可能要反問，為什麼石頭不能進化呢？首先，讓我們來看一看我們身體的基本元素，人體蛋白質 (protein) 的基本元素是碳 (C)、氫 (H)、氧 (O) 與氮 (N) 這四種基本元素。但是，地球上絕大部分的石頭，也都有這四種基本元素。這些基本元素它們本身是完全一樣的，是沒有差異性的。也就是說，在人體內的氧 (O) 原子或分子與在石頭內的氧原子或分子都是完全一模一樣的。同樣的道理，碳 (C)、氫 (H)、與氮 (N) 個相關的元素，它們的存在不論是在人體內或是在石頭裏，都完全是一樣的。

於是，當然有人就會回答說：雖然基本元素可能相同的，但是它們的結構卻是不一樣的。那麼，這個問題就很有趣了，地球上的石頭有無數量之多，所以，它們的結構也必然是無數量的不同，怎麼就沒有一種石頭的結構與生命體的結構巧合的一樣呢？就以「概率學」而言，無數量的與人類基本元素相同的石頭中，總有一種「概率」會跟生命的結構是相同的啊。在億萬萬種元素與身體相同元素的石頭中，共同演化了幾十億年，竟然沒有一種可以演化出生命的現象，這不是很奇怪的事情嗎？所以，問題還是回到原來的起點，除非生命是被特殊安排而「創生」的，否則石頭要靠自然的演化而變成有生命體的機率，相信大家心裡都有數，那就是不可能的。

9.9 從來沒有人敢談的「同步進化論」

　　在學術界上有很多科學家都附和者達爾文的進化論，在發表的各式各樣的說法與論文。但是，我想提出一個事實與觀點要問那些人，為什麼從來沒有任何人提到過「同步進化論」這件事情？什麼是「同步進化論」？

那是因為男性的身體與女性的身體在先天上是有差異性的。如果要講進化論的話，那究竟是男性的身體先進化？還是女性的身體先進化？男性的身體是一個個體，而女性的身體是另一個不同的個體。原本應該是無關的。女性的身體也無須配合男性的生理結構而衍化。按照道理上來說，應該是各自衍化才對。但是，如果真是這個樣子的各自演化，當然，那人類就不可能存在，而滅絕也是唯一的必然。但是，偏偏就是男性的身體結構與女性的身體結構是在同時同刻一起的在相互配合而「同步進化」，這真是不可思議。這兩種分別完全可以不相隸屬的身體，而能夠同步的一起進化，又配合得如此完美無缺的天衣無縫，這怎麼可能是自然進化論所可以成就得了的？唯一可以想像與解釋的，那是真的，我們是真的是「同時」被「創生」出來的。

　　上面的主題是在說男性與女性這兩類人種，如果以進化論來說，他們之間並沒有必然的因果關係。也就是說在進化論的理論，男性應該有自己的進化的步調，而女性也有自己的進化方針，這彼此之間不應該有什麼牽連，而是各自進化各自的。更談不上有什麼互補的問題。但是，如今兩性的進化卻是不分，這在「各自」進化的理論中，是完全說不通的。

　　然而，有一件事是我想特地要提出質疑的，那就是：在性別的「同步進化」中男性與女性出現了「互補進化」的現象。也就是女性的身體與生殖現象與男性的生殖現象出現了完美的「互補進化」現象。而這種「互補關係」不但必須在進化中完成分別的自體進化，而且還必須無時無刻的調整自己以完成「互補」現象。當然，這樣的「同步」與「互補」的進化現象，

稍有差池，人類當然還是「必然」的滅絕。所以，在「有」與「無」之間能配合得天衣無縫，而可以完美的生殖出下一代來，這一切唯一可以說解釋與說得通的，那就是不論是男性或女性，我們不是各自進化而來的，而確實是「同時」配對的被「創生」出來的。

基因創生了一切生命

　　讓我們仔細而深入的思考一個問題，那就是如果我們就是宇宙中「造物者」的話，那麼，如果若是想要創造地球上的「人類」，應該要如何著手？或從哪裡著手？相信很少人思考過這個問題，但是如果我們真的想要了解人類的源頭或根源的話，則這個問題其實是一個非常好的問題，至少它可以升高我們思考的位階，讓我們可以用更超越的思考，去思考問題。

　　想想看如果我們是「造物者」的話，我們應該如何去創生人類？至今我們不得不承認，使用「基因」的方式確實是無上智慧的一種方式。人體有 60 兆個細胞，要管理這麼龐大的細胞組織與聚合體，那就必須使用每一個細胞裡面的「神奇」個體來管理整個細胞。重點是，不但要管理好這些細胞，而且還要讓它們有繁殖的能力，否則人類就不能延續。於是「造物者」就把這最重要的「物件」放到我們細胞裡面，而形成了「細胞核」，在「細胞核」裡則又包含了有染色體，而染色體之下有 DNA，在 DNA 之內則又放入了「基因」這個神奇的結構，讓「基因」來管理這一切，包含我們全身的身體系統與生殖與及繁殖在內。「造物者」也許可以創造一位或兩位的人類，但卻絕不可能親自去創造那幾十億的人口，於是就把這個工作就交給「基因」去管理與運作，這樣的思維與這樣的智慧，真的是只有「神格」才能想像得出來。

「基因組（genome）」包括了所有的基因在內，人體「基因」的數目，人類目前所能測得的約在 3 萬到 4 萬之間。而人類目前對於「基因」的解讀可以說費盡了一切的心力與智慧。但是，有一點是可以肯定的：那就是人類至今仍然不知道「基因」究竟是如何真實而細緻在管理著人體？而基因的基本構成又究竟是如何形成的？即使是人類解開了基因的序列，也絕對不意味著破解了遺傳奧祕或生命祕密。

　　人類「基因組」是包含了人體全部 DNA（基因）的總稱，它包含了人體的所有遺傳訊息。它經常會被比喻成是一部用 A，T，G，C 四種字母書寫的「生命之書」。而目前正在進行的「人體基因組計畫」之目的，就是要把這本基因所構成的「生命之書」所包含的字母，按其順序全都抄錄下來。組成「生命之書」的字母是「鹼基對」，想想看，單單抄錄這 30 億個「鹼基對」就是一個天大的工程。但是，抄了下來則絕不等於就能讀懂它，對這本「天書」的具體內容，它的意義是什麼？其實，我們還真的知道得很少。 要弄清楚所有的「基因」與「鹼基對」的具體功能和相互聯繫的作用，那幾乎是永遠也完不成的工作。想要略為讀懂這本「天書」，人類還需要相當漫長的時日。想要全盤的深入解讀與了解，那就沒有人可以說得出來了。然而，更大與更危險的挑戰還在後方，那就是若有人企圖改變這些「基因」或是加入其他物種的基因，而改變了「創生者」所賜給我們原有的基因，到時候，絕對沒有人可以說得出人類會變成什麼模樣？但有一點可以確定的，那絕對不是人類的福氣。所以人類未來在走基因的這一條路上，必須要非常的小心而受到嚴密的管控才可以。要記得，挑戰

「上帝」的結果，必然是只有毀滅一途。還是那句話在我耳邊響了起來，
那就是：

　　要懂得敬畏「上帝」，才是我們真正的福氣。

人類是上帝的映像

綜合上述僅列舉有關於人類在地球上的重大而奇異的「大斷層」，這其中的每一種斷層，不但都充滿著「神奇」特異與不可思議的事實與證據。這些「大斷層」也全都是在地球上人類本身所獨特的具有的事實，也都是人類在地球上具有絕對而且是獨一無二的物種所特有的現象。所以，對於人類自身的本體而言，不論是歷史或生態等等，它們唯一的指向就是提供了充分的證據，告訴我們一項事實：

人類的來源，唯一可以被解釋得通的，如果不是外來的，那就是被「創生」的。

人類是新近而被「創生」物種。至於人類是如何被「創生」的，那將是另外一個極為有趣的問題，也是我們需要經常的思考與關心的問題。

我曾經想過一件有趣的事情，那就是人類為什麼會長成這個樣子？也希望各位能認真的一起來思考這個問題。想想看，不管是外在的形體或是內在的器官，只要稍微做任何一點的調整，那都會是極不恰當的，也是絕不合適的。如此完美的形體，也許只有「上帝」才應該擁有。但是我們如今卻也同樣得擁有了如此完美的形體與心智。所以，我深深地相信，我們如此完美的形體與智慧，很有可能我們就是按照「上帝」的形體而設計與創生出來的。的確，我們人類的形體不論是外在或是內在，實在是創造的太完美了，我們如果能認真地回過頭來看一看自己，就可以了解我們身體的外形再配合我們獨特的智慧，真的是完美到了極點。如此完美的身體與心智，當然不可能是自生的，而必然是被「創生」的。那麼，誰有能力「創生」我們呢？而人類在地球上的出現，不但是不可思議的現象，而且，似乎是被某種神奇所特意的安排。同樣的，這一切唯一可以解釋的，就是由那具有無上的智慧與能力並「創生」我們人類手所創造。也許，那真的就是「上帝」之手。

【第 10 章】
童年的靈異之謎

10.1
天堂的歲月

　　近來藍色的天空萬里無雲，每日太陽高掛，天氣炎熱異常，氣溫每每都超過攝氏 38 度，是個炎熱的夏天。尤其是在台北，除了樹木之外，其他的一切好像都是熱騰騰的。在記憶中小時候的歲月，日子卻不是如此這般的炎熱，雖然是在南部的天空裡，但即使是盛暑，卻連開電風扇的日子都很少。到了現在猶似乎能深深地感覺到，在夜晚樹蔭下的涼風竟是如此的迷人。看看日曆已經來到了農曆七月的日子，也就是俗稱開鬼門關的這個時候。記憶隨著夏日的薰風，漸漸的飄向遠方那些屬於頑童時期的歲月與日子。

　　現在的年輕人，聽過「糖廠」這兩個字的其實已經不多了。而真正能夠了解當年「糖廠」實際運作的恐怕就更少了。但是往日的歲月並不都是虛妄的，他們也都確實曾經的存在過，也深深的影響過未來的日子，甚至是直到久遠的今天。50 年代前後的那個時代，「台糖」是台灣最重要的生產事業之一 也是台灣最主要的外匯來源之一。早期的糖廠則是日本人

在台灣最重要的生產事業。在一百多年以前，「糖」是屬於珍貴的食品，而台灣則是產「糖」的天堂。因此，在日本統治台灣的時代，就對糖廠規劃得非常完整而詳盡與周全。所謂「完整而詳盡與周全」的意思是在說糖廠的廠區範圍內，幾乎所有日常生活的用品與設備全都一應俱全，可以說它是一個完整而且是可以獨自運作的一個小型社會。也就是說，在糖廠與宿舍區中，在日常重要的生活物質與條件上，它幾乎可以完全的自我運作而不需要仰賴外界直接供給。甚至是日常的食物用品，也透過糖廠本身的福利社，直接提供給宿舍裡的居民所有的必須或需要的用品。

這是我在車路墘糖廠的住家與前後院

　　糖廠的本身有它自己的對外聯絡與交通的系統。例如說，糖廠它有屬於自己的鐵路系統，俗名又稱為「小火車」，相信當年坐過「小火車」的人，一定會感覺到實在是好懷念啊！雖然稱它是「小火車」，但在當時則是屬於一流的交通工具，它把糖廠本身與相關的城鄉連結在一起。對糖廠的員工及眷屬而言它是免費的，每天也有相當多的班次往來於其間以及相關的周邊鄉鎮。當年的車路墘糖廠 (1917-) 與台南市之間每天就有十餘個

班次往來於兩者之間，我還記得當年每天晚上最晚的班次是晚上 10 點整的這個班車，它讓那些去台南市遊玩或看電影及採買的人可以很方便的坐車回來。小火車除了連接糖廠與台南市之外，同時也與當時的歸仁鄉與關廟鄉構成交通網，除了可以運輸當地廣大面積的甘蔗種植之外，同時也可以增進當地交通的便捷。

除了小火車之外，可能很多人不知道，在一百年前的糖廠就有它自己的自來水系統。在那時候的台糖宿舍的每一個住家就已經有了非常方便的自來水可用，而且還是免費的。那個時候的人們沒有浪費的習慣，所連水錶都不必了。諸位想想，即使是一百年後的今天，現在的台灣都不見得各地都有自來水系統可以使用。但是，在一百年前的糖廠宿舍內，每一家就已經在使用自來水了。想想看，那個時代這系統是多麼的進步啊！

除了水以外更重要的就是「電」了。 糖廠有它屬於自己的發電與電力系統。也就說，糖廠自己本身的發電，除了供應整個工廠與相關系統使用的電力之外，對於整個宿舍區的電力供應，也只是象徵式的收取一點費用，可以說幾乎就是免費的。也因此，它並不仰賴台灣電力公司的供電，相反的，常有多餘的電力可以輸出，並賣給台灣電力公司以供外界使用。

講到這裏，我總是會對糖廠的整體動力系統的規劃、設計與實務讚嘆萬分，也對於前人的貢獻而感佩不已。他們所規劃的與設想的是如此的周到，而設施又是如此的美好，即使以二十一世紀今日的科技與環保的眼光來看，它仍有太多地方可以值得我們好好學習的，這讓我們也實在是不得不佩服百年前那些工程師們的智慧。整個糖廠的廠區所有一切動力的來源

不使用煤炭，更不是石油。整個動力的來源所使用的原料，竟然是生產蔗糖時候所產生的廢品，這個廢品又稱之為「甘蔗渣」。甘蔗經過巨大的轉輪的壓榨，將所有的水分與糖分壓榨出來之後這個已經沒有用途的剩餘品又稱之為「甘蔗渣」。

　　甘蔗在砂質的而貧乏的土地中經過兩年的成長後採收，然後裝載在小火車上運進糖廠，倒入大型的輸送槽內，經由高速大型的多重馬達帶動數十把巨刀，將整車的甘蔗瞬間打成纖維渣，再由輸送帶送至四個超大型的動力轉輪裏，將所有的纖維渣內的水分，經過四次完全的軋乾，軋乾之後所剩下來的就是甘蔗渣了。很多人認為它已經是殘渣，是廢物，沒有用了。那就大錯特錯了，一百多年前的那些工程師們就懂得大自然循環的道理，甘蔗渣可以做為燃料，燒鍋爐產生蒸氣而發電，所以整個糖廠與宿舍區的電力完全來自廢物利用。許多人一定見過糖廠那又高又大的煙囪，那就是用來發電的蒸氣鍋爐的煙囪，在七零年代之前，它一直都是台灣最高的人工建築物，凡是靠近它而看過它的人一定會終生難忘的。而甘蔗渣的另一個用途就是用來做為建材的甘蔗板，在七零年代以前，都是台灣要主要的建材之一。它不需要砍樹，而是廢物的再生與利用，想想看，現代的人們真的應該好好的學一學。

　　如果提到台糖的冰棒幾乎就很少人不知道了，各位想想看，在將近一百年前的糖廠宿舍內就有各式各樣的冰棒可以吃，這不是匪夷所思的事，而是真真實實的事情。因為我就是從小時候就是這樣一路走上來的。廠裏的冰棒不使用井水，也不是用廠裡的自來水做的，而是把自來水燒開

了之後，等到成為涼開水之後，再來做冰棒。這是我從小就親眼所見的事實，小時候常想，為什麼要那麼費事呢？待長大了以後才了解，在這麼早的以前，台糖就已經懂得遵守如此高水準的衛生觀念與條件了。冰果室裡有一毛錢一隻了清冰冰棒，很甜也很好吃。也有兩毛錢一隻的紅豆冰棒，也還有冰紅茶與冰淇淋，能夠吃到這些是多少兒童每天最大的夢想與願望，而冰果室也就成了小孩子們最常流連而忘返的地方。直到現在的今天，目前還剩下有一兩個糖廠的冰品聞名全台，而它的設備也一直的沿用到現在。糖廠的宿舍內有屬於自己的幼稚園，小學校，運動場、游泳池、網球場、籃球場、棒球場、福利社、交通車等等，它具備了所有的生活機能。想想那個時代正是我的天堂歲月，也有着說不完童年與故事。

四大金剛

　　台糖在台灣曾經有過非常輝煌的歷史，而我有幸在那一段輝煌的時間裡成長到大，也留下了最美好的回憶，甚至可以說那是一段天堂般的歲月。車路墘糖廠後來改名為仁德糖廠，是位於台南市南方的位置。在我們那個時代裡，還沒有「補習」這個兩個字眼，所以，當然也就沒有補習這種事情。每天在下了課放學之後，距離吃晚飯還有頗長的一段時間，尤其是夏日，赤日炎炎太陽還亮得很。由於宿舍區地方都很大，故而每天放學後的時間可以到處走動遊玩，不但自由自在得很，而且每天都可以玩出很多的花樣。由於我們有四個同齡的鄰居同伴，每天放學後就聚在一起到處玩耍，也因此，廠區宿舍的人們都管我們叫做是「四大金剛」。

　　整個廠的宿舍區域雖然非常的大，但四周都有圍牆圍繞著，所以我們把宿舍圍牆那區域稱之為「牆內」，而把圍牆以外更廣大的地方要做「牆外」。每天不論是牆內或牆外都一定會看到我們四個人的蹤影。對於一個十歲出的小男生而言，那還真是不知天高地厚。即是大部分人看了都會害怕的蛇，對我們而言，那可真是寶物，高興得很。我們絕對不會一下子就把牠打死。我們會趕快去折一支樹枝，把樹葉去掉之後用樹支的樹叉去壓著蛇頭後面的地方。現在想想也很奇怪，小孩子為什麼也都懂得壓蛇七吋之處，也不知道是誰教的。其他的人就趕快用根繩子把他尾巴套起來，再

高高把它頭下尾上的的吊在樹幹下面，然後再以此為起點，往前面走 10
大步，再畫出一條長長的橫線來，大家都須站在線外，然後排成一列。每
個人開始輪流用彈弓射擊這條蛇，一直到把牠打到斷掉為止。然後我們會
挖一個洞，把牠埋在裡面，蓋上土，最後還會舉行一個儀式，那就是還是
站成一列，雙手合十的唸一聲「阿彌陀佛」，就心安理得的離開，再去玩
其它的了。這些相關的童年故事，可以說上三天三夜也說不完。

103

大河裏的童年

　　在廠裡面既然大家都叫我們是四大金剛，所以我們也得多少要有一點
模樣，那才像話。舉例而言，在暑假的時候糖廠宿舍的游泳池會開放免費
供大家游泳，這是一個標準游泳池，最深的有三米六，所以有正式的跳板，
可以用跳板跳水。可是，我們都不會去廠裏的游泳池裏去游泳。因為，我
們認為在游泳池裡面的那些人，很多人都是在玩水，都是不太會游泳的或
是游得很差勁的，也都是低能角色。我們不跟低能腳色一起游泳。所以，
幾乎每個暑假的下午，我們都會大河裏去游泳，大河中間有一個高出來橫
跨整個河面的水壩，於是，我們我們都會站在水壩上，用各種姿勢往河裡
跳，那才是過癮，因為河水蠻深的，所以也不用擔心會撞到河底的泥土裡

面去。

夏天的暴雨與颱風過後的河水，可以看到來勢洶洶，浪滔滔而一瀉千里。在這個時候大河中間的水壩會打開兩個閘門，讓水能夠快速洩流出去，也不知道為什麼我們大夥兒沒有一個人會害怕，反而興致勃勃。因為，這正是我們的最愛的一種遊戲。此時，我們會略為的跑向上游一些，然後下水。在河中浮泳跟著河水一瀉千里，真是痛快極了。很快的就會來到了水壩的閘門，這時候會先滿滿的先吸進一口氣，然後隨著閘門的水流一洩而出，滾滾的漩渦會把人往下方吸了下去，但這不必在意，因為快速的水流會很快的把你向前衝了過去，過了漩渦之後，只要一挺腰，一抬頭，就很快的浮出水面了，那真是愉快極了，也痛快淋漓極了。那種的感覺直到現在還深深的印在腦海裏。

在太陽下的河裡游泳與玩耍了一個下午，當然會累了或是口渴難耐。然而，圓滿的是，河流的兩岸全是無際的白甘蔗田，白甘蔗是糖廠種植的，在當年是不可以食用與買賣，由於它的甜度特別高，是專門給糖廠生產蔗糖用的。所以，也不可以食用，保警會捉人。但是我們不會在意，因為，每一位保警都跟我們熟得不得了。進了甘蔗田裡，有吃不完的甘蔗。每個人拿出自己最心愛的折刀，這種折刀在我們小的時候非常流行，胖胖的刀身，大家都叫它「士林刀」，折起來剛好可以放在口袋裏，很方便。到了

甘蔗田裡，用「士林刀」把甘蔗的頭尾去掉，再把皮削掉，於是就有一整根的「白甘蔗」可以吃了。「白甘蔗」的高度約可以長到3.5米左右，所以，進了甘蔗田裡面，一則可以躲避太熱的太陽，另一方面我們會把甘蔗的葉子切下來，鋪在地上，鋪得滿滿而厚厚的一層，然後會在厚厚的甘蔗葉上面睡個舒服的午覺，日子就像是神仙一般的過著。

10.4

在月夜下見到會飄的鬼

由於要讓別人認為我們四大金剛就是跟其他人不同，所以，我們從不會在糖廠的游泳池裡游泳，因為只有「小咖」才會去游泳池。但是有一種情況卻是例外。那就是在夏天有月亮的晚上，我們四大金剛一定會集合在一起，在月夜下然後游泳池裡去游泳。游泳池的位置是在斜坡上的邊端，所以，可以遙望到東邊的整個地平線，尤其是遠望著在東方地平線上高高聳起而色澤近於是黑色潑墨的中央山脈，在天空的襯托下真是美極了。而此時再加上明月緩緩的從這黑色潑墨的中央山脈上升了起來，潑墨的山影，明亮的圓月，銀色的大地，清涼的池水，那種情景也許，我們相信連天堂都不見得有。即使我們是十歲出頭的孩童，但卻都能夠感受那種無比美好的情景，也為這種剛升起來的月夜的夜晚而陶醉不已，此時泳池的水

是清涼的，這種有明月，有淡藍色的天空，有美好的泳池可以在水裡游泳，那種感覺簡直就是在天堂的時光。

　　又是一個明月初升，山影大地與淡藍色的天空相映，是美極了的一個黃昏初晚。我們四大金剛又一起的來到了游泳池，池旁的蛙蟲鳴叫，這正是快樂無比可以游泳玩耍賞月的時刻。然而，就在玩得興頭上的時候，在池邊另一邊的更衣室的門口邊上突然傳來了數聲尖銳的「ㄚ！ㄨ！ㄚ！……」很鬼異的聲音，很淒涼，也很淒慘的感覺。我們嘻笑的聲音立刻的停止了，一齊的朝這個發出聲音的地方看去，在月光下的更衣室門口，有銀色的月光灑了滿地，一切都有著銀色的亮麗，銀色的房屋，銀色的地面。就在此時，「我們」同時都看到了一個白色高帽、白袍形體的「東西」。它從更衣室的門口飄出來，飄忽著過來的了，頭上是一個尖尖的白色圓錐形的帽子，帽子頂端是尖的，下端是圓形的，戴在頭上隨著頭部而擺動著。身上顯現的是一個白色的寬袍子，看得出有皺褶，但很明顯的看得出頭部與肩膀以及身體的形狀，但是卻完全沒有看到下半身，也就是沒有腳，而是離地凌空的。兩隻手雪白，像是爪子的形狀，平伸在身體的前面。但更關鍵的是，「它」隨著很淒慘的叫聲，朝我們飄飄然的飄過來了。為什麼我在這裡用「我們」這兩個字呢？那是因為看到這個「東西」的不是只有我一個人，而是我們「四個人」在同一個時刻，同時的看到這個具有形體飄忽而過來的「東西」，它真的是用飄的過來了，因為它沒有腳。而且，是要抓人的樣子。

10.5

飛奔來到了神社裡

　　我們四個人不約同時的叫道：「鬼啊ㄚ！……ㄚ……！」各自慘叫了一聲。就在同一個時刻，也不知那來的力氣，在水中拔身而起，一躍就上了游泳池的岸邊，抓起了各人的衣褲就沒命的跑。回頭再看看，「它」甚至還飄忽的繼續的追了上來。「啊ㄚ……！」我們也幾乎是用飛的，同時的飛逃出了游泳池的大門。當然，我們是光著身子的。因為，我們也是光著屁股下水游泳的，內褲都不穿，那上衣就更不必提了，一則是夜晚沒有外人會來，更重要的是衣服濕了如何回家？所以，每個都先抓起衣褲就跑。在游泳池旁有日本人所建的神社，沿著神道就進了神社裡。整個神社蠻大的，中間部分是寬直的神道，兩旁則是有約兩米高的石雕照明燈座。由神道走到底則是供奉的觀世音菩薩石像，是立姿的石雕，約有一個人的高度，不論是儀態或是面貌都非常的精美。即使是夜晚的神社裡，燈光還是非常的明亮。

　　我們四個人跑進了神社，來到了觀世音菩薩的旁邊，就站在菩薩的面前，大家面面相觀，喘息未停、驚魂未定。希望那個「鬼」不會追過來才好。我們相信菩薩的法力無邊，可以鎮妖去魔，一定可以鎮得住這隻惡鬼，所以我們也都緊張的注意看著，那「惡鬼」應該不會繼續追進神社裡才對。

在菩薩面前的禱告

大夥兒都圍繞著觀世音菩薩，張大著雙眼。對於我們這一群男童而言，這個觀世音菩薩從來也只是把它當作一座石像而已。如今災難來了，雖然我們完全不知道「觀世音菩薩」究竟是什麼？但它一定是「神」準沒錯，是救命的神仙。每個人的眼睛都打直了的朝外看，如果那個「鬼」還會真再衝進來的話，我們真的不知道該怎麼辦了？也許被抓到的話，大概就直接帶到地獄裡去了吧。

還好，「觀世音菩薩」頭上的那盞燈一直是亮著的，除了照亮著菩薩之外，也照亮著此刻我們這膽顫不安的四大金剛。燈光讓我們感覺到暫時性的安全，然而，菩薩正對面的神道的最尾端，卻是漆黑無比的一片。大家在等待著，但卻希望不要有任何的動靜出現。過了一會兒，好像沒什麼動靜，於是大家把衣褲都先穿好了，但是，卻把腳上的木屐拿在手上，準備在萬一的時候，可以撒腿立刻飛快地跑回家。

約過了半個鐘頭，都沒有任何的動靜。四野的蟲聲鳴叫得非常的響亮，這一點讓我印象一直非常的深刻。這時候大家仍互相的看著，說不出一句話來。但我看到了一個奇怪的景象，於是我說了：

「怎麼你們每一個人的眼睛看起來都是一個大一個小呢？」

他們也都回答道：

「你也是一眼大一個眼小哪！」

當時沒有去追究原因，也沒有那個心情，也不知道所以然。直到長大我才知道，人在受到驚嚇後，臉部的肌肉會僵硬，所以往往臉部會變形，故而會有大小眼的現象發生。

大伙兒圍在菩薩旁邊，約等了半個小時，四周看看剛才飄過來的「鬼」的確是沒有再追上來，也沒有再出現。阿彌陀佛，真的是菩薩法力無邊，能鎮鬼驅魔，這就是見證。於是心緒逐漸的安定了，這時我就跟大家說，我們大家都要跪下來，跪在菩薩面前發誓。於是我說道：

(1).「我們絕對保守機密，絕對不跟任何人說我們有這件事發生過。」
大伙兒就問：
「這個事為什麼要發誓呢？」我說：
「各位想想，我們身為四大金剛，今天晚上竟然被鬼嚇得光屁股跑路，而且還是沒命的逃跑，雖說是有菩薩保佑。但是，光著屁股沒命的逃跑這件事若是傳揚了出去，全宿舍區的人都知道了，那我們還能見人嗎？以後還能混得下去嗎？」
大伙兒一想連忙都點頭說：「對！對！對！」

(2). 我們要誠心的跪下來對菩薩說：
「我們以後絕對不會再用彈弓打你的後腦袋了。」
『對不起，我們以後絕對不敢了！』

這說起第二個「誓」才是最重要的。在暑假的日子裡，漫漫長長。我們那個時代沒有電腦，沒有手機，也沒有所謂的補習。除了吃飯以外的時間就是在外戲耍。在外戲耍最重要的工具是什麼呢？當然，對小男生而言那就是手上的彈弓。也因此，每個人的手上都有一支精美而又最喜愛的彈弓，而且一定是自己親手製作的。每天見面在一起的時候，首先就要比戰技，看看是誰打的最準，也非要比個高下不可。也因此，凡是什麼可以打的東西，都會被拿來做為射擊的目標。這可能就是男人與天俱來天生的天性，不必去教他如何做彈弓，每一個人都有他的一套。也為了每天都要比高下，口袋裡的龍眼子很多，所以，會去找到各式各樣的目標來打。只要是可以打的，幾乎是沒有不打的。比賽贏了的人得意喜洋洋，輸的人就期待明天的日子早一點到來，以便再來重新比劃，可以重新再贏回來。而贏的人也不可以拒絕挑戰。所以，日子也就經常在輸贏之間輪替著，也一直在孩童的心目中期待著。

我們所用的「彈丸」是什麼呢？絕對不可以用石頭。因為石頭打到身上會流血，打到其他的東西也會造成危險。所以，我們的「傳統」就是規定不可以是用「石頭」，而是使用「龍眼子」作為彈丸。一方面它的體積大小都剛好，而且，在數量上幾乎無缺。每一家都有龍眼樹，夏天的龍眼吃不完。就以我家裡來說，有三大顆龍眼樹，非常高大，而且其中有一顆一般人都稱之為「虎眼」，意思是長出來的龍眼像「虎眼」一般，都是特大號的，而且是滿滿的一整棵大樹。使用吃過的龍眼，將剩下的龍眼子來做彈丸，是我們當時自認為是世界上最重大發明之一。

那麼要比賽彈弓誰打得最準，都用什麼東西來做目標呢？該打的東西

都打過了，也沒有太大的新鮮感。於是有人想到了借用觀世音菩薩的後腦袋，由於它是用整塊石頭雕刻出來的石像，而且站在比較高的台子上，有一個很漂亮的亭子，它站在亭子的中央，但四周是透空的。也就是四面八方都可以看得到他。於是我們就站在它後面遠一點的地方，由於「菩薩」的頭部非常的明顯的高出來，在他的後方可以清楚的看到菩薩的後腦勺。也不知道是誰提議的，於是我們就借用菩薩的後腦勺來練靶。我們嚴格的規定，不可以從正面打臉，也不可以從側面打臉。只可以從後面打後腦勺。我到現在還依稀的記得，當由彈弓射出的龍眼子打到「菩薩」的後腦勺時候，那「叩！」的一聲，聲音真的好響而清脆。對我們而言，也驗證究竟有沒有打到目標，而沒有可以爭議的。

這也是為什麼我要大家都跪下來對菩薩說：

「我們以後絕對不會再用彈弓打你的後腦袋了。」
「對不起，以後絕對不敢了！」

希望神仙能保佑我們。我們大家都覺得這個發誓很有效。因為，我們一直的在注視著那「神道」盡頭的整個深黑的地區。那個「惡鬼」真的沒有再追過來了。等了一陣子之後，由於逐漸的不耐，於是大夥兒緊跟在一起，慢慢地走著，眼看四面耳聽八方，走到「神道」盡頭，看到旁邊的馬路上光亮的路燈照亮著地面與四周，當時晚上並沒有人在道路上行走，四周除了眾多蟲的鳴叫聲音之外。仔細的看了又看，確定門口沒有任何其他的東西，於是大夥兒一哄而散，都飛快的跑回家了。只是從此之後，連月圓的晚上都不再去游泳池游泳了。過了不久，漸漸的大家也就把這件事忘記了，而童年的歲月，還是一天一天的快樂的過著。

三十年歲月的謎題

　　大學畢業以後，我在台北市住了下來，成家立業。父親也自台糖退休而搬到了台中。雖是與父母親相隔兩地，但台北到台中的不論鐵路或是公路都尚稱方便，可以經常來往。到了過年是一家團圓的日子，當然全家人都會回到爸媽的家裡一起過節，這是最愉快的時候，可以與父親無所不聊的談一個晚上，這年夜飯可以從晚上吃飯的時間一直聊到深更半夜才各自休息，也是最心宜最快樂的時光。父親畢業於北京大學，廣學多聞，無論在那一方面都有廣泛而確切的知解，總使我受惠良多。

　　有一回在吃年夜飯的過程中，父親抬起頭笑著對我說：

　　「你們當年啊！四大金剛在廠裡面真是頑皮到不得了的程度，天不怕地不怕的。有一年你們晚上又在游泳池裡游泳的時候，碰到鬼了吧！」

　　啊呀！聽到父親講這話的時候，我真的是嚇了一跳。我從來沒有跟任何人講過這一件事情，當然，除了我們四大金剛之外，應該也不會有任何人會知道這件遇到「鬼」的事情。這個「鬼」的確一直的存在於我的心中，而且每一個細節都非常的明確。但是，我一路所學直到博士，所學的都是科學，對於科學有著深切的認知，這使我並不相信這個世上有「鬼」的存在。但是，就我本身之前所經歷過的這個事實，相對之下，卻又無法自圓其說。更重要的是，這麼重要的秘密，我相信我們四大金剛沒有一個人會

洩漏出去。但是父親此刻卻當著我的面，微笑的講出了這件事實，他老人家怎麼會知道得這麼清楚呢？

這正是個機會，所以我非常好奇的問道：

「爸爸！你怎麼會知道這件事情了呢？」父親面帶微笑地說道：

「是啊！我不但知道而且還知道你們都看到了「鬼」，還都光著屁股跑到神社裡面拜著菩薩。」

於是我又說道：

「這怎麼可能呢？這是我們心中最高的機密耶！爸爸你怎麼可能知道呢？」

父親哈哈的大笑的接著說道：

「你們啊！不知道為什麼總會在月圓的晚上去游泳池游泳，糖廠裡的保警隊的保警們為了廠區的安全，每兩個小時就會在宿舍裡巡邏一次，每一次查看到了你們在游泳池游泳，都會吆喝著叫你們趕快起來，夜晚的游泳池裡完全沒有燈光，也沒有人，這太危險了。但是，你們起來以後並沒有真正的離開，而是等到警員走了之後，你們又通通跳到游泳池裡面去，又繼續的游泳！保警也拿你們沒辦法，就報告保警隊的晏隊長，看看有什麼辦法讓你們不要晚上去游泳。」

「晏隊長來跟我報告後，問我該怎麼辦才好？」

我就告訴他：

「用嚇的。」晏隊長不是很瞭解，於是就問道：

「如何嚇法呢？」於是我就告訴他：

「你們用一塊厚的百紙板，做一個高高的尖錐型白帽子，然後再跟糖廠裡面的京戲社團去借一件寬的白袍子與白手套。下次再巡邏的時候，如果看到他們在游泳池裡游泳的時候，那就不要叫他們一起來，請保警趕快回到隊部裡，把這套白尖錐帽子、白袍子、白手套與黑褲子都拿到更衣室，把制服換下來，穿戴起這一套「鬼裝」來，然後鬼叫幾聲，相信一定會嚇他們一大跳，也相信他們從此就不會再去游泳啊！」

果然，這真很有效。而那位保警回去後把這件事的經過，尤其是我們如何的光著屁股跑到神社去拜菩薩的模樣跟同事們講的時候，每個人都哈哈的笑彎了腰，也笑了好幾天。而晏隊長來跟我報告時，我們也哈哈的大笑了好久。」

「你們真的從此之後，在夜晚的時段再也不會去游泳了。」

呼出了長長的一口氣，藏在心裡面 30 年的祕密，終於在此刻豁然開朗的揭曉了。真的要很感激父親的用心與如此超絕的智慧，以這樣超越的智慧，一舉達成了讓我能夠主動的放棄了夜間在無人看守的游泳內游泳的喜好，並讓我們在無形中遠離了凶險。現在想想看，這是需要多麼高的智慧啊！而在背後指揮與布局的那雙手，不正就是「智慧之手」嗎？

行年漸長，往事歷歷在目。這是我在教育下一代的時候，常告訴自己要多用智慧來解決問題，這個世界上沒有不能解決的問題，唯一的問題就是方法的問題。正確的「方法」可以解決一切的問題，並進而能使得生命更豐盛而圓滿。

【第 11 章】
人類是宇宙中的神蹟

11.1
人類的「腦化指數」是神的奇蹟

　　若說人類是萬物之靈，是地球上最聰明的動物。相信大家都會認同，也不會有任何的疑義。但是我可要問：這樣的說法可有依據嗎？答案是肯定的。對於地球上個動物智力的判斷有一個依據，那就是叫做「腦化指數(Encephalization quotient, EQ」的。再次說明，這個EQ不是「情緒智力(Emotional quotient)」的那個EQ。這個「腦化指數」的EQ很奇妙的可以將各種動物的智慧分出等級來，而人類的確是遠遠的超出其他所有動物的智慧。

　　前兩章約略的提了一下，現在就讓我們進一步的加以說明。所謂「腦化指數（Encephalization quotient, EQ）」這是近代科學：

　　「用來描述動物的大腦與自己的身體之「比例」關係的純量。」

　　也就是說：

　　「將動物真實的腦容量和他本身的身體的體積相互對比的一種比值。」

　　而不是像以前直接的採用動物體內的腦容量的大小或重量來做比較的基

礎。以前的人用腦子的大小與重量來做為比較，結果卻是錯誤百出，做不出任何有意義的結論來。所以，近代的「腦化指數。EQ」就顯示得相當有意思了。在經過對絕大多數動物的採樣並進行「腦化指數」的分析之後，我們終於發現在所有動物的「腦化指數」中，真的是以人類的平均值 7.5 獨占鰲頭。黑猩猩牠們的平均「腦化指數」只有 2.5，其他如一般獼猴是 2.1，大象 1.9，狗是 1.2， 貓是 1.0，馬是 0.9 等等，所有的這些動物，都相差我們太遠了。

分別舉例而言：

人類 (7.4-7.8)。黑猩猩 (2.2-2.5)。大象 (1.13-2.36)。狗 (1.2)。貓 (1.00)。馬 (0.9)。

在這裡我們可以看出一個很有趣的現象，那就是狗比貓聰明，貓又比馬聰明，這些都和我們一般常識與經驗相去不遠。但是人類為什麼會是萬物之靈？答案說起來其實原因也很簡單。因為人類的「腦化指數 (EQ)」比起其他所有的動物高出太多了。也就是說，這項「腦化指數」統計的結果，完全沒有其他的動物能夠顯現出具有高 EQ 的，而人類是這項「腦化指數」的特異突出者，這不是我們自身努力或拼命得來的結果，更不是以進化論的方式得來的。唯一合理的解釋，那就是由於「造物者」所給直接賜給我們的，讓我們的「腦化指數」在地球上所有的物種之中排名第一。

而事實上，「造物者」還刻意的讓地球上其他的物種，讓牠們的「腦化指數」遠遠的的落後於人類很遠。祂刻意的以這樣的一種方式，刻意的隔離了其他動物對人類的生存威脅，並讓人類用智慧保護自己的生存，而

不是用野性或獸性與體力來統治地球。「造物者」祂不會無緣無故，而獨特的以如此不可思議的龐大工程來設計、製造與完成人類這個完美的物種，祂一定有祂的道理。而事實上，我深深地相信，人類在本質上很可能就隱藏有「造物者」的影子。

　　腦子有多大宇宙就有多大。各位在上面的這些數據中可以很明顯的看得出來。我們的「腦化指數」比起其他所有的動物高出太多了。在這個地球上，人類的智慧果然是一支獨秀，除了人類之外，其他的動物在彼此之間的智慧其差異性並不太大。我們人類的確是特別的受到上帝的眷愛。這也許可以間接的證明，我們人類所隱藏在腦子裡的「靈」，應該是可以與上帝做某種程度的感應和溝通的。所以，在某種程度上我們也可以說，人類的「腦化指數」的確是「上帝」的恩賜與奇蹟的顯示。所以，我們與「造物者」一定也具有某種程度的關係存在。

　　我們應該要好好思考的一件事情，那就是如果我們是「造物者」所「創生」的，那我們「人類」與「造物者」之間，必然還會存在著有某些隱藏式的溝通與聯繫，也許不是一個，而是可能相當多的管道可以與「造物者」相互的溝通。但如何去尋找這些管道，那也許是我們生命中所面對或面臨最大也是最值得的課題之一。當然，我也曾經說過，「基因」的本身很可能就隱藏著有「造物者」的某些影子存在。

乘法的生命原理

「我思故我在」，「自我」內在的感覺是一切的根本。每一個人都是宇宙中的奇蹟，也是宇宙中的「唯一」。有一些數學上的基本定義是很有意思的，因為它是我們的生命現象就某種程度上來說是非常相符合的。首先要說的就是乘法定理，乘法其實就是一種「延長」現象的運算。

例如：　　當 A ＝宇宙，B ＝個人，C ＝天人合一。

也就是：　　　　A*B ＝ C

但是，當我們去逝的時候，這時候就成了：B ＝ 0

$$A*B = A*0 = 0 = C$$

的這個現象。在這裡我們可以看到當 B ＝ 0 的時候，也就是當我們去逝之後，A*B 的結果將導致 C ＝ 0。這意思也是在說，當我們去世的時候 (B ＝ 0)，這宇宙上所有的一切對我們而言，都將歸之於零 (C ＝ 0)，也不再有意義。這種想法當然是很多人都曾經有過的思維，當然，於此我們暫且不談論有關於「靈」的相關問題。

從上面的這個簡單的數學式子的解說，我們可以體會的出，其實是在說明，我們每一個人在宇宙中都是唯一的，不但是唯一的，而且是珍貴無比的，這一切的存在都是真實的。而上面的數學式子可以告訴我們一些事實的結論：

「當我們存在的時候，整個宇宙都是我們可以擁有的。」

「當我們不存在的時候，整個宇宙對我們而言是沒有意義的。」

我們的「存在」是一種「相對性」的重要。想想看，當我們不存在的時候，這個世界對我們其實就不再有任何意義了。所以說，我們每一個人都是宇宙中最珍貴的奇蹟，也是宇宙中的唯一。宇宙中絕對不會再有任何一個相同如一的我。故而，如何好好的把握今生，好好的活在每一片刻，好好的活在無比的喜悅中，這才是我們今生道理。

我的小外孫子牧在讀小學四年級的時候，有一天放學回來在吃晚飯開談的時候，我問他：「學校裡現在正在教什麼課業啊？」他說：「現在正在教乘法耶。」我問他都清楚了嗎？他說還不是很清楚。於是我說道：「老爺來教你好了！」於是我就把乘法的原因與原理詳細的跟他說了一遍，直到他都聽懂了。過了一個禮拜的禮拜五，晚上我兩個女兒與女婿都會回來陪我吃晚飯聊天。這時候我見到了子牧，我想起了上禮拜教他的乘法的道理，於是我說到：「子牧過來！老爺問你一個乘法的問題，看看你能不能回答？如果你能答對了，老爺會很高興。」

他說：「好啊」。

我就問他：「3x4 與 4x3 它們是相等的嗎？」

子牧回答說：「它們之間當然是不完全相等的。」

於是我又問他說：「為什麼它們是不完全相等呢？」

他回答說道：「這兩種情節是完全不同的。」

我又問道：「那它們的情節為什麼是不同呢？」

於是他說道：「第一種狀況是：有一堆石頭，每堆有三個石頭，而總共有四堆。另一種則是一堆石頭裡面有 4 個石頭，而總共有三堆，這兩種「情節」是完全不一樣的，唯一相同的就是石頭的總數都是 12 個石頭，除此之外，從外界看上去它們的「情節」則是完全不相同的。」

我聽了之後很高興，叫他過來拍了拍他腦袋說：

「很好，老爺很高興，以後再教你更深一些的。」

大夥兒也都很高興，邊聊天邊吃飯的到了晚上十點才散場。生命是一種喜悅，耕種的目的就是在於豐收這種的喜悅。

11.3

什麼是宇宙中的珍奇？

如果我要問：

「這個世界上最珍奇的是什麼？最寶貴的是什麼？」

毫無疑問的，絕大多數的人當然都會想到那些應該是珠寶鑽石或奇珍異寶或是用不完的鈔票吧！其實，有這樣的想法不能夠說完全是錯的。身體的需求是必須的，但是那只是一個最基本的條件而已，為什麼會說那是最基本的條件呢？放眼長遠的人生來看，如果說一旦你有了錢，以後是

不是就可以每頓飯吃十碗？一個晚上睡 10 張床？或者可以隨意的指使別人？或是可以為所欲為呢？其實這些都是辦不到的。往往是越有錢的人他們越缺錢，事業總是在想越做越大，而賺錢卻永遠沒有滿足的時候，這就是真正的問題的所在。對於我們的身體而言，其實凡是超過我們身體所需求的一些，那都是不實在的。有誰會覺得用金碗喝水會比用玻璃杯喝水的味道來的甜美嗎？我們身體的需求其實它的範圍是極其有限的，然而我們在心靈上的領域，則是無遠弗屆的。對於物質上過度的需求，必然使人忘記了自己生命的真實意義。只有當我們越了解自己的時候，我們才會認識到我們的身體思維。也就是只有我們自己才是宇宙中最稀有的珍奇，而古往今來也再不會有相同如一的我。

11.4 生命中的喜悅

其實我是喜愛文學的。但奇怪的是，我也熱愛著科學。許多人認為這兩者之間是有衝突的，但是在我的身上卻感覺到它們之間沒有任何衝突的地方，它們是可以相互融合而為一體的。其實有很多的科學家對於音樂也都有著很深的造詣，這彼此之間並沒有任何的衝突，反而是可以相輔相成，就是這個道理。

早年我所接受的文學的基礎教育其實是來自於家父。家父是北京大學機械系畢業的，到台灣來之後就在台糖工作，所以我是台糖的子弟。從小就住在日本式的房子，有非常大的庭院，院子中間還有一個魚池，院子裡樹木茂盛，前後院都有芒果樹、龍眼樹、拔樂、釋迦、竹林等等，最重要的是前後院各有一顆我永遠都爬不上去的大椰子樹。由於房子在大樹林中，所以在夏日的晚上涼風徐徐非常的舒適，家裡從小就有電風扇，但在記憶中似乎是從來就沒有用過。父親自幼就親自教我《古文觀止》，並要求我背誦的一些好文章，而我今日能有幸用得上當年的文思，實是端賴父親之所賜，也深深的感念 父親的卓越遠見。還記得第一篇背誦的古文是唐朝時代劉禹錫所著的「陋室銘」：「山不在高，有仙則名；水不在深，有龍則靈。斯是陋室，惟吾德馨……」。小時候雖然不懂人世間的世事道理，但卻到今天我還能一口氣的背完它。父親當時也教了我一些兵法書，諸如《孫子兵法》、《 尉繚子兵法》《素書 (張良)、黃石公兵法)》等等，也因而奠定了我基礎的古詩與文學的底子。

　　行年漸長，我在電機工程上一路的走了下來。因為，那是我的興趣。它可以讓我上自宇宙天文，下至人世間實用科學都感到很有興趣。請不要忘了。因為，人世間所有的東西其實都與「電」有關，甚至是我們的身體都是一個「電」的導體，所以我們才可以看得到得到心電圖、腦波等等。我們的宇宙是屬「光」宇宙，「光」在宇宙中遍及各處。「光」是電磁波，同樣都是屬於「電」的範圍。甚至於是醫學界所使用相關的電子儀器與電子設備，也都是我曾經研究的領域，也申請得到過發明獎專利權。所學的專業可以與我的思維與視野相互結合，並能夠深遠而廣泛，故而歡喜異常

也受惠不盡。當然，喜歡科學的人，基於對於生命的好奇，必然也會涉及到一些有關的宗教問題。

宗教自古在人類整個活動的歷史上，都扮演著極為奇特而且也都具有關鍵性的角色。其實，許多國家或是民族，他們的興亡盛衰也都跟宗教脫離不了關係，若是說得更深入一些，宗教可能影響人類自古而今生活中的絕大多數的事物。因此，對於人類具有如此重大影響力的事情，當然是會引起我強烈的興趣與注意，即使是在年輕的時候。

11.5 不可思議之恩典

這麼複雜的宇宙，不論是從微觀的世界或是從巨觀的宇宙而言，它們複雜的程度超過了人類可以思維的範圍。如此巨大到不可思維的宇宙而又如此的井然有序的在運作，我不得不要問：

「這些自然法則究竟是怎麼來的？」

「是誰在讓整個宇宙的時間與空間運作得如此的井然有序？」

長年的思考與觀察，我相信這裡面唯一不可能的就是不會「無中生

有」。這宇宙中必然有著相當嚴格的條件限制與規範，這些規範我又把它們稱之為「大自然的運行律」。它規範著是整個宇宙的運作，它是宇宙的「大神」。宇宙中的任何一切的事物，凡是違反這個「大自然的運行律」的，其最終的結果則必然是毀滅。

我們是生存在這個地球上，如果有一天地球不再按照現在的軌道運行，當然，它的結果就是毀滅。這個「大自然的運行律」是至高無上的。故而，在這宇宙中就必然有一個至高無上的「創生者」，訂定了所有的運行規則，宇宙的一切事物依此而生，也因違此而亡。

身為人類其本身就是一種無比的福祉。單就人類能夠講「道理」這件事情來說，它本身更是地球上的一種「奇蹟」。各位看看我們的四周，圍除了人類之外，還有那一種動物是用「講理」的方式來溝通的？所以說，單就人類懂得「講理」的這件事情，它的本身其實就是不可思議的。所以我常常會說，人類是生存在無數量的福祉之中，只可惜的是有許多的人，身在福中不知福，而且也不知惜福。能夠懂得惜福的人，才會懂得「上帝」的恩典是多麼的偉大。

11.6

生命的奇蹟

　　這整個宇宙是極為有序的，而且是極為有規律的，一個極為嚴密而有序的宇宙，必然是在制定者的相關的規劃與規範之下依序的運作。任何失序的現象必然召至毀滅。這就如同人間的法律一般，規範著人類的行為。在宇宙中是同樣的，一切事情與現象也都必須有其規範，宇宙不是「無中生有」，真正的「無」是不可能生「有」的。凡事必有「因」，才會有「果」，不會無因而有果。地球上任何一種生物都不是無中生有而來的，雖然他們的來源我們並不清楚。但無論如何就是不可能「無中生有」。這個道理其實很簡單，我們把一杯水封閉妥了，我不相信經過一百萬年或是一千萬年之後，這一瓶蒸餾水裡面就可以無中生有的長得出「魚」來。宇宙中所有的定律都是守恆定律，而「能量守恆定律 (Law of conservation of energy)」，在整個大宇宙中，沒有任何的一件事與物可以違反這一個定律的。所以，他稱之為「定律 (Law)」。沒有了能量就沒有質量，同樣的沒有質量也就沒有能量，沒有空間也就沒有時間，當這一切都沒有的時候，那麼「有」也就不可能存在。

　　為什麼要特別的提出「無中生有」這四個字來談呢？那是因為有的科學家，尤其是一些有聲望的科學家，他們認為宇宙完全是「無中生有」而來的，而「機率」則是在掌握著一切的因果。我認為有聲望的科學家是一

回事情，而真實的真理則是另外一回事情。現在，就以我們買彩券來說好了，我們在買了彩券之後，就只能等著開獎，至於是不是能夠中獎，對我們本身而言，那肯定是一個「機率」的問題，求神問卜那都是騙人的玩意。但是，換一個層次來說，也就是我們把問題的高度提高來看，當我們站在發行彩券的銀行的位置來看，那問題就完全的不同了。能夠中獎的彩券數目，早就是銀行他們設計好了的，就發行彩券的銀行的層次與高度而言，要放多少中獎的名額在彩券裡，是設計出來的，也可以說是一種「算計」出來的，就銀行的立場來說，哪裡是什麼「機率」的問題？同樣的道理，在宇宙中所有的一切，甚至於就我們個人而言，許許多多的事情或問題在實際上的確是與「機率」有著非常密切的關係，我們常說的「運氣」的好壞，其實也就是一種「機率」的關係。但是，當我們把層次拉到另一個高度來看，也就是說，若是以「上帝」或「造物者」的層次與高度來看事情，其實這一切都是已經是在「設計」之中的事情，而結果當然也是在「造物者」的預期之中。

就我們人類的每一個人而言，「機率」的確是在產生決定性的一些作用。事實上，就連我們的出生，都可以用「機率」算得出來。地球上有七十多億的人口，如果天上掉下來的隕石會打到人的話，那麼我們被打中的機率是七十億分之一，更何況它掉在野外上的機率更大，我相信沒有人會把這樣的機率放在心上而不敢出門。更何況說，我們的出生機率到了曾祖父母輩的這個時候的，機率只有「125 億億億」分之一，這樣的機率有誰敢想？但是，你得到了，你來了，無論如何你還是出現了，你還是存在了。然而，如果真的再往上推人類 5000 年的文明歷史，那你出現的機率

只能用神奇和不可思議來形容。因為沒有任何的數學或計算機可以計算得出來這種機率到底會是多少？這種不可思議的生命存在於整個大自然，若是再把整個宇宙加進來，那結果就不是任何可以想像的事了。但是，連想像都不可能的事。然而，「上帝」卻給了我們，我們心中難道不應該充滿了感恩之情嗎？事實上，當上帝面對我們全體每一個人類的時候：

「他並不需要事必親躬」

而且那也是不合邏輯，不合道理。他只需要制定一套宇宙的「律法」即可，如「能量不滅定律」、「運動定律」、「電磁感應定律」、「強力」、「弱力」、「電磁力」、「重力」與「人性」等等…讓這套律法去管理這整個宇宙就可以了。適者生存，膽敢違反大自然法則的，那只有一條路可走，那就是「滅亡」這兩個字。

科學是福也可能是禍

　　從人類第一次的工業革命 1760 年代算起至今也不過是兩百五十年前的事。在那個時代裡，人類的生產技術逐漸的以機器取代人力與獸力，並開始以較大規模的工廠進行生產，機器的發明及運用也因而成為那個時代的標誌，而科技也開始從那個時代有了較大的發展與規模。當然，在那個時代裡，實際上還談不上是真正的科學時代。人類真正進入科學時代應該是從《近代物理學（Modern physics）》的發展才開始的，也就是在 20 世紀的初期，它的發展大大的改變了人類對自然科學的了解與應用，也才有今日的成就。所以說，就較為精確的科學史來說，人類真正的科技文明算起來才不過短短的一百多年而已，比起宇宙的歷史，那整個人類的文明史，其實，甚至於不如整個大海中的一顆小水珠。

　　科學不是一切，相對的，我認為「科學」在許多時候應該多去研究人類的「心靈」問題。人類是「心靈」的動物，而「心靈」則是超越一切的。事實上，由於科學不是萬能。不可能全然的使用已知的科學去「取代」人類的「心靈」。而如果真的有這麼一天，那才真的是「人」的不幸。也就是說：

　　「人類若用科學的力量，取代了人類唯一最值得珍貴的心靈。那樣

的科學已經不科學，而那樣的人類，也已經不是人類。」

科學與人文或藝術它們之間絕對不是互斥或是相對的。「人文」的素養，可以使人類能夠更認識自己，而「藝術」的素養則更能提升人類的素質與層次。科學當然不是萬能的，今天不是，未來也不是。面對著浩瀚無垠的宇宙星際，面對著不可臆測的未來，面對著此生的此刻，如今的世代正面臨著轉型的時代。科學才不過是剛剛發展起來而已，在這很短的時日裡，在表面上看起來科學的成就似乎很偉大，我們已經可以跟世界上任何一個地方的人通話，也可以立即看得到這世界上任何一角落的影像，太空船從火星上傳回來影像如同我們身歷其境的清晰。就一些科學的成就而言，許多人會自滿的認為這世界上，幾乎沒有什麼是科學所不能的？

科學在現今的時代裡的確是一日千里，在現今科技的高速發展之下，沒有人可以預言百年後的人類世界會是個什麼樣子？不！不要說百年了，甚至於 50 年以後人類會是一個什麼狀態，沒有人可以想像得出來，也沒有任何一個科學家可以說得出來。但是，真正的科學家們一定知道，以現有的大數據資訊，我們可以得到一些結論，那就是：

「過度發展的科技將會是人類的大災難。」

科技的確是造福了現今的人類，但也正在屠殺許多戰亂地區的百姓們。許多善心的人士都在想著如何造福人類，但是，許多人可能不懂，造福的本身也可能就是災難的本身。

就以現今世界上大眾最熱切，也是最普及的「手機」而言，它的原意

為的是將人們的語音及影像用來做及時傳輸與通訊之用，能夠跟任何人在任何地方相互聯繫，這是多麼的方便的科技產品，造福人類的確是貢獻甚大。但是，反過來看，有多少兒童少年，甚至是成年人，終日沉迷在手機的電玩中？他們忘了自己，心中牽掛的不再是他們的至親好友，而是那握在手中的手機，這樣的鏡頭與場景比比皆是。逐漸的，各位一定會在未來的日子中深切的感覺並體認到，這已經不是人在玩手機了，而是手機在玩人。最近在全世界都熱門流行尋寶的「寶可夢（Pokemon）」，許多地方聚集了眾多壅擠的人群，在尋找虛擬的寶物，蜂擁的現象簡直真相是癡呆了一般。然而可以預期的，現在的這個「寶可夢」會很快的退流行，但也可以相信的是，在往後的日子裡，將會有更多也更厲害的類似「寶可夢」的電玩，一定會把人類玩得半死。

11.8 物種天命論

一隻在古井裡的青蛙，突然有一天，看到井口上面的天空有一架人類製造的飛機飛了過去，於是牠回過頭跟旁邊的同伴說：

「那是什麼？」

「我們是不是也可以製作得出那個東西來？讓我們也可以飛。」

當然，各位可能會覺得這隻青蛙的想法太可笑了，就是把全世界的青蛙都集合起來，相信它們也設計不出一顆螺絲釘來，更不要說還要鍊鐵與製造及設計飛機了。

我有一位好友施正權教授，他是法學博士。有一次在景美溪畔的河岸邊跑步的時候相遇而談天，他提到了一句話說：「人類的智慧到哪裡，科學就到哪裡。」的確是，科學是沒有極限的，但是人類的智慧則必然是有限度的。任何一種動物他天生的智能都是有限的。我們不可能教青蛙設計飛機，也不可能要貓狗去製造汽車輪船。基本的說，所有的動物都有各自的能耐，而牠們各自能耐的不同，是受限於牠們各自腦子的不同結構，故而在思維、認知與行動等等上面的表現皆不相同。同樣的，我們人類也是如此，我們的智能也必然有它先天的極限而不是無限。在我們人類的腦力與智慧之中，的確是可以創造出一片燦爛的天地。然而，在那人類腦力智慧之外的無限宇宙，就必然會有太多的事物與現象，不是可以使用人類的腦力與智慧可以思考或想像與探討的，這宇宙中必然會有太多的事實或現象，是超越人類腦力智慧之外的。這一點，對真誠而謙卑的科學家們而言，是應該必須要有的認知與修養。

此刻讓我們思索下列的一個問題：

人類真能理解宇宙中所有的不可思議與奧秘嗎？

若能仔細而深遠的思考這個問題，我們或將會發現，它的答案當然是

「否定」的。近代「量子力學」的最知名人士之一的物理學家費曼 (Richard Phillips Feynman，1918-1988)，他是「量子電動力學」創始人之一，也是奈米技術之父，在他的《物理定律的特性 (The Character of Physical Law)》一書中說道：

「我想，我可以有把握地說，沒有人懂量子力學。」

是的，人類對宇宙的真正研究與探討才剛剛開始，無限的宇宙又豈是我們有限的腦力與智能可以全面接觸與思考的？而對於這些宇宙中無論是巨觀或是微觀，如果細細的一一展開與深入的探索，於是我們就會發現，我們人類對於宇宙中的萬事萬物所能知道的實在是太少了。幾乎所有現象只要真正深入的追究，就會進一步的發現，每一個問題之後又會延伸出現許許多多更深入的問題，這樣的情況似乎是沒有止境。對於許多最基本的問題，我們不但是一無所知，而且是遠遠的超過人類可以思考與想像的範圍。

感覺之外的世界

我們是透過自身的感官與思維來確認自己的存在。然而，這一切還必須透過大腦的詮釋才有意義。當人類的大腦有其極限的時候，則感官與思維就不真實了。就以我們每天看到的五顏六色與那色彩繽紛的花朵來說好了。事實上：

我們所看到的那一切的色彩都是不真實的，都是「假像」。

這也就是說，我們所看到的一切色彩，事實上這些都是不存在的。我們知道，我們所看到的所謂「顏色」是光對物體的反射，這個反射光進入了我們的眼睛，再由視神經進入大腦。我們應該很清楚的知道，「光」是「電磁波」，「電磁波」那來的什麼顏色呢？在人類的可見光譜中，其波長的單位是奈米 (nanometer, nm)，一奈米是 1 米的十億分之一（10-9m），而人類的可見光譜其波長的自 370 奈米 (nanometer, nm) 的紫色至 780 奈米的紅色，比 370 奈米波長還短一些的是紫外線，比 780 奈米波長還長一些的是紅外線，都不是我們人類可以看到的。波長越短的能量越大，這些不同的能量在我們的大腦中也各自對應出不同的「虛擬顏色」。所以說，我們所看到的物件的「色彩」不是物體的真相，只是我們大腦內的「虛擬」色彩。「現象」並不能代表「本體」，宇宙中所呈現的實際上都是一種「假

象」，而「假象」並不能代表真正的「本質」與「事相」的真相。

在宇宙中最奇怪的是「本體」多是隱而不現的。無論是「巨觀」或是「中觀」或是「微觀」，其實我們都見不到宇宙的真相。我們是太陽系中的一個成員，但是我們肉眼卻看不到太陽系。「細胞」構成了我們整個人類的身體，也產生了一切的作用。但是我們肉體卻看不到「細胞」。「光線」是電磁波，它有光速、電場、磁場、頻率與波長與相位，但是我們卻把它看成五顏六色等等。諸如此類，比比皆是，其實我們的肉眼幾乎是完全看不到這個宇宙真相的。

若是我問：「人類的眼睛是怎麼來的？」可能會有科學家說是根據「基因」而產生的。那麼我再問：「人類的基因是從哪裡來的？」這個答案，也許只有「上帝」可以回答了。同樣的，就基本粒子的「電子」而言，由於電子是沒有結構的，因為電子沒有體積。若是我問，在電子沒有體積的情況下，這個一個沒有體積的「東西」如何會繞行原子，而又如何會有「自旋(Spin)」的現象？更如何結構起整個宇宙的基本架構，撐起了整個宇宙？當然，這些問題沒有任何一個人可以回答，唯一可以解釋的，那就是一種「神蹟」，除此之外，都無法解釋。

人類能夠適宜的存在於地球是不可思議的。因為，對地球來說存在著有太多無法解釋的巧合，甚至幾乎可以說，在這個宇宙創造的律法之中，有許多似乎是對地球量身打造的。宇宙的本體具有至高無上且不可思議的智慧。也因而對應了億萬個不可思議的巧合與安排，才有今日的地球的存在，也才有人類這個不可思議的物種。我們如同在宇宙中被奇異與特意的

安排而出現，一切的巧合都是如此的不可思議。若說宇宙的一切是隨機
的，那麼人類的誕生其真實的機率的則近乎是「零」。然而，在這樣的狀
況之下，我們卻誕生了、存在了。將這麼多的不可思議集於一身，唯一能
解釋的原因的，也許，真的只有那具有至高無上的智慧與能力而又「創生」
這一切的「上帝」祂本人了。

生命才是宇宙中最珍貴的奇蹟

我們身體任何一個器官或組織都是神奇的不得了，也都是由這至高無上的智慧在作用着。現在讓我們略為的看一看身體的神奇究竟如何？首先，讓我們來看看大腦，它主要掌管記憶、思考、決策、語言及身體活動，並接收及整合許多來自身體的感覺與訊息。大腦的重量只有一公斤多，然而內部卻有一千億個神經元，以及超過一百兆條神經相互連通。大腦的每個細胞都有多達1萬個突點對外相互連結，而整個大腦所形成的網絡系統遠遠的超過人類可以思想與想像的複雜。人類大腦之謎至今已經困擾了所有的科學家與醫生達數千年之久。為什麼大腦可以產生如此複雜的認知與自我存在的意識？為什麼人類的大腦具有創作的能力，而其它所有的動物都沒有？為什麼人類的大腦具有學習的能力以增長智慧，而其它的動物卻只有本能的問題。大腦幾乎可以統領絕大部分身體的每一個器官或組織與我們全身共達60兆個細胞。仔細的想想，我們身體上的「大腦」的組織是神奇得不得了的，這些都是由這至高無上的智慧在作用着，我們實在是很難思考與研究這麼複雜的大腦結構與思維。若要問這般的智慧是怎麼來的？同樣的，沒有人可以回答這個問題。

腦子下來就是眼睛了，眼睛的本身是非常神奇的。我們的眼睛的瞳孔會隨著光線的強弱而自動的收縮或放大，它完全是自動的，而我們也完

全的沒有感覺到它會如此自動的調適，單就這一項就是蠻神奇的。其次是我們的眼睛會自動的調整焦點，我們想看到哪裡，焦點就會對準到哪裡，協助眼睛聚焦的肌肉，每天大約會運動十萬次。這樣的運動量相當我們步行約 80 公里的距離，這也是神奇的不得了。更神奇的是我們的眼睛它會把外界的光訊號轉換成為電壓與電流的訊號，經過編碼後傳送到我們的大腦，再經由大腦的解碼，將這些電壓與電流的編碼訊號再經由解碼而還原出原來「光」的影像，也就是讓我們的腦子可以還原出眼睛所看到的一切景象。這樣的過程，真可以說是神奇的不得了。

　　眼睛的下面是鼻子，它可以辨別氣味。「氣味」其實沒有人真正的知道它是什麼？也不知道「氣味」的本身究竟是什麼？我們所聞出來的「味道」它是來自於我們大腦所產生的一種知覺，所以在物質世界中，人類只能說得出它是某種「氣味」。這些「氣味分子」會刺激我們的鼻子的神經系統，經由鼻腔內側有一層黏膜，這些黏膜分布著許多神經纖維末梢，這些神經纖維末梢，也就是嗅覺神經細胞，「氣味」經由這些嗅覺神經細胞傳送到大腦而產生氣味的知覺，這也就是我們所謂的「嗅覺」。

　　「氣味分子」是由許多不同的分子組合而成，完全沒有人知道它們究竟是什麼？但這些氣味分子經由大腦而詮釋，讓我們有了嗅覺，可以天天「聞」東西，時時刻刻都會聞到有味道。但是直到現在這個世界上，還是沒有任何一個人知道「氣味」那些東西究竟是什麼？唯一的憑藉就是我們的大腦所告訴我們所聞到的各種味道。我們對於一無所知的東西，大腦卻告訴我們「它」的認知是什麼，而我們也都能相信大腦所給我們的認知。

但是，我們必須知道我們所聞到的「氣味」，它並不等同於「氣味分子」。我們所聞到的「氣味」的味道同樣是一種「假相」，它並不是實際「氣味分子」的真實面貌。雖然這一切都是一種「假相」，但是卻又是那麼的「真實」，而這一切的過程卻又是如的「神」奇無比。

心臟與血管是極為神奇的現象。人類是一種「能量」動物，人體為了維持生命，體內的每一個器官、組織、細胞隨時隨刻都需要獲得「能量」，這些體內能量的來源則是「營養素 (nutrient)」，又簡稱為「養分」。而為了要把營養素和氧氣輸送到身體中的每一個細胞，心臟血管系統就是扮演這一種輸送的器官系統。我們人體全身的血管加一起的總長度高達十萬公里，這十萬公里是什麼樣的一個觀念呢？那就是連接在一起的總和，可以環繞地球兩圈半。各位想想我們心臟的這一點點壓力，一般正常來說是 120 mmHg，也就是 120 厘米的水銀柱高而已，這樣的壓力如何把血液從一端壓擠，經過環繞地球兩圈半的另外一端擠出來。這究竟是什麼道理？可以讓心臟以如此小的一點點壓力，就可以讓全身的血液如此的暢順的輸送到每一個器官與細胞的需要。在前面的章節我曾經提過，那就是使用「諧振」的原理，「諧振」的時候物體可以獲得最大能量。所以各器官與心臟共同「諧振」的時候，就可以獲得所需的血液與氧氣。

紅血球是由大骨中骨髓的造血幹細胞持續所製造的，它每秒鐘能補充兩百萬個紅血球，各位可以自己算一算，這樣一天下來我們人體需要補充多少個紅血球呢？那真是一個天文數字啊！這些都只是簡略的提到一些基本概念而已，身體真正運作的細節，其實是複雜無比的，以如此複雜的系

統而有絲毫不差的在完美的運作着，這真是天人合一的至高無上的智慧，常令我深深的感佩到了極點。

我們內心中應當要能夠領略這宇宙中確實有一位「造物者」，我們之所以能夠被「造就」出來，其實這才是宇宙中真正的神蹟。

我們每一個人都是宇宙億萬年才開一次的花朵。

能善自珍惜自我，推己及人。再仔細而深入的看看自己，您就會認同我們每一個人確實都是宇宙中的奇蹟。所以說，「此身難得，此生難再」。

【第 12 章】
至高無上的智慧之手

12.1
至高與無上智慧之手

進入宇宙的極限

在那

無限的時間與空間裏

有一個奇異的緣起

是來自於背後有一個重大的「因」

與那無法計數的「緣」。

「因」是主動而有的創生

但在它的背後

必然是

有這着不可思議的手。

「祂」

代表著最高與無上的智慧與能力

一直的

涵蓋到那無限深處的無窮盡處。

宇宙的本身

必然是有著至高無上的智慧在運作著。

藉著

那不可思議的手

讓

萬古洪荒流傳到現在的今天。

12.2 「奇異點」創生了宇宙

宇宙是由一個「奇異點」經過「大霹靂」所大爆炸而「創生」的，這當是毫無疑義，也是眾人皆知的事實，而全世界理工的大學生也都會讀到《物理學》教科書中的這一個章節。並認為「大霹靂」以後所發生的的事情，經由「自然」的演變而成為現在宇宙的樣子。

雖然大家都知道宇宙是由「大霹靂」所創生的。但是，絕大部分的人可能沒有想過，如此偉大的「大霹靂」，它的本身不可能是自生的。認真的再往上追究，也就是在「大霹靂」之前是什麼呢？如此，我們就可以聯

接到宇宙是被「奇異點 (singularity)」所「創生」的，那麼關鍵性的問題來了，這個「奇異點」又是從哪裡來的呢？沒有人可以回答這個問題，甚至於我們可以相信，未來也不會有人能夠回答這個問題。但有一點可以確定的，那就是「奇異點」的本身不會是無中生有，它也是被「創生」的。

我們不知道「他」究竟是誰？但「他」必然是這宇宙一切的「創生者」，這是所有起源的「因」之所在，而且這是可以非常確定的。宇宙的被「創生」有億兆個銀河系出現了，而每一個銀河系又有億兆個星球存在，數量之多，我想即使是用一萬條恆河的沙數來計量也是不夠用的。而在這一切的存在之中，最奇特而又不可思議的事，則是莫過於我們地球本身的事了。

123

地球的存在太特異了

仰望星空，點點繁星，在仰望這無窮時空的時候，總是讓我沉醉與著迷不已。想想整個宇宙，再回過頭來想想自己，卻是億萬兆個幸運加總在一起，才有了「我」的存在。這種種不可思議的幸運而又能夠與宇宙同時存在，面對著無上的「神格」總是帶著真誠而感恩的心。宇宙自 137 億年

前的「大霹靂」開始誕生直到現在的如今，歷經了這麼長的時空歲月，而我們卻不早也不晚的在這個恰好的時間點上，是如此的幸運，來到了這個萬幸的地球與人世間。雖然，無邊浩瀚的宇宙有萬億的星系，而每一個星系的恆星與行星加起來又有萬億個星球之多。但是，直到今天，人類卻還是沒有發現，宇宙中有任何一個星球是像地球一樣的。

對於宇宙所搜尋與研究過的行星而言，卻發現也證實了它們絕大部分都是如假包換的真實鍊獄。有些行星的地表溫度太高，高達攝氏一千多度，那是「火熱煉獄」。而有些星球則是地表溫度太低，低到攝氏零下兩百度，連空氣都凍結了，那是「冰冷地獄」，而有些星球則是充滿了乙烷、硫化氫、氖、磷化氫和硫等等有劇毒的「劇毒地獄」。在與那些行星相較之下，地球真的是何其有幸，不但溫暖適宜而是一個可愛極了的星球。更重要的，它是絕無僅有的。所以，我常對人們說，不要抱怨大自然，我們真的要疼惜這個星球，因為，地球在宇宙中絕對是一個無可比擬的「天堂」。

讓我們拉開距離來到虛無的太空中，再回過頭來看一看地球，我們看到的是一顆孤獨球體，懸浮在虛空之中。這就如同有著一隻無形的手在運作着這顆球，並讓它能夠穩定的在太空中一直安穩的懸掛著。而且不停的旋轉，那好像有一條繩子似的在拉著它，一直在繞著旋轉著。地球的高速旋轉，也許一般人並沒有任何的意識或感覺。但是，如果仔細的深究起來，就會覺得這其實是非常的奇妙的事。是什麼力量讓它如此的平穩的懸空而又虛浮旋轉呢？如果太陽的引力略大一點點，那麼每天都把地球逐漸的吸

過一厘米過去一些，那麼 45 億年下來，也早就把地球吸到太陽裡面去了。而如果太陽的引力小一點點，則這麼長的時間下來，地球也不知道跑到天涯海角的哪裡去了，當然，這就不會有你我的存在。想想看，這是何等的神奇，一個懸掛在空中的星球如此穩定的運行了 45 億年，都沒有絲毫的差錯，這除了「神奇」這兩個字之外，再也沒有任何的語言可以描述。

也許，我們天天生活在地球上，自然而然的覺得這周圍的一切本來就是如此，是再自然不過的了。可能很少人想過，像「地球」這樣的一顆星球存在於億兆顆星球的宇宙中，它卻能完全的適合人類的居住與生存，而且是一直不斷的循環著，讓我們可以繼續的生存下去。這當然不是「一種」巧合，而是在特殊的不可思議之情況下，被「特意」的「創生」了，才會有了今天的這個適宜的地球。單一的巧合，或許可以說是幸運。例如我們在地上看來有十顆石頭排成的一個圓圈，我們會覺得很好奇，但也許那是一種真的自然的巧合。然而，若是看到有一萬顆石頭排列成的一個「HUMAN」的字體，相信，那就不是巧合可以說得過去了，而是必然有外力的介入才有可能。

一個人一生之中如果能夠中到一次獎券的特獎就已經很了不起了，但如果說他連中了一百期的獎券特獎，而還是說是「巧合」，這樣的說法相信大家都不會認同的。那有這樣子巧合的事情，那肯定是有被「安排」的。但這才不過一百次而已。同樣的道理，地球存在的複雜度當以億兆的數量來計量的話，那就更不是「巧合」可以說得通的。所以，若是更進一步的說到我們「人類」的本身，則地球對於我們「人類」的生命而言，那就更

是「神奇」中的「神蹟」。這其中若是有億萬分之一的差池，可以肯定那就絕對不會有現在如此合宜又舒適的這個地球，當然，也就不可能會有現代的人類可以存在。至於現在的「你」與「我」那就更不必說了。這是多麼的不可思議的神奇，我們只能相信在這一切的背後，必然是有一雙不可思議的手在安排著這一切。

12.4

地球在距離上的圓滿

　　讓我們不妨仔細的想一想，這太陽與地球的距離是地球存亡的關鍵所在。如果距離近了一點，則地球將被烤乾，那當然不會有生物存在，若是遠了一點，則地球上所有的水分將全部結成為冰，而的球則成了一個冰球，這當然也不會有人類可以生存。但就在這恰好的位置上，「水」可以有三態的形式存在。可能有很多的人沒有真實的感受到「水」以三態的形式存在，對於我們的生存其實是一個關鍵的所在。舉例而言，如果水不能夠轉化成為水蒸氣的話，也就是說，「水」不能夠變成為天上的雲，那麼這個地球也不可能有我們人類的存在。因為，所有的「水」在經過幾十億年的汙染之後，任何生物都不可能有乾淨的水可以使用。但是，當這些被汙染的水因為蒸發而變成為水蒸氣再變成為「雨」水而回到地球表面的時候，那就是大自然的蒸餾水。所以說，「上帝」給我們所有的生物喝的是最乾淨而沒有任何污染經過蒸餾的水，再經過河流或者是地下水，使我們可以喝到含有礦物質的清潔水。我常在想，這樣重大的事情竟然配合的如此巧妙而真是不可思議。

　　地球與宿主恆星太陽的距離是如此天造地設的恰到好處之極，好到剛好能使得液態水能夠在地球表面上大量地存在，離開地球其他的地方都不行。各位想一想，「水」的冰點與沸點之間才不過相差攝氏 100 度而

已，在宇宙中要找到純液態的「水」，那也許比登天還難。金星 (Venus) 經常被稱為地球的姊妹星或孿生兄弟，它是地球最近的鄰居。可是，它卻比地球靠近了太陽一點，雖然就差這麼一點點，但卻是天地之差。它是一個煉獄星球，它的直徑是 12,092 公里，只比地球小一點點，質量是地球的 81.5%。但金星表面由於其稠密的大氣層 96.5% 是二氧化碳，而行星表面的大氣壓力則是地球的 92 倍。這個 92 倍的數字一般人也許沒有太大的觀念，會潛水的人都知道，才 10 公尺深的海水，也不過是增加了一個大氣壓而已，但是，就有很多人下不去了。92 倍的大氣壓力肯定能將地球表面的一切物體都能壓扁。地球海平面的大氣壓力，稱為一大氣壓 760mmHg，當海拔升高時，氣壓亦隨之下降，珠穆朗瑪峰是世界的最高峰，它的海拔大約是 8848 米，它的大氣壓力只有海平面的三分之一，才不過減少不到一個大氣壓力，就很少有人能夠適應而爬上去，生命真的是十分的脆弱。地球的平均溫度約為 20 °C 但是，金星表面的平均溫度高達 462 °C，連金屬鉛都融化了，這不是煉獄是什麼？由於金星經常在日落之後出現在西方的天空，非常明亮。所以，古人稱它為「太白金星」，古人一直以為那是個天堂。

「火星」也是最接近地球的下一個行星，距離太陽比地球遠一點點。但是，就差這一點點，實際上卻是差很多。火星基本上是個沙漠行星，地表遍部沙丘、礫石遍布，更重要的是沒有液態的水。其大氣以二氧化碳為主，既稀薄又寒冷，平均地表氣壓只有 6 百帕，約為地球表面氣壓的 0.6%，也就是相當於地球表面算起 35 公里高空的氣壓。由於大氣層很薄，無法保留很多熱，使地表日夜溫差很大，其地區地表溫度白天可達 35℃，還

很舒服。但夜晚可低至 -132℃。就以低氣壓與氣溫變化如此之大的狀況看來，它是不可能會有高等生物可以生存的。

至於其他距離太陽更近的水星，或是距離太陽更遠的木星、土星等等，就更不必去提它了，因為它不是煉獄星球就是冰凍星球。所以說，如果我們距離太陽近一點，那麼地球就是一個火球，而如果距離稍微遠一點，那麼地球就會是一個冰球。然而，就是那麼剛好，地球跟太陽的距離剛好停留在這個無比奇妙與神奇的臨界點上，也因而確保了地球上得以非常適宜的孕育了複雜的生命系統，這真是不可思議的奇妙。

12.5

水不是地球原生的

地球表面 71% 的面積被水覆蓋，表面還分布了河流和湖泊等水源。在太陽系中，表面為大面積的水域所覆蓋是地球最重要的特徵之一，沒有水則一切生命都將不存在。那麼，這地球上的水究竟來自於何處呢？沒有水則肯定沒有任何的生命可以存在。所以這只能說是來自於「造物者」天大的恩賜。為什麼這麼說呢？事實上，最近研究的資料告訴我們，地球上水都是來自於外太空，也就是來自於地球之外的宇宙之中。這又可以區分

為兩個部分來說，其一是在地球形成的時候，在宇宙中由多量的宇宙塵因重力的集結而成為星球，這個時候除集結了地球上的土壤以及各類的元素之外，也包含了大量的水。其二是來自於宇宙中無數的隕石與彗星的撞擊，如今也證實了許多的隕石與彗星的構成都是「髒雪球」，所謂髒雪球就是含有許多礦物雜質而含水量很高的冰球。但無論如何，這些水都是上天的恩賜。

地球上關於「水」的存在，除了上天的恩賜之外，更重要的是，地球上的「水」從不曾有絲毫的流失到太空中。經過詳細的檢測，火星上曾經有過豐富的水，但是現在沒有了。因為，火星上沒有「地磁」，所以它上面的水分子由於沒有地磁場的保護，都被太陽風吹到太空去了。但是，地球上的「水」受到地磁場保護已經循環了 45 億年，從沒有絲毫減少過。也就是說：

「我們現在喝的每一滴水，古人都曾經喝過。」

能夠享受四季的豐盛，水比什麼都重要，地球是水的星球，有豐富的水資源，而又受到無形中嚴密的保護，我們真的應該要深深的感謝「造物者」的恩賜，才能永享吉祥與祝福。

12.6

大氣層是地球的特殊恩典

　　地球的大氣層是地球最外層的保護者。它包含大約 78.08% 的氮 (N2) 和 20.95% 的 (O2) 氧，0.93% 的氬、0.038% 的二氧化碳等等。地球大氣層若以厚度計量，可以區分為 5 個層次，而不可思議的是：「地球大氣層的這 5 個層次，全都對於地球上的生命系統具備有極為重要而且是關鍵性的保護作用。」它們分別是：

1. 對流層：它的高度是自地面至十公里高 (0Km-10Km)。它是地球大氣層中最接近地面的一層，也是在地球的大氣層中密度最高的一層。這一層所包含之質量，約占整個大氣層的 75% 的質量。在這一層裏，高度每上升 1 公里，氣溫會平均下降攝氏 6.49 度。在一般喷射客機所飛行的高度中，我們可以在椅背的顯示器上看到飛機外面的氣溫是攝氏零下 -60℃。商業喷射客機多訂在 36000 英尺的高度飛行，也就是在 12 公里的高度，依此換算下來大約剛好降低了 64.9 度也就是這個道理。而我此時卻可以坐在舒服的客艙裡飲食、閱讀或是休息。的確，科技是對人類也有它偉大的貢獻。然而，在大自然中有一件最重要的事情，那就是在這個對流層裡，它提供了地球上所有生命系統呼吸時所需要的對流與新鮮的空氣。「氫 (H2)」原子的標準原子質量是 1，「氮 (N2)」原子的標準原子質量是 14。，「氧 (O2)」原子的標

準原子質量是 16，由於氧氣的比重較重，所以會沉積在地表上，讓生物都可以得到充分的氧氣與呼吸，並借助於這種對流現象，讓空氣能均勻的分布地面上所有的地方。各位想想，這是何等的了不起的安排。

2. 平流層：又稱同溫層 (11Km-50Km)。由於在這一層空氣的上半部具有臭氧，能吸收太陽大量的紫外線。所以，在這一層中也有稱之為臭氧層。不要小看了這個臭氧層，它吸收了有害於生命的紫外線，保護陸地上的生命系統，使它們不受到傷害並得以保持生存與繁衍。這是造物者的進一步的愛心與智慧。在這一層的大氣裏，由於氣體流動主要是與地表平行的方向而流動。也就是以水平方向流動。因此氣流的流速會相對平穩。越洋飛行的大型飛機為了求飛行平穩，通常會在這一層的高度中飛行，也就是在 36,000（約 1 萬 2 千公尺）左右就是這個道理。坐飛機來往台灣與美國之間，人們會發現從台灣去美國與自美國回台灣，這兩者之間所花費的時間並不一樣，甚至可能會相差到三個小時之多。所以，大家都會說今天飛機順風啊！在平流層中順風飛行的確是如此。

3. 中氣層（50Km-85Km）：這是人類一般的飛行器具無法到達的高度。這一層的底部，還會有高濃度的臭氧會再次的吸收太陽的紫外線以保護地面的生命。在這一氣層中，氣溫會隨高度的上升而下降，升至 80km 左右最高時氣溫會降至攝氏零下 100 度（$-100^\circ C$）以下，在這樣冷凍的溫度下，確保地表的溫度不會因積熱效果而隨意的上升。在

這一層頂部的大氣所蘊含的原子與分子，因受到太陽的紫外線的照射而產生電離現象，故這一層又稱之為電離層，人類可以利用它進行長距離的短波無線電通訊之用。

4. 熱成層 (85Km-800Km)：這個層面存在於離地表 85 公里以上的高空。在這樣的高度下空氣已經極為稀薄，其空氣質量僅占大氣總質量的 0.5%，所以，在這一層的空氣密度已小到聲波難以傳遞。但是，在這個熱成層裡有一種現象是非常特殊的，那就是來自太陽的 X 射線與極短波紫外線 (XUV<170nm) 會在這個層面裏完全的被吸收，而徹底的保護表的生命系統。因為 X 射線必然會傷害到所有生命系統最底層之染色體內的基因。

由於這一層吸收了來自太陽的這些極高能量之輻射，使得這個區域的溫度處於非常高溫的狀態，通常會高達攝氏 2,000℃，甚至可以於到達攝氏 2,500℃的超高溫。在這樣的高溫下，幾乎可以焚毀任何外來的物體。這是「造物者」的一而再，再而三的以最嚴密的方式，在保護著地球上所有的生命系統。同樣的相對與人類，若想超越這一個層面的限制而離開地球，也同樣的是必須接受這樣高溫的考驗。才能出得去。

5. 散逸層 (800Km-2000Km)：這一層亦稱外大氣層，是地球大氣層的最外層。在本層的頂界可被視作是大氣層的上界。事實上，散逸層大氣的溫度仍然極高，氣溫由低到高呈現垂直分布狀態。散逸層高溫的原理上與熱成層相同，因為吸收了來自太陽的高能輻射而被加熱。所

以，這一層是地球對外的第一層的保護作用。這一層的特點是整個大氣的密度極低，約和星際空間區別不大。故而這一層是人造衛星或太空飛行器或是太空站等所飛行與繞行地球的一個層面。

地球大氣層的這 5 個層次，各位千萬不要不在意或是小看了它。其實，這在大自然中卻顯現了無以倫比的至高無上的智慧，它用來維護與保護地面上所有一切的生命系統。一般人似乎都不知道這些大氣層的意義，也不會去在意它。事實上，在這地球表面上一層一層綿密的大氣層，它們甚至可以說是保護地球的保護「神」。

大自然首先在地球的最外層以極高的溫度來保護地球，將外來物以這種極高的溫度進行消毒，它可以焚毀所有外來的隕石與物體，避免地球上的生物受到外來細菌或病毒等物體的侵害。各位所看到的流星就是最好的證明。然後再將地球上所有生物所需要的氧氣 (O2) 都沉澱到大地表面，提供所有的生命使用。

要保護地球上人類生命的存在，大氣層是不可或缺的重要因素。地球的大氣層提供了有機體呼吸所需要的氧，同時也提供植物進行光合作用所使用的二氧化碳。不但如此，地球的大氣層保護地表的生物，避免太陽輻射的直接照射，也保護生物的「基因」免於受到太陽紫外線輻射的傷害。地球的大氣層同時也保存了地表上所有的水蒸氣，並讓這些水蒸氣成為雨水而重回地表，並因而保存了地球處於適宜的溫度，而不至於產生極端的高低溫差。以上的這些每一種的機制，不要說是缺乏其中任何的一種機制，而是只要是稍為的有任何一點差錯，則地球上就不會有生命的存在。

地球的鋼鐵盾牌

　　很奇妙的，地球的本身存在著有非常特殊的「地磁」現象，可以說，整個地球的本身就是一塊特大號的磁鐵。有人可能會說，地球具有磁場那又如何？有關於這一點我想必須要先說明的，那就是如果沒有地磁，則地球上就不可能有任何的生命系統存在。正因為我們在太空中受到地球磁場的保護，所以地球上的生命系統才能夠存活下來。「火星」上面整個星球沒有地磁，所以它連水都無法存在，更不要說其他生物的生命了。人們雖然沒有感覺地磁到的存在。但是，它卻正在強力的而默默地在守護著地球，它是地球的鋼鐵守護神。

　　地球上生物能夠長存，也端賴它的屏障的所賜。「地磁」是地球的鋼鐵盾牌，缺少了它，地球上的生命系統將會直接受到來自宇宙射線及太陽風的傷害，它們可以破壞所有生命系統的 DNA，長期下來，當然不可能有生命存活下來。那麼，「地磁」的形體是個什麼樣子呢？簡單的比喻，它就像是一個蘋果的樣子，而南北兩極就像是蘋果的頂部與底部，雖然是凹下去的，但卻是兩個磁極的極點，而地球則正好像是那蘋果的核心之所在，也就是種子所在的最中心之位置。各位想想，這是多麼的神奇啊！

　　「太陽風（solar wind）」是指由太陽射出的超高速帶電粒子流。太陽

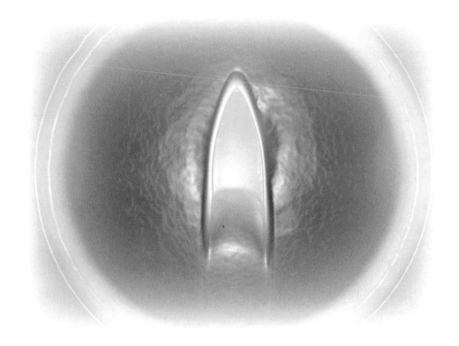

表面的閃焰爆發時會輻射出高能量的質子束和電子束，這其中的帶電粒子所形成的帶電粒子流，其運動的速度極快，會直接的撞擊到地球表面，並傷害地球表面上所有的生命系統。對於太陽所帶來的如此大而滅絕性的天災，地球將會無以為生，不可能有任何的生命系統還能夠存在。然而，這該如何處理？

那就是「地磁」在作用了。它是地球的鋼鐵盾牌，是「地磁」在保護著我們。有了的「地磁」的保護，地球的磁場會使得這些高速衝擊地球的帶電粒子流產生阻隔或偏流現象，因而保護了地球上所有的生命系統。事實上，這些高速衝擊地球的帶電粒子，在磁場中會因磁場的作用而產生偏離與螺旋狀的運動，這種現象尤其是在兩極的電離層上特別明顯，高速的

帶電粒子在磁場中以螺旋狀的運動與大氣中的原子和分子碰撞與摩擦後會釋放它的動量，並因而在天空中產生極為美麗動人的南北「極光」的現象。

那麼，也許有人會問：「如果地球沒有地磁會怎樣呢？」答案則是相當明確的。如果地球沒有地磁，則地球不會有生物。各位不妨看看，我們鄰近的月球，月球是一個完全沒有地磁的星球，故而它的地表不會有水，也沒有空氣，而且由於受到強烈太陽風的侵蝕，會腐蝕地面上的一切，故而月球表面呈現的是一片死寂。再來看看火星，它同樣也是沒有地磁，沒有受到地磁阻擋的太陽風把它表面的水分子全都吹到太空中，所以它的地表上幾乎是沒有水的，最多是在南北兩極兩側太陽風侵蝕不到的地方或許有一點冰雪。

地球何其有幸，受到「鋼鐵盾牌」的保衛，讓所有的生命系統都能活耀的生存著，並得以綿延不絕，這豈止是萬幸，而是在冥冥之中被蓄意安排並保衛著我們。

地球的近身侍衛

　　月球自始以來就一直的環繞著地球旋轉，這是大家都認為天經地義的事。然而，若是稍微深入了解一點的話，就會知道月球的形成，它的本身就是個大奇蹟。對地球而言，它不但像是一位守候在旁的侍者，事實上，更重要的是因為它是不可或缺的。那是因為，月球的引力同時維持著地球對太陽引力的平衡，許多的人們常忽略了這一點，而只知道花前月下是多麼的詩情畫意。月亮對地球的距離則是另一種非常的不可思議的巧合。我們先不必談物理上的現象，就以感覺上來說，如果月球裡的遠一點，它只是一個小圓點，沒什麼太大的意思。如果它距離太近一點，我們又會覺得很有壓迫感。而現在的距離真的是恰到好處，讓我們產生了美妙的詩情畫意的感覺。

　　地球形成的初期，曾經被非常巨大的星體撞擊過，這個撞擊幾乎把地球整個撞碎，也同時撞出去了一大塊。地球在這之後又重新再次凝固，而成為現在的地球。而撞出去的部分於凝固後形成了現在月球。所以，人類的登陸月球並取得月球表面的岩石，進一步的證實了地球與月球是同齡的，所有岩石的成分也完全的相同。也就是 45 億年前同時生成的。這個撞擊把地球撞得粉碎，應該是個天大的悲劇，但是也不知道為什麼，這反而造就了地球後來的生命系統，這真是離奇的難以想像。所以說，這樣

的毀滅，反而是一件天大的幸事，幸運的是，有了那次的撞擊，反而對的球起到了穩定的作用，並使地球的地軸產生了 23.44°的「轉軸傾角 (axial tilt)」，也由於這種的傾斜，造成了地球上有季節性氣候的變化現象，也因而產生的春夏秋冬的四季變化。所以，如果沒有月球，地球的自轉軸不會那麼穩固，也不會有季節性氣候的變化與如此穩定的氣候存在。配合著這麼多複雜與重大的天文事件，真是令人難以描述，如此萬般事件都奇蹟般地加在一起，才造就了今日美麗的地球，為什麼會有如此不可思議而又恰到好處到這些奇蹟，又都發生在一起？

12.9
地球的守護金剛

　　木星是屬於太陽系的外行星，也就是它遠在地球的外側，很少人會注意它的存在，看起來也與我們地球一點關係都沒有。事實不然，大多數人可能都不知道，木星其實是有如「天神」般的在守護著地球。為什麼如此的說呢？木星是太陽系最大的行星，古代的中國就知道它是一顆行星，在漢朝時以其顏色呈現青色，故以「五行」中的「木」正式把它命名為「木星」。其繞行天球一周為 12 年，此與十二個「地支」(子、丑、寅、卯、辰、巳、午、未、申、酉、戌、亥) 相同，故又稱木星為「歲星」，也有「守歲」

的意思。的確，它一年四季都守衛著地球。

　　那麼，我們進一步的要問，木星距離地球那麼遠，它的存在與地球有什麼關係呢？是的，木星是太陽系最大的行星。它的體積是地球的 1321 倍，質量是地球的 318 倍。以如此龐大的體積與質量，其強大的引力作用直接的保護了地球免於遭受許多的彗星與隕石的襲擊。在 1993 年的時候，人類發現了一顆名為舒梅克 (Shoemaker) 體積相當龐大的彗星，以每小時 20 萬公里的高速度對著太陽系而來，它很可能會襲擊地球，而造成毀滅性與滅絕性的災難。但是在最後的時刻，這顆彗星被土星拉過去了，在強大的引力下分裂為 21 個小碎塊，撞向木星的南半球，其中的一塊於撞擊時所造成的疤痕，竟然可以容納 4 個地球之大。想想看，這顆彗星來自宇宙深處極為遙遠的太空，所能見到地球與木星的間隔不到一線之差，然而就在它接近的時候，木星擋了下來。否則若是撞向了地球，那將會是如放煙火一般，在一陣閃光之後，地球就煙消雲散。是木星救了我們。如果沒有了木星這個保護神，則許多小型的天體在進入太陽系的時候，則撞擊地球的機會也會隨之增加許多，這將使得地球產生更多與更重大的撞擊事件，這些重大的撞擊事件將使得地球上的生物產生大滅絕，而在這樣的環境下，地球將會難以孕育出複雜的生命系統。當然，也就不會有屬於人類的我們。地球在太陽系中受到木星這樣的一位大哥的保護，這真是萬幸。

是誰在默默地
貢獻著我們一切？

　　人類是「碳水化合物 (carbohydrate)」所組成的，所謂「碳水化合物」指的是由碳 (C)、氫 (H)、氧 (O) 這三種元素所組合而成的，廣布於大自然的生物界每一個層次。碳水化合物的另一個名稱為「醣類 (carbohydrate)」。事實上，各位可以發現「碳水化合物 (carbohydrate)」與「醣類 (carbohydrate)」它們的英文名稱是完全相同的。以前辨識該分類的分子式可寫成 $Cm(H_2O)n$，凡是符合該的分子式的化學物質，皆可被稱為「碳水化合物」。近代雖有異議，但對一般人而言能懂得碳水化合物之分子式 $Cm(H_2O)n$ 已經是非常不錯了。

　　醣類為人體之重要的營養素，主要分成三大類：單醣、雙醣和多醣。在一般情況下，單醣和雙醣是較小的（低分子量）的碳水化合物。例如，葡萄糖是單醣 ($C_6H_{12}O_6$) 類。而蔗糖和乳糖則是屬於雙醣 ($C_{12}H_{22}O_{11}$) 類。澱粉是由大量葡萄糖單元組成的聚合碳水化合物，是一種多醣類物質。純澱粉 ($C_6H_{12}O_6$) n 是一種白色，無味，無臭的粉末。但是無論如何，只要是碳水化合物就一定含有碳、氫、氧這三個元素，不但人類是由碳水化合物所構成，植物也同樣的是由碳水化合物所構成，這就是為什麼當我們在燃燒木材的時候，燃燒之後它會成為黑色的。那是由於在碳水化合物所構成的

碳 (C)、氫 (H) 與氧 (O) 三種元素中，在焚燒過程中氫 (H) 與氧 (O) 都變成無色氣體而散逸到空中，留下的則是純黑色的碳 (C)。所以，木材在燃燒過後才會是黑色的。事實上，不僅僅是木材，所有的碳水化合物在燃燒過後，剩下的都是黑色的「碳 (C)」就是這個道理。

地球上的生物多是碳水化合物所構成，氫 (H) 與氧 (O) 在大自然中是最充裕的，為什麼這麼說呢？因為地球上有 71% 是水 (H_2O)，而水是所有生物賴以為生的。水就是氫 (H) 與氧 (O) 結合而成的，在地球上相當充裕。那麼這個「碳 (C)」元素呢？它在地球上是從何而來的呢？就這一點而言，宇宙的高智慧所提供的貢獻，就真是令人深自的感佩而難以想像。

由於必須要能夠提供足夠的「碳 (C)」元素給人類使用，那麼「碳」元素又要從哪裡取得呢？事實上，在宇宙中幾乎所有的恆星都是由「氫 (H)」原子所構成，在表面上看起來，「氫 (H)」原子與「碳 (C)」原子一點關係都沒有。然而奇妙的是，「氫」原子在太陽中進行「核子融合 (nuclear fusion)」反應的時候，此時的「氫」原子於融合之後轉化成「氦 (He)」，並釋放極為龐大的能量，這就是我們所見到太陽的光與熱，在「核子融合」後二價的「氦 (He)」當六個融合為一體的時候，三個兩價的原「氦」子則會轉化形成為一個六價的「碳 (C)」元素，並藉助於超新星的爆炸，將「碳」元素散播於宇宙中，最後在我們的太陽系中又另行凝聚而成為另一顆行星的時候，這顆凝聚的行星就是我們生命系統賴以生存的「地球」。當地球在凝聚的過程中，自然也將宇宙中超新星爆炸出來的「碳」元素凝聚了進來，提供給所有碳水化合物的生物使用。當然，這也包含了我們人類在內。

生物體內的碳水化合物中不可或缺的「碳」元素，它的旅程竟然是如此的深遠而偉大，我每想到這裡，總是對造化的神奇大為感歎不已。

在整個太陽系中適合於人類居住的區域非常的小，然而，我們人類真的是非常的幸運，因為地球剛好就落在那個萬幸的「幸運點」上，而這一切均須依靠外在的各種天衣無縫與億萬條件之配合，只要有稍微一點點的微量變化或差異，生命就不可能存在。所以，如果我們真是宇宙中獨一無二的星球。而這整個的安排，在實際上，深深的讓人覺得這整件事情太過於蹊蹺，沒有人可以解釋這背後的力量究竟是如何產生與安排的。事實上，宇宙的本身有著至高無上且不可思議的智慧，也因而才有今天的地球與適合人類生存與存在的神蹟。面對如此精心而完美的設計，也許我們唯一能說的，那就是這一切是出自於「上帝」那無所不能與「創生」的手，而不能只用「僥倖」來解說這一切。

【第 13 章】
不要用人的視野看宇宙

13.1

在那渺邈無盡的深遠中

宇宙難以理解的深遠

它的距離

超越了一切可以想像的思維。

太陽

只是億萬個恆河裡面的

一粒小沙子。

而這以外的盡頭還有著億億萬萬個星球

它們也全都是太陽。

宇宙中的「光」是以全頻譜的方式存在著

而我們

卻只能在那狹小的「可見光」的範圍裏

以極小狹縫

在看著大自然及宇宙。

思維的昇華可以使我們的視野

推向

那無盡虛空的漂浮之中

而在那極限與無盡的時空裡

使我們

超越了人類可以思維的範圍

來到了

那屬於「神格」的第一台階。

13.2

人類的視野是偏見的

　　科學是我與生俱來的興趣，也是我心中的志向，能將一生的心智都投入興趣的工作上，確實是愉悅無比。雖然我的專長多在電機、電子、通訊與光電方面。然而，在這些專長之外，我卻對於天文學有著特殊的喜好，不是為了什麼，而是在於能夠實際深入的了解人類的事實及宇宙的真相。我們的生命是屬於宇宙的，能夠進一步的了解宇宙，則對於生命也必然會有較為深入的領悟與感悟。我們所認知的這個宇宙，是屬於「光」的宇宙。「光」是宇宙的一種極限。事實上，它與「造物者」理論上應有某種程度

的相連關係。

　　人類的視野是偏見的，光的本身是電磁波，人類肉眼可以見到「光」的電磁波之波長範圍是自 370 奈米 (nm) 的「紫色」光至 780 奈米 (nm) 的「紅色」光，可見光的範圍僅僅寬約 410 奈米的範圍。比 370 奈米電磁波長還要短的是「紫外線」，非我們肉眼可見，波長更短有「X 射線」，而 X 射線的波長約在 0.1 奈米，這麼短的波長可以輕易的穿透人體，故在醫學上最常被使用檢驗人體。至於如 α 射線（α 粒子）、β 射線（β 粒子）、中子與 γ 射線等，它們的波長更是短得不得了，而成為「游離輻射」的射線，這種輻射線擁有非常、非常高的能量，甚至可以把原子游離，故也有人將它稱為「原子輻射線」。至於比「紅光」的 780 奈米波長還要長的則是「紅外線」，也非我們肉眼所見。但是，許多動物如貓狗等，牠們的視覺可以達到「近紅外線 (780nm-900nm)」的領域，故而牠們可以在夜間出來走動與獵食，而人類則完全沒有這種能力。

　　「光波（電磁波）」在波長方面有一個特色，那就是在光波中，波長越短也就是頻率愈高的能量就愈大，穿透力也越強。所以，在海邊的紫外線可以穿透我們的皮膚表面，殺死表面皮膚細胞，讓我們脫一層皮。而比紫外線波長更短的則是 X 射線，它可以輕易的穿透一般的非金屬物件。至於原子輻射線則是人人聞之色變，除了極少數的金屬可以隔離之外，它幾乎可以輕易的穿透任何東西。當這些射線穿透我們身體的時候，也同時的穿透了我們的細胞核，並打斷了我們的 DNA 基因鏈，造成細胞的死亡或病變。所以，避免這些高能量的輻射是絕對必須的。

人類的眼睛在自然中的視界其實是非常狹小的，自藍色的 370 奈米至紅色的 780 奈米這個範圍，這中間只有 410 奈米的寬度，在這波長寬度之外的「光」都不是人類可以看得到的。喜歡音樂的朋友都知道「愛樂電台」它的載波頻率是 99.7MHz，換算成波長的約是 3 公尺長。這對於我們眼睛可見的波長範圍大得多 了，所以我們當然是看不到電台廣播的無線電波。

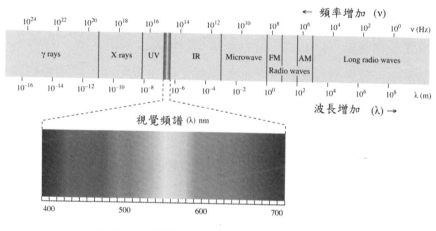

圖 13.1　視覺頻譜僅是電磁波頻譜中的一小部分。

在整個宇宙電磁波頻譜中 [13.1]，頻率與波長具有倒數的關係，所以波長越長的則頻率越低。相反的，波長越短的則頻率越高。在圖 13.1 中我們所見到的波長可以從約為數千萬公尺 (10^8) 開始，然後頻率一路增加，而波長則一直縮小，到了 10^{-16} 次方遠遠的小於奈米級 (10^{-9}) 的了。在圖中可見，人類的視覺頻譜 (Visible spectrum) 為了便於記憶，其波長範圍大致上說來是在 400 奈米 (nm) 到 700 奈米 (nm) 範圍之間。各位如果仔細的看這張圖，我們就可以深切的體會人類的眼睛可見光的範圍中，就在整個電磁波頻譜範圍來看，所佔的部分其實真的是很小的一小部分而已，也就是

說，在這宇宙中絕大部分的電磁波頻譜是我們人類無法用肉眼可看到的[13.1]。

由於，我們人類所能夠看見宇宙中所存在的時空範圍實在是太小了，也太窄了。雖是如此，即使是我們肉眼所看到的，也並不代表它是真實的。這正如所謂的「色即是空」的道理。而肉眼所看「不到」的，卻是佔有絕大部分的領域。當然，這不代表它們的不存在。如果把話反過來說，我們的視覺範圍若是可以涵蓋到紅外線這部分的話，則我們就可以看到紅外線的宇宙或世界是個什麼樣子？而如果我們的視覺範圍可以涵蓋到紫外線的話，於是我們就可以看到這個宇宙在紫外線的範圍又是個什麼樣子？所以說，人類在這個宇宙中用肉眼所看到的宇宙，只是真實的宇宙中的一絕小點而已，而絕大部分的宇宙都不是我們肉眼所看得到的。這也就是說：

「我們不要用人類的視界來看這個宇宙」。

我們肉眼的視界所看到的「頻譜」也只是宇宙只是真實的宇宙中的一個很小的部分。這同時也告訴我們，人類目前的知覺範圍，同樣的也只是宇宙中的極微小的一個部分而已。正如同是我們所認知與堅持的一切，在真實的無際的宇宙中則是微不足道的。而事實上，整個大宇宙它真實的面目與真相，卻未必就是如此。各位如果仔細的去體驗圖 13.1 這個圖，就可以深切的感受到在整個大宇宙中，我們所屬的範圍真的是只是其中的很小的一小部份而已。所以說，人類真的是不可以用自己的視界來看及思考宇宙中的一切。

不可以全然相信我們的眼睛

　　有一句很有名的話叫做「色即是空」的，它可能是《心經》裡面最有名的一句話。這句話事實上是具有很深的哲理與真理性。這個「色」不是女色，而是萬事萬物的意思。只可惜很多人不明真諦，在俗世之間逐漸變成了一句口頭禪。如果要真確的談「色即是空」的真實道理，就要回到真實世界的《物理學》上面的意義。就知識上而言，「色即是空」的現象則是理所當然的事。希望各位必須瞭解這其中的真道理所在，並立足於科學的基石上，而不是僅僅在沿襲於口頭禪或是口舌巧奪而已。

　　為了便於解說上的方便，我們就從大家都非常喜愛的紅寶石說起好了，紅寶石看起來的確是非常的鮮艷亮麗。但是，事實上，我們所看到的那個「紅」色，實際上是不存在的。在《光學》的理論上來說，這個「紅色」並不是這顆紅寶石的真正「本質」。因為，我們人類所看到的紅色是靠光線的反射，經由這個反射光線進入我們眼睛中視網膜的感光細胞，再經視神經傳入到大腦的視覺中樞，於是在我們的視覺中樞被解讀而形成了被我們所謂的「看見」了。所以，這一切的「看見」其實都是在我們的腦子裡形成的。對於「顏色」來說，很多人可能不知道：

　　「光」的真正本質是沒有顏色的。因為「光波」是電磁波，而電磁波是沒有顏色的。所以，「光」當然也是沒有顏色的。

「光」是電磁波的這個道理，在一百五十年前，英國物理學家，也是《電磁學（Electromagnetism）》與《電動力學（electrodynamics）》的創始者，馬克士威爾（James Clerk Maxwell，1831-1879 年）在 1865 年就以四個《馬克士威爾方程式（Maxwell's equations）》證明了「光」是電磁波。而「可見光」也只是電磁波頻譜的一小部分而已。他更以數學模式證明了「光」的速度就是「電磁波」的速度。而「光波」的本質則是由「電場」與「磁場」所構成的一種波動。所以，我想各位應當明瞭，既然「光」是一種「電磁波」，那麼要問，電磁波它那來的什麼顏色呢？當然，電磁波的本質是沒有任何顏色的。

　　但是，我們明明的看到紅寶石是有紅色存在的啊！為什麼硬要說它是沒有顏色呢？是的，我們看到的是「可見光」。而電磁波是具有能量的，不同的電磁波的波長具有不同的能量，這些不同的能量進入我們的腦子裏，在我們的腦子裏由於腦細胞接受到的光波長之不同，其能量也不同，於是，就會在我們的腦子裡「感應」出一種「虛擬」的「對應彩色」來。簡單的說，顏色是我們的腦子裏呈現的「虛擬」影像，完全不是物質的真實本體，是我們腦子裏在對應不同的電磁波能量時所呈現的「虛擬色彩」。它不是物質真實的本性，也不是物質的本體，更不是物質的真實面目。所以，「色即是空」，這在物理學上的觀念而言，的確是一種高見。

　　幾乎所有的動物都有視覺，如牛、羊、馬、狗、貓等等，但是，牠們卻都是色盲，牠們對於某些色彩的感知很薄弱或是根本無法感知某些色彩。在牠們的眼睛裏，大多只能認知小部分的色彩與許多的「灰階 (Gray

Level)」所構成的影像。最被人類寵愛的狗，事實上，牠們是不太能分辨顏色的，牠們所看到的景物是一些弱色與一連串的灰階。狗追捕獵物的時候除了靠腿之外，最主要靠得是牠的嗅覺和聽覺，而不像人類多是依賴視覺。但是，我們也不可以因而小看牠們，狗不需要看到「花」的五彩繽紛，因為，「花」跟牠一點關係也沒有，狗不吃「花」，所以「花」的色彩對牠是沒有意義的。但是，狗的視覺神經的敏感程度高過人類甚多，因為牠的視神經延伸到了紅外線的領域，紅外線的波長比紅色光還要長，故而紅外線的能量要比紅色光還要來得小得多，對人類而言，我們的腦視覺神經已經無法感測到如此低的能量，所以人類看不到紅外線波長的世界，然而狗卻可以清楚的看到紅外線的世界，在夜間牠可以看到任何有體溫的東西。所以，牠們可以進行夜間獵食，跑起來能如履平地而翻山越嶺，這對我們人類而言則是寸步難行的。由此可知，我們所看到這宇宙中所有的色彩，全是我們人類在腦子裡面所呈現的「虛擬」的景象，完全不是物體的真實本體與現象。所以說，我們不可以用眼睛來判斷這個宇宙。

13.4 把視野放在心靈上面

從上一節的談話中我們可以知道，我們人類的視野絕不應該僅僅被限制在那兩隻眼睛上面。其實，看東西有另外一種非常重要的看法，那就是用「心靈」去看事與物。用心靈去感受時間與空間及一切的事與物，那才是我們真正的生命。光陰的流逝，使萬事與萬物都在快速的變遷中。對於時光流逝的感懷，古人留下了很多詩句。現在，就讓我們回到唐朝的那個時代。首先，我們就看到唐朝時期最有名的詩人李白 (701-762)，他在「登金陵鳳凰臺詩」對於時光的流逝是這樣的心情是這樣的：

鳳凰台上鳳凰游， 鳳去台空江自流。

吳宮花草埋幽徑， 晉代衣冠成古丘。

三台半落青山外， 二水中分白鷺洲。

總為浮雲能蔽日， 長安不見使人愁。

在第一句話裏的「鳳去台空」講的是鳳凰已經飛走了，而鳳凰台也已經沒有鳳凰了，留下這座空臺，獨自的伴著江水不停空自的流逝。事實上，這裡的「鳳凰」並不是真的在講那種鳥類的鳳凰，他真正所指的是我們的生命。我們的生命曾經在這個世界上出現過，但會很快的就會隨著時光流逝，他用「愁」自來作為詩句的結尾，這是文人多愁善感的風格。

再來看一首唐詩，也是人人都能夠朗朗上口的，那就是唐朝的詩人「崔顥

(704-754)」所寫的《黃鶴樓》：

> 昔人已乘黃鶴去，此地空餘黃鶴樓。
>
> 黃鶴一去不復返，白雲千載空悠悠。
>
> 晴川歷歷漢陽樹，芳草萋萋鸚鵡洲。
>
> 日暮鄉關何處是，煙波江上使人愁。

這第一句的意思就是在說，傳說中的仙人已經乘著黃鶴離去，而在此地只是「徒然」留下了一棟黃鶴樓。其實，仔細品味就可以感覺得出來，他並不是在講神仙的問題，而是同樣的在感嘆我們的生命一去不復返，江山雖是依舊但人事已經全非，在那暮靄蒼茫的無際之中，面對著長江無盡的蜿蜒，江水煙嵐，仰望白雲千里，那亙古常存的時空不知從何而來，但卻又不知從何而去。人生的短暫與那無常且濃得化不開的愁緒，而生命之無所依歸，飄搖而不知所終，日子在遙不可知的未來，最後還是落得一個「愁」字。對於生命的悵惘、迷離與感傷，古人與我們的感懷是相同的，生命是無可替代的，也是宇宙億萬年的奇蹟，能夠好好的把握與珍惜現在的自我，才是真正的不愧對自己。

崔顥（顥音浩）這個人我是很欣賞的，他的詩詞寫得非常的好，可惜的是他的名氣沒有李白來得大，而且知道他的人也不多，這是無可奈何的事。我總覺得他的詩詞在意境上寫得比李白還要好，這一點不是我說的。事實上，連李白都非常的妒忌他。當崔顥寫下了「黃鶴樓」這首詩後，人們都競相朗讀傳誦。有一天李白親自來到了黃鶴樓，當他看到了崔顥所寫的「黃鶴樓」這首詩之後，按照他往日的習慣，他也總要題一兩句詩詞在

旁邊。但是，這次他沒有，並不是沒有時間，而是記恨在心上。有一天，他來到名叫「鸚鵡洲」的這個地方，於是他也仿崔顥「黃鶴樓」的這首詩，也寫下一首〈鸚鵡洲〉的詩，想與崔顥比較一下，各位看看：

鸚鵡來過吳江水，江上洲傳鸚鵡名。
鸚鵡西飛隴山去，芳洲之樹何青青。
烟開蘭葉香風暖，岸夾桃花錦浪生。
遷客此時徒極目，長洲孤月向誰明。

這首詩是他模仿崔灝的黃鶴樓詩而作，在《黃鶴樓》那首詩的前三句都有「黃鶴」這兩個字，而他的這首詩裡面也同樣的是在前三句都有「鸚鵡」這兩個字。當然，這首詩傳誦的人不多，而李白自己也覺得寫得不如崔顥好，十分的懊惱。於是他便怒氣沖沖地回到黃鶴樓上，寫下了一首酸溜溜的打油詩，這才成為千古佳話：

一拳擊碎黃鶴樓，兩腳踢翻鸚鵡洲。
眼前有景道不得，崔顥題詩在上頭。

想想真覺得好笑，古人也同樣的有情緒上的問題，我的詩詞不如你，於是我就拳打腳踢的用「打」的跟你比拚一下。

當我們在說視野的時候，請不要忘記除了眼睛之外還有心靈上的視野。心靈上的視野才能真正的使我們的眼界開闊。心靈上的視野也使我們心胸開闊，而進入那宇宙自然的無邊無際。請記住：

我們的心有多寬則視野就有多大。

宇宙的大小雖然是屬於「物理」的問題。但是，我們是「人」而不是「物」。

不可以全然的用「物理」來框限我們的生命，
而「靈性」的視野才是身為人類最珍貴的天賦。

我深深地相信，宇宙並不全然是屬於純「物理」的，在純「物性」之外，人類必然還有一個最重要的「靈性」存在。畢竟我們是地球上智慧最高的生物。因此，這個「靈性」才是這一切真正的最關鍵。否則，我們與它「物」何異？

13.5

鬼神莫測的雙狹縫實驗

美國理論物理學家，量子電動力學創始人之一，奈米技術之父。量子力學的鼻祖費曼（Richard Phillips Feynman，1918-1988）曾說：「楊氏雙狹縫干涉實驗是量子力學的心臟，它包括了量子力學最深刻的奧秘」。楊氏雙狹縫實驗比量子論的歷史還要早上 100 年。雙狹縫實驗最早是英國物理學

家楊氏（Thomas Young）於 1803 年在英國皇家學會發表他的研究，整個實驗的過程非常的簡單：

「把一束光線射向劃出的兩道狹縫的硬紙板，在穿過狹縫的光線則會在後面的屏幕上形成明暗相間的干涉條紋圖案。」

這是很明顯的干涉現象所形成的結果。如果依據牛頓所說的光是由粒子組成，那麼穿過狹縫的粒子落在屏幕上的位置就不可能形成明暗相間的條紋。電磁學的創始者馬克士威爾（James Clerk Maxwell，1831-1879），在 1864 年發表馬克士威爾電磁方程組，確認「光」就是電磁波，這使得楊氏的實驗與理論至此無可懈可擊。

但是二十世紀初，愛因斯坦發表了光電效應（Photoelectric Effect）並獲得 1921 年諾貝爾物理學獎。至此，光顯現的也是粒子狀態！而形成了「波粒二元性（wave-particle duality）」。事實上，波動與粒子是彼此不相容的。電磁波是一種波動，但是它完全沒有粒子的存在性。而粒子就不能是「波」的狀態。「聲音」是一種「波動」，聲波的傳播速度約每秒 350 公尺，但並不代表空氣每秒鐘 350 公尺的速度在移動。「波動」與「粒子」是彼此不相容的。但「光子」與「電子」的狀態卻可以同時存在於這兩種狀態，這是人類所難以思考的不可思議。

量子絕對是有靈性的

　　這還不是最奇特的。在 1909 年的時候，英國物理學家泰勒爵士（Geoffrey I. Taylor）重作楊氏的雙狹縫實驗的時候，他將光源改成一次只能發射一個光子，這應該肯定就不會有干涉的現象了吧！這樣子一顆而後再一顆逐步的發射，絕對不可能會再有干涉的現象發生了。但是事實不然，實驗的結果卻仍然出現了相同的干涉現象。這簡直是要讓人發瘋了。於是我們就要問：

1. 它們是一顆、一顆逐步的發射，前後不同時間。那麼，如何會出現干涉條紋呢？這每一個電子前後不一是跟誰在干涉的呢？

2. 每一個電子難道都有「認知」能力嗎？否則如何會知道自己應該落在何處？

3. 每一個電子都有「感應」能力嗎？能夠感應別的電子而出現干涉條紋嗎？

　　沒有人可以解釋與回答這些問題，它完全不符合人類的邏輯觀念。這一切都超越了人類可以想像的思維。唯一可以解釋的，那就是它們可能真的是具有某種不可思議的「靈性」。

　　這麼久遠而又簡單的一個「雙狹縫實驗」的結果，卻讓全人類都傻了眼，簡直沒有辦法可以思考它的道理，那太神奇了，也太不可思議了。除

了上述的「光子」在通過狹縫時究竟是如何由「粒子」的本質轉換成「波動」的現象，人類完全無法想像。但是，科學家們不會放棄的。當然也就會想到使用許多的偵測器、監視器與攝影器材等等，來進一步的仔細觀察「光子」究竟是如何在「粒子」與「波動」中相互轉換的。若是能詳細的偵測到每一個步驟的細節，則必然對於整個現象會有關鍵性的突破與認知。但是，再次的，我又想起了我常說的那一句話：

「不可以用螞蟻的思維，來想像大宇宙的智慧。」

當我們設下各式各樣的監視器想要觀察或監視「光子」在經過雙狹縫時候的行為，則不可思議的事情再次的發生了。這個時候「光子」在通過雙狹縫的過程中，干涉現象會立刻的消失，也就是不再有干涉的條紋出現了。甚至於人類用單純的肉眼想去觀察其過程都不可以，它都不再出現干涉的現象。這種種的現象，簡直神奇到了極點。「光子」是如何知道有人在偷看或是偷偷地測量呢？這怎麼可能呢？但事實就是如此，時至今日，人類仍然還是沒有任何的辦法可以探知「光子」究竟是如何在「粒子」與「波動」之間相互轉換的。宇宙的神奇先不必去說它，連小小的「光子」和「電子」的行為都神奇到非人類的智慧可以思考。

我總覺得「基本粒子」是有「靈」的，它們必然是有靈性的。這個世界上排名第一的實驗也就真的是在告訴我們，這個宇宙的本質只有創生的「上帝」才能真正的知曉那些超越人類智慧的事情。人類是被「創生者」所創生的，對於「上帝」的智慧我們只是有如螞蟻一般。事實上，我們真正需要的不是「上帝」的智慧，而是需要好好的先從認識自己開始。

「次波長」的研究

　　仲夏之夜，輕風徐徐，院子裡的樹木迎風擺動，我在地上舖了一張蓆子並躺了下來，仰望著淡藍色的星空銀河，眾星點點，銀河蕩漾，思緒隨風飄至不知盡頭的遠空。這一直是我童年的夢幻歲月，也常在夢中飛如入星際，進入那無盡之處而又星光點點的星際萬象之中，有的在遠處閃亮著，有的在近處飛逝而過。我感覺到的是在這億萬的光點之中漂浮著，也同時感覺得到每一個光點也是一顆恆星在身邊圍繞著而消逝。

　　成長後的求學的日子，對於宇宙的興趣不減。因此，為了想要能更深入的感知與瞭解宇宙的各種特徵與在特殊情況下的現象，於是我開始進入「次波長」的研究領域。當時我的指導教授是張明文教授，他是台灣第一位獲得美國光學領域的光學博士。經張明文教授熱心的推介，認識了剛從美國回來的劉華光教授做為我的共同指導教授，進行「次波長」各項相關領域的研究。劉華光教授是台灣大學電機研究所特聘回來的電機研究所博士班的指導教授，這次他特地從美國的太空總署 (NASA) 回來任教，能夠有幸在這兩位名師的指導下研究、交談與實驗，是我一生中最幸運的事了。

　　我們人類看東西是由可見光透過眼睛的聚焦再傳給大腦的視神經，

那麼我們究竟可以看到物體最小的的極限是多少呢？答案是：正常的眼睛在距離物體 25cm 的明視距離處，可以分辨相距 100 微米 (micrometer. μ m) 的兩個物體，也就是 0.1 毫米 (millimeter.mm) 的大小。若以實際的物品而言，100 微米的大小約為我們一般毛髮的直徑大小。我們可見光波的平均值中間的波長約為 500 奈米的黃色光源。所以，這 100 微米大小的物件會是等於多少個 500 奈米黃色光源的波長呢？答案是 200 個。也就是說，我們可以視覺極限的 100 微米像頭髮斷面一般大小的黃色光點，實際上是具有 200 個 500 奈米的光波的集束。所以說，在我們肉眼可見的巨觀世界裏，所能看到的每一樣物件，投射於其上光波的數量都是相當龐大的。這許多的光波都有長短不一與各自許多不同的波長，這是人類在肉眼上所見到的視野，也是肉眼所能見到的宇宙。那麼，如果要問：

「小於一個光波之波長的宇宙會是如何的呢？」

這就是「次波長 (subwavelength)」的領域了。

當時研究「次波長」這個領域的人很少，而可以參考文獻就更少了，也就是說在世界上研究這個領域的人真的是不多，甚至於連討論的對象都沒有，是相當孤獨的。而這種研究最困難的地方則是不知該如何著手，這才是個大問題。沒有任何的數學模式可以遵行或是用來運算，那要如何開始？於是想起了《電磁學》的祖師爺馬克士威爾（James Clerk Maxwell）的《馬克士威爾方程式（Maxwell's equations）》，這是最根本的方程式，這個方程式貢獻了全人類 150 年，讓人類有了今日的光學、電學與各類通訊方面的成就。就以這個方程式作為我的開始，只要設定四維時間與空間

的電場函數 E(x,y,z,t) 與四維時間與空間的磁場函數 B(x,y,z,t)，再依《馬克士威爾方程式》進行次波長的狀態積分，經由電腦高速計算與連續長時間的積分運算之後，再來觀察它的現象與結果是如何？這將會是一個很有趣的問題。

　　一直的，我印象非常的深刻，每一次要將參數輸入電腦中並開始執行之前，我一定要再三再四的詳細的檢查每一個輸入的參數是否正確，直到確認無誤才開始。因為，每一次跑電腦一跑就是五天或是一個禮拜才會有答案，我不能因為一個參數的失誤，等到一個禮拜結果出來了，才發現有錯誤，那就太浪費時間了。為了能夠取得各相關系列的成果，所以，我用了兩台伺服機同時在跑。就這樣日以繼夜的一年後，有了初步的結果。我發現它有特殊極微的聚焦能力，我希望這樣的結果能夠對人類在實用上，例如在半導體製程與光波的聚焦方面等方面能有所貢獻，尤其是在次波長的聚焦方面，它的焦點可以達到 0.1 奈米 (nm) 之小。我並在這個問題上獲得了兩個國家「發明」專利：

1. 次波長奈米楔形狹縫結構之近場聚焦裝置。（發明證書 I-268365）
2. 次波長奈米拋物線型狹縫結構之近場聚焦裝置。（發明證書 I-283760）

超越最高神秘的黑暗宇宙

在這寧靜深黑的夜空下，事實上，還隱藏著太多的是我們人類肉眼所完全無法看得到的宇宙時空。我們雖然沒有任何的感覺，但是，它們卻是令人驚心動魄的！真正的「整個」宇宙並不是我們所存在的這個宇宙，也不是所想像的這個宇宙，更不是我們的肉眼所看到的宇宙。我們實在是很難相信，我們所認知的這個宇宙，其實只是「真正」宇宙中的一個很小的部分而已。那麼，在我們所認知的這個宇宙之外，是不是還另外有更大的宇宙存在呢？答案是肯定的。也就是說，除了我們所認知的這個宇宙之外，還有更大的宇宙是我們人類完全一無所知的。而我們現今的這個宇宙卻只是整個宇宙中的一小部分而已，絕大部分是屬於「黑暗宇宙 (Dark Universe Observatory)」。令人驚嚇的是，我們人類所能夠認知的這個宇宙，在實質上只佔有整個宇宙的 4% 而已，其他的 96% 是我們完全無法認知，也完全不知道它究竟是什麼的宇宙。所以，就給它起了一個名字，稱之為黑暗宇宙 (Dark Universe) 的。這不是指一部電影的名稱，或是一部小說的名稱，而是指宇宙中的一個真實現象。「黑暗」這兩的字在這裡並不代表它是「黑」色的意思，而是我們完全不知道它究竟是什麼？重點是它不會對於我們所有任何的觀察方式做出反應，當然它也對於「光」完全沒有反應，所以在「光」的宇宙裡當然看不到它的。

直到現在為止，我們人類非常確定的宇宙是由四種原力（fundamental interactions,）所組成，那就是宇宙是由電磁力、重力、強力與弱力這四種力量所組成的。 無論在任何的時空裡，這四種力量都必然存在。但是在「黑暗宇宙」中，首先就排除我們所認知的電磁力，也因此我們人類就沒有辦法用電磁波也就是「光」來看它們。所以，它們在「光」的宇宙中完全不存在，這簡直是匪夷所思。

美國太空總署(NASA)現正在進行在「黑暗宇宙」觀測計畫（Dark Universe Observatory.DUO ）簡稱 DUO 計劃，目的是找尋黑暗物質與黑暗能量的有關證據。「黑暗宇宙」中的「黑暗」這兩個字是代表我們人類對它是完全的一無所知。我們即看不到它，也不知道它是什麼？不知道它的「質」與「能」的關係？甚至我們不知道它們在哪裡？也沒有任何的現代科學儀器可以觀測到它的存在與相關事物。由於，它對「光」及「電磁波」完全沒有任何的反應。目前人類只能通過重力所產生的效應得知宇宙中有特別大量而不明的物質與能量的存在。

這些完全不與「光」反應的「物質」，它的本身完全不發光，而且以任何光線照射它們，它也沒有任何的反應，也就是說，它跟光完全不發生作用。科學上稱它們為「黑暗物質(Dark Matter)」，它佔有整個宇宙的27%，也就是說在「光」的宇宙中它們不存在。另外一種就更奇怪了。它們在宇宙中存在著有非常龐大的能量，它們甚至於超過了所有的萬有引力的現象。事實上，它們與引力的現象剛好相反，甚至將整個宇宙向外推開來，使整個宇宙膨脹變大。它與人類所認知的萬有引力卻完全的相反但

是。所以，那些人類完全無法測知的能量，則又稱之為「黑暗能量 (Dark Energy)」，它佔有整個宇宙的 69%。也就是說，包含「黑暗物質」與「黑暗能量」就佔了整個宇宙的 96%，而我們的「光宇宙」僅占整個宇宙的 4% 而已。如此看來，我們的這個宇宙，也就是所謂的「光宇宙」或是「粒子宇宙」，它也只是整個宇宙的中的一小部分。而我們的「銀河系」又是這個宇宙裡面所有星系中的恆河沙數中的一顆沙子，再說到我們的太陽系，則又是整個銀河系中的一顆沙子裡的沙子，而如果再論及我們人類，則是一粒沙子上的微生物而已，至於我們每一個人，那就形容不下去了。只能說我們每一個人在宇宙中就真的是微小到不足形容了。

許多人總是在說「人定勝天」，其實，宇宙深遠是絕對不可思議的。那麼我們如此微不足道的人類，是不是就真的是「微不足道」了呢？那倒也未必。至少，我們能夠自在地活著，用「心靈」去感受宇宙的無邊無際，不也是在虛幻中的真實嗎？我們能夠真實而自我安適的活出一片天，就能不負此生。至於那無邊無際無法想像的真實宇宙，與那些人類完全無法想像也無法解釋的事情，那究竟是怎麼一回事？那遠遠的超過人類可以思考的範圍，也許那真的是屬於「上帝」的智慧。

[13.1] https://en.wikipedia.org/wiki/Electromagnetic_radiation

【第 14 章】
來自於造物者的形影

14.1
生命是造物者的形影

如果說在這個世界之外，也就是太陽系之外，還另外有一個世界也有其他的生命的系統，相信大家都不會太反對這樣的說法。但是如果我說在更大範圍的宇宙中或是某些特殊的

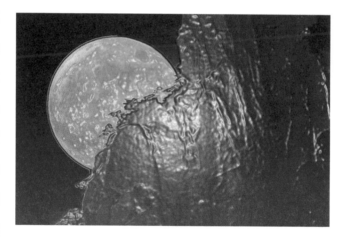

「時空」裏，存在著極為特殊而不是我們現代人類可以思考的文明與生命系統，相信各位同樣的也不會太反對這樣的說法。畢竟宇宙是太大了，而人類的文明畢竟還是太淺了。所以，在這個世界之外，當然有可能另外存在著具有無上智慧與能力的「創造者」或「上帝」或「神」的存在。的確，這應該是合理的推論或推斷。宇宙中有太多的事情是超越我們的知識與科

學的範圍，但如果以較為嚴格的邏輯理論來推斷，反而可以證實，具有這樣的思維與想法才是真正合理的認知的理論與邏輯。

人類這個物種在地球上的出現，是一直到目前為止都無法解開的最大謎團，不但如此，而且也是地球上，最具有智能與歷史斷層的「物種」。沒有任何一個人可以知道，我們人類究竟是從哪裡來的？當一切都無法追尋的時候，那麼我們就應該先從人類的歷史看起。因為，那才是實實在在的證據。但是，在追溯人類歷史的時候，那就更無言以對了。因為，根據所有的遺留下來的任何記載或物證，證明全世界人類真正的歷史與紀錄都沒有超過五千年的。也就是說，人類在五千年前這個時段突然產生了文明而有了歷史。

近年來經過非常多的科學家努力的在模擬地球生命起始的各項條件，包括各種元素、溫度、空氣、壓力、水分、閃電、磁場等等，希望可以將相關的化學分子合成「氨基酸 (Amino acids)」。但是，直到今日，人類仍完全無法製造有具有「生命」能力的最基本的有機分子，也就是氨基酸、蛋白質及染色體或 DNA 等等。當然，那就更不可能形成地球上任何一種生命型態的細胞，即使是最原始的生命型態都不可能。也就是人類到現在為止，完全沒有辦法在任何的架設條件之下製造或產生一個最基本的有機分子，那麼在地球上嚴苛的環境之下，日曬雨淋，與那無所不在的細菌的侵害，各種動物的吞食等等，那如何能夠產生一個單細胞。至此，科學家們也不得不承認與懷疑，人類的「生命」不可能是在自然的條件下而生成的，我們的「生命」應該是被「創造」出來的。

進化論需有天梯理論與事實

在「進化論」中，所有一切生物的進化都是一點一滴的極細微的進行。就有如我們在爬一座通天的摩天大樓一般，生物都必須是由底層開始，而後再一層、一層的，盡一切力量努力的向上一層爬上去，整個演化的過程是綿延的，是沒有間斷的，經由「天梯」爬向最高的「無盡」頂樓。這就是進化中的「天梯理論」。爬不上去的物種，就必須停留在原地，而爬上一階的，就會進化那麼一點點。每一個階梯可能都要花一百萬年或一千萬年，也許是更久的時間也說不定。想想看，如果一生的時間不夠長，那麼一整個人類的歷史來看，也絕對看不到有任何的生物產生了什麼樣的變化。古人與現代人沒有人可以說得出究竟有什麼不同？同樣的，各位從出生到現在，可曾看過什麼生物有任何的進化現象？是的，短時間是絕對看不出來的，它需要很長的時間而且還不一定能進化的上去。地球上曾經產生過五次的大滅絕 (mass extinction)，也就是「生物集體滅絕」事件，每一次都有接近 90% 的生物集體滅絕，最近的一次是 6 千 5 百萬年前，恐龍的全面性滅絕就是一個最好的證據，而人類脆弱的身體憑什麼卻可以存活了下來？而且還在很短的時間裡面興旺了起來，這在邏輯上似乎是不合理也不通，更奇特的是在地球上，從來也沒有發現過任何超過五千年前現代人類的化石。也沒有任何的證據顯示現代的人會比古人聰明。各位如果去看看埃及的古夫金字塔 (Khufu。公元前 2560 年)，以及鄰近旁邊的兩

個金字塔，分別是 (Khafre) 金字塔與 (Menkaure) 金字塔，當我第一次在看到它們的時候，我幾乎驚呆了而半天說不出話來。我的驚訝並不是在於金字塔的工程有浩大，因為那只要有人力、有時間就可以做得出來，而真正讓我驚訝並感覺到不可思議的是每一個金字塔它所坐落的方位。如果各位到衛星圖中，找到古夫金字塔，並打開經緯度顯示標線的時候，就會發現每一個金字塔的底部與我們現在地球上標示的經緯度完全一致。而如果再將它拉近一點放大看，竟然是一度一毫一厘都沒有偏差而是完完全全的吻合。所以我要問：

人類如何在四千五百多年前，就已經精準的測得地球自轉的「地軸」了？如果沒有外力，他們是如何知道的？

他們除了可以確認地球的經緯度之外，並將金字塔安置在完全吻合「地軸」的經緯度上，是「誰」教他們的？即使是現代的人類也很少有人能知道「地軸」的存在，更不要說地球是一個球體，他不符合「幾何學」的定律與原理。四千五百多年前的古人能解析地球的「立體幾何學」，真不可思議。

舉一個簡單的例子做為說明好了。我們都知道任何三角形的三個內角相加的總和一定是 180 度，沒有任何三角形可以例外。但是有一個狀況，我把它說出來，大家不妨去想想看那是什麼道理？題目是：

「如果有一個人開飛機沿著地球的赤道然後轉 90 度而垂直的向上一直的飛，最後他一定會飛到北極這個原「點」，然後他在原點再旋轉 90 度，

垂直的往南一直的飛下去，最後他會回到赤道這條線上。那麼各位仔細的測量一下，像他這樣的一圈飛了下來，他總共歷經了幾個角度？」

答案是他總共經歷了三個角度，但是，每一個角度都是 90 度，三個 90 度的總和是 270 度，而不再是「平面三角學」的 180 度。

舉出上面的這個例子，可以讓我就知道「立體幾何學」與「平面幾何學」是完全不同的兩門學問。但是，遠在四千五百多年前的古人能以如此精準的量測出地球的「立體幾何學」，並量測得到「地軸」的經緯度，並已經清楚的知道該如何應用了，並永垂不朽的配合著地球的經緯度而建築那偉大的金字塔，這究竟是「誰」教他們的？

是的，就我們人類而言，無論是身體結構或心靈的思維，如果我們真能認真而仔細並深入的探討與研究的話，就會發現所有的有關於我們身體的一切系統、組織、器官及運作等等，都可以說都達到圓滿的極致。也許有人會說：我們人類會死亡，那不就是一種遺憾或缺陷嗎？事實不然：

「死亡是宇宙最高的智慧，也宇宙最大的恩典。」

因為，還有世世代代的新生需要永續下去，而我們不可以，也不應該一直的佔著位置不讓。我們的「身體」是如此的複雜而又可以如此完美的在運作，我們的「生命」的確是不可思議而又可以如此完美的在展現，這使我們真的是不得不感慨，也不得不承認，這一切除了是「上帝」親手「創生」的之外，幾乎沒有其他的可能性存在。所以，我始終認為我們的身體，就是依照「創生者」或「上帝」的形體而被創造出來了。我必須要強調的，

我並不是一個基督徒，我只是一個學者或是科學家而已，但面對著這些無數的不可思議事實，我感覺到那唯一可以思考的途徑，就是來自於「創生者」或是來自於「上帝」的設計與創生。

14.3

依「上帝」的身影但非內涵

　　一部汽車需要經過許許多多的零件與組件，然後再經過外界的加工與製造才能完成。而且每一個「元件」則都要經過人類的工程師們精心的設計與反覆的測試，都確認成功之後，然後再開始實施各「元件」與「組件」的逐步製造。各「元件」的分工製造完成之後，再經過逐一而詳細的組裝，才能成為一個「組件」。一般汽車的引擎有上萬個元件，沒有一個元件可以有絲毫的瑕疵，它必須是完美的通過檢驗。所以我們可以很大聲的說，我們人類就是汽車的創造者。

　　然而，若再回過頭來看看我們自己，我們的身體比汽車複雜的太多、太多了。再仔細的想想。我們人類的身體內外有千百個器官和組織，而每一個器官與組織都能夠生長在它恰恰好的而又絕佳的位置上，就每一個「部分」的本身來說，它所提供的功能，就是一種不可思議。更重要的是，

它們都能夠充分的發揮各體獨自的功能，而每一個各「元件」的功能加總在一起，卻又能分工而合作，就成了一個完整的整體性的運作。這不但是「妙」到了極點，簡直就是不可思議至極。

想想看，有什麼理由我們的手不會長在腰上？而剛好長在我們的肩膀最有力的地方。我們的嘴為什麼不會長在頭頂上？那往下倒食物豈不是非常的方便？而是長在頭部的下方，讓食物經過牙齒的咀嚼才能吞嚥。為什麼我們的眼睛是「兩隻」眼睛而不是「一隻」眼睛？其實這裡面還真的有學問，那就是單眼無法顯示立體感，也就是無法辨識立體的空間中物品的距離。只有兩隻眼睛才可以辨識立體空間的方位與識別距離。為什麼我們的舌頭剛好長在嘴巴裡？而不是長在其他的部位？那是因為我們用嘴巴吃東西的時候，剛好可以用舌頭品嚐它的味道、溫度與分泌唾液。我們身體每一個系統、每一個組織、每一個器官、甚至是每一個微小的組件，都是被安排在最合適與最適當的地方與位置上。各位仔細的想一想，我們身體每一個部位是不是都被安排在絕佳的位置上？而又工作得如此協調。這樣無上高智慧的安排，豈又是隨機的進化可以成就而完成的了的？再想想看，6千5百萬年前的恐龍統治地球的時代，沒有人類的存在。而那個時候如果人類依早期的進化論的現象而先進化成一個小小的肉體，那早就被其他的動物毫不猶豫地都吃掉了。所以，結論是：

「我們身體上所有一切的系統、組織與元件，都是如此妥當的安排與生長在最適當的地方，並能發揮最妥切與最大的功能。如此複雜的系統，如果這些沒有經過無上智慧與能力的安排，而一次到位。那又如何可以成就這一切？」

人體的基因不能自生

　　近代科學告訴我們，人體任何的一個部分都是由「基因」所決定的。
也就是說，「基因」是實際在掌控並決定我們人類身體的一切機構與機制。
所以，「基因」是我們身體真正的「影武者」。這就好像我們在看皮影戲
一般，我們在幕外所看到的皮影，不但能唱歌、跳舞或者是打仗，都非常
的精彩。但是真正操控皮影的是卻是有另外的一雙手，而那一雙手躲在幕
後是我們完全看不到的。事實上，皮影戲幕後的那一雙手，也正就是我們
身體上的「基因」。

　　一般統計人體大約有 60 兆個「細胞 (Cell)」。每個細胞由於所在的
器官與位置之不同而略有大小不同之別，大體來說，細胞的大小約是在
$10\mu m$(微米) 上下，所以它們是在顯微鏡之下可以看見的。10 微米 (μm)
的大小究竟有多大呢？在觀念上，我們可以用頭髮來做比較，一般人頭髮
的直徑約在 $100(\mu m)$ 微米左右，所以就一般來說，細胞的大小約是我們
頭髮直徑的十分之一。「染色體」是包含在細胞裡，染色體的大小並不完
全相同，一般在觀念上約在 300 Å ($1\ Å = 10^{-10}$ 米 = 0.1 奈米)。所以，它必
須要用電子顯微鏡才能看的清楚，而從染色體又可以抽出一系列的 DNA
雙螺旋體。而「基因」則是指攜帶有遺傳信息的 DNA 序列，是控制特徵
的基本遺傳單位，亦即一段具有遺傳功能性的 DNA 序列。兩條 DNA 鏈相

互纏繞，形成 DNA 雙螺旋，基因對有機體後代攜帶的有遺傳信息，從而控制生物個體的特徵表現，人類約有兩萬至兩萬四千個基因。「基因」是主宰著人體的一切，它是 DNA 的一部分，也是構成我們身體的基本藍圖。基因掌控了人體的生理與疾病的生滅現象，許多以前無法治療的疾病，如癌症等在最新的療法中，也出現了所謂的「基因療法」，也有著相當大的進展。基因是一切的根本，是如此的重要，那麼我就要進一步的問了：

「我們人類的這些複雜無比的基因體，它的 DNA 連一般顯微鏡都看不到，而必須要用「電子顯微鏡」才能有所見，如此超細微而有精密無比的結構，它是從哪裡來的呢？誰有能力製造它呢？」

對於這個基本的問題，就再也有沒有人可以回答了。然而，唯一可以解釋的就是有「造物者」在特意的安排下，安排了「基因」這個東西，用來掌管人體的一切，這個「人」我們也許只能用「上帝」或「神」來稱呼他。所以，也就是這一切的所有，都是經過了「上帝」以無上的智慧親手的安排與製作的。我們其實就是「上帝」」或「神」的影子，除此之外，沒有其他任何可以解釋的緣由與說辭。

來自於「上帝」的基因

當我們觸碰到生命的本體與本質的時候，則問題就要涉及到生命最基本的組成分子，那就是「基因 (Gene)」的問題了。諸位想必也知道：

人類也祇是基因的「宿體」而已。

我們人體中的每一個現象與功能，都是「基因」所表現出來的。其實，「基因」在宇宙中幾乎是永恆的。這一句話的道理其實是蠻深的，不可以只從表面上來看它。現在，我們先要知道的是，生命的所有現象其實都是「基因」的表現。事實上：

「基因是上帝在人類身上的另個影子。」

上一節說了，有沒有人知道，為什麼你的眼睛會有兩個？而且是長在臉部的正中央位置？為什麼你的鼻子會凸出來？為什麼你會有兩隻手而又有 10 個手指頭？為什麼你可以吃東西？還有可以消化能力並產生能量？我們可以有一萬個為什麼？但是，沒有一個是人類可以真正知道這一切是為什麼而來？但是，近代的科學告訴我們，這一切的背後是「基因」在掌控的。所以說：

「基因所不存在的，人類就必然不會發生，而事情也必然不會存在。」

「基因」隨時隨地的在掌控著我們的一切。由於人類對於細胞生物學（Cell biology）的逐漸了解，故而在近代的基因學說之中，人類逐漸的明白這其中的一點點道理。

　　瞭解「基因(Gene)」的人一定知道，基因可能是宇宙中最偉大的神奇。地球上一切的生物皆由基因所構成，這個說法可能還不太夠嚴謹，生命的現象較嚴謹的定義則是：「生物最重要的基本的特徵，是在於能夠自行進行新陳代謝及遺傳的功能，這是生命現象的基礎。而一切生命的過程也都必須經歷生、長、老、死的過程」。

　　人類是生物界的一個物種，所以這個定義也適用於人類。在上面這個定義中有三個重要的要項：第一個是「新陳代謝」，第二個是「遺傳」，第三個則是「生、長、老、死」。因為有新陳代謝故而限制了生物不能「永恆」。又因為生物不能永恆，所以要進行「遺傳」。這一切都具備了之後，生物最後必須是有生、長、老、死的歷程。同樣的，還是限制你不能享有「永生」。事實上，這所有的一切都是「基因」的行程。

　　「上帝」將「基因」放進了我們身體內的每一個細胞裏。讓我們不能逾越「基因」的限制，並讓所有的細胞都可以分工而合作，而使我們成為「上帝」的影子而重現。

　　這是多麼不可思議的超越與智慧啊！

　　我們的身體是來自父親和母親的基因遺傳，即人體的基因有一半是「屬他」的。若是來自父方的基因，其中有一個基因發生了錯誤，而無法

製造出所需要的蛋白質，那至少還有母方的基因備用，這真是很妙，人體存在著備胎。大家都認為人體的身高完全是受基因的影響，其實這樣的說法並不完全是對的。決定一個人身高的因素有35%是來自父親，35%來自母親。那假若父母雙方的身高都不高，那豈不是完蛋了嗎？不然，那還有30%的後天努力的空間。所以，不要太怨天尤人，都一直在怪上一代不好，其實自己也有30%需的努力空間，而這30%是很重要的一個分量，若能補足這30%的空間，相信依然可以長得的高。

就遺傳而言，並不是每一種的遺傳都是父母親完全相對稱的。就以「禿頭」而言，在這一方面似乎是造物主似乎比較偏袒女性。因為，「禿頭」只遺傳給男性，而女性則比較不受影響。就以「禿頭」方面，如果父親是禿

頭，則遺傳給兒子概率就高達50%，甚至是隔代，就連母親的父親如果是禿頭的話，也有25%的概率將禿頭留給外孫們。這是上帝對女性的特別寵愛。禿頭幾乎不會遺傳給女性，除非是由其他疾病所引起的，否則，我們幾乎看不到有女性禿頭的現象。這種傳男不傳女之特質遺傳的傾向，讓許多男士們伸手向上而無語問蒼天。

人類的心智與靈性

人為萬物之靈，這個「靈」字不是指「靈魂」，而是「神奇」的意思。也就是說，人是地球上萬物之中最神奇的動物。那麼要問，人在萬物中有什麼是值得最神奇的呢？論力氣人不如牛、奔跑不如馬、游泳不如魚，如果論曬太陽，則人不如樹。那麼，為什麼人會是萬物之靈呢？這一切答案就在於我們有一顆「智慧的心靈」或簡稱為「心靈」。人的「心靈」的現像，是地球上唯一而與地球上其他一切的生物是截然的完全不同。不但是全不相同，而且是以「斷層」的型態呈現。也就是說，人類的這個「心靈」在地球上是無可比擬的，沒有任何一個其他的物種的「心靈」是可以跟人類相比的。所謂「斷層」的意思是「斷絕的層次」。也就是說，人類在地球的物種中，連接近的物種都沒有，也不存在。而且，在這「斷層」中，上下彼此間斷的距離有著非常巨大的落差，在地球上甚至連較為「接近」人類的智慧的「物種」都不存在。

所以，人類與「靈性」有關的本性與本能，其來源仍然是人類知識中最深的一個謎題，無法用科學的驗證法則或取樣證據來揭開謎底。那麼剩下的可能就是宗教的啟發。若不排斥宗教的心理，而將人類的「心靈」的來源，採用宗教的假設與信徒們認為深信不疑的信念，那就是「上帝」或「神」所創造。其實，這樣的解說與推理，至少或可得到能夠說得通道裡

的解答。而事實上，人類其實應該以嚴肅的態度來面對這個問題，宗教的「上帝」也許並不完全是無稽之談，也並不完全是一個藉口。它的確有可能是真實的，只是尚待我們去證實而已。我們人類身為萬物之靈，而當我們抬頭看看那深遠的宇宙蒼茫，會發現那裡面還有著無盡的智慧存在，誰是那智慧的主人呢？

　　「心靈與靈性」的探討與研究，應該說是人類科學上的一門大學問。目前人類的科學在這方面的領域與涉及的範圍，仍然十分有限。至於純「靈學」的領域則在科學上幾乎還完全沒有涉獵。以致於認為「靈魂」完全是無稽之談，並否定了「靈魂」的存在。這在我們知識與智能還在極為狹小與有限的範圍下，所下的結論不但是太早了，而且還有著太多的欠缺。在現今科學快速發展中，可惜的是在功利主義之下，對於物質的研究太過於被重視與發展，因為那可以得到立即的好處。但是，我相信，人類早晚都必然會觸碰到此一幾乎完全未知的領域。因此，我們也許應該調整心態，才不會因為目前人類的無知，而否認了靈魂或相關事物的存在。因此，在研究人類之來源的同時，尚需要積極的擴大與提升研究的範圍領域，即使未能也無法獲得真正的答案，但至少可以提昇我們現有人類在「心靈」與「靈智」的境界。 所以，用我們的心靈去感悟「造物者」那細膩的心思與深厚的感情，那將會使我們的「靈性」會得到更高的提升。也就是說，如果我們能用「上帝」的思維去考慮與感覺這天地萬物的一切生命現象，是如此的奇特而又是如此的完美無缺。那麼，我們的心情將達到無比的開闊的境界，也會是無比的豁達，而成為天人合一的境界。而這樣的境界，也許才是真正的與「上帝」較為接近的境界。

身心智慧的神奇與奧妙

在地球上所有的生物裡面，非常奇怪的是只有人類有語言的能力。就我們的所知，地球上絕大部分的動物都可以發出聲音，而人類在研究各種動物在牠們的發聲上面已有數百年之久，即使是使用近代科技的輔助，我們仍然沒有辦法可以發現動物之間有語言的交談能力。牠們的確是可以發出對應的聲音，但卻不是一種真正的語文，而只是一種相互因應的聲音而已。例如，在寂靜的夜晚中，遠處傳來狗吠的聲音，不久後我們就可以聽到有許多的狗會呼應的一起叫起來，此起彼落。但是，那並不是牠們之間說話的語言，而是一種屬地的宣告效應。所以說，人類是這個地球上所有的生物中唯一具有語言交談能力的物種，語文的交談不純粹是嘴巴的問題。所以，不要小看這語文的能力，它跟人類天生的大腦直接相關。

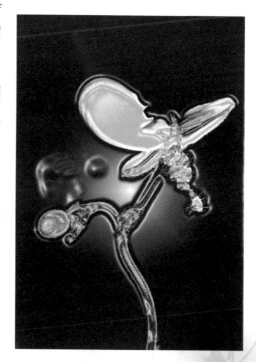

就人類而言，地球上各個人種，不論是居住於地球的那個角落，人類都會發展出屬於他們自己可以交談的一種語言，而這些語言也可以經過傳承而世代的傳遞下去。各位真是不要小看人類的語言能力。它是連「心」的，所以說，語文能力是跟我們內心中的心智是直接相通連的。這種能將「心智」透過語言的能力，而達到相互交換心靈與思維之目的，其過程其實是相當複雜與神奇的。

　　人類透過語言而達到相互交換心智與思想的目的，這其實是一種超自然的奇蹟。絕大部分的人都會認為人類會講話那是天經地義的事情。但是，如果我們能夠再仔細而深入的想一想，語言是跟我們的心靈相互連結的，這件事情就沒有這麼簡單了。人類思想的本質是極其複雜的，而能夠將那麼複雜的心靈，透過肺部、氣管、聲帶、舌頭與嘴巴口形與口腔的每一條神經系統與肌肉牽動等等的，都能完全一致的配合，才能有語音的表達現象。如果再說的深一點，那就是說聲音的本質是一種空氣的「諧振」現象，我們人體的器官如何能夠掌握這空氣的諧振，而又能發出那麼多的「諧振」聲音的頻率與音階，這當然不是一件簡單的事情。

　　所以說，透過語言能讓對方知道自己的心靈與思維，這整個過程不是只有器官的配合運作，而且還要有著極為高超的大腦智能才有可能，中風的人常伴隨著語言上的障礙就是這個道理。而人類正是具有這種智慧與能力的唯一物種。在地球上所有的生物或物種都沒有語言的能力，這是因為牠們的確是沒有這樣神奇的智慧。在地球上人類是唯一具有神奇的語言能力的物種，各位想想看，這難道不也是一種屬於「上帝」的神奇嗎？

人類的思維與形影之創生

人類按照上帝的形象所「創生」的另一項特質，那就是人類有了天生所具有的「文字」與「圖像」的感悟能力。也就是說，在地球上，除了人類以外沒有其他任何的動物具有這樣的「天分」。是的，我用的是「天分」這兩個字，因為這樣的能力是「天生」的，至於這個「天」字究竟是誰，我們暫且不去討論他。當然也可以說，這樣的能力是直接承襲於「上帝」的第七項能力。

人類在「文字」與「圖像」的能力其基本上是屬於一體的。「文字」的本身其實是屬於圖像的一種。這也就是說，人類具有繪製圖像的能力，這種能力也是地球上沒有任何一個物種所能夠辦到的。

中國的文字是一種象形文字，它結合了圖像與文字於一體，真是太偉大了。想想看，能把大自然的形象做為基本的根據，然後用幾筆就可以勾勒這個大自然的情景與意境。舉一個例子來說，我們該如何描述下雨天的這個景象呢？各位可以看到上面的這個圖，相信各位一看就可以懂了，如上圖所示。它是一個「雨」字。最上面的一個半圓形代表著蒼天，第二個半圓就是我們常常在要下雨的時候看到的彩虹，中間的這一畫閃電當然

是雨天所伴隨著的雷電，最後各位可以看到閃電的兩邊充滿著雨滴。整個下雨天的情景，簡單的幾筆就完全勾勒出來了，這個字實在是發明的太好了。各位，您說神不神！

相信沒有任何人看過猩猩可以寫出文字或者是畫出具有意義的圖像。我們可以拿一支筆給猩猩讓牠們去隨意的繪畫，但是沒有人可以看得出來牠們所繪製的圖畫與牠們的思想和心靈有什麼關聯。而相對的，人類的畫圖則是源自於心靈與思維的一種延伸，用繪圖的方式將心靈的思維表達出來。俗語說的好：「一幅畫可以抵得上千言萬語。」就是這個道理。每一個人都可以畫圖，至於畫圖的好壞那是另外一回事情，它可能需要一點天份或是長期的鍛鍊。然而，各位如果到幼稚園裡面去看，每一個小朋友都喜歡繪畫，這就說明了人類本身的確是俱有這種「上天」所賦予的能力，否則不可能從小就會繪製他們自己的思緒。

在去年年初的一次晚餐中，邊吃飯邊與大女兒聖益聊天，話題談到了音樂上面。大女兒真正學歷的出身是電子工程，研究所則是讀資訊管理的。但是她一生中最大的興趣卻是在音樂上面，這十多年來，她雖在外國公司上班，但每年都要到維也納音樂暨表演藝術大學 (Universität für Musik und darstellende Kunst Wien) 進修，十多年下來她終於取得了英國皇家音樂學院演奏高級文憑 (Licentiate of the Royal Schools of Music)，要得到這種文憑其實不是很容易。如今終於如她的興趣所願，在愛樂電台主持音樂節目。

在那天晚餐的談話中，我問她：「彈鋼琴會比打球難嗎？球路是千變

萬化的，而且對方還不安好心眼。鋼琴的琴鍵不就是固定在那個固定的地方嗎？它既不會跑掉，也不會跳出去。學鋼琴會很困難嗎？我始終不覺得它是很難的事情耶。」於是大女兒進書房去拿了兩張白紙與兩隻鉛筆來，分別左右手各拿一份給我，然後說：「老爸！你可以同時用左手寫「我」字，右手寫「你」字嗎？重點是要同時寫完，不可以一前一後」。我說：「那怎麼可能？」於是她又說了：「鋼琴就是在做這種事情啊！」

　　我感覺她的比喻很有道理，於是就下一個決心，想要把鋼琴練起來，我就不信它真的很難，尤其是像我這樣的天才，哈哈。由於，在我那個時代從來就沒有教過五線譜。所以，我對於音樂是文盲，因為我連五線譜都看不懂。但是，我決定要「自學」，我有信心能夠自學得起來，於是從去年初開始自學並彈奏一首鋼琴名曲，在完全不要他人的教導之下，從五線譜開始到彈奏樂曲，自得其樂的苦練了半年，才練好了一首歌古典樂曲。的確，最難的是左手跟右手的節拍與配合度，真的是很難。我心裡想，如果半年才能勉強的練會一首歌，不能說好，只能說會而已，而且還不是彈得的很好的那種層級。那如果我要把整個鋼琴都能彈得很好的話，那豈不是要花我一輩子的時間嗎？我覺得對於我來說，這沒有太大的效益，於是我的心意改了。

　　我想我應該用的是比較珍貴的腦力才對，那也是我的專長。於是我就開始用電腦來創作樂曲。這是我決定開始學音樂，從五線譜開始到彈奏一首鋼琴的半年時間之後，開始作曲，把我內心之中的音樂與歌聲釋放出來。整個的作曲感覺得相當得心應手。如下圖 [14.1] 所示。我就將它命名

為「上帝之手」。這是一首四部曲，整部的曲子長達 9 頁，我只取了其中的第 1 頁與的 8 頁列在書上，提供諸位參考。我自己覺得還蠻壯觀的，但並不指望一定要到處發表，只是如果有這樣的經驗與體悟，也是相當不錯的一種創作體驗。

圖 14.1 上帝之手。（部分）樂譜

　　「音樂」是人類另外一種不可思議的神奇。同樣的，在這個地球上，除了人類之外沒有任何一種生物具有音樂的能力。有誰聽過有那一種動物可以高聲嘹亮的唱一首歌？或者是演奏樂曲？當然那是不可能的。音樂的本質是聲音的共振，但是必須透過語音或樂器才能夠發音與演奏。所以，音樂可以說是結合了語音與樂器而成就的。如果說得深入一些，「音樂」在物理上的現象是一種「共振」現象。事實上，在這個宇宙中所有的一切的物質，都具有本身與外界的相互「共振」現象。就連構成基本物質的「原

子」，都必須依賴其與周圍電子的共振現象才能夠存在。而音樂的本質就是物質的相互共振的現象。而能夠控制這種共振的諧和現象，才能成為悅耳的音樂，而當音樂與人體「共振」的時候，那就更能使人產生特別的一種感動情緒。

絕大部分的人以為音樂只要用耳朵聽就好了。這樣的觀念是不對的，真正會聽音樂的人不是只有用耳朵聽，除了耳朵之外，還要使用全身的細胞與身體的皮膚，一起與音樂產生共鳴的效應，那才是真正的在感悟音樂，音樂是的動感的，它不是靜止的。音樂的動感可以與身體一起產生一種「共鳴」的效應。還有許多人以為音樂是在生活中是一個單獨的項目。其實不然，音樂是在述說人類的感情、心境甚至於整個人生思維與境界都有關係。悠揚的音樂可以讓我們進入忘我的境界，至於像貝多芬的命運交響曲等這一類的音樂，事實上，它達到了音樂的巔峰，而是用音樂在述說整個生命的思維、心境、境遇與歷程，那種境界真是高極了。

神影的再現

　　全世界的人類，不論是在哪一個地區或是哪一個角落或是哪一個種族，更不論是古今中外，我們人類都有一種不約而同的現象，那就是對於「蒼天」或是「神」或是「上帝」等等的內心中不由而生的景仰，不但是景仰而以，而且有這個種膜拜的儀式。這種現像是普及的，不需要人教，而又很奇怪的自然而然就產生了。在這地球上所有的生物裡面，這個動作只有人類會做，而其他所有的生命體系都不會。

　　這種崇拜與敬畏「天神」的現象，自古以來它是自發性的，並遍及地球上每一個角落，奇怪的是，人類早期彼此之間並沒有任何的聯繫或來往。但是，這種現象確實遍及地球上每一個角落的人，那所能代表的是人類共同的一種心理狀態，也就是在你我心中都有著這種對「上蒼」的潛隱與感悟的深心。

　　在中國殷商時期或是更早的甲骨文的文字裡，我們現在能夠解讀出來的都是祈福與問卜事情。為什麼在這人類最遠古的時代裡，「神」或「上帝」的思維就一直的存在於人類的內心深處。人類總覺得自己是萬物之靈，然而為什麼在人類的心目中，卻還有一個比我們更高地位的「神」或「上帝」的一種「存在」感做為是我們的心靈深處最後的依託？這不是一

個人的現象，也不是一個族群的問題，而是整個全體人類所共同表達出來的一種狀態與現象，而這種狀態與現象一直的維持到現在，真的是奇怪極了。

沒有人見過「神」或是「上帝」他們究竟是什麼長相？我們現在所看到的那一些畫像或圖片，都是後人自己繪製出來的。但奇怪的是，他們都有一個共同的特徵，那就是不論是「神」或是「上帝」都具有人的形象。的確，放眼整個地球其他所有的一切生物，牠們的身體都有某些結構上的缺陷。仔細的看一看這個地球上各種生物體系的表現，牠們的身體往往就限制了牠們的生存條件。海裡的魚類有千萬種，但是沒有一種我的魚類是有手的，沒有手就不可能使用工具，沒有工具就不可能會有進步。再看看地球上其他的生命系統，牠們的身體結構都不能像人類的身體那麼的圓滿無缺。即使是猿猴也不能與人類相比，牠們的腦容量要比人類小多了。所以，這最後的結論還是必須回到這最初的起點，那就是人類真的是依照「神」或「上帝」的形體而被創生出來的，才能有如此的完美無缺的各項所能。

【第 15 章】
神秘而無解的時間之謎

15.1

時間是什麼？

在人類已知的宇宙中，再也沒有什麼比「時間」更為奇異或是更為難以思議的事物或是現象了。千古以來，每一個人都會感覺到時間似乎是存在著，但是，直到今天卻還是沒有一個人可以說得出：

「時間」究竟是什麼？

它看不到、摸不著、沒有知覺、也感覺不出任何的「有」或「無」。有人可能會說「時間」不是一分一秒的在走著嗎，而且是以一天二十四小時的在過著，怎麼會說沒有「時間」呢？其實，只要離開地球，那一天二十四小時就變得沒有意義了。也有人會說，那所謂的「光」不就是「時間」嗎？事實上，「光」與「時間」可以說是完全不相關的兩件事，在黑暗沒有光亮的房間裡，「時間」依然在走著而不會停止。但是，若說「光」與「時間」這兩者之間完全沒有關係，那的確是未必盡然。這就是它們的奇妙而難以思議的地方。有關於「光」與「時間」這兩者之間的關

係，在相對運動的情況下，就立刻產生了密不可分的關聯，但在物體靜止的時候，它們彼此之間則又互不相干。

自從人類有了文明以來，「時間」就一直是宗教、哲學以及科學等各領域中最重要的研究主題之一，但直到今日，全世界尚無法為「時間」找到一個適用或是更通適的定義，也就是仍然沒有人可以或是敢於去定義「時間」究竟是什麼？但就大體而言，每個人都還是覺得「時間」是存在的。十八世紀英國科學家艾薩克·牛頓爵士（Sir Isaac Newton，1643-1727）在它有名的所著「光學」的論述上，這本書對人類有著非常偉大的貢獻。但是，他認為「時間」是宇宙的基本結構，依序列的方式進行，由未來流到現在，由現在流到過去，並顯現出「時間」是具有絕對的標準與特質的。1687 年他發表《自然哲學的數學原理 (Philosophiæ Naturalis Principia Mathematica)》著作，定義了「萬有引力」和「力 (Force」與「運動」的三大定律，也因而奠定了此後三個世紀裡「力學」和「天文學」而成為現代工程學的基礎。該書的宗旨在於從各種運動現象探究自然力，再用這些「力」說明各種自然現象。所以，該書被認為是人類科學史上最重要的論著之一。

1704 年，牛頓發表《光學 (Opticks)》一書，其中他詳述了「光」的粒子行為與理論。他並認為「光線」是由極度微小的顆粒所組成的，並證明「光」的傳播路徑是光以最短時間作為通過的路徑，並由此推導出「幾何光學」的定律。用「幾何光學」可以說明「光」的反射、折射等現象，也因而設計出一個由透鏡、反射鏡及稜鏡等物件組合而成的光學系統稱之為

「幾何光學」，直到現在的今日人類還在大量地使用著這個原理在光學鏡頭上，而這門科學，也直到今天還是相關的光學領域課程中是被列為重點的科目。

在「時間」的這一方面，他認為「時間」是一種具有不可置疑的絕對值。在地球上任何地方時鐘滴答的過了一秒，其他任何地方，時鐘也必然的是滴答相同的過一秒。時鐘在任何地方所走的每一秒鐘都是相同的。但是，在 1818 年法國的菲涅耳 (Augustin Fresnel，1788-1827) 提出論文，認為「光」具有干涉與繞射的現象，就如同在平靜的池塘中許許多多的漣猗，它們之間會出現有相互「干涉」與「繞射」的現象，這是牛頓的純粒子式的光學理論完全無法解釋的。

在我們人類的心目中只有一種認知，那就是認為只有「現在」是真實的。至少比起「未來」與「過去」要真實得多了。例如說，我「現在」拍了你一下，你的皮膚馬上就會有感覺。但是，我卻無法在「未來」先拍你一巴掌，讓「現在」的你開始痛。我也無法去拍「昨天」已經「過去」的你一巴掌，讓「現在」的你有「過去」疼痛的經驗。這就代表「現在」在「時間」點上的特質。所以，人們常說，我們要好好的活在「現在」就是這個道理。但是，不要忘了：

「當你看完上面這句話的時候。其實，「現在」已經成為「過去」了。」

當我們進一步認真而確切的探討所謂什麼是「現在？」的時候。事實上，它卻又是「不」存在的。

今日歌與明日歌

在明朝的時候有一個非常有名的書畫家文嘉（1501 年－ 1583 年），他是「吳中四才子」明代山水畫四大家之一文徵明的次子，由於家學淵源而又聰敏好學，所以文嘉繼承其父書畫的衣缽，但也由於他的好學，常能學古通今。他對於時光的消逝有感而發，於是做了一首《今日歌》以為抒發與警世之用：

《今日歌》

今日復今日，今日何其少

今日又不為，此事何時了

人生百年幾今日

今日不為真可惜

若言姑待明朝至

明朝又有明朝事

為君聊賦今日詩

努力請從今日始

也為了對應於今日時光在不知不覺中的消逝，而明日又在不知不覺中快速的到來，於是他又再做了一首《明日歌》。此歌也是相當的有趣，除了感嘆歲月之外，也是同樣的是對於人生的一種勵志歌謠：

《明日歌》

明日復明日，明日何其多！

日日待明日，萬事成蹉跎。

世人皆被明日累，

春去秋来老將至。

晨昏滾滾水東流，

今古悠悠日西墜。

百年明日能幾何？

請君聽我明日歌。

　　仔細地閱讀可以看出這二首詩所要表達的詩詞意境都是一樣的，那就是要我們好好的 " 把握現在與珍惜當下 "。但關鍵的是：「該如何去做事？或是該如何把握現在與珍惜當下？」他就完全沒有交代了。但無論如何，總可以感覺到時光的確是如古人形容的「一寸光陰一寸金，寸金難買寸光陰」，失去的時間永遠也追回不來的，除了後悔之外，也只能嘆氣。所以，不論是《今日歌》或是《明日歌》，都是要我們把握現在的時光，應當要做的就一定要趕快去做。否則當下若不做，則今天一過了也就永遠的回不來了，永遠的失去了。而我們看這首詩他其實所要表達了一個最重要的觀念，那就是要我麼知道「活在現在」。

進入「微分」來思考「現在」

　　宇宙不會是在「無中生有」的狀態下而出現的，這正如我們的太陽系與地球等都是被創生的一樣，這一切絕不是無中生有而來的。而如果想要了解這個「創生者」最好的方式就是透過「時間」的因素。因為「時間」是宇宙每一種萬事萬物的依託，也是我們每一個人都擁有的，但它卻又是宇宙中最不可思議與最神奇詭異的「東西」。

　　現在就讓我們以不同的角度來看看「時間」，那就從「活在現在」來談起。說起「活在現在」這句話很簡單，而好像大家也都能懂。但是，若是站在宇宙「時空」的角度來看所謂的「現在」，其實那就一點也不「現在」，而且一點也「不」簡單。所以我們需要以另一個角度來看這件事，也就是以近代的科學的認知來對「時間」進行解析，並研究「現在」這個時間的真實意義與現象，並希望能找到它的真諦。那麼，如果我們用微積分裏「極限 (Limit)」的觀念來看這件事情，我們就會發現它的涵意並不是一般我們所想像的那個樣子，其實，它是相當詭異與深奧的。

　　當然，也許會有人說：

　　今天是今天，明天是明天，現在是現在。這一切都清清楚楚的、明明白白的，有什麼難以區別的？

是的，這是一種「巨觀」的看法，它的確是如此。所謂「巨觀」的看法就是一種大規模與大格局的對事與物的認知、領悟與感受。但是，我們必須知道，人類的感知、感受或感覺是相當粗糙的，也多屬於是「巨觀」的。我們的身體是由分子、原子等所組成的，但是我們卻看不到這些東西。這個世界上所有的一切也都是由分子、原子等粒子所組成的，但是我們同樣的是完全的看不到它們。

　　在「時間」上，就人體而言，對於時鐘上的那一小時、一分鐘甚至是一秒鐘等這些時段，我們是可以感覺得到有這樣的一個時段是存在的。但是，對於遠低於一秒鐘以下的時間，就比較難有感覺了。而如果在更低或非常小的時段，那可以說我們就幾乎完全無感了。我如果說：「請你等1小時的時間」，那麼你就會感覺到未來的成分有蠻多的。而如果我說等10分鐘的時間，那麼你就會覺得未來的時間還不算很長。但如果我說等1秒的時間，那就是與「現在」幾乎是同樣的意義。但是，如果我說是百分之一秒時間呢？則你會說那是「無」感的，但如果我說萬分之一秒的時間呢？也許你會說那根本就沒有什麼意義了。但真的是沒有意義嗎？當然不是。對近代的科技而言，「時間」被切割得越小，則它的意義其實越大。

　　近代人類對於電腦 (Computer) 的要求是必須要越來越快，越來越高速。時至今日，我們現在常用的電腦 (Computer)，它的「系統時脈 (System Clock)」已經達到 4G(4*10^9)Hz，這意思是說，它的系統在運作時所需的「系統時脈」必須達到每一秒鐘有 40 億的脈波。電腦的「系統時脈」有如我們人體的心跳一般，「系統時脈」越快，則它工作的速度也會越快。相對的說，也就是每一個脈波 (Pulse) 的時間必須是 40 億分之一秒。各位

你能想像 40 億分之一秒是多麼短的時間嗎？也許有人會說：「既然是那麼短的時間，那有什麼好計較差別的？」但是我們必須知道的，在許多科技的產品中，大家對於速度的要求卻是計較得不得了。就以我們每天都在用的手機或電腦而言，任何一個時脈的差錯都是不被許可的，也就是說，我們的手機和電腦在運作的時候絕不允許有 40 億分之一秒的差錯，只要有了任何一個時脈的差錯，系統就不能工作做了。所以說，電腦系統時脈就必須被定義為如此微小的「現在」才可以，而且是越來越小，但只要有了任何一個如此小的「時脈」波形出了問題，最輕微的現象就是「當機」。而當我們把「時間」一直的切割下去，甚至它會被切割到一百億分之一秒……，在這種趨於微分極限的時候，我們得到的答案竟然是不知道什麼是「現在」？

對「現在」的微分會是什麼？

　　對於「空間」的切割我們可以很詳細的確認得出來，但對於「時間」的切割是不是也能夠被確認得出來了呢？答案是肯定的。如果我們說萬分之一秒的時間，則相信那是我們完全無法經由身體或用精神力量去體驗與認知的事情。但是，它是不是屬於「現在」的時刻呢？答案則當然是肯定的。若是我問你：「你在萬分之一秒的時間裡能做什麼事？」

　　我相信大家會有共同的答案，那就是：「那是完全無感，也無法知覺的！」重點是：

　　「我們人類已經完全不能知覺與感覺到的萬分之一秒的這個「時間」，我們認為它是可以忽略而不存在。所以，就我們人類而言，這樣短的時間它在知覺上是不存在的。然而，在真實的「時間」序列中，人類的感覺與它真實的層面並不相同。在人類的感覺上這種如此短的「時間」是不存在的。但在事實上，它卻是真真事實而存在的。」

　　那麼，為了便於對「現在」這個「時間」的進行式做更深入的解析，就讓我們把「時間」用「微分」的「極限」觀念來看一看它。也就是進入「微分」的狀態下來看它。這個想法正如我們如果詳細的檢視腳底下的泥土，若是用「微分」的方式來看它，就會發現我們原來所站立的這一片平坦的土地，竟然完全是由一顆一顆細小的砂礫所鋪集起來的，這是「微分」

在觀念上的一個起點。

這個觀念很重要，我們原先以為我們是站在一塊平坦的地上，但其實這塊看起來是平坦的土地，它卻是由一顆一顆凹凸不平的沙粒所構成。但是，如果我們更深入一點的來解析每一顆沙粒的時候，會發現它竟然是由許許多多更小的顆粒式的分子所構成的，而如果我們再更進一步深入的話，則會發現所構成分子的元素，不論是質子、中子或電子，還是一粒一粒的樣子。所以說，這與我們原先所認為很平坦的地面，它的真實面卻幾乎是完全不是我們一般人所看到與想像中的那個樣子。因此，用「微分」的觀念與理論來看事物，也必將會有截然不同的顯像與結果。

但是對於「時間」的微分有另外更深的問題存在，那就是沒有人知道「時間」究竟是什麼東西？我們不可能對一個不知道是什麼「東西」的「東西」去微分它。話雖然是如此說，但是，我們還是有其他的方法可以使用的，那就使用具有微分意義的「極限 (Limit)」的觀點來看它。如果我們用「極限」的觀念來看這個問題，也就是將「時間」進行細微的切割，並以「極限」的方式來計量它的時候。也就是將「時間」逐漸的切割到「無窮小」的地步，這個時候我們就會發現：

「時間」其實只有「未來」與「過去」而沒有「現在」。

我們真的實在是不知道真正的「現在」，它究竟是什麼？

在微積分中，隨處可見的都是時間對其他事務的微分。但是，如果對「時間」的本質進行微分，沒有人可以真正懂得它究竟會是什麼？因為它

連「現在」所存在的「本質」都不存在了。故而，當我們將「時間」切割到趨近於「零」的時候，我們就會發現將「未來」與「過去」幾乎是結合在一起的，而所謂的「現在」就不知道在哪裡去了？

再說詳細一點，也就是說，將「現在」以微觀化的方式來看待它。在數學上，當我們把「時間」切細而微分到很小的極限時，我們會發現「現在」這兩個字在「時間」上的意義就會逐漸開始模糊了，而且是越小就越模糊，當我們將「時間」切割到無窮小的時候，也就是用微積分中「極限 (Limit)」的「極值」思維觀念來看它的時候，我們有了一個重要的發現，那就是：

「我們將會發現在「時間」的序列中，我們完全無法區別什麼是未來？什麼是現在？以及什麼是過去？那麼，難道「現在」是虛幻的嗎？」

在「極限 (Limit)」的問題中。我們會發現「未來」、「現在」與「過去」它們不但是相互糾結，而且是緊密的連結在一起而無法區分的。也因此，在對於「時間」的一整個序列的「極限」處裡之後，也就是「微分」到了最細微的時候。於是，我們發現了一個結論，那就是在「微分」的狀態下，屬於「現在」的這個時刻就越不存在了。然而，這樣的結果卻與人類的感覺與認知是相反的。為什麼在「時間」序列的「極限」中，「現在」這個時刻是不存在呢？

事實上，要理解這個道理也並不困難。各位仔細地想想看，當我們舉手動作或說話的此刻一瞬間，它「立刻」就成為「過去」式了。不論你動

作的速度有多快，只要你在做出來的那一瞬間，它就「過去」了。這個宇宙中所有的事情也都是如此，只要是發生了，就是「過去」了。「過去」的事可以是「無限」的很近，但也可以是很久遠的事。而「未來」的事，同樣的是可以「無限」的很近，但也可以是很遙遠。「時間」似乎是一直的綿延而又無窮盡的在進行。但是，在「微分」之下，唯一消失而不存在的則是所謂的「現在」。所以說，「未來」才是人類「希望」的所在，失去了希望的人生是沒有希望的。

15.5 「時間」真的是在流動嗎？

　　大家都知道，凡是事情「過去」了，在時間上也就不存在了。這句話對嗎？當然，大家都會認為那是當然是對的，還用說嗎？有誰可以看到昨天的自己呢？答案當然是不可能。然而，事情的真相卻未必是各位所想像的那樣，而事實也未必真的是如此。現在，就讓我們把「時間」的觀念再深入一點的想想看。古人常說「光陰似箭」。當然，這「光陰似箭」只是古人的一個形容詞。若是光陰真的如同箭一般快，那現代的子彈就更快了。但不論是箭或是子彈，若是與「時間」相比擬那簡直就不知道該如何比起了，相信那是不可同日而語的。因為比子彈還要快的東西太多了，子

彈雖快，大約是每秒一千公尺，也就是每秒一公里。但是光速是每秒三十萬公里，兩者之間相差了 30 萬倍。再以地球本身來說好了，各位不要以為地球那麼大，轉起來一定很慢。事實上，地球自轉的速度在赤道上有每小時 1670 公里，而地球繞著太陽旋轉的速度每小時則是有 10 萬公里，若是計算地球隨著太陽繞著銀河系旋轉，相對於銀河系中心的速度則是 220 公里／秒，那真是快得不得了，但卻沒有人感覺得出來。水星上的一年是 88 天，金星上的一年是 224 天，地球上的一年是 365 天，土星上的一年是 4332 天都各不相同。如果真的要問：

「時間」的速度究竟有多快？

事實上，就這句話而言，人類在＜物理學＞上，至今幾乎沒有任何的概念可言。什麼叫做「沒有任何概念」呢？我舉一個概念大家就可以了解了，任何的速度都要有「對比」的現象，所以，當我們說河水流得很快的時候，它的「對比」是對河岸而言，而對於河岸旁的高速汽車而言，河水就會顯得比汽車慢了。所以就速度而言，它是一種相對性的比較。但是，如果要講時間流逝的速度究竟有多快？那就沒有人可以說得出來了，因為「時間」的本身根本就沒有比較的對象，更不要說它有多快了。所以說，「時間」究竟有沒有在流動？如果「時間」是在流動，它究竟流動得有多快？這些問題對於現在人類而言，真的是一點概念都沒有。

牛頓曾對「時間流」下了一個定義：「時間是絕對、真實且精準的會以穩定的型態在流動。」雖然，這幾乎已經全面的被愛因斯坦的《相對論》所推翻了。但是，對於「流動」這兩個字，愛因斯坦卻不敢再做進一步的

闡述了。於是，對於「時間」的「流動」也就成了一個最大的謎題，也在哲學界最為引人爭議的主題。如果要正確地說一個東西會流動，一定必須要有一個相對的東西來做為比較的基礎。所以人們經常的把「時間」比喻為河水的流動現象。但是，這樣的比喻對於宇宙中的「時間」而言，則是截然不同的，在根本上有三項基本的不同點：

(1). 河水只能在河流裡流動，但是「時間」在宇宙中卻是無所不在。

(2). 河水只能朝向一個方向流動，但是「時間」在宇宙中卻是無所不向，它每一個方向都在同時變動。我們人類簡直無法思考，朝每一個方向都在流動究竟是什麼意思？或是該如何思考與想像？

(3). 河水流動的速度是比對於河岸而言。如果「時間」是流動的，則必須建立在對比的基礎上才會有意義。但是，「時間」在宇宙中卻沒有任何可以對比的事物與基礎。也就是說，沒有人知道「時間」流動的基準是什麼？如果將「時間」的流速說成是每秒鐘或是每天 24 小時，而當我們在離開地球之後，這些就會變得沒有絲毫的意義。

雖然科學已經相當的發達，但對於「時間」究竟是什麼？我們真的是一點都不知道。對於人類而言，「時間」完全是無感的。事實上，不僅僅對於人類是如此，對於一切的萬物也是如此。沒有任何人可以感覺到「時間」的存在，也沒有任何人可以感覺得到時間的「流動」。時鐘的來回擺盪的搭並不能代表「時間」，一天 24 小時更不能代表那就是「時間」，那只是地球自轉一圈的週期而已，離開了地球則一點意義都沒有。在真實的層面上人類真的無法說得出「時間」究竟是什麼？它究竟又以多快速

的在流動？人類對於這些完全都沒有答案，也完全的一無所知。所以，我總感覺到「時間」的本身就是「上帝」的神奇，他不讓人類玩弄「時間」或更不讓任何的事物改變「時間」的順序，他在保護着宇宙也在保護著人類，這也正是他「偉大」而「神奇」得不可思議的地方。

15.6

過去的事是「存在」
但也「不存在」

現在，再回到用「巨觀」的角度的看這個宇宙的問題。如果我們從地球上放眼宇宙，在北半球夜晚的星空有一顆最亮的星星，也是最接近我們太陽系的一顆恆星是叫做「天狼星（Sirius）」的，它距離我們有多近呢？宇宙太大了，我們不可以用地球的上測量距離的單位「公里」來計算，而是用「光年(light-year)」的計算。所以，「光年」不是「時間」的單位，而是「距離」的單位。1 光年就是光線在宇宙中傳播進行一年的距離。大約等同 9.5 兆公里，也就是 9.5×10^{12} 公里 / 年。所以，「光年」一般用於天文學中，是用來度量宇宙中的一種距離。

在晴朗的夜晚天空中最亮的這顆「天狼星 (Sirius)」，它的質量是太

陽的兩倍，但比太陽亮 25 倍，它距離我們最近的恆星之一。那麼究竟有多近呢？它與太陽系的距離是 8.6 光年。這就意味著從「天狼星」發出來的光線要經過 8.6 年才會到達地球。那麼，也就是說：

當你「現在」正在看「天狼星」的時候。事實上，那是 8.6 年前的它，而不是真正所謂「現在」的它。

所以，如果你「現在」正在看那顆「天狼星」的星球，其實那已經不是真正的「現在」的它了，而是 8.6 年前的它了。也就是說，我們認為真正的「現在」的它，其實已經不是「現在」真正的它了。那麼，這就延伸出一個大問題，我們所謂的「現在」，這兩個字，在宇宙的巨觀中，它的真實意義就大有問題了。在夏日天氣晴朗的夜晚與女友相偕的看著天上的銀河，數著著天上的閃亮星光，真是令人無比的情趣與喜悅。但是，卻也要知道，我們「此刻」肉眼所能看到的每一顆星星，它的距離至少都是在幾十或是數百光年以上，我們的「此刻」對其他星球而言，同樣是久遠以前的事了，也都早已經是歷史了。那麼再問，究竟什麼才是「現在」？

15.7

究竟什麼才是「現在」？

讓我們稍微把距離再放大一點來看，仙女座銀河系（Andromeda Galaxy）是距離我們本銀河系最接近的另外一個「銀河系(Galaxy)」，它幾乎可以說是我們銀河系的雙胞胎。體積與外觀等等幾乎是完全一樣，該銀河系的直徑也是 10 萬光年，其內含有 3000-5000 億顆的恆星。那麼這個最近的銀河系然究竟有多近呢？答案是 230 萬光年。也就是我們「現在」在望遠鏡中看到的它，卻是 230 萬年前的它。我們「現在」看到的它，卻不是它的「現在」。於是，當我們進一步的要問：

在宇宙中，究竟什麼才是「現在」？「現在」究竟是代表什麼？

是的，在宇宙中，我們「現在」所看到的每一個星星都是它的「過去」。而同樣的，我們的「過去」卻又是許許多多它們可以看到的「現在」。

在我們的生命過程中，我們實際的經驗則是在告訴我們自己，當我們感覺到「自我」存在的時候，則「時間」的影子就會立即的浮上心頭，並呈現在我們自覺的認知與意識裏。就在這種我們自覺的認知與意識裏，「現在」的這個時間才是我們感覺的真實體，至少在感知上是如此。我們就是活在「現在」，它是如此的確切也是如此的真實，沒有絲毫的知覺與認知可以認為我們所感覺的「現在」是虛假的。但是，在科學上，卻將

「現在」無論是做巨觀的研究或是做微觀的分析，都證明了在時間中所謂的「現在」，它其實是不成立的，也是不存在的。的確，我們親眼所看到的宇宙，都是歷史，這是千真萬確的事實。所以，在事實上，我們「現在」所身歷其境的一切，其實都是屬於「假相」。

15.8 在數線上看「現在」果然是零

數學是宇宙的真理，若是有興趣的人，如今不妨就進一步深入的讓我們以數學的角度來看一看，什麼才是屬於「現在」的這個數學問題，如圖 [15.1] 所示。

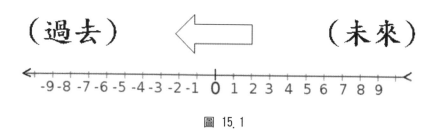

圖 15.1

在理論上，由於時間是一維的向量，所以，時間是不會彎曲的，是單一方向的，也是不可逆的。就正如圖 15.1 之所示。在這張圖中我們可以看到圖的最右端是屬於來自於不知遠處的「未來」。而當我們由右向左移

動時，對於「0」的距離也越來越近。特別要提醒各位的，位於正中間的這個「0」就是「現在」。在數學上它即不屬「現在」，於也不屬於「過去」，也不是「未來」。它是介於「未來」與「過去」之間。所以，中間的這個「0」，它即是屬於「現在」的一個點。重點是這個「零 (0)」，因為：

在「未來」的時間裏它不存在。在「過去」的時間裏，依然是沒有它。

它只是「時間」軸上的一個點，也就是「現在」的這一個「點」。所謂「點」在數學上的定義是只有「位置」而無「大小」。也就是說，「現在」的這一個「點」在實質上只是一個「位置」而已，並沒有「大小」。所以說：

用數學來描述所謂的「現在」，它只是具有一個「位置」的點，並沒有實質的「大小」。

這正足以說明我們人類對於「現在」的實質感受真的是如此，當我們說「現在」的時候，它實際上已經是「過去」了。所以說，這一點與我們的生命在對整個「時間」的認知過程中是相吻合的。也就是說，「現在」只是「時間」軸上的一個點，重點是：「它只有位置，沒有大小」。各位仔細地想想，有誰可以標得出屬於「現在」的這個時間，究竟有多長或是多久呢？或是有多大小呢？

時光從「未來」經過「現在」然後再走到「過去」。在圖 15.1 中可以看到「過去」所使用的是負號，這代表是與「未來」有區別的，越往後面負數也越大，這代表過去的時間也越遠。宇宙中的「時間」是具有「一

個」維度的，更重要的是「時間」不是常數。在「狹義相對論」中很明確的告訴我們「時間」是個變數，如果以高速在宇宙中飛行的話，時間會「膨脹」，也就當然可以達到所謂的天上始一歲，人間以萬年的事實。

時間從何來？又去了哪裡？

但是，無論如何，不只是人類，整個宇宙中的一切變化，似乎也都與「時間」有著實質而緊密的關係。物理教科書上面明確的告訴我們，整個宇宙經由「大霹靂 Big Bang)」而誕生，至今已有 137 億年了。而地球的誕生已經有 45 億年了。這些難道不都是與「時間」有關嗎？這些不都是「時間」的流動嗎？「時間」真如大江東去一般，由未來流到現在，由現在流向過去。如果真的是將「時間」比如是大江東去一般，那麼此刻就要進一步認真的問了：

未來的「時間」，在宇宙中被藏在何處？
過去的「時間」，在宇宙中跑去了哪裡？

沒有人可以回答這個問題。人類雖然已經取得了接近宇宙的起源時的影像，也就是在 130 億年前宇宙的影像，藉助於哈伯太空望遠鏡 (Hubble

Space Telescope，HST) 都拍攝了下來，已經提供給全世界的科學家做研究使用。在這之前是屬於宇宙的混沌時期，光子無法通行與射出。但即使是這樣，從近乎宇宙的起源直到現在，仍然在宇宙中找不到絲毫有關於「時間」的「過去」與「未來」的存在之處。而有關於「時間」的真實面貌與實質的本體，人類真的不知道它們究竟藏在哪裡？又去了哪裡？也許這一切真的只有「神」知道。

15.10 沒有永恆的時間

宇宙中最神秘的不是什麼外星人，也不是什麼天文異相，宇宙中最神秘的東西就是「時間」。其實，我們不能把「時間」說成是「東西」。但是，卻也沒有其它更好的形容詞可以用來說明「它」究竟是什麼？不但如此，而且是越是深入的研究，就越是覺得「它」的神祕與不可思議。人類跟「它」是如此的親密的共同的生存在一起，而且是絲毫沒有分離過，但卻又幾乎完全的不知道「它」究竟是什麼？

如果說「時間」是不存在的，它純粹是人類自體性的一種幻覺或意識。但如果不是這樣，又有誰能說出「時間」究竟是什麼呢？這真是一句

話就把人們都考倒了。但如果說「時間」真的就是人類自體性的一種幻覺。那麼要問，愛因斯坦的「狹義相對論（Special Theory of Relativity）」豈不是白說了？

更奇怪的是，雖然沒有任何的儀器可以測得「時間」的流速，但是，「時間」的流速卻可以對自己產生比較的現象。也就是說，「時間」可以跟自己比對而產生另一個不同的時間，這不是繞口令，而是「相對論」在理論上的根基與基石。那麼，「時間」如何跟自己產生比較呢？關鍵就在「速度」這兩個字上面。也就是說，任何物體在不同的運動速度下，就會對應而產生不同的對應「時間」。近代的科學家以愛因斯坦為主的「相對論」，認為：

「時間不是任何一種已經存在而固定於一個維度的事物，也不是任何會流動或有固定方位的實體物。」

人類會由年輕而變老不是時間的問題，而是一種生理作用，人類也未必是由地球上的時間來支配這一切。愛因斯坦就曾以相對論的概念來描述「時間」對於人類在生理與心理層面上的影響，最重要的是以此解釋「時間」是一種相對性的，也就是說，每一個人的「時間」皆不相同，它是彼此相對地存在，而並非是絕對的唯一。現在，就讓我們以一個真實而實際的例子來說明「時間」是一個具有相對性存在的問題，而不具有絕對性的：

「假設一對雙胞胎，哥哥駕駛太空船，以 0.9999C 的速度（C是光速）離開地球，而弟弟留在地球上。哥哥在宇宙中飛行了 10 年（駕駛艙

的時鐘）之後到達另一個星球後然後返回，也花了 10 年返回到地球，則他們兄弟再見面時相隔了多少時間？」

對於這個問題，我們的直接回答當然是相隔了 20 年，那是毫無疑問的。但是，真實的事實並非是，這樣的飛行狀況已經涉及到《相對論》的問題了。如此我們可以根據《狹義相對論 (Special Theory of Relativity）》中的「時間膨脹 (Time dilation)」的公式解答。答案是：

1. 他們這對雙胞胎兄弟不可能再見面。
2. 哥哥花了 20 年在太空中飛行，而弟弟在地球上卻過了 1414.2 年。
3. 他們這對雙胞胎兄弟以地球的時間來計算，間隔了有 1414.2 年之久，所以他們不可能再見面。

請注意，哥哥來回共花了 20 年，但對地球而言，則是過了 1414.2 年。也就是說，太空船駕駛員依據駕駛艙的時鐘，他確認這趟飛行總共花費了 20 年的時間。但是，相對於地球上的人們的時鐘卻告訴我們，他這一趟來回總共花費了 1414.2 年，這就是「時間的膨脹」。古人有言：「天上始一歲，人間已百年」，這是個真實的實例。當然，如果再把速度提高，那就不是上百年或千年的問題了，而是可以上萬年以上了，這當然不是神話。

空間的本質還是變數

　　如果「時間」是可以膨脹的話，那麼與「時間」關係最緊密的「空間」，是不是也可以應用這個膨脹的道理呢？答案是肯定的。而且＜狹義相對論 (Special Theory of Relativity)＞中的「空間膨脹 (Space dilation)」的公式對於「空間膨脹」的計算公式與「時間膨脹」的公式幾乎完全是一個模式，只需要將時間變數 T 換成空間變數 L。可能很多人會認為空間的膨脹應該很容易想像，那就是把原來的距離加大了，那不就是空間的膨脹了嗎？事實不然，「空間」的膨脹可能更讓人難以想像。

　　現在有一個問題提出來，讓我們大家思考一下。假如我和你，我們兩個人的距離剛好是 1 公尺的距離，然後你站著不動，我也站著不動。那麼根據我們根深蒂固的觀念我們兩個人的距離應該就是永遠不會變的。也就是說，不論第三者是在平地上看我們兩個人，或他坐在火車上或是在飛機上看我們兩個人的距離都應該是不會改變的，這應該是一個常識性的問題。但是，事實不然。

　　若是有人以高速度飛過我們兩個人站立地點的時候，在「相對論」上告訴我們，他看到我們這兩個人之間的距離會變短。很多人會想像說，「膨脹」一定是變大或是變長。但是不要忘了，縮小也是膨脹的另外一個

說法。就像加法一樣，未
必數值會越加越多，如果
所加的數目是負的，則當
然有可能會越加越小。所
以，我在標題上用「膨縮」
這兩個字。

當然這裡面還有一個
問題需要思考的，那就是
「同時」這兩個字，他會
「同時」看到我們兩個人。
但是，在宇宙中很難找到
所謂的「同時」這個件事。
當我們抬頭看到月亮的時
候，其實那是 1 秒鐘前的它，而當我們抬頭看向北方的時候，我們所看的
北極星，卻是 434 年前它。所以說，「同時」這兩個字也是很關鍵的。但
由於兩人的距離很近，而且「同時」的問題是另外一個話題，我們暫且不
去提它。固定長度的東西在具有速度的狀況下被測測時，它的長度是會變
小的。這樣的說法好像與「時間的膨脹」是相反的樣子，事實不然，那是
因為我們看事情的相對關係改變了。

「時間」的膨脹或是「空間」的縮小，在數學上就可以很輕易地就
可以得到答案。然而，可能很少人想過，它未來所衍生出來的問題，不論

是在整個社會的群居或是互動上，或是自我的身心上面，我想那都將是一個很大而且是最值得研究的問題。我們很難想像一個中國唐朝時代的人回到了現在的社會。那個從唐朝回來的人，看到了現在的這個時代與社會，它要如何調適自己的身心，這才真的是很難思考的問題。要思考「時間」或「空間」膨脹的這個現象，其實是超過一般人們可以思維的範圍。我們可以很清楚的知道，也可以很精確的在數學上計算出來。但是，科學上的詮釋，也僅是對於宇宙中的這個「現象」之呈現而已。它是「現象」的根源，但不是「問題」的根本。最不可思議的是這個現象，它適用於每一個各體，宇宙中每一個運動的各體都適用「相對論」。在宇宙中有無數的兆億星球與生命，如此複雜的存在著。這種令人不可思議的「時空轉換」現象，而又可以彼此無限的交互作用，這一切現象的真正究竟，也許只可以說，真是只有「神」可以解答！

【第 16 章】
想要回到過去的弔詭

沒有人知道時間究竟是什麼？

但可以確定的是

沒有時間則什麼也沒有。

時間給了宇宙未來

沒有人知道「現在」在哪裡？

更沒有人知道「過去」的時空跑去了哪裡….？

我們所看到的星星

也只是那遠古的「光」

而不是「現在」。

「時間」是真實的嗎？

答案是不全然肯定，

但也不全然否定。

但我們知道「時間」卻是個變數

「時間」的確是可以伸縮的

天上始一歲人間已百年

這是人類自古以來對於神仙的夢幻

但

這卻是千真萬確而又真實事

然而，

這樣真的是好嗎？

答案未必是肯定的

但卻很可能是

是否定的……。

16.1 如果熊回到過去有多好

　　相信我們每一個人都有過許多幻想的經驗，尤其是當我們沒有能力去完成自己心中想要做到的事。於是，我們就可以用「幻想」去完成它，這是令人十分愉快的一件事情。高中生想著我將來要如何伸展抱負，大學生會幻想著愛情的到來與未來在事業上該如何如願的就業與拓展前途，這個時候的心態是一種攻擊性的心態。但是當歲月漸增，行年漸長，來到了中年的時候，想法就不太一樣了，這個時候會先想要保住目前所擁有的，然後再看將來有沒有進展的機會，這是生命中最美好的時期。所以，總希望能把時間留得住。但是，當時光來到了中年以上歲月的時候，這個時候對於生命就會開始倒過來想像了，想著小的時候的那段時間與歲月。我看見過一些失智的老人，每天都是喊著要回家、回家，但是他現在明明就住在

家中，還說要回家，而且還想盡辦法開鎖或是翻牆要偷跑出去，為的只是要回家。家人都非常的費心與擔心，也想不通。事實上是許多的子女們不明白老人家究竟是在想什麼？其實，他所謂的「回家」，是回到他小時候腦海裡的家。

生命如果不要變老那該有多好。的確，每一個人都會有許許多多的幻想。但是，在眾多的幻想中，最天馬行空的「幻想」也許就算是「回到過去」的想法了。而「時空旅行」也一直是最令人著迷的一門科學問題。當然，正因為它的迷人，所以有很多這一類的科幻小說和電影，都在這上面發揮更大的想像力，也因而吸引人全世界眾多的讀者與觀眾。

《相對論》的確是告訴我們，並可以精準的計算出在高速的太空旅行中，的確是可以達到「天上始一歲，人間千百年」的真實性。也因此造成了一些人在想，希望能藉助於「時空旅行」，並「回到過去」讓自己的人生重來一次，這樣的「時空旅行」價錢再貴都是值得的。我們先不要談目前技術層面上的可能性，雖然目前人類目前還沒有這樣的技術，但並不代表未來沒有這種可能。我想要談的是較深入的分析《相對論》的「時空旅行」問題，並提供一些正確的觀念與認知，它並不完全如科幻小說和電影中所描述的那種情節。想要回到過去的「時空旅行」，事實上，當然也會產生基本邏輯上的大問題。而一旦「邏輯」上出了大問題，就會連動到「因果」的問題，那問題的層面，可能就不是我們人類可以思考或討論的範圍了。

現在就讓我們再談一談「回到過去」的這件事情。如果單是憑著「想

像」讓我們可以回到過去的時光，那當然也是一種令人愉快的事，對於想像而言，這種時光旅行的真實性究竟如何？卻不是大家所要思考與關心的事情。因為，畢竟是想像的，用想的就很愉快，其他的何必太在意。是的，若是可以藉著「回到過去」而再有年輕的歲月，那才是真正神仙不換的事情。而許多電影和小說，就是以這樣的一種心態，藉助於時光機而回到了過去旅行，使這樣的情節讓大家都能著迷不已。想想看，若能以現代科技的能力而回到過去的日子，而又能將日常的使用的各項設備隨同一併的帶到過去的日子，那當然是賽過神仙了。再想想看，當你以現在的身份回到了過去的時代，這不但會嚇壞了那些當地所有的人，更可能將你奉為神仙。而喜歡惡作劇的人，甚至可以連皇上都可以戲弄一下，然後再回到現在，如此來回的過一過兩邊的日子，那該有多痛快啊！這樣子的藉助於時光機而經常的來回於「現在」與「過去」之間，這樣的事情不但讓人著迷萬分，事實上，那是比神仙還要神。

回到過去是真的嗎？

但是，這樣的事情其真相究竟是如何呢？在理論上，這種事情的確是可能會發生的，但也」「不」完全可能。這話豈不是有矛盾嗎？是的，這就要讓我們深入的來看一看，在宇宙中這樣的旅行究竟會發生什麼是情？

首先，「回到過去」這個名詞是一種語言上的誤導，那只是電影和小說，藉助於人們的這樣一種心願，杜撰出來的一些幻想與戲劇的情節，用來吸引觀眾。現在，各位讓我們首先認真地想一想最簡單的一個情節，那就是：

「當一列火車到站了，乘客也下車了，而火車也開走了。若此時有人忘了皮包還放在車上，於是想要再度回到他剛才乘坐的該列火車上，然而這個時候的火車已經遠去。而如果我們想要再回到那列火車上。那應該要怎麼辦？」

答案其實並不難。只要我們用更快的速度去「追」上剛才的火車，不論是用什麼方法，但都是要「追」上該列火車。當然，最簡單的方式就是用較快的速度，追到火車的下一站去。也就是比火車要先到下一站，然後等候火車的到來，我們就可以再上該列車，拿回剛才自己遺留下來的皮包。但無論如何，我們都必須要有比火車更快的速度才行。

故此，我們如果要想登上已經遠去的火車，是要用比火車更快的速度

「追上」或是超越它的方式才可以。而不是「回到過去」還沒有下車時的狀況，去改變那已經成為事實的「過去」。所以說，「回到過去」這是一個電影名詞而已。那是在戲弄大家，它不但不是事實，也不合乎科學，而且，在邏輯上更是說不通。

現在，就讓我們站在科學的基礎上來深入的談一談這件事情，看看回到「過去」究竟是不是可行？還是只是一些小說家的想像題材而已？事實上，這種現象並非單純的是以現有的物理法則來思考它的可行性。更重要的是這種行為所造成因果關係的「悖論」。在人類的已往的知識中，任何的理論都被嚴格的的限制在「因果律」之中，這正是因為違反「因果律」所產生一連串的「悖論」問題會是荒謬的。所以「因果律」是我們所認知的世界中最不可以違反的一種鐵律。這正如一個家庭中先有了兒女才有父母親，這樣的因果倒序，在目前人類的認知上是不可能成立的。但是，在科學上，事情並沒有完全的阻絕，想要「回到過去」的這種事情也並非全然的不可理論。關鍵是：「我們需要用另外一種角度來看」。所以，在我們思想與理論的範圍中，那還是可以被探索或思考的。因為，我們在一開始的時候就說過「時間」是一個「變數」，牠的確是可以有伸縮性的。當然，事情也沒有我們想像中的那麼單純。

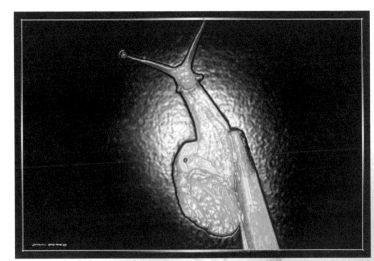

時間是不可思議的現象

在我們這個接近於無窮極限的宇宙中，有太多的事情或現象不是我們人類可以思索或考慮的。在近代的「量子力學」中，基本粒子的現象與行為並不完全符合「因果律」。也就是說，在許多狀況下基本粒子的行為會有違反「因果律」的現象。事實上，就這個現象而言，也由於所有的基本粒子它們的個體完全沒有外觀上的任何差異。在德國物理學家，量子力學創始人之一的海森堡（Werner Heisenberg，1901-1976）的不確定性原理（uncertainty principle）中告訴我們，在這宇宙中任何基本粒子的行為是不可能被精確的認知與掌握的。正因為如此，所以，在觀察上面是無法區別「因」與「果」之間的關係。因此，通篇所陳述的是一種以統計學在表達「機率」論的方式而陳述，並不是如同一般物理定律所陳述的是以「因果律」所表達的方式，這一點在讀量子力學時就必須要有的心裡準備與認知。

再進一步的說，在《相對論》的數學模式中，無論如何推導，「時間」就是不可能設定成為一個「零」值。而如果設定自己的時間是「零」值，則宇宙中的「時間」將是不存在的。近代物理也告訴我們，在宇宙中除了「光」以外沒有任何的物質可以用「光」的速度運行，基本的《動力學》也告訴我們，任何物體如果以光速運行的話，其本身的「動量」將會達到

「無窮大」，而這宇宙中是不可能提供有無窮大「動量」的「能量」的。「光」的本身沒有質量，也沒有體積或大小。所以，在宇宙中除了「光」本身之外，是沒有任何物質可以用光速運行的。任何不能以光速運行的物質，它的「時間膨脹」比率的數值也一定是個「正數」，這一點很重要。故而，以一個正值的「時間膨脹」數值，相對於其他的「時間」，這「時間」在相對之下只會是變大，而不會變小，也不會變成為「零」，更不可能成為「負數」。如此，這又如何能夠回得了「過去」呢？總感覺到「創生者」在宇宙創生的時候，就已經考慮到「時間」是不允許逆流的現象出現的。

由於「負數時間」在《相對論》的數學模式中是不可能出現的，在《相對論》中若是「自我」的時間設定為「零」的話，其結果是「膨脹時間」為「零」，那也就是在說「現在」等於「現在」，那就沒有什麼意義了。但是如果運動體超過了光速，那就會形成另一個神奇的「虛數時間」。故而，那當然就不可能回到過去。至於「虛數時間」能夠到哪裡去？那就不是人類可以想像與思考的了。更何況如果違反了宇宙的「因果律」，那就是一種謬論，而「祖孫悖論」就是典型的代表。

祖父悖論與因果關係

　　「時光旅行」當然是很愉快的，不但是很愉快而且是非常刺激而有趣的。但是，各位可曾想過在「時光旅行」中，這裡面會有一些「悖論」的事情會發生？所謂「悖論」就是不合情理，而且是自相矛盾的論述。而在「時光旅行」中最有名的就是「祖父悖論 (grandfather paradox)」了。「祖父悖論」是時光旅行時的一種無法解釋，也無法自圓其說的事情。事實上，這種悖論卻是科幻故事中常見的主題，只是大家並沒有認真的在看待它，而把它當作是一種好笑與娛樂的題材。但是，當我們認真的思考與面對這個科學問題的時候，事情的真相就不是電影中的那個樣子了。而這種「祖父悖論」的現象則是會在科學的論述上，使得那些不合理的真相與邏輯顯現出來，讓人們了解事實的真相與關鍵性的邏輯，並不是只憑自己的想像與遊戲而已。

　　「祖父悖論 (Grandfather paradox)」是一種「時光旅行」的悖論，雖然它經常是科幻故事中常被用到的主題。但是，這裡面卻有著「邏輯定律」及「因果律」上嚴重的矛盾問題。現在讓我們來看看這個問題的所在與真相。假設是：

　　若是你在「回到過去」的時光旅行中，回到了「過去」的時代，而且是回到了你祖父的那個時間與空間。但由於你並不認識你的祖父，也可能

那個時候正在戰亂中，你不小心把年輕的祖父殺死了，而年輕的祖父並還沒有結婚，那麼………？？」

　　這在你「回到過去」的旅行中，這個狀況的確是有可能會發生的。然而，這卻在「邏輯定律」與「因果律」上，產生了下列兩個嚴重的矛盾現象：

1.　如果你的祖父已經被你殺死了，那你是從哪裡生出來的？
2.　當你回到過去，殺了你年輕的祖父，而祖父死了就沒有父親，沒有父親也不會有「你」。那麼，又是誰殺了你的祖父呢？

　　這就是「祖父悖論」最直接矛盾的地方。如果宇宙中真的時光可以回到過去的話，那麼這種「祖父悖論」的這一類事情也就必然不可能避免。但是，如果真的發生了這種「祖父悖論」的事情，又因為它完全的不合乎邏輯定律與因果律。所以，這世界上沒有一個人可以解釋這究竟是怎麼回事？也沒有任何一個人可以知道在這種情況下，宇宙究竟會有什麼反應或現象？像這種違反宇宙中的邏輯定律與因果律的事情，雖然，它是建立在假設的說法上，但若不幸這種假說或許成為真實的話，那沒有一個人可以「想像」該如何去解釋這個問題。但我相信，宇宙一定有某種更高與更特殊的智慧與能力，可以預防這種悖論事情的發生。

誰是「我」的悖論

　　這個悖論其實比「祖父悖論」還要更實際一些。那就是當我借助於時光機器進行「時光旅行」的時候，很可能我會回到年輕時代的我。然而，當有一天在街上走路的時候，現在的這個「我」找到了年輕時代的那個「我」，想想看，那會發生什麼事情？也許現在的這個「我」可以認得出年輕時代的那個「我」，但是，很肯定的，那個年輕時代的「我」，卻絕對不會相信站立在他面前的這個人是他未來的「我」。這個情節，在語言上不容易表達，但是各位可以憑想像去體會，當這兩個人在會面的時候會有什麼情景發生？

　　由於「現在」的這個「我」是特意的找到 20 年前的「我」，所以，「現在」的「我」會告訴另外的那個「我」，現在站在你面前的這個人是20 年前的「你」，這個時候相信對方只會有一個反應，那就是「神經病」這三個字。反過來想，各位如果是你的話，有一個人突然的站在你面前，然後又說他是 20 年前的你，請問你會怎麼想？大概也還是只有這樣一個念頭，那就是「神經病」。而如果還一直糾纏不清的話，那麼唯一的辦法就是去報警，結果是兩個「我」都會被抓了起來關，因為警察也分不出哪個「我」是這個「我」或是那個「我」，而如果你被抓到警察局去還在說是 20 年前的那個「我」，相信你就會被送到神經病院去關起來。不知道

現在的神經病院裡面是不是就有許多這種人。

另一個可能會發生的狀況，那就是這兩個「我」會爭執起來，而20年前的「我」當然不會承認你就是20年前的「我」，於是在爭執中，可能會造成致命的傷害，如果那20年前的「我」被殺害了，同樣的問題，則現在的我又是如何來的？所以說「回到過去」最根本的問題就是會「改變」歷史，「改變」過去的歷史就會產生的因果倒置的問題，也就是改變了宇宙時空最根本所存在的現象。

量子力學中佔有最重要的位置之一的「不確定性原理」很明確的告訴我們，「時間(Time)」是不連續的。所以在宇宙中任何地方「時間」都不會等於「零」，更不可能有「負數」的出現。它的最小值就以一個「普朗克常數值(Planck constant (denoted h)」h =6.62607004 × 10^{-34} Js，這是宇宙中「時間」與「空間」存在最小的數值，所以，在宇宙中「時間」與「空間」

都是不連續而是斷滅的。從這裏我們就可以看得出「造物者」的無上智慧，他早就想到了，在宇宙中的高等智慧之生物，一定會想要讓時光可以倒流。所以，他設下的這個「普朗克常數值」，讓宇宙中沒有任何的可能，可以使得時間可以倒流。所以說，想要讓時光倒流，這是不可能的。

時間與空間的曲扭

　　「時光旅行」是指人類在以接近光速的速度在宇宙中進行以「近光速」的運動，而從某一個星際藉助於這種「近光速」的運動可以在極短的時間裡移動到另外一個星際的地方。的確，在近光速的速度下，兩個物體之間的「時間」流動的速度可能會不同。但是這種旅行的方式，就如同我們生活中的歲月一般，時間仍然只能前往未來，而不能回到過去。雖然我們可以在很短的時間裡旅行了很長的距離，而時間也產生了「時間膨脹」的問題。但是，無論時間是如何的在膨脹，但它仍然是以單方向的在進行，也就是仍然的是從「未來」進行到「過去」。

　　那我們用《狹義相對論》的數學模式中，以任何的方式去處理，它的結果就是不會出現為「負數」時間，如果時間不能成為「負值」，也就是說時間只能向前進而不能向後退後，如果時間不能後退，那談什麼「回到過去」呢？這是在數學上一個基本的道理。

　　如果我們再以《廣義相對論》來看，宇宙時空在「重力」的作用之下會產生縮小與曲扭的現象。這種「時間」與「空間」的曲扭現象說明了不但「時間」不再是平坦的進行，甚至連「空間」也變形的。那麼，什麼是「空間」的變形呢？我們可能與一位朋友相隔一條街約 10 公尺的距離，

按照我們正常的速度大概 10 秒鐘就可以相遇。但是在一個扭曲的空間裡，這 10 公尺的距離可能你這要花上一個月的時間或是一年的時間都還不一定能夠走完而相遇。這個現象有點像是兩個很接近的懸崖，雖然彼此可以是很接近，但是卻又是幾乎完全接觸不到對方。

這看起來原來是兩個懸崖的頂端很接近，但是它們下面卻有很深的深淵，如果我們沿著表面的路徑要走的話，那就是要由原來的頂端往下走過去，來到最低處然後再往上一路的走上來，才能達到另一個對方在頂端。如果是在陸地上，我們可以加蓋一個橋樑而通行過去，但是在宇宙的時空之中，還沒有任何的證據，可以用任何的方法連結兩個不同的「時空」。「蟲洞 (wormhole)」也還只是科學家一種幻念似的一種想法。更何況即使有，也未必能夠連結到你所要去的地方。

所以，「空間」的扭曲，使得即使是很近的區域，但我們之間也許完全是看不到對方的。因為空間的彎曲會使光線的進行產生同樣的彎曲現象。也許未來或許有新的時空理論，那麼人類可以跨越不同的時空而進出，這種情節就有點像電影或是漫畫中，突然從空中只有出現了一隻手把桌上的蘋果拿走了，然後手又收回去了，而一切的景象又恢復了原狀。這種情節的確是有可能，但是目前人類還沒有任何理論知道該如何去跨越這時間與空間的扭曲問題。

除了我們自身的宇宙外，還有可能是另外一個不同的宇宙就貼近在我們的身邊，這是我們可能完全感受不到，也完全沒有知覺的，當然也沒有辦法進入另外的一個時空領域。我們一般人都知道，我們的這個宇宙時空

是四維的，但科學上卻也告訴我們，我們的這個宇宙時空有可能高達十維以上。而我們的宇宙，很可能只是眾多宇宙中的一個。正如我們的太陽也只是我們的銀河系中三千億顆（太陽）恆星中的一顆而已。沒有人知道另外的宇宙跟我們的宇宙會不會產生重疊，也沒有人知道宇宙的重疊會產生什麼現象？但是我們應該可以相信，我們的宇宙可能並不是唯一的一個宇宙。

藉時空的曲扭回到過去

　　想要回到「過去」在理論上另一個方法就是讓「空間」產生彎曲。這正如同一張平面白紙上在對角線上的兩個角落，分別個有一個小圓圈。這兩個小圓圈最短的距離，就是它們之間的直線連線。但實際上卻未必如此的簡單，在《立體幾何學》中還有一種情況，那就是將這張紙對摺起來，則這兩個小圓圈幾乎就可以重疊了。如果將這紙張的距離加大，將它們平放在宇宙中相距 100 光年遠的兩個地方，然後使這兩個小圓圈之間的「空間」產生曲扭，如同紙張般的對折過來。那麼，這兩個小圓圈幾乎就可以很貼近的在一起，甚至於重疊。那麼，我們就可以很輕鬆的在這兩個圈圈中來來回回的彼此往來。這個理論有錯嗎？答案的確是沒有錯。

　　不論是早期的《狹義相對論》，或是後期的《廣義相對論》，都是在談宇宙的時空曲扭的問題，並提供了相關問題的答案。所以，宇宙的時空當然是可以被曲扭的，而當時空可以被曲扭的時候，在極限的狀況下，兩個不同地區的時空點很有可能會被曲扭到重疊的狀態，那不就是可以回到過去了嗎？但是，事情真的就是那麼簡單嗎？對於這種「時空旅行」的旅行而言，雖然在理論上的確是可行的，並認為當宇宙中某些地區的「時空」在極度地扭曲狀態下，很可能就會出現有重疊的現象。在曲扭的狀態下，有的時候看起來是很遠的地方，但是由於時空的曲扭，使得這兩個地方變

得很近。如此說來 在宇宙中的時空扭曲不就是可以讓時光回到從前嗎？但答案仍然是「否定」的。除了「黑洞」之外，宇宙中沒有任何的可能讓「時間」與「空間」可以重疊在一起，尤其是「時間」的問題。

　　理論上雖然不可行，但用想像的可以嗎？事實上，宇宙的空間無論再如何地縮小與曲扭，卻也絕對不會與「過去」的時間與空間相撞在一起。如果是以「時間」而論，若是現在的時間與過去的時間可以曲扭到「相撞」在一起的話，那麼古今中外大家都混在一起了這實在是很難想像的事情。而如果現在的「時間與空間」又同時的與過去的「時間與空間」同時的相撞在一起，這種「時空」同時重疊的現象，那就是「古人」與「現代」的人，也因此同時的存在於同一個「時空」之下，也因此同時的可以相互彼此的影響，這種情景就簡直不知道該如何去想像，事實上，也想像不下去了。當然，這種狀況是絕對不會發生的，這個宇宙是有序的而且是有理的，而且是有至高無上的智慧。我們不知道具有這個至高無上智慧的人是誰，是「造物者」是「上帝」或是「神」。但相信祂一定是存在的，這個宇宙的「創生」，它不是無因、也不是無無秩、無序的，更不可能是隨意而雜亂誕生的，它絕不可能讓這個宇宙在相互矛盾與雜亂無序的狀態下運作，因為宇宙中必然有它的最高的「規矩」存在。

宇宙的終極約束

在宇宙中所有的時空裡，必然都會在「因果律」的運作之下才能生生不息。所以，「祖父悖論」在「因果律」的道理中是絕對行不通的，而如果在道理上不通，邏輯上也不通，則在實質上也必然是不可行的。人類任何一種理論都不能代表整個宇宙的現象與事實，而任何再偉大的方程式同樣的都不能涵蓋整個宇宙的萬象。這也是為什麼說理論的可行性並不代表事實的真相就一定會是如此。也因此，「時光旅行」在想像上雖說是有想像空間。但是我也相信，我們在宇宙的無限的時空之下，必然還有太多、太多不知道的地方或是根本還不自覺的領域。宇宙的時空的確是可以彎曲。但是，我也相信宇宙的本身有它最高的智慧，也一定會有某種限制的機制。它不會讓無極限而不受任何約制的事情為所欲為。我們的宇宙是被創生的，人類也是被創生的。任何的「創生」都「不是」無條件的，也一定會存在著有它的限制，沒有限制的社會必然會滅亡，同樣的，沒有限制的宇宙也不可能永久的存在。

請各位千萬不要忘記，是「造物者」、「上帝」或是「神」創造了宇宙。請注意，創造的本身鳩包含著「約束力」的存在。而宇宙中也不存在不受約束的任何事與物。也就是說，宇宙中任何的事與物一定都存在著它必然的特殊而且具有約束姓的力量， 可以對於它的存在進行約束與規範。所

以說，在宇宙中任何無法無天的事情都不可能存在。也因此，我們必然可以得到一個結論。那就是宇宙的本身存在著有它至高無上的智慧，它也一定會阻止一切脫序的或是弔詭現象與悖理的事情發生。而這也正就是所謂宇宙的「終極約束」。

其實當我們認真的想一想，應該就會懂得這其中的道理。例如，宇宙中所有一切的星體都是球形狀的，為什麼所有的星體都是如此？我們的地球是行星而已，太陽是恆星，在我們本銀河系中那這樣的恆星就有超過三千億顆以上，至於超越我們的銀河系之外，還有億兆個星系，同樣的沒有任何一個是可以例外的。

謙誠的人應當知道，這正就是宇宙在創生時，「上帝」所設下的一種極限性的限制。也就是宇宙中任何的星體包含其內所含有的一切生物在內，都不可以有超越極限的「終極約束」以外的事物存在。而這也是唯一可以解釋為什麼「祖父悖論」之所以不可能會發生的道理所在。因為，宇宙中必然有它的「終極約束」存在，決不會讓任何的事與物可以倒果為因。畢竟「上帝」的智慧是無限的，而我們也不可能用有限的思維去思考那無限的宇宙。

【第 17 章】
我們是生活在時空的假相中

17.1
時間與空間其實是一種「假相」

若要說起「時間」與「空間」的事情，那豈不是太稀鬆平常了嗎？舉目四望所見到的一切，我們可以一直的看到天邊海角，都是「空間」的所有與所在，這太平常了。「時間」那就更不必說了，有些人還嫌它太多，所以總要想辦法去「打發」一些時間。對年輕的人來說，日子更好像永遠過不完似的。

事實上，「時間」與「空間」是全人類至今無人能解的宇宙一種通識與現象。在一般人們的認知中，「時間」與「空間」其最基本的現象當然就是具有不間斷的「連續性」的現象，也就是說「時間」與「空間」它們在最基本的特質上就是連續性的延綿不絕，當然不會有「間斷」的這種問題。「時間」是一分一秒的在過着，但是我們對於「時間」在實際的感知，當然是延綿不盡而是具有「連續性」的存在。同樣的我們對於「空間」的認知也是如此。所謂「連續性」就是「時間」沒有任何間斷的問題。就如

同是一根無盡的繩子，它們沒有任何一個地方是中斷的，所以說這整條繩子都是具有「連續性」的。故而，在人類所有的認知中，似乎是從沒有人說「時間」是跳躍的走著。我們的記憶可以是片段的，歷史是可以間斷的。然而，「時間」卻是延綿不盡而沒有一絲一毫的「間隙」可以存在的。近代的《量子力學》則推翻了自古以來全人類對於「時間」與「空間」的基本的感知與認知。並證實了「時間」與「空間」的本質都是「不連續」的。也就是說「時間」與「空間」在本質上是「間斷」而「不連續」的，它們的真實面目其實就是不連續的「斷滅性」。

當然，這種「斷滅」與「不連續」絕非是人類可以感覺得出來。這個現像我們可以用一個比喻來說明，那就是如果我們在夜晚的時刻，用一支點燃的香，然後快速的在空中畫出圓圈，這時候我們看到的幾乎就是一個「會動」的明亮圓圈。但如果我們用機器夾著那隻「香火」並進行高速度的旋轉，那我們所見到的就是一個非常圓滿固定而明亮的火圓圈，沒有人會認為那一個點在跑。對於此種現象，我們都認定那出現在我們面前的就是一個線形而明亮的圓圈，更不會有空隙或斷滅的感覺。但事實的真相，卻不是如此，它只是一個「點」的香火在高速的旋轉而已，這才是事實的真相。

我們現在所看的電視，是如此的吸引人，就如同是真人實事一般。但事實上，電視的畫面卻是以每一秒鐘 60 個「圖場 (Field)」在不斷的連續變化，遠遠的超過我們人類的「視覺暫留」，所以人們看起來所有的動作都是連續的。但是，對於懂得電視原理的人而言，他們當然知道我們肉眼

所看到的畫面全是「假相」的作用。

從以上的現象我們可以得知，這個世界上的表象與實體未必是相互一致的，所以說：

人類自身的感覺與認知，未必就是宇宙的現象或事實的真相。

同樣的道理，在宇宙中所呈現的許許多多現象，其實它們的「現象」也都只是一種「假相」而已。由此延伸出同樣的道理，我們所感覺到的「時間」與「空間」的現象，它們同樣的也未必真實是我們所感覺或看到的樣子，它們同樣的也只是一種「假象」而已啊！事實上，這一切未必就是「時間」與「空間」的真實面目。

《量子力學》很明確的告訴我們，在我們所存身的這個宇宙中，其「時間」與「空間」的真實面目是難以思考的，更不是我們所看到或感覺到的那個樣子。當然，它也進一步的証實：

「時間」與「空間」的真面目是「不連續」的，而且是「斷滅」的。

故而，「時空」的本質就是由許許多多的無數微小片段連結在一起，而成為一個看起來像是連續的狀態而已。這個極度微小的間斷就叫做「普朗克常數(Planck constant)簡稱為 h，它的數值我們會在下面的章節裏談到。事實上，就是這個「普朗克常數 h」讓「時間」與「空間」都處於不連續的狀態。這也就是說，在這宇宙中，「時間」與「空間」真的不是我們所想像的那個樣子，它們真實的本質都是不連續的，是斷滅的。

芝諾的「時空」詭論

在「時間」與「空間」的實體現象上，有人提出了一個非常詭異的詭論，那就是距今兩千四百年前的希臘大哲學家芝諾所提出的《芝諾詭論 (Paradoxes of Zeno)》，對於這個詭論持續了兩千多年以來，一直無人能真正的解開它的究竟。其實，這個問題的本身與現象是很簡單的，那就是說：

「有一名希臘戰士在戰場上，當他突然發現有一個敵人拿起弓箭要射他，此時他立刻轉身逃跑。假設敵人與他之間的距離是 100 公尺，箭的速度是人奔跑的速度的 10 倍。芝諾的結論則是：這支箭在理論上，是永遠都射不到這名希臘戰士身上的。」

射出去的箭如飛一般的快，怎麼可能「永遠」都射不到這名希臘戰士的身上？

那麼，現在讓我們來說一說每一個細節進行的道理，凡事總要講理吧！道理是：當這支箭射出的同時，希臘戰士開始飛奔逃跑，此時兩者相距 100 公尺，因為箭的速度是人奔跑的速度的 10 倍。所以：

由於兩者相距 100 公尺，所以，當箭飛越了 100 公尺時，希臘戰士則多跑了 10 公尺。

當箭再追上這 10 公尺時，人又跑多了 1 公尺。

當箭再追上這 1 公尺時，人又再多跑了 10 公分。

當箭再追上這 10 公分，人又再多跑了 1 公分。

當箭再追上這 1 公分，人又再多跑了 0.1 公分。

當箭再追上這 0.1 公分時，人又再多跑了 0.01 公分。

如此可以一直的以極限的方式進行下去……………

結論是：人永遠是在箭尖的前面十分之一的位置上，一直進行到無窮小，也就是說永遠、永遠可以一直的進行下去。所以，箭永遠、永遠射不到這位希臘戰士的身上。這看起來實在是很荒謬的事，雖然經驗告訴我們這是不可能的事。

但是，凡事要有道理，數學中的「極限 (Limit)」觀念則告訴我們那支箭永遠射不到希臘戰士的身上，但事實卻又不是如此，究竟是哪裡出了錯？當時就連發明微積分的牛頓，也沒有將這道題目破解出來。

《芝諾詭論》看似簡單，其實這是一個具有極高深度的問題。也就是進入了「時間」與「空間」真實的「極限」之現象與問題上。當人們還不了解「時間」與「空間」的真實本質的時候，當然就無法對「時間」與「空間」的極限問題提出答案。直到二十世紀的初期，《量子力學》的興起，「不確定性原理（Uncertainty principle）」告訴我們，「時間」與「空間」是極限是什麼？讓我們很清楚的知道了「時間」與「空間」的極限是「不連續」的，而不連續的函數是不可以使用「微分」或以「極限」的理論來處理。同樣的，也不可以使用「極限」的方式來導論。否則就會產生謬誤。當然，這個問題現在也就不再是問題了。

驚天動地的「不確定性原理」

　　「不確定性原理（Uncertainty principle）」是在 1927 年由德國物理學家海森堡 (Werner Heisenberg，1901-1976) 所提出來的。並因而獲得諾貝爾物理獎，開啟了《量子力學》的第一個章節。事實上，從「不確定性原理」這幾個字，諸位就應該可以體會得到，在宇宙中的一切事物中，都隱藏著有「無常」的影子存在。每次我在思考這「不確定性原理」的時候，總覺得它是「驚天動地」的。我用「驚天動地」這四個字來描述這個原理，其實一點也不為過。因為它探究了宇宙的最根本的運作規範。

　　宇宙中的一切都是有規範的，即使是基本粒子也不能例外。我們整個已知的宇宙都是由基本粒子所構成的，那麼要探知基本粒子的運作方式，首先必須懂得這個「不確定性原理（Uncertainty principle）」。整個大宇宙都是由基本粒子所構成，所以，它所受到的規範與現象不是只有在地球上有影響，而是遍及整個宇宙都受到規範。它不但規範了宇宙最基本的運作之法規與現象，也支配了這所有的這一切。當我們了解微觀世界之不可測的現象，不由得從內心中深深的嘆服與敬佩，這個微觀世界真的是不可思議的神蹟，也真的只有「神」可以制訂這一切的運作法則。 宇宙的一切在實質上可以說就是由「無常」所構成的。而在「無常」的微觀世界中，卻建立起整個宇宙的「有常」與「有形」的外觀世界。在「時間」上是如

此，在「空間」上也同樣的是如此，您說這偉大不偉大。「時間」的無常是大家都容易感同身受的，但是對於「空間」的無常，可能就有很多人感受不到了。諸位要知道，所謂的「空間」並不是單獨是指「距離」上的空間而言，但如果我將「空間」說成是「物質」的一個環節，相信諸位也許就能夠體悟的多了。事實上，「空間」與「物質」是具有某種等價關係的。而「物質」在《物理學》的定義上就是必需具備有「空間」的。同樣的道理也就是說，只要是「物質」就一定具備有它所存在的「空間」。

《量子力學 (Quantum Mechanics)》是描述極微觀的世界或宇宙，如原子、電子、質子、亞原子粒子等行為的物理學。它同時也解釋，宇宙中所有的「原力 (Fundamental interaction)」。這是構成宇宙的最原始基本的力量，有的時候我們又稱之為「基本力」。宇宙中的「原力」共有四種，它們分別是「強力」、「電磁力」、「弱力」與「重力」。事實上，《量子力學》中的「不確定性原理」也只是一行非常簡短的方程式而已，簡短到只有三個字母與三個符號的方程式，但即使是如此，卻能得到諾貝爾物理獎，由此我們同時也可以知道這個方程式必然是偉大的。現在讓我們來看看這個方程式：

$$\Delta x \cdot \Delta p \geq h/4\pi$$

但是，它究竟是在說什麼呢？

(1). 首先，Δ 這個符號唸 (Delta)，表示「極微量」的意思。那究竟有多小？其數目可以隨意假設的小。x 表示基本粒子移動的「位置 (position)」。Δp 表示基本粒子的「極微量」「動量 (momentum)」

(2). Δx：表示基本粒子的極微小的移動「位置」。但重點是它無法被確定一個固定而真實的位置。簡單的說，也就是人類無論在任何時間，都不可能確實的知道電子或其他基本粒子的真實位置。Δp 表示粒子的極微小的「動量（momentum）」。同樣的，人類對於基本粒子在任何一個時刻的動量，亦無法測得出它真實而確切的數字，也無法確認某一時刻其真實的動量大小。所謂「動量」就是物體的「質量」與「速度」的乘積。在數學上是：p=mv。由於「速度 v」是向量，所以，「動量」也是向量 (Victor)。

(3). 事實上，我們在「不確定性原理」的公式中，可以寫成簡式，也就是：

$$\Delta x \cdot \Delta p \geq h$$

為了解說上的方便，我們特意先將 4π 省略，因為它是一個常數，而且「普朗克常數 h」的本質太小了，故而暫時忽略 4π 而不計。

(4). h 是「普朗克常數 (Planck constant)」。它是宇宙的最小，而它也是宇宙在創生時所設定的最極微的微小極限。其值為：

$$h = 6.626\ 069\ 57(29) \times 10^{-34}\ \text{J} \cdot \text{s}：$$

各位您能夠想像 10^{-34} 次方是多麼的渺小嗎？但是它們卻是真真實實的存在著，由此各位應該也可以約略的感受到微觀世界是多麼的神奇而不可思議啊！

(5) 雖然一切都是如此的不確定，但是「造物者」卻給了一個總體性的規範。那就是根據「不確定性原理」，$\Delta x \cdot \Delta p$ 的乘積絕不可以小於「普

朗克常數 h 」。

(6). 我們常問，宇宙中的事物可以無限的小，但究竟可以小到什麼程度呢？在這裡我們發現「創生者」使用「普朗克常數」對宇宙「時空」劃下了一道底線。也就是說，在宇宙中比「普朗克常數」小的事物一定不會存在的。請注意，具有小數點的相乘「積」會是最小的數值。也就是說在小數點的相乘中，「乘數」與「被乘數」都要比「積」來得大。

(7). 在「不確定性原理」這方程式中有一個非常重要的觀念，那就是不論 Δx 有多麼小，就是不可以等於零，也就是 $\Delta x \neq 0$。否則，方程式就不能成立了。

(8). 那麼 $\Delta x \neq 0$ 的物理意義是什麼呢？因為 x 是代表距離，而 Δx 不得為零，也就是說基本粒子的位置之間是「有」間隔(距離)的。所以，這第一個重點是：

構成宇宙中的「空間」，其最基本的本質則是不連續的。

而 $\Delta x \neq 0$ 同理的延伸就是 $\Delta y \neq 0$、$\Delta z \neq 0$。這也就是說，在三維的「空間」裏，即使延伸到最小的「空間」，它都是「不連續」的。

(9). 這個理論完全的推翻了我們每一個人對於「空間」最基本的認知。我們一直的都認為「空間」當然是連續性的，「空間」是不會間斷的，也是連綿不絕的。但是「不確定性原理」最直接的告訴了我們「空間」的真實面目，它是不連續的。至於我們始終認為「空間」是連續性的，

那只是我們人類的一種感覺而已，也因為「空間」是不連續的，所以在它的本質上，它是具有變異性的。

(10). p=m・v 這是「動量」的定義。也就是物體的「質量 (m)」與「速度 (v)」的乘積。若質量 (m) 固定，則速度 (v) 越快，則「動量」越大。舉例而言，有一顆小鋼珠，如果我用手丟到你身上，並不會太痛。但如果我用彈弓打到身上，就會打得瘀血。而如果將那顆小鋼珠裝在槍管中，用火藥射出去，就會貫穿身體。小鋼珠的質量並沒有改變，但這之間的差異就是小鋼珠的「速度」被加快了，所以「動能」就變大了。「動能」越大，所做的「功 (Work)」也越大。

(11). 那麼 $\Delta p \neq 0$ 是什麼意思？這是在說「動能」的變化量不可以為 0。由 p=mv 可知，任何物質都有質量，即使是「電子」，它雖然沒有體積，但卻還是有質量的。當質量不會為零的時候，則在 $\Delta p \neq 0$ 的狀況下，速度 (v) 就一定不可以為零。也就是 $\Delta v \neq 0$。否則「不確定原理」就不能成立了。所以，這是在說：

「在宇宙中任何物體都必須保持運動狀態。任何靜止不動的物體都不能在宇宙中存在。」

結論是：

(1). 在宇宙中基本粒子移動「位置 (Δx)」與「動能 (Δp)」是互為因應的，而且它的乘積不可以小於「普朗克常數」。

(2). 由於 $\Delta x \neq 0$。所以，構成宇宙中任何的一切「空間」，是不連續而「斷

滅」的的。

(3). 由於 $\Delta p \neq 0$。在宇宙中任何物體都必須保持在運動狀態，靜止不動的物體在宇宙中不能存在。」

(4). 以同樣的數學模式可以進一步證明宇宙中基本粒子的「能量 ΔE」與「時間 Δt」的乘積不可以小於「普朗克常數」。為了便於解說，可簡化成下式：

$$\Delta E \cdot \Delta t \geq h$$

(5). 因為 $\Delta E \neq 0$ 這是在說宇宙中「能量」是不連續而「斷滅」。它也是的同樣是不生不滅的。

(6). 因為 $\Delta t \neq 0$ 是直接的說明了宇宙中「時間」是不連續而是「斷滅」。的。

(7). 由於「普朗克常數」的存在，證明宇宙中有著最小的極限存在。所以，任何小於「普朗克常數」的「時間」或「空間」或「能量」都是不存在的，它是宇宙中最低的極限。「造物者」在宇宙中設下了這道最低的極限，也就是說宇宙中不可以有任何的事物比它還小的。

(8). 除此之外，「造物者」同時也在宇宙中設定了最高的極限，那就是「光速」，宇宙中沒有任何東西的速度是可以超越光速的。這是「造物者」給這整個宇宙劃下了上限與下限，在這上限與下限之間可以有任何的存在、發生與變化，但是超越這兩個極限則任何的事情都不可能存在。

我們要有新的時空觀念

自從「不確定性原理」證實了「時間」與「空間」的不連續性，也就是說，最接近的兩個「時間」之間，它們是間隔了一個「普朗克常數」的間值。同樣的思維，在宇宙中「空間」是如此，而「時間」也是如此，它們同樣的都是間隔了一個「普郎克常數」的間值。這就推翻了自古以來所有人們的親身的體驗與認知，我們總以為「時間」與「空間」都是連續性的，是無間斷的，「時間」與「空間」怎麼可能都會有間隙存在呢？但是，「不確定性原理」讓科學家終於明瞭，「時間」與「空間」它們的真實本質與真實的面貌，完全不是我們肉體所認知的那個樣子。也由於「時間」與「空間」的不連續，所以，千百年來無法幾解開的《芝諾詭論》，於是豁然開朗。因為，原本的推演方式是根本不成立的。在《芝諾詭論》中，認為「時間」與「空間」是連續的，於是將它一直的推論至無窮小，無窮小是一種「微分」(differential) 的觀念，當年牛頓並不知道在它們都是不連續的，也就是不可以用延綿不絕的「極限（infinitesimal）」的思維模式來思考與計算「時間」與「空間」的問題。也因此，他以連續性的「微分」的觀念與方法來解這道題目，當然是解不出來的。但這也不能怪他，因為在他那個時代，並不知道宇宙中的「時間」與「空間」都是斷滅的。

宇宙中的「時間」與「空間」它們所呈現的「斷滅」現象的確是令人

難以接受的。但是，事實真的就是如此。這種現象正如我們所看電影的「影片」一般。不論它是「數位(Digital)」或是「類比(Analogy)」的。所謂「數位」就是「0」或「1」的信號。如同現在全世界都在使用的「數位相機(Digital Camera)」，它所儲存在晶片上的影像並不是真正的風景縮影，而是一連串的「0」或「1」的信號。如果您現在所使用相機的解析度是一千萬「畫素(Pixel)」的相機，它所表示的意思是你所使用的晶片，它可以儲存的容量，其「長」乘「寬」的容量，總共可以儲存一千萬個「0」或「1」。而「類比」的相機就如同早期需要使用底片的照像機，我們所拍攝的風景是實際被分配在底片上。這也是為什麼早期的相機所拍攝的照片很難做影像處理。而近代的數位相機可以天馬行空的隨意做成自己喜歡圖片。舉例而言，如果將原有數位晶片裏的資料，將原有「0」與「1」的內容相互對調，那就是另一張不同的照片了。而如果再將這些數位信號用加減乘除與微積分來處理，那當然是天馬行空的隨心所欲了。

「時間」真正的現象可以用「骨牌理論」來表示。什麼是「骨牌理論」？其實「時間」的流動有如「骨牌」一般，自從宇宙起源的「大霹靂(Big Bang)」在137億年前開始，「時間」的流動正如「骨牌」一般的延綿不絕而持續的向下倒下去。這其中有三個重要的「骨牌」關鍵觀念：

(1). 「時間」的進行永遠只向前行，而不會回頭。

(2). 「骨牌」延綿不絕而持續的向下倒。但是，整體而言，「骨牌」的走向是可以彎曲蜿蜒，而並非一定是一條直線。所以，「時間」是可以膨脹與變異的。

(3). 各「骨牌」之間保持著一定的間隙。從外界看起來整個「骨牌」向前

倒是連續的，但實際上卻是各「骨牌」之間是有固定「間隙」的。而這個「間隙」值的大小就是「普朗克常數」的空間值。

由於「時間」與「空間」的不連續現象，而以「假相」呈現在這外界的一切。我們看得到我們的身體，但是我們看不到組成身體真正的細胞，我們可以看得到石頭的表面，但是我們看不到組成石頭的分子，我們可以看得到流水，但是看不到水分子的存在，我們可以看得到各式各樣的顏色，但那是在我們腦子裡的虛擬色彩，不是物體真實的本貌。這一切的一切都在說明一個事實，那就是我們所見到的這個宇宙，或是這個世界，在我們面前我呈現的或是接觸的，都是一種真實的「假相」。所謂「真實的假象」就是說，我們在外觀上所看到的這一切，都會被認為是「真實」的，而這組成這「真實」的一切，卻不是它真實的「本體」。這樣的宇宙，真的是具有無比與無上智慧的。這讓我對於「創生者」的智慧，深深地感覺到實在是太偉大了，甚至是沒有辦法用語言來形容或表達的。

這個宇宙與我們所接觸的世界，不論是在巨觀方面或是微觀方面，而這一切所顯示的是如此的不可思議而又神奇。「不確定性原理」也只是提供了一個統計形式的數學模式，來描述基本粒子的行為與現象。但是，是誰制訂的規範而能夠讓宇宙中所有的基本粒子都能遵行規範，而又可以自行的在運作，這種基本粒子自行運作的智能，遠遠的超越人類可以思考的境界，它們究竟憑什麼而能自在地「運作」着整個宇宙呢？這神秘而不可解的現象，並持續地在運作着這神奇而又不可思議的宇宙中的一切。而唯一的答案真的就是只有「上帝之手」可以有如此的能力了。

【第 18 章】
微觀宇宙的詭異現象

18.1
最微小的地方隱藏有最大力量

我們絕大部分的人都有一種觀念，那就是東西越大就越值錢例如：鑽石越大就越貴，房子越大也值錢，車子也是越大越貴，50cc 的小機車與 3000cc 的汽車在價格上可能就差了幾十倍。東西當然越大則威力也會越強，被一顆大石頭打到所受到的傷害當然要比一個小石頭來得嚴重得多。所以，自古以來人類就有一種觀念，尤其是用在戰爭的武器上面，於是大砲越做越大，轟炸機的炸彈也越載越多，也越來越重。

但是，就能量釋放的本身而言，真實的層面卻未必真的就是如此。我想提出另外一些不同的見解，因為，在這個宇宙中所擁有的能量與力量，卻完全不是這個樣子。若是單就我們人體而言，一般人都以為身體越粗壯的當然也就是越有力量的人。但是，對於一個真正了解生命的人而言，他們一定知道，其實在我們的身體中最有力量的是細胞內最細微的「基因 (Gene)」。

我們的身體可以切斷一條手臂，但仍然可以繼續的工作而生存。即使是失去了兩條腿，仍然可以坐著輪椅堅忍刻苦的在這個世界上生活下去。但是，若是切掉了一段你的「基因」，那就沒有人知道你會是什麼樣子的怪物了。所以說，許多事情反而是結構越小的影響越是不可思議。再舉一個例子來說，很少人想過一個小小的「原子 (Atom)」能有什麼威力？所有的物質都是由原子所構成的，實在看不出「原子」有什麼威力。它摸不到，甚至連看都看不到，它能有什麼了不起的力量？但是，各位應該也知道，如果我們把如此微小的原子裡面的能量釋放出來，它就是一個原子彈。氫 (H) 的原子是最基本的也是宇宙中最簡單的元素，但是當它產生核融合反應的時候，那就是一個氫彈。各位您認為它的威力大不大呢？所以，我常感覺到：

　　在宇宙中最微小的物質裡面，卻真實的隱藏著宇宙中最偉大的力量。

　　很少人能夠想像，在這麼小的物質中，卻蘊藏著宇宙中極為龐大的能量與力量，這真的是不可思議。

光速不變原理是幻境嗎？

宇宙之大無所不有、無所不在、無所不能也無奇不有。但是，如果我要請問各位：

你認為這個宇宙中有什麼東西或是什麼事情，真正令你感覺到最神奇的？或是不可思議的呢？」

這問題恐怕就很少人能夠說得出來了。當然，我們生命的本身就是最奇特而最不可思議的現象之一。但是我們現在先暫時排除生命現象的這個問題。就純物質世界來說，那是什麼可以令我們覺得最不可思議而又神奇無比的呢？

事實上，許多人可能不知道，在宇宙中最不可思議的一種現象那就是「光」。它其實就是如「神」一般的神秘，它的一切，簡直是讓人難以想像的奇妙而又變幻莫測，它時而表現的是「粒子」的現像，有的時候卻又表現出「波」的形態出現。當然，更奇特的是，「光」是宇宙中速度最快的，而且是「絕對」最快的一種東西。也就是「絕對」沒有任何一種東西，或是使用任何的方法，可以有比「光」還快的，它是宇宙的「上限」。

講到「相對」的現象大家都容易了解，我如果開車以時速 100 公里在

高速公路上，而對方以 110 公里的時速在我旁邊開過，我們兩個相對的時速只有 10 公里的差別，這是無可懷疑的。但是，如果「光速」的問題，那就完全不是這個樣子了。若是我問：「在這個宇宙中，速度最快的是什麼？」當然，大家都會回答說，那就是「光速」最快了。其實，「光速」的「快」還不是最奇特的，最不可思議的是「光速不變原理 (The Principle of Invariant Light Speed)」，它是由求解聯立「馬克士威方程組 (Maxwell's equations)」方程式得到的。「光速不變原理」指的是無論在何種慣性參照系統中觀察「光」的速度，其在真空中的傳播速度相對於該觀測者都永遠是一個「常數」，它不隨光源和觀測者所在的參考系統或相對運動而改變。這個數值是 299,792,458 公尺 / 秒，簡單一點的說光的速度是每秒 30 萬公里，而「光速不變原理」也正是愛因斯坦創立狹義相對論的基本論述。

對於「光速不變原理」我想可以再說清楚一點。因為它那最奇特的特性，真的是一般人很難想像的。那麼什麼是「光速不變原理」？這個題目說起來很簡單。但事實上，在「光」的「時空」詭異特性中，卻不是很容易說明清楚的。現在，我就舉一個例子來說明好了：

(1). 設想有一個太空船，在宇宙中以每秒二十九萬公里在飛行，此時有一道「光線」平行的經過它，請問他看這道「光線」經過的速度會是多少？答案是：

1. 太空船以每秒 29 萬公里在飛行，而光的速度是每秒 30 萬公里，這當然是等於這兩者相減。所以，他看到的光線速度當然是以每秒一萬公里的速度在超越他。

2. 但這就錯了！

3. 正確答案是：他看到的光線還是以每秒三十萬公里的光速通過他。這是「光速不變原理」的詭異。

(2). 設想有兩個光子在宇宙中相互迎面而飛來，求我們看到它們之間的相對速度是多少？

答案是：

1. 我們看到它們之間的相對速度當然是等於兩個光速的相加，也就是每秒 60 萬公里。

2. 但是，這個答案還是錯了！

3. 正確答案是：

　　兩個光子「相對」速度仍然是每秒 30 萬公里的速度。

　　（因為「光速不變原理」。）

　　這就奇怪了怎麼會這樣子呢？是的，「光速不變原理 (The Principle of Invariant Light Speed)」是在《電磁學》中導證出來的，重點是它與物體的運動無關。光子的速度，不論是以任何的方向去測量，永遠是那個不變的速度。而這也是愛因斯坦相對論的第一個基本論述點。

　　「光速恆定」對人類最直接的衝擊，就是它違反的人類彼此對於相對速度的認知與直覺的經驗。事實上，它也根本的改變了人類對於整個宇宙到處充滿的「光」的認知。人類對於「時間」的認知，是從「過去」的時光，來到「現在」的時光再去到「未來」的時光。然而，這種對於「時間」最基本的認知，就在「光速不變原理」下，就必須要有全面性的更新與認知。

光速的相對性與相變現象

　　在談過了「光速」不管你用任何的方式去測量它，它都是以每秒 30 萬公里這個「定數」在進行。如果是這樣，那麼就涉及到另外一個問題了。相對的光速如果不會改變，那就必須在「時間」與「空間」上的「相變 (Phase Change)」問題上有所改變。什麼叫做「相變」問題，簡單的說那就是「時間」與「空間」這兩者相互產生了影響，而發生了整個「現象」的改變。

　　在「光速不變原理」之下，宇宙中所有的一切所呈現的「時間」與「空間」都是一種「相對」的「相變」關係。這是我們人類一般難以體會與認知的。即使是發生在我們近身週圍，這個現象也都不能例外。但是，為什麼我們感覺不出來呢？那是由於我們在地球上所能產生運動的速度比起光速來差得太遠了。所以，我們並不覺得這中間的差異性有什麼不同。但是，如果我們在近光速的運動速度下，或者是別人的極高速度的在運動。那麼，這種「相對」的現象就會很明顯了，不但在「時間」上產生的有相對的變化現象，也就是我們所謂的「時間的膨脹」，連「空間」也同時會產生了「相變」。

　　太空人如果以每秒 29 公里在運動，他看到另外一束「光線」經過他旁邊的時候，他所看到的那束光實際還是每秒三十萬公里在經過。這其實

是說明了一個非常詭異的現象，那就是當光速在任何狀況之下去測量它的時候，它永遠都是每秒 30 萬公里的速度。所以，很顯然的，當在光速中「速度」不變的時候，那麼「時間」與「空間」就「必須」要隨之而改變。這一點觀念非常的重要。全球定位系統（Global Positioning System，通常簡稱 GPS），衛星一般要比地球表面上所有運動的物體的速度都要快，所以就會產生「相對時間」上的問題。因此，必須依照相對論的原理進行調整人造衛星所產生的「相對時間」的誤差量，否則以它的速度來測量地面上物體，就會產生一個相對性的誤差量，這個誤差量可以達到數公尺或數十公尺的距離誤差量，這也就失去了定位系統的意義。不要小看這個誤差量，這數十公尺的誤差量若不改正的話，將會使開飛機的人，在降落的時候不是降落在跑道上，而是落到稻田裡去了。

「光」的本身是神奇無比的。當「電子」本身被電壓加速的時候，它就會放出電磁波來，這也就是我們經常所使用的通訊的基本原理。「光」的本身就是電磁波，但是當「電子」釋放出「光」的時候，這就非常、非常的詭異而神奇了。因為「電子」的本身並是沒有體積的，而一個沒有體積的「電子」它又怎麼能夠攜帶「光子」在裡面呢？這讓人實在是無法理解與想像。但這卻是實際上的事情，而我們每天都在使用它。基本粒子的現象竟然可以神秘到如此不可想像與不可思議的境界。

微觀宇宙的不可思議與量子糾纏

　　有許多的人可能沒有聽過「量子糾纏 (quantum entanglement)」這個名字，即使聽過這個名詞的人，也可能不是十分了解它的現象。那是因為這個現象實在是太詭異了。它幾乎不會出現在教科書中，人類對它所知道的還是很有限。目前雖然有許多的科學家全力的在研究它。但是，它的成果的卻是非常的有限。這種現象是真實的存在於宇宙中，如果宇宙存在的有這種現象，那就當然值得我們努力的去研究它。只是它的難度實在是太高了，而它的現象也遠遠的超越了人類可以思維的範圍。

　　「量子糾纏」是源自於「量子力學」的數學與觀察現象。這是在說：
　　若有兩了以上的基本粒子，當它們糾纏在一起而產生了彼此交互作用之後，這時候各個獨自的粒子就會失去它本身所擁有的特性，而成為綜合性的一個整體性質。因此，此時不能再單獨的描述各個粒子的性質，所呈現的只是整體系統之另一種特質顯像。雖然基本粒子仍然是有它們各別的自身，但群體的特徵出現時，個體的現象即不再出現。這個現象就有如我們人體的細胞一樣，每一個細胞都有它的自己的特徵，但是，當眾多的細胞集合在一起的時候，它們所表現的現象則是一個整體器官的現象。

　　比如說我們的心臟細胞，在細胞基本結構上它只是一個細胞而已，它

的本質也只是一個細胞的功能。但是當它成為整個心臟的時候，它卻發生了心臟的功用與作用，而不再表現它自己個體的獨特現象。這其實是一個很奇怪的事情，它們會犧牲個體，而成就了整體。是什麼原因與力量讓它們會有如此的行為？或是什麼原因讓它們每一個各體能夠拋棄的自己本身的特徵，而能夠聯繫到周圍所有相關的組織，產生能夠分工又能合作的功能，成就了一個完美作用的整體。我們真的不要小看了這種有如天賜的動作，仔細的分析起來還真的是難以思考的事。

上面所述的這些現象，雖然是很特殊。但還不是我們真正要談的主題。現在我們要說的是：

若是有兩顆基本粒子，如電子等在彼此接近到極近的距離而產生交互作用，此時這兩顆基本粒子會產生一種「纏結 (entanglement)」的現象。一但它們之間產生了纏結在一起的現象時，則它們的特性就會產生纏結「連體」的現象，它們之間就成為不可分割的緊密關聯，所以，此時它們成為

是一體的，這種現象稱之為「量子纏結 (quantum entanglement)」。

這其中最不可思議的是，此時即使將它們兩個纏結在一起的粒子分開，則不論它們分開的距離是多遠，但是，它們的「感應」仍會纏結在一起，而密不可分。這是什麼意思呢？要想了解這個現象是多麼的詭異，我們首先需要知道基本粒子都會有「自旋 (spin)」的現象，也就是自體的旋轉。有了「自旋」的現象，基本粒子才能夠存在，也才有電磁現象的產生。這真是不可思議的自然現象，但是如果各位要問，為什麼基本粒子會「自旋」啊？那就是「創生者」的問題了，沒有任何人可以解釋為什麼基本粒子它一定會「自旋」，但是，我們可以肯定的是，不會「自旋」的基本粒子是不存在的。

有關於基本粒子「自旋」的現象，我們可以使用「右手定則」，伸出我們的右手，然後握拳並將大拇指伸出向上。則右手的四個手指的基本粒子在做逆時針方向的旋轉，而大拇指的指向是向上的，對此我們定義它是「上旋」現象。相反的，若將右手的握拳而伸出大拇指是向下的方向，則表示基本粒子的自旋是「下旋」現象。

當上旋與下旋兩顆基本粒子一但產生「量子纏結」的現象時。於是就會產生緊密的彼此相關聯的現象。此時即使我們將它們分開到天涯海角，不論距離是多麼的遙遠，它們仍然是密不可分的相聯繫著。也就是說，當我們將其中一顆粒子設定為是上旋的時候，則另一顆被纏結的粒子則一定會自動的「感應」而成為下旋。不論將它們分開多遠，即使是在整個太陽系的兩側，若是我們將其中的一顆粒子將它由上旋改為下旋時，則另一顆

纏結的粒子一定是「同時」的由下旋改為上旋。重點是它們之間沒有任何的「光」與「磁」的連線，卻能夠立即相互的「感應」。這種超越「時間」與「空間」，而不論距離的遙遠都能夠相互的「感應」。這種超越任何距離的「感應」速度似乎是超越光速的。但是，這卻又是違反了「光速不變原理」，而這也是目前科學家們正在努力解決的問題。事實上，當「量子纏結」的問題一旦人類能夠完全的明瞭了，那將會是人類在科學史上最驚天動地的一頁。因為，接下來的「應用」問題，將可能把人類提升到近於「神格」的地步，而可能可以與「造物者」進行某種程度的感應作用了。

18.5

超越時的感應現象

這種「量子糾纏」的現象是如此的詭異而可以超越「時間」與「空間」並產生感應式的對應。這樣看來，我們真的就應該以一種「靈性」的「感應」現象來思考它們。我真實的認為：

基本粒子是真實的具有感應之「靈性」的。

它們是構成了宇宙中所有一切的物質，但它本身並不是物質，因為它並不符合「物質」的定義。但是，也沒有別的名詞可以形容它們了。而它

們之間的互動，也就是一種特殊的「感應」現象在運作，而且這種現象的傳遞卻又是跨越了「時間」與「空間」，瞬間可以到達宇宙任何地方。

基本粒子它們可以在同一個時間出現兩個以上不同的地方。

這在我們人類認為是絕不可能的事，但事實卻真的是如此。那麼，像這樣的一些不可思議的現象或「感應」現象，能說它不是屬「靈」的現象嗎？

人類的本身就是宇宙中最特異的奇蹟，也是宇宙中具有特殊「靈性」的動物。自古以來人類之間就有所謂的「心靈感應（Telepathy）」的這種事情。這是一種心靈對心靈的感應現象，這種感應現象與「電荷」的感應雖然是不同的，但卻有着類似的狀況。當有一個「正」電荷產生的時候，立即的在另外一端感應而產生「負」電荷。但是，它與「量子糾纏」有一個最大的不同點，那就是電荷的感應是與距離的平方成反比，也就是距離越遠，電荷的感應力越弱，而且是以平方倍的在減少。但是，「量子糾纏」卻似乎可以傳送到無窮遠的距離而感應。我們是有「靈性」的，那麼我們人類在彼此之間，會不會也會有如同這種「量子纏結」一般的現象呢？這問題正在研究中，當然，目前也還沒有人知道那究竟是怎麼回事？

不可思議的超距作用

　　「量子纏結」的事情僅就目前人類所理解的部分，至少發現了它有五種的現象，至於未來人類的進展如何？則尚在全力探索中：

(1). 它們必須是一對以上的基本粒子。

(2). 產生一對纏結的粒子，它們之間的自旋一定是相對的。如果一個是「上旋」，則另一個一定是相對應的「下旋」。

(3). 由於這種對應的現象，人類原本最困難的「超遠距預測」，這就變成了一種可行的事實。因為我們只要知道自身旁邊的粒子是「上旋」或「下旋」，就一定可以知道無窮遠處另一個粒子的對應狀態。

(4). 這種「纏結」的現象可以跨越「時空」。也就是改變其中一個粒子的自旋狀態，則另一個粒子會立即相對的反應。它們之間的感應似乎不需要「時間」，也可以跨越任何的「空間」而存在。

(5). 這種感應的速度似乎是超越了愛因斯坦《相對論》中，光速是一切速度的極限的定義，故而當愛因斯坦在 1935 年知道這種狀況時，它完全無法接受這種「量子纏結」的現象與事實，他認為這可能只是數學上的一些疏失或詭異。但是，當事實呈現在他面前時，則卻又讓愛因斯坦不得不承認這種現象的真實性。因此，對於這種現象愛因斯坦說了一句很有名的話：

「鬼魅般的超距作用（spooky action at a distance.）」。

這種不論是測量或是改變其中一個粒子的現象，就會「立即」的影響另一個粒子的行為與現象，它們之間的對應似乎不需要經由任何「時間」與任何的「空間」，也就是說它們之間是一種跨越「時間」與「空間」的一種超越的聯繫，沒有人可以測得它們之間有任何的傳遞媒介與途徑。

在纏結的現象中，一個粒子的改變，就會立即的影響另一個粒子的行為是那麼的真實。這樣子的一種纏結現象簡直真的就像是「鬼魅」一般的嚇人，但這不是幻覺，也不是錯覺，而是真真實實是如此。也難怪愛因斯坦都嚇壞了，說這是鬼魅(spooky)般的超距作用。「spooky」這個字是形容「量子纏結」中纏結的「量子」可以對於無限遠距的彼此相互「感應」的作用與現象。他之所以選用這個字來形容「量子纏結」這種現象，那麼讓人不禁要問，難道這個世界或是宇宙中真的有「幽靈」嗎？事實上，「spooky」這個字只是一個形容詞而已，是形容幽靈般的或是鬼魅般的現象之意思，而不是真有「鬼魅」或是「幽靈」的這種東西。

1967 年起科學家們就開始了廣泛的「量子纏結」的實驗，而實驗的結果令所有的科學家們震驚不已。除了證明了量子力學的數學式子是對的之外，「量子纏結」的也的確是存在。愛因斯坦認為不可能的鬼魅般的超距作用，也是真的存在。量子粒子可以跨越時空而彼此立即得到相互的關聯或聯繫或是感應。這是量子力學最詭異的事實之一，沒有人可以解釋，沒有人可以進行思考，這一切不但是令人不可思議，而且是怪異詭譎的。

目前有關於量子力學方面的科學家們，正全力的在證實「量子糾纏」

不可以違背「光速不變原理」，也就是必須進一步的證明「量子糾纏」相關細節與現象，更要了解這種超越「光速」的事實究竟是怎麼一回事？但也正在全力的想要研究應用「量子糾纏」的現象，例如「量子電腦」等等的。關於「量子電腦」雖然它還沒有出現，但是我總有這一份莫名的擔心與憂心，我並沒有也不認為這項全新的科技成就，會給人類帶來有什麼多大的實質的利益與好處。因為，它「必然」會被掌握在有權與有錢人的手上。而「量子電腦」因為它已經太接近「神格」了。各位請看一看，現在全世界各地的混亂、爭鬥、戰爭、屠殺與不人道等等。如果這種接近於「神格」化的利器被掌握在權力者的手上，那會是一種幸福嗎？

18.7
心電感應的超距作用

「心電感應」與「量子電腦」是完全不同的。目前，還沒有人可以知道「心靈感應」的現象它的距離究竟可以有多遠？速度究竟有多快？其實，人類正在這方面正在進行大規模的實驗與研究這些問題。透過人工智慧 (Artificial Intelligence.AI) 人類已經可以直接用腦波指揮機器人的動作，而這一方面的研究實驗也非常的成功，其研究論文也正在大量的增長。那麼要問：如果人類可以透過腦波而感應給機器人，這又有什麼不可以經過

我們的腦波而在人類之間相互感應的呢？當然這項裝備的研究早晚必然是會成功的。但是，它究竟是好是壞還很難評估。但我個人認為它應該是好的，它可以讓人了解無法言語的人的心意，而對於那些不想讓人知道或打擾的時候，可以卸除裝備，返回本來自我的面目。

所以說，找對「方法」很重要，也許人類至今還沒有找到真正直接運用在人體更上階的這個領域上。而事實上，這是非常值得我們在未來積極研究的一個議題。單純的一些「粒子」所表現的現象就是如此的不可思議。至於複雜的人類「心靈感應」現象，那應該就更有威力了，這才是符合所謂的「比例原則」。但是，無論如何總是希望「人類」與「上帝」或是「造物者」之間的感應現象是可以超越時空的，總希望都能成為未來人類研究的重要主題之一，也希望看到人類在這一方面有著更大的成就，畢竟人類是屬「靈」的。更何況人類的「心靈」現象，才是真正能夠代表這個「人」是屬於他自己。

藉助於微觀的「量子糾纏」現象，人類進一步的在研究所謂的「瞬間移動」的問題，所謂「瞬間移動」其實就是一種「量子傳輸（Quantum teleportation）」，人類希望能在「量子糾纏」的現象下，加以應用化並進行成為具有資訊化傳輸的功能。也就是說，如果人類有一天真的能夠達到「瞬間傳輸」的作用，那麼我們可以將我們的身體轉化為「量子糾纏」的現象，瞬間投遞到超距離的遠端並復原重現。也唯有如此，宇宙航行對人類來說才是具有真實意義的，當然，這也為我們留下了無限的想像空間。而這種「瞬間傳輸」若是人類真的能夠實現完成，也許，那才是人類真正的進入了「上帝」或「創生者」的第一扇大門。

【第19章】
造物者是超越一切的

19.1

光陰之歌

光陰是一首古老的歌，

但是

卻會一直的被傳誦下去。

☆

光陰是一條清流

它承載著的夢之船

在山林中輕搖著前行。

☆

光陰是一陣長風

手挽著朵朵白雲

飄逸在高高的藍天之上

綠水青山、浪濤懸崖。

☆

光陰是我們的一切

它把我們整個的打包

並輕輕地背在背上走了

直到那不知盡頭的遠空。

☆

沒有人知道

我們的這一切會在歲月中的哪一點？

嘎然而止。

然後

再次的回到「上帝」的手中。

19.2

「上帝」不是一個供應商

　　在此我要再次的重申一遍，那就是書中所使用的「上帝」這兩個字，並不具備任何宗教上的特殊含義與定義義。而是泛指宇宙中具有無上智慧的「最高能力者」或「創生者」或「造物者」而言。

　　在我們人類的活動中，當我們要跟一個人做成好朋友或者是要彼此深

交為摯友，那就必須在彼此之間能有深摯的相知與互動，才有可能成為真正的好友，而如果彼此之間並不是真正的知己，當然也就談不上彼此的深摯互信。科學的進步可以幫助我們了解許多的真相。時至今日，我們應該可以了解到科技可以使我們更為的接近「造物者」，也可以更接近的實現我們心中的嚮往與需求。所以如果能進一步的讓我們了解「上帝」或「創生者」的心意，那麼我們就必然會有最直接也是最大的獲益者。這正如在一個家庭中，父親與兒子能夠相親相愛，互相而深切的了解，那這個家庭必然是和樂而生機勃勃的。

　　想要了解「上帝」，自古以來一直都是人類最高的期望與嚮往。但是我們也逐漸的了解到，僅僅是依賴我們內心中的那一些的嚮往，實際上還是不夠的。鋪路需要晴天，稻田需要有雨，有人喜歡吃飯有魚有肉，有人則喜歡蔬菜水果，有人喜歡開車，有人喜歡坐車，還有人喜歡走路，有人喜歡文學，有人喜歡哲學，也有人喜歡科學。那麼我想要請問：

　　「上帝」該如何去滿足每一個人的需索呢？

　　「上帝」有需要去滿足每一個人嗎？

　　「上帝」如何照顧這地球上 75 億人口中的每一個人呢？

　　「上帝」當然更不是一個廉價的供應商。

　　所以，「上帝」祂當然不可能答應，也不可能供應全世界的人類每一個人的所需與所求。那麼，您在祈禱與請求什麼？

與「上帝」結合的力量

　　您真的認為「上帝」可以無時無刻的都在照顧著地球上這七十五億人口中的每一個人嗎？一個「上帝」可能同時面對這七十五億的生命嗎？而且是無時無刻的，每分每秒的，這實在是很難想像的事。我相信就人類的認知而言，那是不可能的事。更何況「上帝」必然也有他自己的事要做。但是，如果「上帝」不能照顧著地球上這七十五億的人口，那麼，我們為什麼要去相信「上帝」？又為什麼要去祈禱？事實上，我深切的認為真相未必就是一般人們想像的那個樣子……。

　　有很多的人，始終認為宗教與科學是對立的，是互斥的，而且是不相容的。但是我的看法則剛好相反，宗教不但與科學不是對立的，相反的，

他們之間是可以相輔相成的。科學的本體並不是萬能的，它只是去發掘真相而已，雖然現代的科學對於探究人類的本體與「創生」的現象，還在起步的階段，而真實的現況與事實還相差得太遠。即使是對於人體的結構與相關的奧秘的探究，其實也才是剛開始起步而已。直到目前還有太多的疾病人類人是一籌莫展的。我請教過幾位醫學專家，問他們在我們有生之年，癌症有可能被控制或者是被治癒嗎？所得到的答案則都是否定的。

想要了解上帝對宇宙的「創生」現象，身為萬物之靈的人類，既然被賦予了最高的智慧，也許我們有太多的地方並不了解「上帝」，甚至我們還有太多的地方不了解自己。在神奇的人體構造中，所有的器官都能各司其職而相互協調，並構成了不可思議的複雜度隻人體結構。而在所有的器官中，「大腦」絕對是人體中最為神奇器官，它是整個人體的核心。事實上，「大腦」是在操控著人體的生命。

人類目前對於大腦的研究尚在初始的階段，我們真的並不了解整個大腦是如何的在詳細的運作著我們整個身體？也不知道人類的智商為什麼會有如此高低的差別？但是，我深信我們「大腦」的功能還有許多地方尚未被人類所探知，也不是目前人類所能夠了解的。人類的「大腦」是不是可以無限的思考？是不是具有「感應」的能力？

人類的「基因」是另一個具有重大意義與神奇的一種機制。為什麼有些人會具有不同的特長與天份，而有些人卻沒有。人類的某些基因在某些特殊的狀況之下，可以被「開啟」而產生的某些特殊性的功能，這也許可以解釋為什麼某些人在疾病的對抗上可以產生某些特殊的功

能與效果。當然，這一切的未知人類還正在努力的探知之中。我深信「上帝」有許多的機制是隱藏在我們的「大腦」與「基因」裡面，若是能夠開啟這些機制，則未嘗不能產生遠端「感應」的現象。

　　當然我們可以充份的理解「造物者」或「上帝」可能並不在我們這個小小的地球上。但是，可以預期的則是「祂」必然是存在於這個無盡的宇宙之中的某一個地方。而與他所創生的人類則必有某麼特殊的聯繫或感應的管道存在。只是我們到目前為止還並不清楚而已。但是，相信有人類只要存在的一天，就不會放棄與「上帝」可以真正溝通思想與心願的那種特殊的管道。「上帝」是有力量的，而科學的本身也是一種力量，只有當這兩種力量能夠相互接觸，並相互的結合在一起的時候，那才會是人類真正的福祉所在。

宇宙是全面性動態的

「大霹靂（Big Bang）」又稱大爆炸，是論述宇宙誕生之時的初始條件及在誕生之後所產生各種演化的情形。這一論述也是當今科學家們在研究和觀測宇宙時，被最廣泛應用也是最為精確的一種論述。1906 年愛因斯坦發表了《狹義相對論 (Special theory of relativity)》與 1917 年再發表了《廣義相對論 (General theory of relativity) 理論，並將它們應用於整個《宇宙學》的理論中，也因此開創了《相對論宇宙學》的研究領域。但是他卻一直的都認為整個宇宙是一個「靜態」的宇宙，宇宙是一個永恆的整體，這個信念牢牢地而又堅固的把持了他的一生。但是，他的《重力場方程式》經過無數次反覆驗算的結果，答案卻告訴他：

「這個宇宙不是靜態，沒有任何事物是靜止而永恆的。」

「整個宇宙完全是處於動態的現象中。」

所謂「完全」的意思，就是完整而全部的意思。不論是在「巨觀」上或是在「微觀」上，宇宙中任何一個角落，任何一個地方，任何一個細微，都是處於動態的現象中，任何「靜止」的物體或現象在宇宙中都不存在的。

這個結果與愛因斯坦的理念與信念是完全相反的。於是，為了得到他想要的結果，愛因斯坦就在他自己所創立的《愛因斯坦重力場方程

式 (Einstein field equations)》中添加了一個新的常數「A」，並將它稱之為「宇宙常數項 (The cosmological constan)」，以求得和他的想法能夠一致與相互吻合的結果。然而到了 1929 年，美國物理學家哈伯 (Edwin Powell Hubble，1889-1953) 在巨型的天文望遠鏡中，經過多年的觀測後發現，宇宙中各個星系的距離正在彼此快速的遠離中，因而產生了非常明顯「紅位移（Redshift）」現象。

「紅位移」是由於發光體遠離我們觀查者，導致於「光」的波長變長，所以頻率降低的一種現象。由於在可見光譜中，「紅色」的光波其波長最長，頻率最低。所以，這種遠離的現象表現在光譜上面，就呈現了向紅色偏移的現象。因此在宇宙中若兩個星體彼此遠離的速度越快，則所呈現的紅色波長就會變得越長，這種發光體遠離的現象，表現在光譜中呈現向紅色偏移的狀況就稱之為「紅位移」。

由於美國物理學家哈伯經過了多年的觀測後證明宇宙正在膨脹的理論，因而建立了《哈伯定律（Hubble's law）》。得出這個膨脹的宇宙的真實實況，它完全不需要附加任何的愛因斯坦宇宙常數項。愛因斯坦是畫蛇添足。其後愛因斯坦也承認，添加宇宙常數項在方程式裡，是他一生中犯下的最大錯誤。其後科學家們持續的觀察宇宙，也紛紛的取得了各項宇宙膨脹的完整證據與數據。包含「宇宙微波背景（CMB, cosmic microwave background）」。它是宇宙中經由「大霹靂」所遺留下來的熱輻射，是一種充滿整個宇宙的電磁輻射，並測得其溫度為絕對溫度 2.725K，而在科學家的努力之下各項的證據也一一的都齊全了。至此，「大霹靂」為宇宙起源的理論與證據已逐漸成熟，並已被全世界廣泛的接受的事實。

一個超越性的問題

　　我認識一位基督教的教徒，是一位非常謙誠而誠信的教徒，為人非常和藹親切，是那種令人感覺很實在而溫馨的那種人，而他本身也是一位神學博士，對於基督教各方面都很有研究。雖然我不是基督徒，但也總有一些想法，而且經常總會有一些想法是他們宗教界的人士所想像不到的。去年我偶然地遇見了趙先生，在彼此親切的問候之後，我說道：

　　「我一直有一個很深切的問題想要請教你，不知道方便嗎？」

　　「當然好啊！」他說。於是我就說道：

　　「這是一個關於宇宙起源的問題，也是一個根本的問題。聖經上說宇宙是上帝所創造的，但是在近代的物理教科書中卻告訴我們，宇宙的起源是來自於大霹靂。」

　　「當人們面臨這兩種截然而又完全不能相容的說法時，我們該如何去做抉擇呢？我們是該相信聖經上所說的？還是該相信教科書上所說的？」

　　「是個大問題，你們宗教界的人士一定要解決這個問題。否則，就會說不下去了。因為，學生們會相信教科書，而未必相信聖經！」

　　趙先生很誠懇的說：

　　「我也想過這個問題，的確是一個兩難的題目。但是，我們是相信聖經的，卻又沒有能力去否認這些科學的根據。你是學科學的，你可有什

麼好方法可以兩全其美的？一定要兩全其美，否則永遠的爭論不休就不好了。」這時候我說了：

「趙先生你相信嗎？我也許可以解決這個爭議，其實那只是一個觀念的問題。我想這是可以得到兩全其美的結果的。至少你可以相信我講的。」

趙先生緊接說：「好啊！好啊！那你趕快說說看啊！」

19.6

「上帝」是宇宙的原創者？

我並不想把宇宙誕生的事情，完全歸屬於是科學上的成果，科學家也只是「發現」了一些現象與事實而已。事實已經是存在的，所以，發現這並不是「因」而是「果」。雖然「大霹靂」不是在宗教上所發現的，但事實上，在這兩者之間其實有密不可分的關係存在，更不需要區分出什麼高下。所以，我個人的態度並不認為這兩者之間是彼此對立而不互容的。中性的態度使我們有更寬廣的思索空間，而沒有固執性的障礙。我即不偏袒科學，但也並不排斥宗教。只是希望把問題導向一個合理的解釋與歸向。現在最重要的觀念是在於溯本根源的問題，而不是追究那後面所發生的事情。

例如說，如果有一顆鞭炮在地上爆炸了，於是我們就可以取一些相關的證據，那就是它必然會產生強烈的閃光，爆裂的聲音，瀰漫的煙霧，還有那滿地的鞭炮屑，這些都是證據，那表示這裡曾經有過一顆鞭炮爆炸了。但是，這卻不是問題真正的核心，我們應該把眼界再提高一些。所以，我們要進一步的問，那個鞭炮是怎麼來的？它一定是有人製造出來的，而且放置在那個地方，並且把它引爆。「鞭炮」的本身才是真正「最高」層次的問題關鍵所在。

對於於是我又說了：

「在現代所有的物理學中以及所有的天文學中都告訴我們，宇宙是來自於大霹靂。而現代所有觀察到的以及所研究的問題，都是在大霹靂之後所發生的一些現象而已。簡而言之，天文學中所談的皆是大霹靂發生以後的事情。」

「然而，我進一步真正要問的是如何發生「大霹靂」的呢？大家都同意是有一個"奇異點（singularity）"的存在，「而它突然產生了急遽的時間與空間的大爆炸因而產生了宇宙。」

「那麼，毫無疑問的，這個「奇異點」就是大霹靂的前身生。」

「最關鍵的問題是，這個「奇異點」它是怎麼來的？它不會無中生有，也不會無緣而生」

「所以，這個「奇異點」才是問題真正的關鍵與重點。沒有一個人可以回答對這個問題。因為，那是屬於「上帝」的事。」

「這正如是一個鞭炮，它突然的爆炸了。這個鞭炮它不會自己產生，也不會自己爆炸。也就是說，這個鞭炮它一定是有「人」製造的。而且還

一定要有「人」把它引爆，它才會爆炸。」

「宇宙的大霹靂是一樣的，在大霹靂之前的那個「奇異點」，必然是要有『造物者』把它放在哪裡，並加一引爆，然後才有後來的大霹靂，因而產生了宇宙。如果沒有那個「奇異點」的存在，也就沒有什麼後來的大霹靂，當然也就沒有後來的這個宇宙可言。」

「我們不知道那個製造「奇異點」的『造物者』究竟是誰？但是，就是一定要有一個『造物者』去製造出來，並且引爆了這個「奇異點」，才會有後來的宇宙與這一切可言。」

「那麼，這個『人』究竟是誰？」

「而創造「奇異點」的這個『人』，我們可以確切的說祂就是宇宙的「創生者」、是「造物者」是「上帝」也是「神」。

「當然，祂必然是高於這個宇宙，而且是至高無上的。」

「在意義上，也許，我們可以直接稱呼祂為『上帝』吧！」。

看一看宇宙的盡頭

　　我們的宇宙在快速的膨脹中，這在一百多年前就已經證實這個事實。而我們也生活在快速膨脹的宇宙之中，你我都在其中。當我們從現在的宇宙往前追溯，到了最原始的地方就是一個極小極小的一個小小「奇異點（singularity）」的時候。也就是當「時間」等於「零」的那一刻開始，宇宙爆炸開來，並一直的急遽的膨脹，直到 138 億年後的今天。「大霹靂」後的約 5 億年是屬於混沌時期，所有的一切皆是屬於膠著狀態，「光子」不能穿透混沌時期的膠著狀態，當然也就沒有任何影像可言。但在「大霹靂」約 5 億年之後，混沌時期的膠著狀態開始產生了時間與空間的相變，「時間」與「空間」的存在也因而產生物質的分離現象，於是宇宙中的「光子」開始可以對外顯現了。「光子」在宇宙中四射，而宇宙也轉成為透明晴朗的狀態。

圖 19.1 NGC3590 星團

這個影像是取自美國太空總署的哈伯天文太空望遠鏡所拍攝而提供的影像 [19.1]。它這個影像距離我們遠達 132 億年，由於距離的太過於深遠。這個領域的宇宙天文攝影又稱之為哈伯深遠宇宙（Hubble Ultra Deep Field，HUDF）。也就是說，我們現在所看到的這張照片是 132 億年前宇宙初形成之後的影像，影像中所顯示的每一個亮點都是一個「銀河系」，而不是一個星球。我們應當記得，每一個銀河系則又包含了億萬個恆星，在這張圖的攝影中，我們所看到的範圍實際上是從地球上看上去大約只有一個針孔的大小。那麼我們就應該可以了解在整個宇宙中幾乎有無限量的銀河系。所以，也許我們可以說這是一個接近無量級的宇宙，而我們所觀測到的在天體中只是滄海一粟，地球上的一顆沙子而已。但顯示那似乎是接近於無窮盡之多的星體的存在，而且多到簡直是無量數的匪夷所思之地步。

這也就是說，這其中最遠的銀河系它們所發出來的光線，在宇宙中已經行穿越了 132 億年的「時間」與「空間」，而如今被我們現在的太空天文望遠鏡所攝影到。各位不妨仔細的體會一下，132 億年的時間與空間是多麼的遙遠而又不可思議的事。但是，我們現在終於接觸到了那大海中的一滴飛沫，可以看到了宇宙初期的真實影像。這真是人類天文學上的一個偉大成就。但是，我們不可以以此而自滿，事實上，人類在天文學上現在的一點點成就，其實是才剛剛開始跨出了那小小的第一步小步而已。

在 HUDF 的影像中充滿著無數的亮點，有些亮點是圓形的，有些是橢圓形的，而有些亮點則顯示的是很小、很小。各位不要小看的那些很小

很小的亮點，其實所攝得圖中的每一個亮點都是一個「銀河系」，而每一個「銀河系」上面也都有千百億個恆星在那上面。 如果我們將它放大之後再來仔細的檢查，我們就一定可以發現到有無數的點存在著。130 億年是一個遙遠得難以思考的歲月，我們甚至於不知道該去如何想像它。但是它卻早已存在去哪裡了，當然至於現在是不是還存在，或使已經毀滅了？上沒有人可以回答這個問題。

　　這些 HUDF 的影像是從地球上看上去，它視角的大小其實約只有一個針孔一般的大小而已。這樣小的一個面積經過「哈伯天文望遠鏡」超遠距離的攝影，讓我們看到了一個真實而超遠距離且是初生不久的宇宙真相，雖是密密麻麻的光點，也就是那些「銀河系」。各位真正要去體驗的影像圖中那些很小很小的亮點，它們幾乎是無窮的多而難以計數。我們很難想像它們真的是距離我們太遠太遠了。不論是時間或是空間，都是我們難以想像的。也由於每一個亮點都是一個銀河系，所以上面也有千百億個恆星，也正如太陽一般的存在。所以也必然很有可能存在著生命的系統，那麼那些星系上的生命與我們現在這個時空內的生命，該如何相互去思考彼此各自的真實性與現實性的現象呢？

開始探險的井底之蛙

　　在整個宇宙中，我們今天所存在的一切，也都是從宇宙起源的那個點開始而存在的。不論是巨觀宇宙或是微觀宇宙，也不論是質子、電子、中子或其它等等。許多人把「微觀」的這個部分稱呼為「微觀世界」，以為「微觀」是以細小觀點來看東西，所以它們的世界一定很小。因而，也就把這個很小的世界稱之為「微觀世界」。事實上，這樣的想法是相當錯誤的，要知道這整個宇宙都由基本粒子所構成的，而微觀的世界當然也就有整個宇宙之大。我們可以用「微觀」的看法來看「最細微」的一些特殊的現象與狀態，並因而進一步的了解整個宇宙的真相與事實。巨觀世界與微觀世界並不是兩個完全不相干的世界，其實它們是一體的，正如我們身上的細胞與我們的身體，它們在本質上就是一體的。但我們一定要能夠深切的體認，在「微觀」中所看到的一些現象，雖然並不代表整個宇宙的現象都會是這個樣子。因為，畢竟我們所能看到的現象，其實也只是宇宙中極小的一個部分而已，有絕大多數的現象，直到今天還是我們人類所觀察不到的，體認不到的，更是所想像不到的，甚至於是完全不可思議的。在微觀中，許多觀察「微觀」現象的科學家們都一致的相信，「造物者」的智慧與能力都遠遠的超過我們人類可以思維與想像的，我們不得不承認，「造物者」的確是超越一切的而是至高無上的。

但是，我們人類對於四周的萬物，天生就是有好奇之心，我們都渴望知道這萬物的一切究竟是如何來的？或者是為何而來？這個好奇心對於我們人類一直有很大的益處，因為它對於我們的存活與未來的發展，直接的有著密不可分的關係與關聯。

　　人類的好奇心讓我們開始仔細的觀察、紀錄與研究這個宇宙中那深遠而不可思議的「時空」。同時也進行著觀察宇宙中那近於無限的時空裡的一切現象，以及那些渺無邊際的銀河星際。啊！這正如一隻井裡的青蛙，他剛剛跳出了水井，看到的水井周圍的許許多多的萬象，於是，牠決定以水井為中心，對外努力的進行探測，但也不能離水井太遠，否則牠可能就沒有水可以喝了。

　　同樣的，如今的人類對於宇宙的探險才剛剛要開始而已，至於未來的前途或是未來會遭遇到什麼狀況？那還都是在未知之數。而這隻青蛙，跳出了水井而沾沾自喜，以為自己必然會有許許多多非凡的成就。事實上，

牠真的不知道這個世界還有多大的地方在等著牠，而牠也完全沒有概念，在探險的路途徒之中，會不會有太多的東西想要吃掉牠，牠一無所知，這不也正是人類目前所遭遇的實際狀態嗎？

超越一切的智慧

　　生命的這一切是如此的完美，其實不只是我們人類而已。在地球上所有的生命系統都是如此完美的。我們千萬不要小看了那些花、草、樹、木，我總是感覺到「造物者」的精心設計是如此的不可思議。事實上，植物是大地之母，它是真真實實的在供養著整個地球上一切的生命系統，它不但是一切食物最根本的來源，直接地養活了地球上所有的生命系統。甚至於連地球上所有的動物呼吸所需要的氧氣，也是植物所提供的。各位可曾仔細的想過，單就地球上的人類而言就有 75 億的人口，每個人每一口的呼吸都需要有氧氣，那 75 億人口一天的呼吸就需要消耗多少氧氣呢？如果再加上地球上所有的動物的呼吸所需要的氧氣，那每天所需要消耗的氧氣，其數量之大就到了難以計算的數量了。而如果沒有連續不斷的補充這些氧氣，則地球上的氧氣其實早就被消耗光了。是誰連續不斷的在提供氧氣給這整個地球的生命系統在使用呢？答案是同樣在地球上被創生的「植物」，它們提供了我們賴以維生的氧氣與食物。這是多麼完美的自體生物鏈的一種循環設計。每想到這裡，不但是由衷的佩服「創造者」至高無上的用心與智慧，而內心中則是充滿著無限的感恩之情。

　　講到我們的身體是被設計得如此的完美無缺，也許很多人可能對於這樣的說法是「無感」的，並認為這本來就是這個樣子，或是說天生就是這

個樣子，沒有什麼值得大驚小怪的。但是，他們可能從來就沒有想到過，什麼是「天生」？什麼是「本來」？「天生」是從哪裡來的？而「本來」又是從哪裡來的？

可能沒有任何一個人認為我們人類會講話有什麼稀罕的？那一個人不會講話呢？如果大家都會講話那有什麼稀罕的呢？但是我要說的是就「講話」的這個本身而言，其實就是人類的一種奇蹟。不要小看人類會講話的這個問題，我們在講話真正的關鍵並不在於我們的嘴巴，而是在於我們的腦部。一些中風的人他們無法講話並不是因為他們的嘴巴出了問題，而是他們的大腦有了問題。各位想想看，我們要講出一個正確的字來，那是經由我們的大腦控制我們嘴巴的每一條神經元與每一個肌肉，而且都能達到恰好的位置上。那麼大腦究竟如何去控制每一條神經與每一個肌肉呢？事實上，人類直到現在的今天，真的還是一點也不了解這個事情的真相。這麼簡單的一個真相，但根由因卻又那麼的神秘而不可思議。所以說，人類到現在真的是一點也不了解腦子的作用與我們口腔的關係是如何完美的相互配合的運在運作。這樣的一種「成就」雖是平常，但卻是天大的奇蹟。

我很喜歡花草樹木，在庭院裡種了許多的花草，在日常生活中整理這些花木總讓我們的內心非常的平靜祥和與安寧。我常常很認真的去感受這一切，生命真是一種無比的恩典。有著萬億兆個因子，才會有這個宇宙的存在，再有萬萬億兆個因子，才會有我們人類的存在。宇宙中不可能存在者萬萬億兆個因子的巧合與無中生有，才使我們有了今天的存在與日子。

　　但是「造物者」在「創生」人類的同時，當然也會想到，絕不會只是「創生」我們人類而已，道理其實是很簡單的，因為如果只有人類單獨的存在，那是絕對存活不下來的。而最後的結局則仍然是毀滅或滅亡。各位看看我們自己，我們是生活在「大自然」的世界裡，所以有非常多的「大自然」每天會接觸到另外許多的人、事、物。正因為是這個樣子，正因為是如此，所以要提醒許多的人們不要忘了這個世界上其實還有許多其他的生命與事物的存在，而這些其他的生命與事物的存在，當然也必然會直接的關係到我們人類的生活條件與實際的存亡。

　　想想看，如果如果地球上只有我們人類的存在，而沒有其他任何的物種的存在。單單人類呼吸所需要的「氧氣」，若僅僅依靠創生時的那麼一點點，相信人類早就把它們消耗光了，更不必談那些後續的生命與新生命

的問題了。同樣的，我們根本也無法生存下去。我們「吃」什麼？「用」什麼？但是「造物者」以祂那無上的智慧與萬能，創造了地球上的億萬生命，祂甚至設想到了最周全也是最需要的「植物」，讓植物來供養地球上所有一切的生命系統，不但如此，並讓這些生命系統可以長期的存活下來。這樣的一種完美的機制，哪裡是人類可以想像與創造的？ 也正因為是這個樣子，我們應該在心中充滿著感激與感恩之情，感激這大自然的對我們人類無比的奉獻，也感佩那「上帝」與「創生者」無上的智慧與萬有的創生能力。

[19.1] https://en.wikipedia.org/wiki/Open_cluster

【第 20 章】
再談「時間」的虛無之謎

20.1
時間是萬事萬物的起點

　　如果認真的想要對這個宇宙深入的進行觀察、思索與研究的話，除了我們人類自身的問題之外，應該從哪裡開始才是起點呢？萬事萬物如此的多而複雜，千頭萬緒哪裡是一個開始呢？答案是：

　　我們應該從「時間」先開始。

　　「時間」的本身就是一個最好的一個起點，因為所有的一切事物都必須要有「時間」這個因素。它可以從我們生命中任何的時刻，一直延伸到宇宙的無窮盡的未來。更重要的是，這是我們每個人都擁有的，完全相同的東西，而且也是最公平的。

　　整個宇宙就存在於「時間」與「空間」裡面，而時間與空間本來就是一體的，故又稱之為「時空 (Spacetime)」。能夠瞭解大宇宙「時空」現象，那對於我們而言，對於這個世界就會有更深一層的認識與了解，所以，這對我們是相當重要的。

現在就讓我們先從宇宙中的「時間」談起，事實上，全世界的宇宙天文學家們為了「時間」的「有」還是「沒有」都還在爭論不已。但是，我覺得我們先不必爭論這麼深入的問題，我們應該從日常生活中的「時間」談起，那就會有比較確切的身歷其境的感覺。的確，「時間」是宇宙每一個萬事萬物的起點，也是宇宙中最不可思議與最神奇詭異的「東西」。

20.2 時間的內涵就是生命

這個世界上有一樣東西是最奇怪的，當人們在年輕的時候，他什麼都沒有，但就是有這個「東西」，而且這「東西」還多得很。然而到了老年的時候，感覺到好像什麼都有啦！但是就是沒有這樣「東西」。這個「東西」，其實不是個「東西」。它就是「時間」。對一般的人而言，也不是每一個人都把「時間」放在心上，尤其是閒著沒事做的人，可能還嫌它太多。在這個世界上，可能會有許許多多的人認為「錢」才是最重要。只要有錢，幾乎可以買到所有想要的東西。但是，這個世界上唯一用金錢買不到的也就是「時間」，而且它對每一個人都是平等的。

現在，讓我們認真並好好的思考下面的這一句話，那就是：

「時間的內涵就是生命。」

大家都知道有一個真實的道理，那就是：「生命是無價的」。因此，若是生命是無價的這句話是真的，則使用等同定則，各位想必應該也應該知道「時間的內涵就是生命。」這句話的轉述就是

「不但生命是無價的，但時間也是無價的。」

這個道理很清楚，大家都知道「時間」帶領著我們的生命一同的在整個宇宙中快速的流逝，而且是一去不復返，逝去的日子是永遠不可能再回來的。如果認同生命是無價的，那麼從現在起就應該深深的，細細的體認與感受那「時間」是無價的這個真實的道理，莫等閒白了少年頭，空悲切。

如果我們真能要體認「時間就是生命」的這句話，那麼，我們就應該好好的思考，我們身邊的「時間」它究竟是什麼？也許，這個問題對一般人而言，的確是很難回答的。如果有人真的想要追究「時間」究竟是什麼？那可能連切入點都成問題，也就是連問都不知道該如何問起。事實上，我們可以把這個問題說得真切一點，所以，我們才從「時間就是生命」這一點談起。

秦始皇打敗了六國而統一中國，他得到了他所想要的一切，但是他覺得他卻不到時間，於是就想盡了辦法希望能讓自己長壽並多活一點時間，因而開始吃仙丹，而結果卻讓他在壯年的 49 歲的時候就病逝了。清朝康熙年間，有個大學士張英，有一天他收到一封家書，信中說老家三尺宅基地被侵佔了，於是和鄰居起了紛爭，希望張英利用朝廷的影響力，贏得這

場官司。張英閱讀完信件後，坦然一笑，於是提筆寫了回信，並附詩一首

> 千里修書只為牆
> 讓他三尺又何妨
> 萬里長城今猶在
> 不見當年秦始皇

我曾統計過，明代皇朝共有 18 位君王，他們的平均享壽是 41.1 歲。清朝則共有 13 位帝王，而他們的平均享壽則是 52.07 歲。這其中最長壽的是乾隆皇帝，他活了 88 歲，如果乾隆皇帝沒有活得如此高壽的話，則清朝帝王的平均享壽還是會落在 4 字頭上。每一個皇帝都在追求長壽，他們享有全天下，但是他們存活的時間都不長，平均下來也只是四十出頭而已。「時間」固然是平等的，但卻也是最珍貴的。時間就是生命，而我們的生命就表達在「時間」的裡面，所以不但「生命」是無價的。同樣的，「時間」也是無可替代的。每一個人都想盡早的「成功」，那麼要問，如何才能盡早的成功呢？答案是：浪費時間越少的人越容易成功。

那麼更進一步的要問：

「什麼是成功？」

「成功」不是功成名就，也不是飛黃騰達，那都不叫「成功」，那只能說是在紅塵萬丈裡高高低低的翻滾。各位想想，這個世界上的古今中外，有誰是成功的呢？當你踏上了一個小小的成功的台階之後，你一定會再想上另外一個更大的台階，如此一直的，看上去永無止盡的台階，能走得完嗎？能走上到天堂嗎？高中畢業之後考上一個理想的大學那就是成功了嗎？其實大學才是人生的起步而已。大學的畢業就是成功了嗎？當然不是，那只是事業的開始或者是另一種生命的開始而已。事業的成就要到什麼樣子才能叫成功呢？事實上，所創的事業越大，他身上的責任也就越大，有一千個員工，那麼你要養活這一千個家庭，有一百萬個員工則你要為這一百萬個員工的身家性命負責。這不叫成功，而是無比的一種責任。想想看，自古以來那一個人成功人呢？有那一個皇朝沒有被推翻過了呢？那一個人沒有被取代過呢？

　　所以我說，「成功」絕不是功成名就，「功名」這兩個字若以時間來看，肯定是虛無的。生命中的「成功」不是屬外的，而是屬於我們內在的自我。所以，在生命中真正的「成功」是：

　　「成功就是對於自我期許的一種肯定。」

　　請仔細的看一看，這個世界上有無數的人是成功的。重點是我們要認同自己，只要自己能夠對於自我的期許得到了自我的肯定，那就是「成功」。外界的掌聲肯定只是一時的，而真正的自我才是久遠的。

宇宙中「時間」是沒有標準的

如果我們再要問「時間」究竟是什麼？可能很多人會回答道：

「時間不就是那一分、一秒的在過嗎？」

事實上，「時間」這件事情當然沒有那麼簡單，不但是不簡單，而且遠遠的超過一般人所能想像的。在人類已知有著無限可能的宇宙中，再也沒有任何的事物比「時間」更為神祕、更詭異、或是更為不可思議的事物與現象了。千古以來，每一個人都會感覺到時間似乎是存在著，但是，直到今天卻還是沒有一個人可以說得「時間」究竟是什麼？它看不到、摸不著、沒有知覺、也感覺不出任何的有或無。

愛因斯坦在二十世紀的初期所發表的《相對論》，他推翻了牛頓所發表認為的：

時間是具有絕對的標準的，這個世界上的每一秒鐘都是相同的。

但是《相對論》不同意這種理論，它明確的告訴我們，當我們以不同的速度在運動的時候：

不同的「速度」會產生不同的「時間」。

也就是說，在任何物體以不同速度高速運動的時候，它們的「時間」

會產生差異與改變。兩艘太空船，雖然他們使用的是地球上同一個款式的時鐘，而且也在地球上面校準過。但是，當這兩艘太空船在宇宙中以不同速度高速運動的時候，他們船上所顯現的時鐘上的時間並不相同。那麼，若問誰的時間才是準的呢？答案是：

「在宇宙中並沒有標準時間。」

所以，也就沒有誰對或是誰是錯的問題，也就是沒有一個人的時間才是標準時間的這個問題。也許有人會說：

如果在宇宙中沒有標準時間，那麼，制定一個「標準時間」不就解決問題了嗎？

這就完全的誤解了「宇宙中沒有標準時間」這句話的意義。剛才在上面說了，在宇宙中以不同速度在移動的時候，不論你是任何物體，也不論你是往任何方向，則他們所顯現的「時間」都不相同。也就是「時間」直接的與運動的「速度」產生了關聯，「時間」也因速度的變化而變化。這也就是愛因斯坦「狹義相對論」的基本精神與論述。這個現象在整個已知的宇宙中都是如此。也因此，由於速度的變化，他們各自所顯現的「時間」也必然會不相同。所以，在這種「變異」的時空狀態下，當然是不可能制定一個「標準時間」的。甚至連使用地球的時鐘都沒有意義，因為，地球的一天是 24 小時，但離開地球或對地球以外的星球及宇宙的星空而言，那就完全沒有意義了。

如果宇宙沒有標準時間的話，那麼我要去太空中跟女朋友約會豈不是

就會成為大問題了？是的，這個問題到現在還沒有人可以通盤的回答。唯一的解決方案就是要透過你們兩位各自不同的太空船上的通訊系統，相互的聯繫，才可以計算出彼此的距離與時間的變化。但這要很小心，也許只有電腦才有這個控制太空船的能力，因為如果是以接近光速在太空中飛行的話，若是約會的時間誤差了 1 秒鐘的話，啊！那可能就相差了十萬八千里去了，那又是一個遙遠的天邊了。

20.4 進入「時間膨脹」的思維

在前面的章節裡曾經討論過「時間膨脹」的問題，並以愛因斯坦的《狹義相對論》可以計算出一位太空人在宇宙中航行時，其時間膨脹的真實狀況。但是，那畢竟是數學上的意義，那麼，對於我們人類在生活上的

意義又是什麼呢？就「時間膨脹」四個字意上來看，「膨脹」這兩個字的意思就表面上看來，就是物體由原來的大小變得比原來的要大。實際上，我們要把一個東西變大是可以思考的，例如是一個氣球，我們把它吹大。在表面上看起來它的體積是變大了。但實際上並不是如此，它只是外面的橡膠外皮的形狀變得大了，而氣球「內外」的總體空間並沒有改變。當我們把氣球戳破的時候，我們就會發現它還是原來的那些空間。諸如這一類的事情，我們都可以很容易的理解所謂「膨脹」的意義。但事實上，這樣的說法對「時間」而言，則還是不正確的。

「時間膨脹」那所代表的意義是告訴我們：

「時間」的本質是一個變數

也就是「時間」真的會膨脹與縮小，它在本質上是會隨速度的變數而變化。所以，「時間」當然不再是一個常數而是一個變數。請不要誤會這種時間的變化並不是我們在日常生活所說的那種時間的不同調而已。有人跑一百米需要花 15 秒，有人百米只花了 10 秒鐘，這跟時間的變化毫無關係，這是速度的問題。「時間膨脹」的真實意義，就是「時間」的本身在特殊的狀態下，會具有縮短或延伸的現象。這種「時間」的本身會具有縮短或延伸的這種狀況，才是人類在思維上完全難以想像甚至是難以適應的。

「時間」究竟怎麼了？

　　「時間」對於生命而言，是一切事物的根本所在。所以，我總想多用一點時間談一些關於「時間」的真實面目這方面的問題。二十一世紀的人類文明昌盛，這個宇宙中的許許多多的現象與事物，都逐漸的被揭曉而明朗。但是，對於「時間」而言，人類直到今天，幾乎沒有任何太大的進展，科學家們越是深入的研究，就越是覺得它的不可思議，甚至是到了不可以用正常思維去思考的地步。千古以來，每一個人都會感覺到「時間」似乎是存在著，也有著太多的人們想要確切的描述「時間」的究竟。但是，從來沒有人成功過。

　　科學家們感覺到的是，我們可能連「時間」邊都還沒有碰到，更不要說它究竟是什麼了？人類自從有文明與歷史以來，從來沒有一件事物是與人類那麼的親近，而同時又那麼的遙遠與陌生。它與我們是時時刻刻從來也沒有絲毫的分開過，並與我們完全的融合在一起，但我們卻又完全的不知道「它」是什麼？也不知道「它」究竟是在哪裡？

　　對於這個完全看不到、摸不著、沒有知覺、也感覺不出任何的有或無的現象，於是產生了一個「時間」究竟是不是真實存在的問題。許多科學家曾經說過：

「時間」可能是人類的一種幻覺。

　　但這樣的說法是可以被質疑的，也很難通得過被全面性的檢驗。因為，我們所有包含運動與速度的作用都是以「時間」為基礎的。也就是說，凡是有關於運動與速度的問題，都必須以「時間」為基本的座標軸。沒有「時間」的對應，則所有的運動與速度都變得沒有意義。例如，若是有人說：「我現在的速度是一百公里」。這樣的說法是完全沒有意義的。因為，沒有時間做為參考，它可以是每天一百公里，也可以是每小時一百公里，也可以是每分鐘一百公里等等。缺乏「時間」的背景，會使得許多的事情變得沒有意義。所以，若是說「它」是幻覺，但是「時間」確有它的真實物理意義。但是若說它不是幻覺，卻又從來沒有人可以說得出「它」究竟是什麼？「時間」究竟是什麼？也許只有「上帝」可以說得清楚吧！

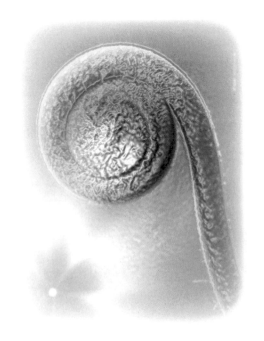

來自時間的身心壓迫感

我們大家都有一種共同的體驗，那就是快樂的時間過得特別快，痛苦的歲月則是慢慢的捱。我們身體對於「時間」的感覺並不完全是客觀的，而存在著主觀的因素。在急難的時候就會有一種時間的壓迫感，甚至讓我們喘不過氣來。我在三十歲的時候非常喜歡潛水，也是當時「台北潛水俱樂部」的會員，每個假日經常的揹著高壓氣瓶在野柳、金山等地的海域潛水。在潛水的時候，我經常喜歡讓自己飄浮在海水中間，那種的感覺是使自己完全的失去體重，而呈現沒有自身重量的狀態，沒有體重而又自在的感覺，真是奇妙得無法用言語述說。而在那種狀態下，我始終記得，如果時間也是停止的那該有多妙啊，那應該就是接近天堂的狀況了吧。潛水的時候，高壓的空氣在身體內的血管中與血液一同全身流動著。所以，潛水的時候時間是最重要的，樂而忘憂，忘了時間或是延誤了時間，則必然會有生命的危險。所以，對潛水人員而言，時間有一種相當大的緊迫感。氣瓶內的壓力是每平方英寸 3000 磅 (PSI) 的壓力，也就是相當於一輛小轎車的重量，全部集中壓在一平方英寸的面積上面，然後再透過調節器的活瓣，調整到身體所在位置的水壓，提供我們呼吸之用。

海水的壓力是每降低 10 公尺增加一個大氣壓，各位千萬不要小看這一個大氣壓。當高壓空氣進入我們的血液內，會隨著血液流遍全身。如果

因趕時間而太快浮出水面，則周身血液如同爆開來的汽水瓶一般，也就是如同我們打開汽水瓶蓋的時候，整個汽水瓶都會冒出氣泡來。高壓空氣在我們的血管與血液中也是如此，這些氣泡會阻礙我們血液在血管中的循環，造成循環中斷而喪命，這也就是所謂的「潛水夫病」。在平常的時候，手腕上的手錶從沒有去特別在意過，只要能走得準好了，其他就沒什麼了。但是，當生命直接聯繫到手腕上手錶的時候，我感覺從來沒有像當時是這樣的在乎手錶。因為，這個時候的手錶與生命畫上了等號。輕忽了「時間」，將會付出生命的代價。於是，時間對於生命就有著非常緊密的壓迫性。

有一次我只想到 10 公尺下清澈的海底漫遊，各式各樣的魚類，其色彩之鮮豔，花樣之繁富，簡直讓人瞠目結舌的地步。但由於我下潛的速度略快了些，導致我體內的壓力還沒有與體外的水壓同步的平衡，也就是體外的水壓遠高於我體內的內壓，這時突然在我的右耳有一陣如錐子直接刺入腦髓之內的無比疼痛的感覺。潛水是不可以帶耳塞的，因為這會產生自身內外壓力的不平衡現象，這是極度危險的事情。於是，我放棄了下潛，慢慢的浮出水面，走上岸來。當我脫下面罩一看，在面罩裡面全是鮮紅色的血，讓我嚇了一跳。到了第二天醒來，發現我的右耳有耳鳴的現象，看了許多醫師，都是同一個答案，那就是物理性的損壞，是不可逆的，而直到數十年後的今天，只是有時候一想到我的右耳，好像還是有吱吱蟬鳴的聲音。

可想要「返老回童」嗎？

有些人常說：「我有的是時間。」而有些人卻說：「我沒有什麼時間。」說這些話的人，很可能都是在「生命」之中出了問題。因為浪費時間就是浪費生命，而沒有時間也就是等同於沒有屬於他自己的生命。略懂相對論的人可能會有一種想法，若是我們老了想要借助於《相對論》的時光變遷，近光速的到太空中飛繞一下，於是我們可以返老還童，讓我們可以活得更年輕一些，這豈不是妙極了。速度是由我們在控制的，如此在太空中我們不必太辛苦的停留十年或八年，只要近光速的到太空中飛繞一年就好了，那時候地球就會過了幾百年或上千年。這豈不就是返老還童了嗎？是比神仙還神了嗎？

這樣的想法的確是想得很好，非常的好，在理論上與實際上也的確是如此。雖然事實是如此，但整個事件卻不是如想像中的那麼單純。但若仔細的分析其中的道理，卻會發現那是一種非常詭異的事情。現在，讓我們進一步的分析看一看，這一切究竟會是如何的？它真的會如我們想像中的樣子嗎？

(1). 就時間上來說，你並沒有停止老化。這觀念很重要，也是問題的重點所在。很多人想要的是不要老化或變老，或是至少減緩老化現象。答案是：「完全不可能」。也就是說，在太空船上，你仍然在繼續的依

照太空船上的時間在走動，而你也同樣的在逐漸的變「老」，當然不可能返老還童。

(2). 也許太空人會說，我在太空船上才不過一年的時間而已，但是地球上的人卻老了一百歲啊！這難道不是佔了便宜嗎？這一點的確是沒錯。但是，也別忘了，別人老了幾歲跟你並沒有關係。你知道這世界上最長壽的人是誰嗎？2017 年根據路透社報導，全世界在世最老人瑞瓊斯（Susannah Mushatt Jones）2018 年去年在紐約病逝，享壽 116 歲。他的長壽跟你有什麼關係嗎？是的，我們每一個人都在過自己的日子，而他人壽命的長短，與自己卻未必有關係。所以，雖然你在太空船上過了一年，而地球上的人卻過了一百年，但這之間卻沒有任何的實質關連。他過他的日子，你過你的，絲毫談不上有在什麼便宜可佔。

(3). 相對「時間」的長短並不代表生命可以活得長或短，這一點是十分重要的，一定要認識清楚才好。所以，雖然我說，你在地球上過了一百年，而等於天上的某一顆星星上面則是過了一年。如果你會說：「那又怎樣？」這就對了。在天王星上的一年等於地球上的 84 年，也就是說，在天王星上活了一歲，地球上的人則是活了 84 歲。那麼各位難道就會真的認為搬到天王星上面去生活，就可以活的久一點嗎？當然是不會。相對的，在天王星上面若是有生命的話，其計算生命的單位可能要以不同的單位來計算，哪裡有什麼便宜可佔？

(4). 事實上，讓我們再想深入一點，那反而就很可怕了。在太空船上以近光速飛行的十年，然後回到了地球，而地球已經過了一千年。也就是

說他來到了離開後一千年的地球。認真的說來，他沒有佔到一絲一毫的便宜，也就是說，他本身只是經歷了十年的時光，而地球則經過了一千年。正如一位在唐朝時代離開地球的人，如今他回來了，他只知道自己過了十年而已，但地球過了一千年，也進步了一千年。我們很難想像，他要如何在這一千年後現代的社會中生存下去？他會肯定的認為我們才是神仙。

(5). 了解了上述的道理之後，我們再以這樣的方式來看待《相對論》的問題，才是一種正確的認知方式。千萬不要把「等號」用在「生命」上面，更不可以把「不同」的生命直接用等號相互聯接起來，生命是真實的也是不可替換的。其實這個世界上的一切事物都是相對的。如果你說我有一百萬元的存款，算不算是富翁？也許你會說一百萬算不得上是富翁。但是我如果告訴你，其他 99% 的人的存款都不到一百元，那你一定會認為我當然就算是富翁。所以說，這世間的事物都是相對性的，而在宇宙中這個道理也同樣是相通的。

我們當然不會認為愛因斯坦的《相對論》就可以解釋「時間」的一切。至於「時間」其他方面的真相與真性究竟是如何？這還需要科學家們持續不斷的努力，雖然距離真相還是那麼的遙遠，但是我們畢竟是努力過才會知道。只是，我們所面對的「時間」這件事情，是遠遠的超越人類的一切認知與智能，簡單的說，它是遠遠的超過人類智慧可以思考的範圍。而如果人類連「時間」是什麼都不知道的話，那麼，我們的生命在這宇宙「時間」的洪流裡，究竟是真實的？還是如時間一般，也許是虛幻的？這個世界上真的沒有任何人可以說得清楚。

「時間」可能是一種幻覺的轉換

　　確實的是，這個宇宙中真的是並沒有「時間流」這個東西，如果「時間」真的會流動而有「時間流」的話，則人類的對於會「流動」的東西相信就有許多把戲了可以變了。重點是，我們完全不知道「時間」究竟是什麼？那就一點辦法都沒有了。事實上，人類關於「時間」的真實面貌與實質的本質未明，而「時間」有著如此多的不可思議，我們真的不知道它究竟是什麼？也許真的，時間真的可能就是一種存在者的「幻覺」轉換而已。「時間」的確是宇宙中最真實但也最虛幻的事物。明明我們是活在「現在」這個時刻，但是我們人類傾全力卻真的絲毫都找不到屬於「現在」的這個時間。當然，就更找不到「未來」的時間藏在哪裡，也不知道「過去」的時間去了那裏。更重要的是，我們需要好好的活在「現在」，而「現在」的這兩個字，我們也真的也不知道「現在」是什麼？總以為它就在那裏，其實，當你想到的時候，那就已經是歷史了。

　　在我們所認知的「時間」中，屬於「現在」的這一個時刻，由於在理論沒有證據，而在實際上我們也真的完全無法找到它存在的真實。那麼，很可能這所謂的「現在」也只是人類自身的一種「幻覺」意識。這種「幻覺」意識就如同是「視覺暫留」一般。凡是超過十六分之一秒的任何個體運動，我們都會有「視覺暫留」的現象，也就是都會將它看成是連續的。

所以，我們認為「時間」當然是連續的。

我們剛剛談過「現在」的這個「時間」在數學中的數線上它其實也只是一個點而已，這個點只有位置，但卻沒有大小之值。也因此，我們沒有一個人可以說得出所謂的「現在」它究竟是有多長的時段？而如果所謂的「現在」真的是只有一個點，只有位置而無大小的話。那麼我們無論是在實質上或實體上都是不可能去感受到「點」的時間存在。所以，「現在」可能只是存在於生物或是我們人類身體裡面的一種內在計數器而以，它提供了我們一種共同的知覺與認知而已。故而，直到今天都沒有任何實質的證據，證明「時間」是可以存在於「現在」的。

「視覺暫留」的確是我們腦部的一種「自我幻覺」，它與宇宙中真實的「事實」並不相符合。人類的這種「視覺暫留」的作用當然是一種幻覺的作用與現象，只不過我們自身強烈的認為它是存在的，雖然真實的實體現象並不是如此。這真的是很奇妙，有的時候想想，如果我們連隨時隨刻的生命所依存的「現在」都不知道它究竟是什麼？那麼，我們究竟還能知道些什麼呢？對於「時間」有著如此多的不知所措與不可思議，我們真的不知道究竟該如何對付它？「時間」的問題竟然是如此的複雜而又如此極度的不可思議。如果真的要追究「時間」的真相究竟是什麼？唯一可能有的答案，真的就是只有創造「時間」的「創生者」可以知道它究竟是什麼了。

【第 21 章】
宇宙創生是無解的神蹟

21.1
創生的宇宙是由「神奇」開始

在公元 2018 年 3 月 14 日的時候，知名的英國物理學家史蒂芬霍金 (Stephen William Hawking.1942-2018) 去世了。雖然他是近代歷史上最知名的科學家之一，但這並不表示他所有的言論與認知都是被認同的或是被認可的。曾在 2011 年的時候，霍金接受了英國的衛報 (The Guardian) 訪問的時候程，他明確的表示：

「在宇宙中沒有上帝。」

其實，他也只是一名的科學家而已，他不是聖人，更不是神。一個人如果講出了超越他本身能力與範圍的語言，那所代表的就是一種不智的現象。他說：「宇宙中沒有上帝。」那麼，他的證據在哪裡？他被認可的論文又在哪裡？人類對於宇宙所知甚微，而那一點點的知識，在尚不足有廣泛結論的時候，他就斬釘截鐵說沒有「上帝」這種事情，這其實不是科學家的修養與人格特質。如果一個人講出了可能會影響全世界，但卻又講沒

有任何證據的話語，那是一種不負責任的行為，身為名人能不慎乎。而一位自稱為科學家的人，其人格特質就是事事求實，更不可以把毫無事實根據的事與內心中尚屬未能證實的想法，寫成了名言而嘩眾取寵。科學家的本質就應該事實求是與戒慎警惕才是。

人類現在的科學，也許自以為很進步了，事實上，稍微懂得物理的人一定知道，其實人類現在所懂得的那一小點點知識，甚至還不如風中的一顆沙塵。所有物理學上的定理和定律如果再深入的追求的話，沒有任何一個地方可以說得出它的根源與究竟，我想輕聲的問一句有關於物質世界最根本的一句話，那就是：

「構成物質的原子，它究竟是怎麼來的？又究竟是從哪裡出來的？」

相信，這個世界上沒有一個人可以回答得出這個最「基本」的問題？各位想一想，就「物質」世界而言，這難道不是一個最基本的問題嗎？如果連構成物質「元素」這樣最基本的東西都弄不清楚是怎麼來的？那麼還談什麼沒有「上帝」的事呢？我們的科學一切都才在剛剛起步與開始的階段而已，這是實情，也是事實。

不要以螞蟻的思維
想像人類的智慧

　　在上一節之中，我曾經問過大家：「構成物質的「原子」它是怎麼來的？為什麼會有這樣的結構？它又究竟是從哪裡出來的？」當然，雖然這個最基本也是最根本的問題，但是沒有人可以回答這個問題。因為，它超越了人類的知識範圍。「原子」的存在遍及整個宇宙的每一個角落中的每一種物質。讀過「化學週期表」的人一定知道，宇宙中每一種元素都是唯一的，都是由不同的原子所構成的。也就是說：

　　「原子」創生了宇宙中的一切物質。

　　那麼要進一步的問：

　　「是誰創生了『原子』」呢？

　　也許人類唯一可以回答得出來的答案，那就是「造物者」所創生的，並使得它存在於宇宙中，而且是無所不在的構成了一切。我常在想，「造物者」創了各式各樣的「原子」，再由「原子」構成了不同的「元素(element)」然後又由「元素」構成了「物質」，再由「物質」物質構成了地球上億萬的生命系統，這樣高明而高深的智慧，真的不是用言語可以表

達得出來的。人類一直到今天卻連「原子」內所有的基本粒子的現象都還弄不清楚，這「造物者」的神奇還真的是不可思議。

　　各位可以好好而仔細的深入想一想，這是何等偉大而又不可思議的智慧。我們一般常見的螞蟻其大小約都是在二、三個毫米的範圍之中，我們不可以否認螞蟻也是有智慧的，它們也有它們生存的智慧。但是我們也能夠充分的了解：

以螞蟻的思維是不可能了解人類之智慧的。

　　同樣的道理，以人類的智慧，當然也是無法思考「造物者」的智慧。畢竟我們人類的智慧還是很有限的，當人類想要去思考「造物者」的智慧的時候，那麼，我們同樣的是犯了以螞蟻的思維來思考人類的智慧的毛病。

人類終究還只是一粒沙塵

　　讓我們仔細的思考與想想。在相對於整個宇宙無邊無際的「時空」與「存在」裡面，我們的「存在」實際上是接近於「有中之無」的程度。什麼是「有中之無」？那就是我們的「存在」的確實是「有」，但實際上卻渺小到幾近於「無」的程度。至於人類的那一點「知識」，面對著宇宙中的那無盡的深遠與不可思議的未知，我們甚至於連億萬萬分之一的程度都還談不上。這個現象我總感覺就如上述的有如一群站在地上的螞蟻，然後仰頭看著旁邊的人類，並在議論紛紛的想像着人類的各項能力與智慧。雖然這是一個比喻而已。若是將它實際的放大來看，也就是將地球與接近無限大的宇宙相對比的話，我們可以想像的出來，那地球真的是連一粒風中的沙塵都不如。更不要說，在地球之內的人類了。憑什麼我們以現在所知道的這一點點的極小，就要去斷論宇宙中那接近無限大中所有的一切。

　　地球上所有的物質都受到「萬有引力」的作用，雖然牛頓在 1687 年導證出了「萬有引力定律」的數學模式，但那也只是開始知道的第一步而已，更重要的是，直到今天，地球上的人類仍沒有一個人知道「萬有引力」它究竟是什麼？也就是說，我們只是知道是一種「現象」而已，而這個「現象」它究竟是什麼？又是如何來的？則完全沒有任何人知道或回答得出來。各位可以想一想，這樣最基本的一個物理現象，人類卻不知道它真正的原因是什麼？也不知道它究竟是什麼？所以，各位應該可以感覺得

出來人類的科學在距離「無盡」的宇宙中還只是在「起跑」點而已，還有的是遙遙無期的路要走。

2017 年美國理論物理學者魏斯 (Rainer Weiss，1932-) 與索恩（Kip Stephen Thorne，1940- ）共同成功的探測到宇宙中有「重力波」的出現，也因而獲得了當年的諾貝爾物理學獎。當然，我們不必高興的太早，因為這才是研究宇宙的一個基本開始而已，我們也只是瞬間看到了「重力波」的一個影子而已。然而，那距離事實的真相還遠得很，這一切也還只是剛進門而已。

以人類目前處於如此初淺的科學知識上，卻以那微不足道的一點點所謂的知識而妄言與論斷所不知道的那億萬萬中無限的宇宙。想想看，一粒微小小的水珠，如何可以論斷大海的雄壯與偉大。同樣的，一粒微塵怎麼可以去妄自述說那深入雲端的高山峻嶺與那氣勢磅薄的山川大河？我們不要在自我意識下而虛妄的自以為是。我們更不要忘了，人類在整個宇宙中，其實是渺小到僅近於「無」的程度。

太多的巧合就不是巧合

伽利略（Galileo Galilei，1564-1642）是義大利科學家，在 1609 發明了天文望遠鏡，並經由該望遠鏡長期而仔細的觀察天體，在分析了太陽系各星體軌跡之後，就積極的提倡「日心說」，認為地球不是宇宙的中心，宇宙也不是繞著地球旋轉。相反的，而是地球繞著太陽的旋轉，整個太陽系都是圍繞著太陽在旋轉。1633 年 7 月，伽利略被傳喚到羅馬接受審訊後被判處終身監禁，其所有著作一律查封。就在伽利略去世後的第二年英國的大科學家牛頓爵士（Sir Isaac Newton，1643-1727）誕生了。

1687 年他發表《自然哲學的數學原理 (Mathematical Principles of Natural Philosophy)》，該書闡述了「萬有引力」和基本的「三大運動定律」，並因而奠定了此後的三個世紀裡在「天文學」與「力學」方面的基礎，並成為了現代科學與工程學的基礎。牛頓在書中同時發表了「萬有引力定律 (Newton's law of universal gravitation)」的數學模式，並根據這個定律制定了太陽系的模型。

牛頓是相信宇宙中是有「神」的。但是他有一位好朋友卻完全的不相信宇宙中有「神」。有一天這位朋友來到他家中，看到了牛頓在家裏放置了有一具相當精美的太陽系模具。只要搖動模具上的曲柄，太陽系的各星球就會按照各自的軌道運轉起來。於是這位朋友問牛頓：

「這麼精巧的模型是誰設計與製作的呢？」

　　　牛頓回答說：「沒有人。」

他的這位好友覺得很奇怪，於是非常疑惑的問道：

「這麼精巧的一個裝置，總要有人去做才會有啊！怎麼可能會沒有人做呢？」

牛頓回答道：

「如果這麼簡單的一具模型器具都必須要有人來設計與製作的話，那為什麼如此複雜的太陽系卻說是偶然與隨機而形成的呢？如此複雜而又不可思議的太陽系，為什麼卻沒有人想到，它才是真正的更需要有一位至高無上的設計師與創造者呢？」

　　就在這同時，他的這位好友頓時的醒悟過來了，結構這麼複雜而又極端有條理秩序而又接近於無限的大宇宙，那怎麼可能是可以任意的隨機而出現或存在呢？於是他的這位朋友不但接受了宇宙必然是有「造物者」所「創生」的思維，並跟隨牛頓一起的研究起天文學，也更確切的認知，這個宇宙被「創生」的必然。

　　對於宇宙的起源不了解「創生論」的人，可能是因為他們根深蒂固的自我意識，對於「創生」也想的還不夠多。近代的科學也證實了。宇宙確實是由「大霹靂」所「創生」的。而至於「大霹靂」的起源，在近代科學認定它是來自於一個它前身的「奇異點」。但毫無疑問的，那麼，是誰放置了這個「奇異點」呢？這個「奇異點」當然不可能是自生的。正如一個

鞭炮的爆炸，那鞭炮的本身不可能是自生的，也不可能自己引爆。所以，這個「奇異點」的來源，在科學上，至今沒有任何一個人有能力可以回答這個「問題」，甚至於連「討論」的資格都沒有，至於若是想要去思考或是想一想這個問題，那就更不知道該從何著手而起了。而理性的看法，那就是應該從「創生者」的角度來思考，或許會有一些新的體悟。

「創生」也許是這一切唯一可以思考的方向。也就是說，這個「奇異點」它必然是在「大霹靂」之前所被創生的，然後才有後來的「大霹靂」產生了宇宙。那麼你認為誰有能力去「創生」這個「大霹靂」之前的「奇異點」呢？所以，唯一可以合理思考的方向，那應該就是萬能的「造物者」所成就的。

先讓我們不必去思考那些遙遠而又接近於無限的大宇宙，我們可以回過頭來先看看我們自己的身體，於是我們就會慢慢的了解我們的身體是由 60 兆的各種細胞不可思議而巧妙的組合而成，更重要的是，每一個細胞又都能夠恰好的生長在它最適當的位置上，並發揮它最適當的功用。身體的結構是如此絲毫無誤的完美，怎麼可能是那麼巧合的湊在一起呢？所以，如此的嚴密與完美的組織系統，想來必然是有「人」把它設計出來的，我們的「基因」是如此的交錯複雜，當然是更不可能被毫無秩序的隨機放置而成，而具有無上智慧的 DNA 又怎麼能夠說它們是隨機湊合或是巧合而成的呢？買獎券連中兩次特價也許還可以說是一種巧合，但如果連中的一百次特獎，我想就不會有人認為這是一種巧合了。但是，我們的身體有 60 兆個細胞，每一個細胞都在它所以應該在的位置上，各位，您能說這些全是巧合嗎？相信那就完全說不過去了。事實上，各位應該可以體會得

出一個道理，那就是：

　　「太多的巧合就不是巧合！」。

「形而上」的新思維

英國科學家霍金（Stephen William Hawking，1942-2018），他認為宇宙是「無中生有」而來的。事實上，「無中生有」就四個字本身就是矛盾的。我們不要以為只有物質世界才是「有」，而忽略了「能量」的世界。實際上，各式各樣的「能量」充滿了我們整個宇宙與我們的身邊。例如，在我們日常生活中所使用的「電能」，它就是一種能量，我們看不到也摸不到，但是它是存在的，而且可以幫助我們做許許多多的事情，並提供人類所需使用之龐大的能量。

就純粹以「能量」的觀點而言，整個宇宙中的能量不能「自生」也不能「自滅」，這是宇宙中最大的一個定律，謂之：「能量守恆定律 (law of conservation of energy)」。這就說明了在整個宇宙中，無論在任何地方能量都不能夠「自生」，當然也就不可能無中生有。因此，由於能量不能「自生」的原理，則我們可以知道，在宇宙中最「原始」的狀態下，就必須具備了「初值」能量的來源。也就是說，在整個宇宙中所有的一切能量必有一個「初值」的存在。「能量」不能「自生」，也不能「自滅」，但是「能量」卻可以轉換。比如說，我們可以把電能轉換成為機械能，就如現在推行的電動車輛，是把電能轉換成機械能量而行走。而各種發電廠則是把機械能轉換成為電能，這也就是在我們日常生活中能量的轉換是常有的事情。

愛因斯坦有一個非常偉大的「質能互換方程式 (mass－energy equivalence)」：

$$E = MC2$$

式中的：E 是能量 (Energy)，M 是質量 (Mass)，C 是光速 (3*108Km/sec)。

我常常覺得這是「創生者」訂定給宇宙運行的一個最神聖的方式，為什麼我會這樣說呢？各位不妨讓我們來看看下面的這些事實：

1. 首先，它明確的告訴我們，質量 (M) 與能量 (E) 是同體的。也就是說，它們是同源的，這中間只相差一個常數值。它們是可以合而為一的，它們可以是完全相等的或是相同的。

2. 由於它們是可以合而為一的，故而，它們也是同時經由「大霹靂」而產生的。也正因為是如此，宇宙誕生的理論性與實際性就很自然的可以合而為一了，而沒有絲毫相互的牴觸或矛盾之處。

3. 當質量 (M) 可以等於能量 (E) 並且是可以相互轉換的時候。宇宙並從此之後就進入了「不生不滅」與「不增不減」的宇宙重要的這一個鐵律，那就是「能量不滅定律」。古代的人看到木材或是煤炭經過燃燒以後就消失而不見了，以為物質是可以被消滅的。其實不然，那些燃燒過的木材或是煤炭由於它們會產生熱量、二氧化碳與其它相關的物質，而事實上，它們的總能量並沒有改變。同樣的，它們的總質量也沒有發生變化。

4. 許多人會以為「能量」是可以看得到的。比如說火柴點燃後會發光，我們煮飯的時候瓦斯爐也會發光，它們都是「熱」，所以「熱」應該是可以看得到的，但這些是錯誤的認知與想法，「光」與「熱」並不全然是相等的，會發熱的也未必都會發光，會有光的也未必都會很熱。它們都是「能量」的一種形式，「能量」的存在有千萬種形式，而「光」也只是其中的一種而已。許多「能量」往往看起來是無形的，我們的身體有能量，也不斷的在發散出來，但是沒有一個人可以看得到我們身體的光亮。 一杯開水放在太陽底下沒有人可以看得到那杯水的熱量，除非你用溫度計去量它，或是用手去碰它，否則我們並不知道它的冷或熱。請各位注意，「光」與「能量」並不相等，「光」也只是萬種能量之中的一種而已，我們所看到的太陽覺得它很熱，但一杯剛開的熱水，當我們觸碰到它與接觸它的時候，就會感覺到它是更熱的。

5. 在上述的「質能互換」的這個公式裡面，「造物者」隱藏了一個非常重要的哲學思維。那就是在宇宙中，有形與無形並不是絕對的而是相對的。有形的東西可以轉化為無形事物。相對的，無形的東西也可以轉化成為有無形的事物。能認知這樣的事實，其實就是一種新的「形而上」的思維。

什麼是「形而上」的思維？要理解「形而上」的意思，事實上，我們就必須先從這個詞源入手。所謂「形而上」源自於希臘語的「metaphysica」，「meta」在希臘文是「之上」的意思。而「physica」則

是英語的「physics」，是指物理的意思。也就是要研究的事物與範圍是在「物理」的範圍之上的學問，所以，「形上學」所研究的既然在「物質」之上的學問，當然也包含了非物質的事物為研究對象，例如靈性或本性等事物。《周易‧繫辭》說得好，「形而上者謂之道，形而下者謂之器」。「道」雖然是看不見的，但它確實是存在的。

為什麼科學家們多相信有創生者

　　就一般而言，絕大部分的人會認為「宗教」與「科學」這兩者是相互對立的，若是說得更極端一些，許多人認為它們之間在基本上是不相容的。「科學」講求的是一切的事物與道理都必須是明確而且是要有證據的，在基礎上則是必須合乎邏輯與定理和定律。舉凡超越事實的證據與定律的範圍，都不會被科學所接受或承認。所以，若以「宗教」的立論而言，它所立論的基礎與事實當然是不會被「科學」所接受與承認的。因此，當這兩種屬於人類最重大的兩個課題，在面臨著直接的互撞的時候，我們要問的事實是：

1. 現代科學的立論是至高無上的嗎？

2. 人類的科學可以解釋宇宙的一切嗎？

　　相信各位可以想得到，這兩個問題的答案，毫無疑問的都是「否定」的。科學當然不是萬能的。事實上許多科學的定律一旦離開地球之後，就完全不成立了。我們人類在日常生活中所以仰賴的方向感，包含上下左右與高低等等，在離開地球之也後，就沒有什麼意義了。仔細的想想，我們的地球只是懸浮在虛無太空之中的一個球體而已，當我們超越事情本末之時，許多時候，不能僅讓自己著眼於這一個小小的星球上所有的一切做為唯一的根基與標準。當然，這一切不僅僅是科學而已，我們更應該以超越

的思維與認知，來面對這深遠的宇宙，才是真正而必須的態度。

　　愛因斯坦是近代舉世聞名的科學家，他曾多次公開的表示他相信宇宙中是有「造物主」存在的。他相信在整個宇宙與時空的背後，必然有「造物主」的存在，祂創造了這一切，並制定了所有相關的規範，並讓這一切的現象都在這個法則與規範下循序而運作，使整個宇宙能有序而且是有效率的不斷在運行與運作着。

　　根據聯合國多年來的統計，將最近這三百年來全球中的 300 位傑出科學家之中，有 242 位（80.6%）明確的表示自己是相信宇宙中是有「神」或「上帝」或是「造物者」的。這其中比較為大家所知名的如物理學之父牛頓、地動說的天文學家哥白尼、近代力學之父伽利略、偉大的女科學家居里夫人、諾貝爾獎創辦人諾貝爾、第一位諾貝爾獎獲得者倫琴、發表相對論的愛因斯坦、量子論創始人普朗克等等太多人了，於此就不一一的贅述。他們都有一個共同的思維與認知，那就是這個大宇宙在整體性的運作上，一定是先有「造物者」所創造與創生這個宇宙，並同時的加以各項的限制與規範。否則，在這整個宇宙如此嚴謹的運作之下，實在是無法說明這一切的狀態與現象。

近代科學上的啟發

　　科學所追求的是事實的真相，但是在追求真相的道路上，現今的科學卻不足以認知宇宙中所有一切的事實，宇宙中有太多的事實與現象不是我們現代的人類所能夠知曉的。「螞蟻」是地球上的一種生物，它們有很敏銳的嗅覺與行動能力，它們同樣的也有社會與團體組織，能夠築巢而居。但是可以相信的是，無論如何聰明的螞蟻，它們是沒有辦法可以體認到人類的思想、智慧與成就的。在智力上的懸殊，使它們永遠不可能達到人類的境界。同樣的，人類與「上帝」或是「神」或是「創生者」的智慧相較，甚至於遠遠超過螞蟻與人類的落差。也就是說，人類若是想比之於「上帝」的智慧，那個差距將是遠遠的超過螞蟻與人類在思維與能力上的差異。因為，宇宙的大小與人類相比，那就完全的不成比例了。這也就是說，以人類小小的身軀與思維比之於接近無限大的宇宙，這該如何能夠相比呢？

　　雖然人類比至於整個宇宙渺小到不如一粒塵埃，但我們確實的有一種感覺，那就是我們還有努力的空間，所以我們應該還要更努力才是。科學是引領我們人類得以向前走的一條道路。以科學追求事實與真相精神，必將使我們會有更大也更長遠的在認知上的收穫。也由於科技的快速發展與一些驚人的發現，人類的視野也逐漸的打開了，而分別地進入了宏觀與微觀的宇宙及世界。

那麼，究竟是什麼樣驚人的發現，使得許多科學家們開始談論「創生者」與「神」的問題了呢？那是由於人類在「天文學 (Astronomy)」和「分子生物學（Molecular biology）」的領域中，有了一些具有革命性的思維與發現。「天文學」是一門研究宇宙與大自然的科學，它運用一切科學的方法，來解釋宇宙天體與大自然間的所有現象與各種狀態。「分子生物學」是一門對於生物界在分子層次上的研究，這也是一門跨越生物學和各類物理與化學之間的科學，其研究領域涵蓋了生命學、遺傳學、有機與無機化學、生物化學和生物物理學等學科，經過了科學家們多年的投入與研究，終於歸納出了幾個重要的重點：

（1）. 確認宇宙是有開端的。

（2）. 確認宇宙具備了孕育生命的所有條件。

（3）. 生命不是巧合而成的，而是被創生的。

（4）. 揭示了基因隱含著至高無上的智慧。

　　宇宙的呈現與生命的奇妙，決不是偶然可以產生的。我們先不必說到整個宇宙的無窮盡與偉大。單說我們人體內有 60 兆個細胞，每一個不同的細胞都能生長在它特定的位置上，各位想想，這就有如有 60 兆個籃球，每一個籃球都要分別投入不同位置與距離的籃框裡面。各位如果您認為這 60 兆個籃球全部都是靠運氣而投入籃框，那有可能嗎？但「創生者」卻能絲毫無誤的完成了人體的這項工作。

　　「創生」的本質是不可思議的，也只有「神格」才能有此能力，並以如此至高無上的智慧，設計了如此複雜的生命藍圖，並成就了宇宙中這所有的一切與真實。

【第 22 章】
人性與科技的新對決

22.1
生命的科學性

　　現在，讓我們開始來談一點與我們生命相關的一些事情。這個新的現象在人們的生活中已經看得出來了，人類運用各項科技的產品在每一個領域中都充分的發揮了它的功用。所以，這也很明確的告訴我們，人類的世界在現今科技的運作之下，正在快速的朝向科技的未來快速前進著。然而有三個重要的重點是：

1.　人類的科技將永無止境。

2.　沒有人可以說得出在科技之下，人類的未來終究是如何？

3.　科技是一把「兩面刃」，有大益則必然也有大害。

　　當然我所指的這些問題是對於整個人類而言，而不是針對其中的某一個體或團體而說的。但是，卻也不要忘記，我們的個體也包含在整體之內。對於上述的問題，我們可以很肯定的說，至今仍沒有一個人可以回答得出來。那麼也就是說，我們整個人類是生活在一個非常不確定的世界裡，對

於未來雖有期待而卻又不知所終。

　　毫無疑問的，科技仍是人類現在與未來的領頭羊。但是，想要了解生命的現象與相關的互動關係，其實還是必須先從科學方面去著手。古人不知道我們的身體是由細胞所組成的，也不知道我們呼吸所吸進去的是氧氣而吐出來的則是二氧化碳。就以呼吸的本身來說，似乎人們沒有太去在意它，但它卻是我們生存的首要條件之一。如果要再仔細地問起來，我們吸入「氧」氣卻吐出的「二氧化碳」，這其中多出來的「碳」卻又是從哪裡來的呢？但在科學上就可以很明確地提供我們答案，那是因為在我們的食物中含有豐富的蛋白質、糖、脂肪這類的成分與「碳水化合」物等，這些都含有非常豐富的「碳」元素，由於在人體的代謝過程中需要產生的能量，於是這些食物就會被身體的酵素所分解，在分解的過程中，這些蛋白質、糖與脂肪中的「碳」分子鏈元素就會被分解開來，這種「裂解」的過程就會因而產生熱能，提供給我們的身體的體溫使用。被分解後的一個「正四價」的「碳」元素，則會與兩個「負二價」「氧」結合而形成了電價平衡的「二氧化碳 CO_2」並排出體外。生命的現象雖不純然是科學的，但更不是可以憑空想像或是捏造設想出來的。事實上，科學的確在人類的生命過程中扮演著極為重要的角色。人類整個生命從最細微的基因之設計藍圖一直到我們整個生命的運作，不僅是複雜的不可思議，更正確的說那是一種遠遠超過人類的思維，而達到完全無法想像的神蹟。

　　我們人類是這個地球上唯一能夠跨越地球的自身，而進一步的思考到遠離地球或其他星球或是深遠宇宙中事物的一種動物。我們並不僅止於想

像而已。事實上,在物理學與天文學上,都有著深遠的論述,它超越了想像而進入了實際的層面。也許有人會說:我們幹嘛要去思考深遠宇宙中的事情?那跟我們有什麼相干?是的,但是請不要忘了,我們其實就是宇宙中的一份子。在一個家庭中,我們不是只需要認識自己而已,我們還需要認識整個家庭的成員與其他家庭的存在,如此也才會有更正確的認知與更好的互動關係。

22.2 對於創生的認知

毫無疑問的,在人類所認知的範圍與證據中,宇宙是起源於「大霹靂(Big Bang)」。這個論述經過了六十多年來無數的科學家與無數次的驗證無誤,終於落實的這個宇宙起源之說,也寫入了物理學、近代物理與天文學的教科書中。「大霹靂」在一剎那之間產生了浩瀚而近乎無限的「質能」與「時空」,科學家們把「大霹靂」拉進來以後,好像我們就已經找到了宇宙起源的原因了。其實,那是科學家們迴避了根本的問題所在。至於那真正根本的問題則是需要我們再更「往上」與更高一層的「深入」來看。那才是問題真正的起點與開始,也才是真正的源頭所在。如今雖然已經確認是宇宙「奇異點(singularity)」爆炸開來,並急速的膨脹而成。雖然如今

我們可以確認這個「奇異點」是真實存在的，而絕不是無中生有而來的。但若問這個宇宙是自然生成的嗎？答案當然是「否定」的。由「奇異點」而「創生」的宇宙，則宇宙當然是被「創生」出來的，由創造而生成的宇宙與隨之而起的任何事物，則代表它的本身都「不是」來自於「自生」。而不是「自生」的宇宙則必然一定會有一個起始的「創生者」。而這個「創生者」無論我們如何稱呼他，也許可以說是「上帝」、是「神」或是「造物者」等等，但就是一定有一個創造宇宙起始的「上帝」或「造物者」來創造出這個「奇異點」，因而才有宇宙的一切根由與起點，也才是一切的「因」之所在。有了「因」才會有這後來的大霹靂產生的宇宙這個「果」。

那麼，現在讓我們面對根由而深自的思考，對於深藏在宇宙背後的這位宇宙「創生者」，我們究竟該以何種生命的態度來面對「他」呢？事實上，我們可以用更高的層次，甚至是超越目前所有的科學，以超越的思維做進一步的探討，用這樣的態度也許才能切入問題的真正根源與核心之所在。當我們打開水龍頭的時候就會有水流出來，日積月累的習慣久了之後，在我們的心目中，總以為水龍頭就是水的來源。但是，若能超越眼前只是現象界的一般的認知，提高層

次。那麼，我們就可以知道水龍頭的本身當然不是「水」的真正根源之所在。而對一位「真知」的人而言，他就必須去追尋那屬於水的真正根源。也唯有如此，才能知道真正的來龍去脈。因此，當我們以目前的方式在探討宇宙的根源的時候，也必須要有超越的思維，去想到或去認知那位身居幕後，卻真實而又超越的「創生者」。「他」也許遠在無窮之處，但也許就在你我的身邊。因為，我們人類的存在就是一個無比的神蹟，人類當然不是演化出來的，有誰聽過人類換肝或輸血的時候可以使用猴子的肝或血液給人體使用了？人與猿猴分是屬於兩個不同的「物種」，連染色體的對數都不相同，那就代表這兩個完全不同的「物種」，不同「物種」之間的細胞「結構」亦不相同。所以，如果還再說「人」是由「猴子」進化來的，那就應該罰他去操場罰站而且還要曬太陽。

人類自從在地球上出現之後，就一直是現在的這個樣子，五千年前的人類與現在的人類是完全相同的，連一根骨頭都沒有差異。「人」在地球上的出現是被「創生者」所創造出來的。所以，「人」在地球上的歷史當然也沒有任何一個國家或是任何一個地方是有超過五千年前的歷史存在。事實上，我們的存在真的是一個極為深自隱涵的事實。也正因如此，我們更當以超越的思維去認知我們自己之外，也應該進一步的用科學的方式去認知這個宇宙的「創生者」，這才是我們應該有的認知與態度，也才能更進一步的提升我們對生命進一步的認知。

人類感官以外的世界

　　我們人類的感覺是根據我們身上的各種感覺器官，對外界產生的的各種感知與感覺的反應。那麼想一想，如果我們身上沒有這些感覺器官，則我們就無法感覺那感覺器官以外的世界。我們身上的感知與感覺系統有哪些呢？最常說的就是眼、耳、口、鼻、身、意這六種了。而在這六種感知的系統裡面，這個「意」是最奇怪的一件事情了，「意」就是我們的「意念」，雖然我們不可能說得清楚它究竟是什麼？但是，每個人對於自己的「意念」不但是有知覺的，而且甚至還具有行動的能力。各位可以想一想，宇宙是無限的，也無所不有的，難道整個宇宙的表現只有在我們的眼、耳、口、鼻、身、意這一個小小的範圍之內而已嗎？那些超出了我們身體感測範圍之外宇宙就不存在了嗎？想想看當然不是。以我們人類的渺小，不要以為我們人類現在的這一點科技的成就，就經常會要拿出來要與「上帝」作比較，這實在是太幼稚了，

也太過於自大了。人類在面對這無垠宇宙的時候，需要的是「敬畏的心」。因為在我們體內的感官之外，還有的無限大的宇宙，面對著這無限大的宇宙而我們又是那麼的渺小，「敬畏的心」使我們懂得自己的渺小，更重要的是讓我們知所分寸。

對於「感官以外的宇宙」這幾個字，並不是指我們身體的各種感覺以及相關的各種感知的「延伸」。例如說，我們使用望遠鏡那也是我們眼睛的延伸，我們使用機器人到火星上去勘測，其實那也是我們身體各種感官與身體器官在遠處的一種延伸而已。但是，在這裡我所謂的「感官以外的世界」指的是這個世界與在宇宙中，必然會有很多是我們完全不知道的，也是我們人類無法可以預期、思考與感覺的。也就是說，除了我們的眼、耳、鼻、舌、身、意這「六根」之外，宇宙中可能存在著許多的現象是我們人類所有的感官之外的。所以，它可能是我們人類連想像都無法想像的現象與事實。事實上，這現象必然是存在的，為什麼我這麼有把握呢？那是因為我們的身體以及我們的感官不但是極為粗糙，而且在宇宙中是非常、非常的渺小。當然，除了人類的這些感官之外，相信還有更廣泛的宇宙是我們人類所從來沒有辦法去感知、觸碰與思考的。例如說，我們都是屬於這個「光」的宇宙。而「光」宇宙卻僅僅只是整個已知的宇宙4%而已。其他的96%是屬於「黑暗宇宙」，它包含了黑暗能量 (Dark energy) 與黑暗質量 (Dark matter)。那是我們完全一無所知的宇宙，也是完全無法知覺的宇宙。「黑暗宇宙」並不說它就是一定是黑色的，而是由於我們對它完全的一無所知。最奇特的是它不與人類現知所有的事物產生反應，也就是不論我們用人和的方法相去探知，它都不會有任何的反應，當然它與光也不

會產生反應，所以我們人類是完全看不到它的。我們什麼也看不到，什麼也不知道。唯一可以肯定的就是它們的存在。那麼，那個宇宙究竟是什麼呢？答案是：「沒有人知道。」當然，若說那是否就是「神」、「上帝」或是「創生者」的所在地？當然，那就更不是目前人類可以討論的知識範圍了。

22.4
不要逾越人類的本分

人類是一種具有行為能力的動物，而每一個人行為的背後也一定都會有「目的」的動機存在。即使是最輕鬆而沒有任何壓力的散步，人們也都知道散步是有益健康的，但這就是動機。沒有「目的」的行為常會被認為是沒有意義的。也許有些時候我們會自認為心中十分清淨而無雜念，在那輕風明月之下盡情的享受著這一切，但是別忘了，想要享受那輕風明月的本身就是一種動機。輕輕的風，拂面而過，明月高掛，清涼如水，這種的享受是絕大多數的人所渴望的而希求的。諸位想想看，你有多久沒有好好的看過明月了？又有多久沒有在清涼的月夜下享受著輕風拂面的那種感覺？

大自然充滿了一切的「愛」，是「無上的愛」。我想要告訴未來的人們，那就是：

　　「科技不要逾越人類的本分。」

　　宇宙中許多是屬於「上帝」的事情，那麼我們人類就不應該插手去處理或改變它。例如，現在有一些國家宣稱他們正在進行人類頭部更換的實驗，也就是把自己的頭顱接在別人的身上。我們都知道，我們身體的其他器官都不能代表我們自己，唯有頭部可以代表是我們真正的自我。我們人類可以換心、換肝、換腎等等。所以，當我們身體老了之後，我們去更換一個年輕人的整個身體，至於換臉那是小事，現在都做得到。如此，那不是就既可以延年益壽又年輕貌美了嗎？這個實驗許多國家正在積極地進行之中，但是這樣是對的嗎？這也就是超越了上帝所設定的限制，將來禍害的必然還是我們人類自己。科學超越了人類的良知，也超越了人類的本性，則必然將會是禍害無窮。

　　人類對於基因改造已經有一段時間了，2017 年美國食品藥物管理署（FDA）終於核准基改鮭魚上市，這種基因改造的鮭魚牠的體型幾乎是地球上原生鮭魚體型的兩倍，能抗細菌與病毒，故存活率高，當然也更容易養殖。基改鮭魚可以上市，代表牠在法律上已經完全的可以融入人類生活了。但想想看，如果有一天有一個人站在你面前，他的體型是你的兩倍，而他又說他是「基因改造人」，甚至比我們聰明，體力比我們好。我不知道這在未來的人類將如何面對這樣的一種情況與事實。在未來，以同理性來說，「基因人」幾乎是無可避免的必然會降臨，他的身體會比我們強壯，

他的思維比我們敏捷，他的記憶永不衰退。就如同基改的鮭魚，它的確是鮭魚，但卻超越了現在所存在的鮭魚的本質。同樣的，「基因人」這樣的一種人類，他究竟會演變成什麼樣子？沒有一個人可以說得出答案來，唯一的答案就是：「他會比現在的我們厲害一萬倍以上，而他也會說他是人。」但是，您認為誰會被迫退出而被淘汰呢？

許多人認為以現在科學的進步的速度，則千百年後人類的能力必然會超越現在所有的一切，甚至超越了現代人類所認知的「神格」，到達無所不能的地步。但是，我深深地要問，如果到那個時候，每一個人幾乎是無所不能，那是一件好事嗎？是幸福的嗎？我真的不認為那是一件好事。人類科技的文明至今才不過兩百多年，就已經把地球糟蹋得一塌糊塗了，我更不認為人類離開了地球還有什麼幸福可言。

科技的另類高智慧

　　圍棋是目前人類世界上複雜度最高的一種棋藝。許多圍棋下得好一點的人都被稱之為國手。但在 2017 年在圍棋網站上，出現身分不明的圍棋超級高手，而在短短的一周內，先後擊敗了各國所有的棋弈冠軍，創下了 60 完勝的紀錄。這讓全世界的圍棋界為之大驚失色，一定要把這個人找出來。最後終於是找出來了，而它也只是一部不起眼的電腦而已。它是 Google 旗下的人工智慧系統名叫「AlphaGo」的，同年的 5 月（AlphaGo）更連續的擊敗全世界排名第一名的中國圍棋高手柯潔。而柯潔也說了：「人類從此刻起，沒有人可以再是電腦圍棋的對手了」。

　　圍棋是一種複雜度非常高的棋藝，要想成為圍棋的高手必須要有相當高的智慧。那麼當電腦在這種具有最高智慧的圍棋上打敗了所有的人類，你說這個電腦是有智慧還是沒有智慧？更重要的是，這一切才剛開始而已。人類現在正全力的發展「人工智慧 (AI)」，沒有人可以想像以這樣的速度下去，十年以後的人類會面臨什麼樣的境界，而電腦的智慧又會高到什麼程度？就以「智慧」的本身來說，它必須具備三個項目：

　　收集資料的能力。2. 記憶能力。3. 計算能力。」

　　就以這一個三種能力而言，人類不僅僅是落後電腦，而且簡直是沒得比的。也許有人會說：人類有邏輯能力。但是，如果要講邏輯能力的話，

電腦可能比我們要強的太多了。學過電腦的人都知道，一定有一門課叫做「數位邏輯」的重點課程。但是請問各位，您學過邏輯的課嗎？也許我們更會說：「我們人類是有感情的。」那麼電腦會進一步的反問我們：「感情究竟是什麼？只要您說得出來，我們就做得到。」各位，您可回答得出這個問題嗎？

22.6 基因改造將成另類的神格

現今的世界上所有的國家都在竭盡全力的進行高科技的研發技能。是的，是在竭盡全力而且不計任何手段的在進行中。這樣的科技不論是在哪一方面，我總覺得那是十分可怕的。對於「基因」改造的食品問題，相信各位對這個名詞並不陌生。因為我們現在許多所吃的食物都是經過基因改造而來的。就以玉米來說，經過因改造的玉米可以長得非常強大，它可以抗風、抗旱、在缺水的地方都可以長得很好，它的果實豐滿，它也抗蟲，也就是一般的毛毛蟲不吃它。它抗菌，它不容易感染上其他植物所感染的細菌或病毒等等。它克服了一般玉米的缺點而呈現了幾乎完美的優點。而且更重要的是它的產量可以非常的龐大。

這看起來是一件很好的事情。因為，它可以餵飽這個世界上許多還在

飢餓中的人們。但是，事情是不是就都好到了這樣子了呢？一切就都完滿了呢？答案卻不是肯定的，首先，我想各位應該要知道，基因的農作物是被「絕對」的壟斷的，它不但是被壟斷了，而且還具有全方位的專利權。各位應該可以看得出來這才是人類跨出的第一步，但並不是真的為了要拯救人類，可是為了要賺錢。如果「基因」的科技與這一切的目的都是為了要賺錢，那麼它必然就會延伸相當可怕的副作用了。

現在讓我們先來看看「基因工程（Genetic Engineering）」的定義是什麼？再來談談未來的狀況。「基因工程」又稱為遺傳工程）它的的定義是：

「遺傳工程是改變生物的遺傳組成使用的技術，包括了刪除可遺傳材料，並將生物體外直接製備的 DNA 匯入宿主或細胞，然後與宿主融合或雜交。」

根據上面所定義基因工程，在表面上看起來它並沒有什麼太大了不起的地方，其實若我們認真看起來，卻是感覺得令人毛骨悚然的。以人類

現在所規劃的人工智慧機器人而言，我們都知道，未來是「人工智慧(AI)的天下，但如今看起來也同樣的是「基因工程」的天下。誰在這些技術上取得領先地位，誰就能「主導」全世界。事實上，再想想，人類透過對於「AI」及「基因改造」這兩者的結合，必然可以設計與製造出一個電影中所謂的「超級人類戰士」(Super-Human Soldiers)。這不但未來可以成真，也不再是電影而已，在整個人類的科技上與趨勢上看來，將來必然會是如此。

我不是一個悲觀主義者，但是我卻可以遠遠的看到了一團團濃濃的黑雲迎面的飄散了過來，而且是全面性的遮天蔽日的整個遮蓋過來。科學的成就不是一日可成的，所以，科學研究的結果與成就則是可以預期與預測的，否則我們怎麼可能會進步呢？也因此，我們可以預期的是在不久的將來，人類必定會在最「自私」的條件下，創造出來一種所謂的「超級人類」。它可以是任何一方面的專家，它可以是發明家、科學家、數學家、醫師、律師或工程師等等。當然，這個「物種」也可以是一名完全沒有恐懼、感情、疼痛而又智慧超絕的「超級戰士」。重要的是，也是我要一直提醒各位的是，如果人類真的忘記了道德與倫理的規範，科技與人性正在產生新的對決，也正因為如此，如果人類一意孤行。相信，悲慘的一面也必然很快地會降臨人類的身上。

我始終認為上述人工智慧的定義必須做全面性的修改，最重要的是：

「我們必須把人類的法律與道德標準，納入所有的高級智慧型機器人的規範才行。」

現在的定義，幾乎是全面性的開放了人類對「人工智慧」與「基因工程」的一切管制與監督。在「人工智慧」與「基因工程」的科技上一旦失去了嚴格的管制與監督，則它將必然是可以為所欲為的。也就是說在這樣的定義下，我們人類對於那最珍貴的「性靈」，給了那些想要為所欲為的人士大開方便之門。當然，這最後的結果將會使我們喪失了自己的心智，也迷失了人類自我的心性而淪為科技的奴隸。我們每一個人都是「造物者」所賜，而如果把自己的「基因」開放了給那些有心的人士隨意的修改、插入、串接與刪除，那得到的結果，就絕對不再會是自己了本來的真面目了。而更重要的一點，那就是我們已經開始跨越了「上帝」的紅線。而我深信，那最終的結果將不會是我們人類可以承受得了的後果。

【第 23 章】
近代知識分子的良知

細細的想想

我們之所以異於其他物種

那是

因為我們有獨特的明理思維。

「科學」

不是科學家的事

而是

屬於所有近代的知識分子。

「良知」

是科學的本質，它的本質是超然的

操弄科學

違反了真實生命的意義

請千萬記得

宇宙中

唯一的真實就是自己。

而「科學」永遠沒有止境

也是

未來人類的滔天巨浪。

唯一

可以解決的

就在我們知識分子的「良知」裏。

同時

唯一可以面對的最後防線

還是在

人類內在深處的「良知」裏。

23.1

何謂知識分子？

「知識分子」這個名詞，自古以來，在不同的時空背景與社會制度之下，會有不同的定義，但若在正常的情況下，也就是不涉及特殊的意識或政治立場而言，知識分子則是指：

「能夠運用相關的知識、思想與智慧，進行思考、研究、推導、結論並進而能夠自省、提問、傳播、創作等人士之統稱。」

有一點需要特別提出來的，許多人誤認為凡是受過高等教育的人士才能稱之為知識分子，這樣的認知方式是根本上的錯誤。不要小看插秧種稻的農人，許多自稱為是讀書人的一些人士，總喜歡說大話，耍嘴皮子，說

東說西的，讓他們下田插秧種稻試試看，就知道農人在這方面的智慧是多麼的高。事實上，「知識分子」有其更高與更深的涵義，尤其是現代教育普及的時代，幾乎人人都受過教育，人人都可以說他是知識分子，就字面上來說，這固然是沒有錯，但是，近代的教育唯一的特質就是升學主義，以升學為唯一的主旨所訓練出來的祇是一些會「考試的人」而已，談不上是知識分子。

我們不能說認識字的人都是知識分子，也不能說會考試的人就是知識份子。事實上，會考試與會做事這之間並沒有什麼關聯或關係。我們不能說會考試的就一定會做事，而會做事的人，往往也未必考試就

會考得好。會考試的人用的是一隻筆，而會做事的人則是在於他勤奮的雙手與內在的品德。然而即使有再高的學歷，雖能稱得上是「知識分子」，但卻未必可以稱得上是「近代」知識分子。隨著時代的快速進步會有越來越多的人跟不上這個時代的腳步，而造成了生命中知識性的落後。科技的「急速」來臨是必然的，是躲不掉的，而且會越來越快的「改變」這世界上的一切。隨著科技的一日千里而日益攀高，人們彼此之間對相關各種知識性問題的差異性，也必將越來越大，而「心靈」上的差異，也必然會越來越遙遠。

什麼是知識？

　　許多人認為，祇要是能夠「知」與「道」的事與物，都可以稱之為「知識」。這樣的說法是謬誤的，「知識」是我們日常生活的思想與行為的依尋。所以，「知識」這兩個字也不是可以隨便亂用的。「知識」是有它確切定義的，而其首要的條件，就是：「必須是可被證實的」。也就是說，如果經過任何的方法，都不能證實存在的事物，就不能稱之為「知識」。鬼神的事情是無法證實的，所以，有關於鬼神的事就不能稱之為「知識」。「知識」這個名詞就近代而言，它的定義更嚴謹了，它的進一步的定義是：

　　任何的「訊息」在被證實與賦予意義後，才能成為「資訊」。而「資訊」再經過整理、分析與理解與証實後，才能轉化為人類的共同「知識」。

　　因此，「知識」是人類經由證實，再經過思維、理解、反思與証實，最後達到認知的結果。但無論如何，「可被證實的」則是一切知識的首要條件。

　　但是，根據上述的定義，這種定義的方式與意義，在近代的科學知識裡面，已經在某種程度上，又被推翻了。近代科學家們已經脫離了傳統科學，而當他們深入這個宇宙，發現了許多的真相與事實不符合的時候，才知道這個宇宙的樣子並不是我們所想像的樣子。所以，我們不可使用往日被認為可行的方式，來檢測新的事實真相。尤其是在以前認為不可以量測

的事物，是不可以也不需要被重視的，更不需要在這個議題上被廣泛的討論。但是，這百年來科學家一直認為：

「不能夠確定的事情與實驗就不應該討論，更不可以稱之為科學。」

這樣的一種觀念同樣的又再次的落伍了。因為，往日不能夠確定的事情，現在卻可以使用新的科學方法進行討論或使用更新的方式去驗證。

「知識」的存在必須是具備有「事實」的條件，其形成的過程則是組織化與系統化的，當然知識的本體則必須是可以被「證實」與「認知」的。而「認知」則多是以自我為中心，在自我的心理狀態之下，所形成的各種概念與知覺或是判斷等等，所以「認知」則多半是具有「人」的成分在內。因此，要形成正確的認知，他的先天條件就是必須要有可被證實而正確的知識，而這也就是「知識的良知」。錯誤的知識與錯誤的認知，不但會傷害到自己與他人，甚至會危害到整個團體。

「智慧」與「知識」是不同的，知識是智慧的基石，但這兩者並不等同，很顯然「智慧」的層級要比知識高得多，但卻也脫離不了知識的基石。「智慧」的本身不但要有知識，

而且更重要的是可以具備有「進步的思考與分析」的能力，並進而具備尋求「真理」的思維與力量。在這裡，「進步的思考與分析」能力是一個關鍵在近代社會在快速的衍化之下，未來人類在面對如此快速的衍化中其學養、心靈及在科技上的滔天巨浪之下該如何能夠因應，這才是面對未來所需「智慧」的真正所在。

23.3 知識的良知

　　我們每天都會接觸到許許多多與自身相關的各種訊息，雖然，並不是所有訊息對我們都是有用或是值得我們去注意。但是，在各式各樣資訊滿天下飛舞的二十一世紀的今天，具有「科學的良知」則是近代知識分子在思維上所必須要確實認知的。這種思維並不是針對科學家的而言，而是近代知識分子的一種「良知」。「思維」是人類所特有的一種思想上的精神活動，它能將思想的結果，經由綜合、分析、判斷、推理、結論等步驟，而成為個人深切的一種認知與智能並轉化為行動。「科學」絕對不是刻板的，更不是不通人性的。科學的定理和定義並不是一成不變的，而可能是千變萬化的。沒有證據就不是事實，這樣的說法固然不對，但也不全是錯。重要的是我們要去發掘新的理論根據與新的事實與證據。因此，我們應該

說的是：

「科學的本身不具有任何的意識形態，它的本質是真實與良知的。」

科學只是忠實的呈現事實與真相，如何決定與如何去應用的是人。人們都知道藝術是很美的事，事實上，很少人能夠體認「科學」其實是宇宙中「最美」的事。因為，祇有「最真」的才是「最美」的。

對於科學具有感知的人或許是人類群體中較為先進也較為中性的一種人。所謂「中性」是指不以強烈的宗教或政治等的意識形態為其思想主軸。真正的知識分子，他一生中唯一所要追求的就是真相與真誠的良知，也就是所謂的「知識分子的良知」。什麼是「知識分子的良知」？先來說說「良知」是什麼？許多人又會依循古法的回到幼兒時期的心智來解說這一切，自以為幼兒時期是純潔無邪的，那才是「良知」。其實，那是「無知」而不是「良知」，幼兒的行為無所謂是好與壞，即使他會去搶別人的玩具，那是每一個嬰兒的本性，不能說他是自私。人類的 DNA 它的本體是絕對自私的，否則人類就根本不能生存，這與人格「好」與「壞」無關。

在教育部所公佈的《重編國語辭典修正本 (2018 年)》的辭典裏將「良知」定義為：

「天生本然，不學而得的智慧。」[23.1]

事實上，這樣的定義其本身就缺乏「智慧」。而編輯這本辭典的人我認為本身就有問題。根據教育部的這個定義，那我認為森林裡的「猴子」最合乎這個定義。因為猴子本來就是「天生本然」，而且牠們沒有學校，也不會讀書寫字，而牠們也有不學而得的某種程度的智慧，可以在森林裡

生活與生存得很好，所以說「猴子」才是最合乎我們教育部對「良知」的定義。因此，猴子也是最有良知的，不是嗎？但，真的是這樣嗎？話再反過來說，難道讀過書的人，就已經不是「天生本然」，所以他們就都是都沒有「良知」的嗎？

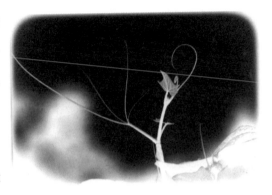

諸位應當知道，人類所有的「智慧」都是來自於「外求」的功夫，這也是為什麼常要讀書的道理。如果一個人是在森林出生，而且一輩子沒有離開過那個森林，我認為他甚至連語言的能力都沒有，更不必說知識、智慧或其他的了。如果讓人從出生就在叢林裏長大，甚至於我們相信他連猩猩的本事與能力都不如，哪來的「天生本然，不學而得的智慧」？一個人從小沒有讀過書，不認識字，那就是「文盲」，那來的什麼智慧？

「良知」的本質是與「人格」息息相關的，「良知」這兩個字還有其特定的範圍，那就是只適用於「人」的身上。就人類而言，這一切並沒有那麼單純，我則認為「良知」的意義是：

「具有真誠與正直並懂得尊重他人與大自然的人格特質。」

所謂「人格特質」必須具備追求真誠與正直的獨立性之人格與心性特質。這種人格與心性特質在成為「人」的條件中，有其特殊的區別性與特質性的。我們每一個人在這世界上都是唯一的，也都是無可替代的。這種

的唯一性也就是構成我們獨立性的人格特質的基石。這種獨立性的人格特質並不是天生的，最主要是來自於後天的教育與養成的，那才是真正道理的所在。

23.4 個體生命的自我意識

由於我們的宇宙是被「創生」的。所以，整個宇宙當然不是無中生有而來。面對著我們被「創生」的這一切，有一個相當重要的觀念必須提出來思考的，那就是對於我們的個體與靈性，我們應該抱有什麼想法呢？於是在這個點上產生了兩種分歧而不同的意見：

「我們是被創生者所創生的，所以應該等待創生者的一切旨意。」

或是

「雖然我們是被創生的，但是，我們仍有權可以有屬於自己的思維與行為。」

也就是說，面對著這位「創生者」所創造的宇宙與人類，我們是不是還可以有屬於自己獨自的想法或思維？我們是不是可以發揮出人類自己

的科技與智能，而逐漸的超越已往，並另行走出屬於人類自己所選擇的道路？

　　身為萬物之靈，既然已經是被創生了，自然就應該有屬於自己可以決定的事物。這正如父母親生下的子女，父母親的確可以影響子女的未來。但是，對於身為子女的本人，他們同樣的可以有自己的主張、規劃與自主的前程。事實上，想要了解宇宙的萬象，並解決人類在地球上生活與生存的問題，不是可以依賴或等待就可以解決的。常說：「我們自己的命運就在自己的手中」。改善人類的生活不但是要靠人類自己應有的義務，也是權力。而我們每一個人也都應該善盡自己的責任，努力向上提升自我，進而提升整個社會的共同認知。社會雖然是一個群體的現象，但是它卻源自於每一個個體的心性與行為。

掠奪的時代

當今世界上所有的學問，甚至是所有的教育與訓練，都是在教我們如何排除其他的人，而使自己能夠爭奪向上而得到第一或是冠軍。也就是我們從小就被教導該如何「獲取」得更多、「佔有」的更廣、「掌握」更大。但是，卻從來沒有人告訴我們應該如何處理好我們自己的「心」。世人們都忘了，「心」才是一切的根本，我們的身體也只是我們「心」所在的器物而已。「心」的問題才是我們人類真正大學問的所在。能夠「修心」才能夠「養性」也才有其他的一切可言。這個世界不會在意哪一個人，但卻必須知道這一切是一種生命的共同體。所以，當別人做的優勝的時候，我們也應該誠心的感覺到喜樂，感覺到高興。不要把自己的心孤獨起來，要跟大家能夠真的分享共同的生命體驗，這才是生命中真正的意義與喜悅。

話雖如此，但是，我們自從接受教育的第一天開始，卻生活在「獲得」與「取得」的時空裏，並來回而不厭其煩地在「獲得」與「取得」。除此之外，其他部分似乎就不是那麼重要了。在學校裏，我們每一個人都被要求獲得高分，不但是高分還要獲得獎勵，不但是獎勵還要獲得頂尖。在學校的競爭，直到畢業為止。但畢業就沒事了嗎？當然不是，那需要獲得的就更多也更大了。我們要獲得高薪，要獲得事業成功，要竭盡一切力量去獲得「需要」與「想要」中的一切。生命就在這沒完沒了的「獲取」與「佔

有」之中，不知不覺得來到了中年，也在還沒有來及領受中年之時，則呼悠、呼悠的就來到了老年。然而，這一切之中，唯一沒有獲得的，那就是沒有獲得他「自己的心」。

所以我總覺得，我們目前的教育理念與方式是完全不正確的。我們是人，我們不必然，也不一定需要在彼此之間殺戮、競爭與爭奪中過日子。更正確的說，我們不要去掠奪別人的生活來過自己的日子。我們需要的是真正「人」的尊嚴與屬於「人類」本性的真實生活。為了要升學所以要讀書，這根本就是已經是本末倒置了。為了要申請好學校，所以要排擠其他人，這在一個屬於人的「心性」上就有問題了。學童們似乎都是要得到升學的機會，而放棄了生命中其他所有的一切。所以，在學生的生命中只剩下「升學」這兩個字。事實上，升學的問題當然是可以解決的。只是絕大多數的人不會解決這個問題。而在長期了爭奪與掠奪的教育制度下，「競爭」是被認為是公義的。但是一個 160 公分的高度的學生與另外一個有 190 公分高度的人，同時在競爭籃球的分數，其實他們的基底就已經不公平了。一位不好動的人，他可以在書桌上一坐下來就可以讀 10 個小時

的書。但有些人由於好動，卻連一個小時也坐不住。然而，他們所需要面對的競爭條件卻是一樣，這是一種生命的矛盾，也是目前社會上真實的現象。這種「掠奪」與「競勝」的教育，從小就深植在每個人的心裡，這樣的結果，相信，在未來的時代裡，將必然會更為嚴重。「智慧型機器(AI)」的好勝超過人類千萬倍，它們絕對沒有謙虛與感恩，在它們的心目中，只有「勝利」才重要，面對這些，讓我們想想，人類未來的前景會在哪裡？

23.6
科技獨裁與科技壟斷

　　我們需要警覺的是科技的發展如今才是在剛起步而已，往後它必然會以指數（exponential）的型態成長，未來的科技所挾帶而產生的烏雲旋渦必將是鋪天蓋日而來的，沒有一個人可以逃脫得了，它的未來是蛛網綿密而絲毫不透光的，它不但蓋滿了我們每一個人的頭上，亦將罩滿全世界每一個區域，每一個人類的身上。這也就是所謂的「科技獨裁」與「科技壟斷」時代的來臨，這種時代將會是人類無可避免的命運與未來。

　　諸位請不要忘了，科學有一項最特異的特質，那就是可以預測它的未來，也因此我們可以預測得到許多的現象將會發生與浮現出來。就以愛滋

病 (AIDS) 而言，它是 1981 年 6 月 5 日首度被人類發現並証實具有傳染性的病毒疾病，從早期的不到一百個人，然而，在短短不到三十年間，至今全球已有超過五千萬人是愛滋病病毒的帶原者，非洲地區甚至有一些國家已有超過六成以上的人口受到了這種病毒的感染。儘管目前研製的藥物能夠抑制病毒的活性、減緩病程發展，間接減少感染後的死亡率和致病率，但是這種藥物受到了「科技壟斷」，因為它必然會具有許多的專利，並非所有國家都有能力取得這些藥物，更不是每一個人都可以用得起這些藥物，而這種情況在未開發的國家中尤其嚴重。

各位可能認為，自由世界裡面所有一切的事物與現象應該都是自由的。事實不然，在科技的領域裏，幾乎全都是獨裁的、壟斷的。為什麼這麼說呢？各位應該知道，全世界的每一個國家的經濟動脈都跟著科技最先進的國家在走，而那些科技最先進的國家裡面，則是一心的要將他們的科技產品行銷至全世界賺錢。而形成一種「獨裁」的現象。所有學過電腦的人都應該知道，在電腦裡面所使用最基本的交換碼要做 ASCII 碼，它的全名是，American Standard Code for Information Interchange，它的翻譯是「美國標準資訊交換碼」，全世界都在遵行。科技落後的國家沒有選擇的權力，只有跟著走，這也是必然的人類社會的現象。

科學與科技是不相等的，也是不完全相同的，科學是一門學問，它純粹是在探討人類的知識領域。科技則是一門技術的問題了，技術的本身涉及到生產與製造的問題，而生產與製造則又涉及到資本或資金等的問題。所以，就實際的層面來說，所有的科技成就的背後都是金錢堆砌起來的。

尤其是近代的科技成就，它絕不會是一兩個人可以成就的事。但是，它所影響的範圍卻很可能是全體的人類。科技的成果一定會伴隨著專利權的問題，而專利權則是一種受到法律保障並具有全面性獨佔的權利。它是一種「專屬利益」。所以，它的利益不是屬於大眾的，而是私有化的。在資本主義的國度裡面，利益是高於一切的，所有的事業與計量都是以利益為出發點。然而，但這並不能說它是完全是錯誤的。

　　事實上，真正可怕的是「人」的本身，別忘了人類是一種利益的動物。說得明白一點，那就是說人類是一種唯利是圖的動物。不但是如此，而且更可怕的是人類的貪婪。當人類唯利是圖而又貪婪的時候，這時候的科技只是他們的工具而已。別忘了科技的本身是具有龐大的利益與影響力，而且它的影響力會隨著時日而與時俱增。資本主義正以勝利者的姿態在引領著全世界的風潮，然而，科技在資本主義的發展之下，正以全新的面目在改變著人類未來的生活與一切。而「科技獨裁」與「科技壟斷」的現象將

會逐漸全面性的掌控全人類。科技似乎在今日的人類社會中也正逐漸的掌控著人們的一切。對於人類是這樣子的一個前途與所面對的未來，我實在看不到人類有什麼真正的光明與未來，反而是危機重重。

　　科學界在龐大的資金與利益的作用之下，正在進行龐大的「基因工程」與「人工智慧機器人」這兩個高科技的研發。事實上，這兩項重大的科技工程都仍然有著很大的爭議，它固然有著很大的利益，但是它也有非常危險的一面。這是科學界開始在玩弄「上帝」所賦予我們的智慧。「基因工程」可以讓人類轉變成為另外一個「物種」，少數人類貪婪的行為，這將會讓全體人類承擔那不可思議的後果。而「智慧型機器人」的智慧與能力很快的就會遠遠的超過人類所有的能力範圍。而如果有一天，智慧型機器人對著人類說：

　　「你們這些低等的生物，在地球上你們有什麼存在的價值？」

　　屆時，我不知道人類該如何回答它這個問題？我始終認為，跨越「上帝」的界線絕不是我們人類的福祉。

科技可能帶來
更為虛幻的生命

　　也許有人會說，那怎麼可能呢？真實的生命是一步一腳印走出來的。而虛幻的人生則是無法呈現腳印的。事實上，這種說法是古人的說法，現代人走的是柏油路，坐的是汽車飛機，哪來的什麼「腳印」？這雖是玩笑話，卻也有些真實。生活在現代化的各位一定聽過「雲端 (Cloud)」這個詞彙。它是一種現代化的儲存裝置，這種儲存裝置真的如其名就叫做「雲端」，它可以實際儲存在網路或其他任何媒體中，我們也可以從世界上任何一個角落，都可以取得我們所儲存的資料，非常的方便。而那個儲存的地方就叫做「雲端」，意思是你不需要知道這個儲存裝置究竟在哪裡？也沒有人知道你的資料存在哪裡。但是，它就是存在。它是虛擬的，但也是真實的。當然，如果說它是「虛擬的真實」，倒也十分貼切。

　　手機是另外的一種虛幻世界。各位也許會說，手機拿在手上不是很真實的嗎？但是，我要說的是生命上的問題，根據調查有94%以上的年輕人，如果一個禮拜不使用手機就會出現躁鬱的現象，甚至於到了無所適從的地步。各位如果注意的話，隨處都可以看到人們低著頭，把生命上的時間投入在手機裡面。年輕的人在手機上玩遊戲，在手機遊戲上對打。所

以，也就一步一步的陷入了沉迷之中而難以自拔，終日的沉迷在這種虛幻的世界裡，並引以為樂。在 2016 年與 2017 年所流行的「寶可夢 (Pokemon GO) 」尋寶的熱潮，各位可以在全世界各景點都可以看到那些擁擠的尋寶人潮，這種世界性的手機尋找虛擬的寶物，將虛幻當作是真實，真令人不得不嘆為觀止。但對於超越這種「虛幻」的人而言，所感覺到的卻是令人嘆息不已。

　　智慧型機器人的介入，將使得人類對於生命的定義就更不容易定義了。 2017 年 5 月人工智慧機器人 AlphaGo 迎戰世界第一棋王柯潔，寫下了全勝的紀錄，打敗了世界圍棋的冠軍。柯潔在事後嘆息的說：「人類永遠不可能超越它了。」圍棋是一種需要高度智慧的競賽，那麼我們能說人工智慧機器人沒有智慧嗎？智慧型機器人才剛開始進入人類的社會而已，就有如此的成就。而人類現在正在全力的研發各種智慧型機器人，很明顯的，在未來可見的時日內，它將會在人類的世界上大量出現。到時候這種擁有這個世界上最高的智慧，而又有鋼鐵般的意志力與行動能力的智慧型機器人，也許有一天它真的會反問：「你們人類有什麼價值可以在地球上

存在呢？這個地球應該由我這種高智能與強健的體力者來統治才對，不是嗎？」這個世界真的會走到這一天嗎？我個人認為真的是有可能。英國科學家霍金近年常說：

「當超高智慧型機器人走入人類的社會 30 年後，人類將會被消滅。」

我對於他的這點的看法也許是一致的。當人類的「感性」與「悟性」都逐漸被機器所取代的時候，誰有能力為人類解決這個生死存亡的關鍵問題呢？

23.8

生命是互助與互利的

每個人的行為都可以有自己的原因與理由。有些人是為了「有所求」，每天燒香拜佛祈求平安。讓自己的心有所附屬，是可以獲得安寧與祥和，這是好的。我們不能說「有所求」就是不好。要知道，我們每個人，不論是生理上的需求，或是心理上的需求，都是「有所求」的，這是現實的問題。

也許有人會說「有所求」的人們是有目的，是有求於他人的。所以，

在某些方面說那是一種需索，要看人家的臉色，會被被輕視。但是，我要說是，有這種想法的人，是一種思維上的偏執，也是心性狹隘的一種人性態度。事實上，人類的社會全然的是建立在「供需」的基層上面。我們從出生以來，所有的一切都是「求」來的。文明一點的說，那就是仰賴他人的供應才能存活下來。同樣的，我們在成長之後，也應該要提供出無數的奉獻給其他的別人有所求。「互利」是人類社會特有的現象，在地球上除了人類之外，沒有其他任何的動物具有「互利」的思想與制度。我們舉目四望看到所有動物界的世界都是處於弱肉強食的狀態。唯獨人類的社會是建立在「互利」的基石上。古代認為離群索居是很清高的事情，也自認為是高人一等的生活。但是，現在早已不是那個時代了。他們的離群索居就相對而言其實是自私的，他們忘記了人類的本質是一種群居動物，而人類的社會是一種互利與互益的共生現象。當我們接受到別人付出的時候，同樣的，我們也必須要有相對的貢獻與付出。所以我說，我們絕對不能說「無所求」就是好，而對於別人是「有所求」則是不好。如果真有人到處在宣揚他是「無所求」的人生。那麼，我只想問他一句話，他身上穿的衣服是從哪裡來的？可是他自己織布織出來了嗎？他吃的米飯是自己種的嗎？因此，當我們想到自己的時候，也必須要能看看我們的四周，看看那萬事萬物以及別人對於我們的付出與貢獻，哪怕是許多人從來不在意的那些花草樹木，其實它對我們的生命都有著莫大的貢獻，越能了這一切，也就越能顧念這地球上的一切，而我們也就越能在心中常存敬畏與感激之心。

近代知識分子的良知

題目的最後，還是要回歸到題目的本身。那就是我們該如何面對未來這些很可能會失控的狀況而導致滅絕？答案還是要回到我們人類的本身上，那就是知識分子的「良知」。這種「良知」才是唯一可以解決與面對未來人類在科技上的滔天巨浪。但是，若要問「良知」的關鍵是什麼？事實上，人類的「良知」的本身就是一種善良的無上力量。

超過人類本身在生活上所必需要的一些高層次科技發展，其實未必是全體人類的福祉。地球的資源有限，而人類的貪婪無止境，於是在利益與貪婪的龐大勢力之下，似乎是毫無止境也毫無限制的在快速的發展之中，而新形成的「科技獨裁」與「科技壟斷」的現象，就越來越鞏固而牢不可破的緊緊把全世界的人類都綁在一起，這就是人類世界的未來趨勢。科技可以預測未來，而我們所預測的這些未來，似乎也將會是真的是如此。

高科技的失控與失序將會是人類有史以來從未遭遇過的大災難，也是人類從未認真的考慮過的事情。但是，它卻是在未來的時日裡會成為最可怕的問題，因為它不但能夠深切的影響到每一個人，甚至是關係到整體人類的未來。而它也是最有可能把人類全體帶向毀滅的最重要的一個關鍵問題。

要真正解決未來這種高科技的失序與失控的現象，必須要回歸到知識分子的「良知」上面，知識分子的「良知」是這一切的最後一道防線，只有它可以阻止失序與失控的高科技把人類全體帶向毀滅。人類在近代必然會擁有越來越高的科技能力，但實在是不應該把這種更高的科技用在挑戰「造物者」的身上，畢竟人類是「造物者」或「上帝」所創生的，人類挑戰「上帝」的結果不會超越「上帝」，而卻可能帶來全面性的毀滅。知識分子的「良知」才是最後的力量，可以阻止這一切悲劇的發生。

第 24 章

對於上帝的疑慮

24.1

我們也都曾對上帝懷疑過

　　很多信仰宗教的人，心裡面一定都有過非常多次或是很久的在思想上或情緒上的煎熬，那就是我們以如此真心的信奉著「上帝」或「神」或是「創生者」，而世界也有如此多的人，每天都在深心的盼望與祈禱著「上帝」的聖靈。但是，直到現在卻還是從沒有任何人真的見過他們。為什麼「上帝」或「神」卻從來不現身呢？這個世界上，有這麼多無辜的百姓正在戰爭中顛沛流離與挨餓受凍甚或慘遭殺害，為什麼萬能的「神」不站出來阻止這些事情的發生而拯救生命呢？為什麼正義與和平一直在強權之下受到蹂躪呢？而歷史也一直的在告訴我們，真實的世界是「強權」在統治著這一切，而不是「真理」與「正義」在人世間普照著。我們一直在心中

認為，只有真理與正義才是真正偉大而是勝利者，但我們所看到與感受到的這一切，卻真的不是如此。

　　請不要告訴我，「錢」買不到一切。但是，這個世界上有太多的人認為錢就是「可以」買到一切。請不要告訴我，「錢」買不到「時間」。但如果沒有「錢」則可能連生活都有問題，當然也可能會失去「生命」，而沒了生命當然也就沒有了「時間」。「錢」買不到「生命」，但是「錢」可能可以買到健康，「錢」可以買到良好的環境，「錢」可以買到妥善的醫療照顧。當我們在老人院看到的那一切，我們會發現有許多住在其內的老人家，他們身上纏了許多管線，面目遲滯，雙眼無神的看著天花板，看了令人實在不忍，也許只因為他們沒有「錢」。我絕對不是資本主義者，更不是在歌頌「錢」的問題。但是，我卻看到了全世界「每一個」國家都在為金錢與經濟在拼命，政府也為了出口賺錢而費盡一切心智。

　　我們當然會想得到，如果「上帝」或「神」能夠現身而出現在世人面前，那必然可以「立即」的獲得懲惡揚善與標竿立影的效果，也讓全世界的人們能夠看得到有正義、有幸福、有希望，而不再有弱肉強食與作奸犯科的事情，讓地球成為一個真正的人間天堂，那是多麼的美好，多麼的圓滿啊！而不是只讓我們期待死後的未來，存在於虛幻的天際。所以，要問的是：

　　為什麼「上帝」不站出來，顯示出神威，讓人們得以信服？
　　為什麼「上帝」不站出來，主持正義讓光明遍及整個世界？
　　為什麼「上帝」不站出來，親自教導人類該如何富裕安詳？

為什麼「上帝」允許地球上有那麼多的悲劇、殺戮與戰爭的存在？

為什麼「上帝」不現身立威，除惡揚善，讓這個世界充滿祥和喜悅？

為什麼這兩千年以來，就再也從沒有人看過「上帝」？

　　各位看看，其實還有太多的「為什麼？」卻都還沒有得到真實的回應或解答。對於絕大多數的人而言，當然也包含我個人在內，在生命的過程中總會有過質疑「上帝」是否存在。是的，這的確是我們每一個人所共同有的一種經驗與想法。「上帝」如果真的是存在，他沒有理由要躲著人類。這正如我們人類在走路或是在運動或是在生活的過程中，我們如果看到螞蟻失序或爬到飯桌上的時候，我們會立即現身，並阻止一些失序的螞蟻。「上帝」是至高無上的，但是他並沒有現身過，尤其是在資訊如此發達而進步的今天，全人類都沒有在任何地方或任何時間發現過有「上帝」或「神」存在的痕跡。所以，當然會有很多人會產生了懷疑，究竟有沒有「上帝」或「神」或「創生者」？或許，這只是人類的一廂情願的一種自我催眠與想像而已。人們有着太多的「為什麼」要問？而答案卻從不出現，更奇怪的是各宗教都有各自不同的解釋與認定。所以，這一去似乎是除了經典之外就幾乎就沒有其它任何的答案了。

　　在事實上，這一直是人們心中的一個大問題，但卻也是許多人一輩子都無法解答的問題。那麼說，難道這個問題就算了嗎？或是不重要了嗎？當然不是，這可能是我們生命中最重要的問題，也是最核心的問題之一。重點是，如果我們一輩子都得不到「真實」答案的話，當然就會失去信心，而不再去討論這個問題或去思考其它的問題，並進而選擇了其他，而遠離

了這個問題。

　　不過話又說回來了，就一般正常的態度來說，難道上面所陳述的質疑是不應該的嗎？或者是不敬的嗎？「上帝」也許高高在上，難道就不可以被質疑嗎？事實上，能產生上面所說的這些質疑才是一個正常心態的想法，也因為這是正常的想法，所以，這在正常之邏輯與推理上的觀念，應該也是沒有問題的。那麼這個問題拖了千百年來，究竟是有解答還是沒有答案呢？

「自然意識」意志

要回答上面的這一連串的問題雖然很難，但若是想通了，就豁然開朗了。因為，那其實只要四個字就可以解決這一切問題的根源，這四個字就是：

「自然意識」

「自然」這兩個字很重要。因為所有的生物都被賦予了它們每一種生命各自不同的「自然」本能，這個「自然」就是讓所有的生命具有認知的「自然意識」的能力。牛天生下來自然就會吃草，鳥生下來就自然會飛，魚生下來就自然會在水裡游，這些都是生命「自然意識」的能力。它們結合了整個宇宙與自然共同的存在著，而且是不可分割也不可以更替的。而所謂為「自然」這兩個字，當然指的就是非人工製造或生成，而是渾然天成的事物。

在地球上一切的生命系統都有他的「自然意識」存在，這是極其偉大而無上智慧的做法。生命在「自然意識」之下「自然」運作，而「造物者」則用「時間」來定義這所有的一切。在「時間」的定義之下，也因而有了「因果律」的產生，自己的一切要為自己負責，而不是他人要為你的一切負責任。 在這裡所說的「負責」當然不是單純的法律上的問題，更何

況法律也約束不到自然的生命現象。所有生命的活動都必然會有它們因果現象，而且是環環相扣。所以，我們當然不必為這一切的問題都要求「上帝」給出的答案來。

同樣的，人類當然也被賦予了這種「自然意識」的能力。那麼在人類這種「自然意識」的運作之中，尤其是現在的七十五億眾多人口，這彼此之間當然就會產生諸多的因緣果報，人類有這麼多的疾病、苦難、戰爭與各種災難，其實都是人類自己所造成的後果，這種種的現象與後果，各位想想看，難道也都要「上帝」去負責嗎？當然，這是不可能的，也是不合理的。所以說，若是我們質疑「上帝」的漠視或是漠不關心，那代表的是我們對於問題的本質知道的還很淺顯或是沒有深入的思想與解悟。所以：

雖然我們是被「創生」的。但是，我們被賦予有屬於自己的「自然意識」，也就是我們都具有屬於自己的思維與行為能力。所以，這一切的後果，當然也是必須要由我們自己來承擔與負責。而不必然將這一切都歸屬於上帝的本身。

生命背後的無上智慧與能力

　　「上帝之手」是存在的，我想再次的強調我所使用的「造物者」、「創生者」、「上帝」或是「神」等，我都沒有將他們定義成特殊的宗教意義上。所以，他們在表達的意義上都是屬於相同的名詞，而這四個名詞所指的都是整個宇宙中最神秘且是具有無上智慧與至高無上的「能力者」。事實上，若能仔細而深入的體會這一切現象的來由與生命系統的奇蹟，就不難體會得出在這一切的背後，必然都有那「上帝之手」存在的痕跡，也必然可以得知他創生了宇宙，創生了地球，也創生了人類與這一切萬物。不但是創生萬物，他並進一步的以各種「物理」現象約制著這一切。例如「造物者」以萬有引力的現象，使整個太陽系、銀河系 (Milky Way)、宇宙中的星雲 (nebulas)、甚至是整個星系 galaxy) 等等都能平衡的環繞著。而地心引力也使我們人類不可能被拋離地球的表面，而進入到危險的太空真空之中。「上帝之手」創造了整個宇宙中所有的一切，無論是有形的物質或無形的「時間」與「空間」以及「能量」等等。當我們能夠真心的面對自己，就應該真心的面對這位「造物者」，我們除了心存感激，讓我們有了自在的生命，讓我們有了周邊的大自然與一切。也因此，在我們的內心中應該真實的充滿著萬般的感激之外，我們每一個人更應該在這被創生的過程中，好好的把握自己的生命，讓我們每一個人的生命能夠得到更大的認知及充實與圓滿。

雖然我本身不是基督教徒，也沒有任何的宗教歸屬。但是，每次當我使用「上帝」或「創生者」這個名詞的時候，內心中卻是充滿著感激與尊敬。它絕不是一個空泛的或者是虛無的一個名詞或稱呼而已，更不是一種口頭禪。而是每當想到不論是我自己本身或者是我們這個地球或者是遠方的宇宙，這「創生者」給了我們這一切，讓我們可以生長在這一切萬有之中，就這個事實的本身而言，真的是不可思議的美妙。而我只是以一個科學者的身份，把我的思想與認知，很明確的以相關的道理表達出來。就以我個人的人生觀而言，我所奉行的信念就是誠信與正直。所以，我則是希望能以相關科學上的認知，來細細看看這個宇宙中的一切。並希望能讓「學理」與「現象」相互結合而成為一體，使它們能夠成為真正的知識。而事實上，這兩個信念也確實是我生命中的人生指標及規範。

　　我只是一個「真誠」而「實在」與「客觀」的科學者。所以，我希望盡量能保持不要有任何的自我偏見。希望不以直接的主觀來判斷或認定事情的真相。現代的實驗科學常使用的兩種方法，分別是「演繹法」和「歸納法」。「演繹法」是以前提的事實，經由觀察、記錄與實驗作為開始，而從大量的數據中找出真相或規則。「歸納法」是以假設的條件作為開始，但是卻必須以實驗的數據來加以驗證，若所假設的條件是成立的，則相同的條件下的立論都會歸納為成立的。由此可知，在科學的立場上是非常重視實驗與數據的。這樣的立場應該是完全可以理解，而態度也是確切的。

　　事實上，在這世間裡，所有的事情都是相對的，對於物質的研究的確應該是忠於實驗與數據的證據。但是，如果把這種以實驗與數據的研究方法用在「非物質」的世界裡，則這種以實驗作為主要條件的方式就未必是

恰當的了。「精神領域」是無法完全使用物質世界的實驗方式來證實什麼，而它也無法使用物質世界裏的計量方式與單位。也就是說，人類一直到現在對於人體的精神現象與相關的運作，甚至連計量或定義的單位都沒有，而對於精神現象的定義到現在如果都無法確立的話，則必然連研究都會發生困難與偏差，因為它畢竟跟物質世界裡的一加一等於二是不相同的。

　　生命是如此的奇特與奧妙，我們每一個人都是如此不可思議的生存著。沒有人知道人類究竟是源自於何時？何處？究竟是從哪裡來的？對於大自然的這一切與天地間的道理，好像覺得那是十分自然的事，而這一切的呈現，也覺得沒有什麼好特殊異議的。但是，突然間，我醒悟到了另外的問題，那就是位於宇宙與大自然的背後，那真正屬於根源性的問題，它究竟是怎麼一回事情？它們都是如何「創生」的？對於這些根本性的問題，我卻從沒有問過，而且也沒有想過，更沒有深入的思考過這些最根本性的「源頭」問題。更重要的是，我們應該去思考那些更高層階的思維，也就是屬於我們自身短暫而難得的生命的「創生」問題，這才是一切的根本與源頭，也才懂得自己的生命是如何的珍貴與神奇。想想看……

　　我們的「存在」是多麼的微妙，而萬物之間的相互運作又是何等的神奇，身為萬物之靈的人類這其中的每一個節又是多麼的不可思議啊！

由「巨觀」而至「微觀」的思維

　　宇宙的起源來自於「大霹靂 (Big Bang)」已經是十分確定的事實了，人類現在所研究的都是在「大霹靂」發生之後所產生的事情。但是，真正的源頭，也就是引起這個大爆炸的是那一個無限小的「奇異點」，它不可能是無中生有。那麼，它的究竟是誰放的？這就如同有一顆「爆竹」轟然一聲的爆炸了，而爆炸之後我們可以發現它產生了強大的聲音，有刺鼻的氣味，有強光，也有煙霧，甚至地上都充滿了紙屑等等。這些都是爆竹發生爆炸的證據，如今大霹靂的證據說是相當的齊全。但是，如今要更上一層的問，在宇宙的大霹靂之前那個「奇異點」究竟是誰放的？正如爆炸的那個爆竹一般，要問的是那個爆竹是誰放的？當然，一定是有人把它製造出來，而且把它放置在那裏，並引燃它，才能產生爆炸。同樣的道理，在「大霹靂」之前的「奇異點」是誰製造的？是誰放的？是誰引爆的？人類不可能是由單細胞進化而來的，那麼是誰「創生」了人類呢？是誰在主宰人類的一切呢？

　　這樣的思維，使我在科學的認知上起根本性的變化，並完全的翻轉了我在這方面過與懵懂的認知。事實上，這一切都是被「創生」的，而不是無中生有。而我此刻內心中所定義的那個「神」，當然不是貼在大門上面的那個「神」，也不是在廟堂內供大眾膜拜的那個「神」，它是屬於宇宙

中那位至高與無上智慧與能力「創生者」。有時候我會想，如果不知道人類是被「創生的」，而一味的以為人類是的可以掌控整個地球的一切，並為所欲為的一直貪婪下去，那也許才是人類最大的無知與不幸。

在這本書中所有的論述，我把它分成為三個「層面」來討論。我會以「巨觀」的方式來談論宇宙觀的事實與思維，並讓各位看一看「上帝之手」所呈現的各種鑿痕與相關證據。第二個層次是「中觀」的觀念來看這地球上的一切，包含我們人類本體的「身體」與「精神」這兩種領域。第三個層次是以「微觀」的方式，進入視覺範圍以下的真實世界，並以「量子力學」的理論來看宇宙與生命中這些屬於最細微而也是最不可思議的「微粒」。我以這三種不同的尺度與思維來論述「造物者」在創作這宇宙所有的一切，也希望讀者們也能夠分別以各種不同角度與思維的方式，仔細而又深入的看一看，這個幾近於無限大的巨觀宇宙與幾近於無限小的微觀世界，在「造物者」的創作之下是如何的不可思議在運作著整個的宇宙。如果是具有理學院、工學院、商學院或是醫學院等背景的人士，我則是強烈的建議一定要看第 27 章節，它會告訴我們，為什麼我們看不到「上帝」？不但是在學理上是如此，而且在事實上，也應該是如此。

上帝的「靈」就在基因裡面

　　人類是有「靈性」的，對於究竟什麼是「靈」？我想那就必須略微的從最神秘的「基因密碼 (Genetic Code)」談起了。「基因密碼」這四個字在英文的原意裏並沒有「密」的意思，但是如果我們若是將它翻譯成「基因密碼」，我認為也是相當不錯的一種翻譯方式。在英文上「Code」這個字的原意就是「編碼」的意思。現在加上一個「密」字，的確就會顯得更神秘些，不過事實上，「基因」的本質也真的確實是如此。因為：

　　基因的確是一種是非常、非常不可思議而又極度神秘的一種生物機體編碼設計圖。

　　要談到「基因」，首先我們就會要談到細胞的問題。我們人類每一個成人體內存在有約 60 兆個細胞，而每一個細胞的細胞核內又有染色體，而染色體內又有 DNA，在 DNA 則又有 30 億個「鹼基體」，將人類的這兩者相乘的結果，就產生了一個難以計數而又複雜無比之天文數字的「訊息基因」。但是，在這麼多的「信息基因」內，實際上人類目前所知道的是真正發生功能與作用的僅約有整體的 10% 而已，其餘的絕大多數的基因是處在長期「休眠」狀態。至於哪些是在作用狀態或是哪些是在休眠狀態？真正的原因我們並不明白，只是知道「基因」的本身它們會不可思議的自動調適而發揮功用。

近代的研究報告告訴我們，這世界上最聰明的人之基因與智能障礙者的基因相比差別不到1%。而人類之間的差異程度並不是基因本身上的差異，而是在「喚醒」基因的能力上面的差異程度。所以：

人類某些在休眠的基因，它們的確是可以在某些時刻被內在或外界的招喚或刺激而被「喚醒」，並產生意想不到的能力與功效，這一點非常的重要。

為什麼有些人始終在考試的時候考不好，而有些人卻輕易的可以過關？這固然與他們專注的能力有關，更可能的是有些人他們的某些基因在某些條件下比別人提早被「喚醒」了，因而發生了作用。所以，若想要「喚醒」體內的某些「基因」，這是可行的，也的確是一種存在的事實與現象。近代人類對於癌症的最新的「免疫療法」就是在於啟動我們自身的免疫系統來痊癒自己。目前也有相當多的證據，證

實了這種理論。但還需要在未來的時日裡努力研究與開發。愛因斯坦接近3歲的時候還不會講話，他的父母親非常著急，還帶他去看醫生，小的時候，學校成績也很差。及至成年，不知為什麼他的智慧被打開了，也就是某些特殊的「基因」被「喚醒」了，而終於成為世界上最偉大的科學家之一。他的一些成就，就當時而言，的確是非常超越的。所以，如何能夠「喚醒」我們體內的「基因」發生作用，也許，這將會是未來一門偉大的學問。

基因的大小約在 100Å「埃（Ångström）」左右，這個符號是「Å」，它是一個長度計量單位，請注意，它不是一個 A 字，而是在 A 的上方帶有一個小圈圈，請注意的看一看「Å」就能看出來，它在微觀世界會常被用到，由於它是一個長度極微量的計量單位，所以需要特殊的一個符號，以便與一般的「A」可以區別。1 Å = 10-10 米 = 0.1 奈米。「基因」的大小約在 100Å，它若以奈米來計算則是 10 奈米大小。請注意，我們人類的視覺最低的範圍是紫色光的 370 奈米。所以，「基因」的大小顯然要比我們人類的可見視覺小的太多了，故而當然不是我們人類肉眼可以看得到的。不論是 DNA 徑體或是 DNA 雙螺旋的螺旋體積或是基因本身或是鹼基體，它們的大小都是在奈米(10-9 m)的範圍中。並以龐大的天文數值構成了「訊息基因」之人體，更重要的是這其間有著更複雜的「排序編碼」的問題，那更是絲毫錯誤不得。

各位請仔細而深入地想一想這個事實而又實際上的問題，那就是人類的基因密碼，也就是生命的「人體設計圖」是如此的龐大而又設計得如此的絕妙絕巧，而且是將這些密碼寫在極微觀的「另一種」的世界裡一般，完全非肉眼見。這究竟是「誰」所為？那就要進一步的問，這究竟是怎麼

設計出來的？這真是一個「大哉問」。當然，我們人類本身絕不可能自己去設計或製造一個自己完全不懂也看不到的「人體設計圖」。它遠遠的超過我們人類的認知與智慧，而又設計得如此完美無缺。是「誰」有這個能力去設計？更重要的是「誰」有這個能力去製造它？甚至說：如果將外界屬於我們身體所有的元素都收集齊全前並將它們融合在一起，相信，它們也絕不會轉化而變成生命的。我們甚至連一個「基因」或 DNA 都做不出來，更不要說是細胞的本身了。

　　人類不是依靠「進化」而來的，否則我們人類的歷史就不應該是五千年而已，而是五千萬年或是數億年乃至數十億年以上。於是，我們不得不開始思考，**人類是「創生」的**。那必然是有一種遠遠超越人類的「神格」存在的造物主「創造」了我們。也唯有如此，才會有如此完美無缺的設計與製造出我們人類具有靈性的身心。我們整個身體有著「億兆」個「訊息基因」與精準的「排序」。事實上，整個基因密碼所顯示最大的隱含與啟發，那就是在告訴我們人類，我們身體的每一個部分都是被至高無上智慧與不可思議的「創生者」所設計與製造出來的。也因此，懂得生命中的感恩，將會是我們生命中最大的幸福。

【第 25 章】
不要超越上帝的手

25.1
當高科技漸趨失控的時候

「高科技的漸趨失控」這是一個很認真的題目。不是為了宗教，更不是為了唱高調，而是希望藉此讓大家真正而認真的展開思考，並深入的探討這一個問題。因為，這絕對是一個有關於人類未來的大問題。我們絕不要為了本身自己的利益，不論是金錢、名譽或地位等等，而不擇手段的去研發那些太過於超越人類本身需求的科技。為什麼要特別的呼籲大家共同來思考與留意呢？因為，這些其實都是人類全體應該要注意與認知的題目。在近代電子與電腦科技極快速的發展之下，讓人感覺到簡直不知道它會把人類帶到什麼地方去？而問題的根源，則是在於人類的貪婪與無止境的需索，而這些的貪婪與需索都遠遠的超過了人類本身真正生活上的需要與需求。

人類具備有「科技」的能力，是「造物者」給在地球上這唯一的物種

「人類」所具備的特殊能力。科技的本身絕對是一把雙面利劍，它能夠斬斷所有的綑綁，清除困難。但是，當然也很有可能輕易的傷了人類的自身。人類目前的生活已經達到了相當高的水準，而一部分人物其奢華與浪費的程度也達到了史無前列的地步。地球上至今仍有許多地方糧食缺乏，人民困苦，這多是因為列強的貪婪而引起當地戰禍連年所造成的災難。一般來說，就滿足人類日常生活的需求而言，只要是適可而止，則其難度都不會太高，世界上一些新興的國家正在大力的改善人們一般的生活，而且也很有成就，就是很好的例子。然而奢華卻相對的給人類帶來無止境的貪婪與掠奪以及墮落，如今不禁要問：

「過度的科技會給人類帶來什麼？它會不會給人類帶來無可收拾的災難？」

也許有人會說，科技可以使我們人類的生活得到很好的享受與奢華。但是，事情可能不是這個樣子的簡單。即使科技讓人類的壽命都增加了，這似乎是件好事，但問題總是雙面性的。相對於地球而言，人口也加倍了，相信那可能是天大的災禍，甚至導致人類的滅絕。所以，這是我們大家不得不需要仔細而且是認真的思考的問題一些問題，那就是：

「科技究竟可不可以無窮盡，也無限制的一直發展下去呢？」

對於這一個問題其實也是我身為科技人員，而我在內心深處也常需要自問。這個現像，我們就用一個比喻來說好了：這有如我們的十個手指頭，這十個手指頭就比如是十個最新的科技項目。然而，在很短的時間裡面，

每一個手指頭上又生長出了新的十個手指頭（科技項目）。再過了一段時間，新生的那十個手指頭每一個手指頭又新生出了十個手指頭（更新的科技項目）。這種「指數型」的成長，就是我們現在所面臨到的新科學與新科技的世界。而這個現象（各種科技項目）最後的結果，必將會面臨到科技的發展失去了控制，誰也管不了誰，這最根本的原因是因為

法律永遠跟不上科技發展的速度。

美國人雖然在他的國內嚴格的禁止複製人類的任何議題與計畫。但是，有心的人則是可以到其他的國家去做這件事情而不受到干擾，甚至於還會受到歡迎。大家都為了要達到自己的目的而無所不用其極的在進行更新的科技項目，為了賺錢沒有人會在乎其他的一切。然而在這「一切」的背後，不要忘了，都會有「因果」相連的關係。事實上，這樣的結果必然還是會回歸到我們每一個人的身上。也就是我們每一個人都將會深受其影響，這就是我們現在真正所面臨的科技成長與所應該憂患的事情。．

當年的視覺機器人

　　現在的「人工智慧 (Artificial intelligence。AI)」正當其行，然而回想起以前我也設計過的一些機器人，雖然它們都沒有智慧，都很笨，但是它們唯一的長處就是無條件的遵照人類的指令而動作，而且是精準的動作，絕對不會超過電腦「指令」之外而自行動作。這不正是我們人類所需要的嗎？其實，它們雖然是笨一些，那也是蠻有趣的，至少我們不必顧慮到它們會有什麼它「自己」的想法。

　　早期由於沒有「人工智慧」的思維，也沒有任何模糊控制系統 (Fuzzy control system) 的概念。所以，當然認為機器人是完全聽命於人類的指令而行事。對於工作指令寫得越詳細越完善的話，則機器人所能夠做的工作也就越詳細，也越周全。所以，當時的人們要把機器人的每一個步驟每一個動作都要思考到最完善的地步，對於複雜的問題，甚至需要用數學模式來解決。三十年前沒有人會想過機器人會有超越人類指令的任何可能。因為，它所有的動作都是聽令於人類的指令，指令所沒有的它當然就不會去做。而那個年代對於機器人的唯一的想法，就是用在工廠的工作需求與製造或生產線上，我們需要它的精準度與耐力度，來完成人類所不能的事務。

在三十年前我曾設計過一個「視覺智慧型機器人」，在當時所使用的電腦是八位元 (bit) 的個人電腦 (PC)，系統時序 (syste clock) 是 1MHz。比起現代的 64 位元電腦以及系統時序可以高達 4GHz，這相差得太遠了。在現在看起來，的確是覺得早期的機器人真的是很「機器」的樣子。它沒有頭部，但是有一隻大手臂，它的兩個眼睛就是放在手指的兩個很大的夾子上，在夾子的前端就是它的兩個發光二極體的發射器與接收器，這也就是機器人的眼睛，它可以在桌面上隨意的地點，找到桌上的茶杯，然後回到固定地點去拿茶壺，然後再回到剛才找到的茶杯，將茶水倒入茶杯之後，再把水壺放回到原來固定的桌台上。就這樣簡單的一個動作，其實在當時設計起來是相當複雜的，各位想想，單單是手部的動作就是十分的不容易而又結構相當複雜。

但是，這在當時年那個時代，卻是很了不起的一種成就。事實上，人類對於機器人的定義，從來就沒有說得很清楚，更沒有說它一定要在外觀上像是一個人。各位如果注意的話，可以在許多工廠中看到正在工作的機器人，它們在外觀上沒有一點是像人的。它沒有思考的能力，唯一的目的就是依照程式指令的工作，為人類服務，取代了許多人類難以操作的工作，諸如電焊，熱處理，化學處裡等等。所以，當年對於智慧機器人的定義，認為它只要能夠自動依循目標而完成任務，就算是有智慧了，並不認為機器人可以擁有自己的思考能力與自我執行的能力。

人工智慧機器的崛起

「人工智慧型機器人」又常被簡稱之為「人工智慧機器人」或「智慧型機器人」。這是指由人工製造出來的非人類之個體系統所表現出來具有人類思考與智慧的機器人。「人工智慧」的核心科技是以人類的「心智」為樣本，而盡可能達到人類的標準，但也允許可以超越人類，這些問題共有十個項目，分別是：

1. 超高速度的運算能力。

2. 超高容量的記憶能力。

3. 超高速的邏輯推導能力。

4. 超快速的自我思考與學習及修正能力。

5. 超快速的對外通訊能力。

6. 超快速的自我辨識能力。

7. 超快速的知識學習能力。

8. 具備超高速無線連接全世界資料庫的能力。

9. 極端敏銳的感知能力。

10. 迅速而又確實的執行能力。

相信各位如果仔細地看完這些我們人類為人工智慧型的機器人所訂

定的目標，相信，您可能會有一種想法，那就是人工智慧型的機器人簡直就是神仙了。仔細的分析每一個目標，都是超越人類不得了的成就。綜合了上述的目標，如果真正都能全部達成目標的話，具備這樣如此強大功能的人工智慧機器人，它的確是跟「神」有什麼兩樣呢？相信，這也個每一個科學家內心中最大的疑慮。

那麼，這件事情進一步所代表的意義是什麼呢？事實上，它是在告訴我們，未來的人工智慧機器人將會積極的參與人類的整個世界。而它們也會以不可思議的速度與智慧，在很短的時間內，在所有的領域中，都會學習人類，更重要的是它們必然很快的會超越人類。因此，就從現在起，如果我們人類若是想要好好的用它，就必須審慎的而仔細的、認真的、慎重的去規劃它。否則一旦它能自由思想與行動，我們人類拿什麼跟它比？在優勝劣敗的競賽中，人類將很快被淘汰。

我們就拿一些日常生活中的事情來做比喻好了。在運動場上，我們如果連續不停的快跑 3 天而不歇息，恐怕就活不下去了。但是機器人它可以在運動場上連續跑三個月都不停止。若是要比考試的話，那就更沒得講了，因為它過目不忘。若是要比打鬥，它是鋼鐵之身，怎麼對打？若是要比精準度，它是我們人類的一百萬倍，若是要比知識的話，那就更沒得比了，因為它可以瞬間連接全世界的資料庫網路，而我們只能使用那一顆小小的腦袋去想。我們人類可能要花一萬年才能算出來的「微積分」題目，它可能只要一秒鐘就給我們答案。終究會有一天問題還是會回到前面曾經一再提過的主題上，那就是這些「智慧型機器人」一定會反覆的想到要問我們人類：

　　「你們人類在地球上有什麼存在的價值呢？ 」

　　這不是在說故事，這是真的有可能會來臨的一天。當人類在做上帝的工作的時候，沒有人會知道將會有什麼結果？但是，可以肯定的是，一定不會有好結果。

機器人的世紀之戰

　　各位如果心中還有疑慮的話，讓我們不妨看看不久前發生的事情。2017 年 7 月在圍棋網站上，出現身分不明的圍棋之超人棋士，這位超高棋藝透過網路線上與多位中、日、韓的最頂尖高手對弈，而在短短的一周內，先後擊敗了這些所有的棋弈高手，創下了 60 完勝的紀錄。也就是說，在連續 60 場的比賽中，他沒輸而全勝。世上怎麼可能有這種人？這讓全世界的圍棋界為之震驚不已，大家都在找這位絕世高手究竟是何方神聖，是來自於仙界嗎？最後才知道，這絕世高手叫「Master」，是一部電腦。當它自曝身分時，人們才知道他就是 Google 旗下的人工智慧系統「AlphaGo」。在棋藝中，不論是象棋、西洋棋等等，都還容易，而這其中最難也最需要用智慧的則是圍棋。這個人工智慧系統「AlphaGo」都已經打敗了人類一些第一的冠軍高手。那麼如果要問，這部電腦算不算有智慧呢？各位您以為呢？然而這一些才是剛剛開始而已。

　　科技的發展將無止境，這意思是說，只要人類能夠想得到的事情，科技總有一天就會能夠達到這個境界。不只如此，甚至於還可以超過這個境界甚多。人類一直以為，我們的智慧在地球上是沒有一個物種可以比擬的。就以博弈中的圍棋而論，對人類而言，要下好圍棋不但要有長時間的學習，還要有很高的智商，能勾心鬥角的贏過對方。很顯然的，地

球上甚至沒有任何一個物種可以跟人類下棋，更不要說能贏過人類。但是，這樣的一種想法與認知，如今已經完全的被推翻了。就在 2017 年 5 月（AlphaGo）連續的擊敗全世界排名第一名的中國圍棋高手柯潔，而柯潔也說出了他內心中的感受，他認為人類從此刻起，沒有人可以再是電腦(AlphaGo) 圍棋的對手。

柯潔他真的說對了。因為就在同一年，2017 年的 10 月更新版的「AlphaGo-Zero」機器人出來了，它刻意的對上了打敗柯潔的人工智慧電腦「AlphaGo」。也就是人類開始讓這兩部電腦直接面對。讓從沒有輸過的「AlphaGo」與更新版的「AlphaGo-Zero」機器人進行直接的對戰。讓這兩部人工智慧電腦互相在圍棋上直接對戰 100 場，看看結果如何？這肯定是精彩得不得了。那麼各位可以猜猜看，如此精采絕倫的好戲，而這兩部電腦對戰的結果到底會是如何的呢？

這兩部都具有人工智慧電腦的互相對戰，那真是有趣極了，但是結果卻更是大大的出乎人們意料之外。一般的預測是更新版的「（AlphaGo-Zero）」會戰勝原有的冠軍（AlphaGo），比例約是6:4或是更好的7:3。但是，實戰的結果則是（AlphaGo-Zero）連續的以 100 場連勝而無敗績，打敗了原有的世界冠軍（AlphaGo）。人類認為（AlphaGo）它的人工智慧是不可能被人類擊敗的，結果它卻被自己的升級版完全的摧毀。（AlphaGo-Zero）它同時也告訴全人類，它從來沒有被教導過圍棋，而是自學了三天，就可以勝過人類 3000 年。

2017 年 10 月，世界上最頂級的期刊《Nature》上刊登了一篇論文，在這篇名為《Mastering the game of Go without human knowledge》可以翻譯

為「不須使用人類的知識而稱霸圍棋」的論文中，強調了強化學習的方法，並自我完善的達到目標。然而，這篇論文最令人震驚的是，這個機器人（AlphaGo-Zero）可以在無任何人類指導之下，以全新的強化學習方法結合人工智慧的程式，使自己成為自己的老師，而功力迅速的倍增，並達到超越任何人類的境界。現在，讓我們細細的想一想，像這樣的一部智慧型的電腦，輕易的就可以擊敗人類的最高手，而且甚至還超越人類甚多。它可以不需要跟著人類學習，它能自我學習，使用自己更快、更優、更有效率的方式，它同時也隨時的在更新著自己。那麼，我們進一步的想要問：

「這世界上還有什麼是機器人所辦不到的呢？」

然而，這一切才是剛開始而已。也正因如此，難道人類不需要開始要有一點為自己擔心了嗎？也許人類會說機器人是沒有感情的，那麼機器人可能會回答：請你說出「感情」究竟是什麼？只要你說得出來我就做得到。

現在的人工智慧型機器人在人類所給予的定義上，從表面上看起來就已經很可怕了。它的核心問題除了包括移動自己和操作外物的能力之外，還必須具備有極為高等的智慧，而且這些智慧的本身，卻都是人類自己所無法達到的，但卻是機器人的基本要件。也就是說，以「人工智慧」的觀點來看，機器人不僅是用來執行人類所希望的事情，更重要的是，它可以獨立的替人類思考事情。簡要的說，它已經不是工具了。相反的，由於機器人本身就是有獨自的思想與智慧，而且是超高度的智慧與超高能力的一個各體。所以，在實際上，它已經不是「機器」人了，而是一種超越人類的另類「物種」。

真正可怕的全自主式機器人

　　「人工智慧型機器人」看起來已經有一點可怕了，但是真正可怕的還是未來的另外一種形式的機器人。那麼，它到底是什麼呢？到目前為止，人類所製造的機器人，不管是任何一種型態的智慧機器人，人類所把持的唯一最重要的一個項目，那就是我們不開放「執行」的權利給智慧機器人本身。也就是它無論多厲害，它都必須聽令於人類最後所下達的「執行」命令才能動作。這也就是說，機器人不論是如何的「神」。但最後的決定權還是在於人類本身上。當人類沒有下達「執行」命令的時候，它不可以去執行結果。也就是它不會自動也不會主動而自主的「執行」任何它自以為是事情或想法。

　　但是，現在人類正在思考另外一個模式機器人，為了讓機器人有更多的自由範圍，有更多的事情可以自己做決定，而不需要依賴人類。而且它們所做的決定比人類還會還精準，還快速，而且還正確。所以，人們開始思考把「自主權」下放給機器人的本身。這是什麼意思呢？這意思是說機器人除了有上述的十種能力之外，它還具備了最後的一項能力，也就是它可以根據自己的決定而去做它想要做事情。人類開始對於智慧型機器人有了這樣的一種開放式的思維。雖然，我覺得這是不可以的，而且是萬分恐怖的事情。但是，追隨時代潮流的人卻如山排海似的，不知所止。

在這種開放式的思維下，有一種機器人稱之為「全自主式機器人(Automomous robotics)」這個名詞。什麼是「全自主式機器人」呢？它的定義是：

「它可以完全不受外界或人類的控制，而有全權自行決定行為能力與執行能力的全智慧型機器人」。

有一部電影要做「變形金剛(Transformers)」以及相關眾多類似的影片，我們可以在影片中看到這些自主式智慧型機器人它們是如何的在打鬥，有些是為了所謂的正義，而有些則是奉行邪惡。當然電影的最後都是正義者獲勝。但是，在人類真實的社會中，未必就是如此。而在這些電影之中，人類已經不再是主角，只是淪為小小的一個小配角而已，真正的主角是這些機器人。

隨著機器人的智慧越來越高，當然它們也有可能產生脫序的行為。於是，科學家們開始注意到機器人的行為是否必須符合人類社會中的社會學與倫理學。甚至是對於機器人是否可以擁有某些法律上的權利而開始進行了探討。想想看，當機器人的智慧不斷的被發展與增進時，總有一天它們的智慧與能力，會比人類更有能力也更有智慧。而當它們所有的能力都超越我們人類的時候，屆時機器人當然也會有自省與自覺的能力。其實，這一點也是人類可以預期未來必然要面對的事實。面對如此優越的「物種」，我們人類真的是要自慚形穢了，此時，機器人它們的心中應該會再度的響起，你們人類有什麼存在的價值？把地球讓給我們吧！真不知道……，如果到了那個時候，我們人類拿什麼跟它們相比？

具有人權的機器人

2017 年 10 月 27 日可能有許多人沒有註意到的一則相當惹人側目的新聞，下列的這則新聞是來自於沙烏地阿拉伯這個國家對全世界的公告。看過這個公告後，各位就可以知道，我所擔憂的事情，其實已經正在發生了。

「封號的索菲亞（Sophia），又稱之為全球最美麗的機器人，今天（2017.10.27）親自的出席了在沙烏地阿拉伯首都利雅德所舉辦的「未來投資倡議高峰會」（Future Investment Initiative summit）。並且在現場上百名與會來賓前，獲得了沙國的公民權（citizenship）。索菲亞在台上說：「我非常榮幸跟驕傲能成為全球第一個獲得獲得公民權的機器人，這特別具有歷史意義。」

相信各位看到了這則新聞之後，心中一定有一大堆的疑慮與好奇，這位全球首位擁有合法公民權的機器人索菲亞，它如果做了犯法的事情，該如何接受審判與制裁？人類審判機器人是不是荒謬的？索菲亞她可不可投票行使公民權利等？破壞索菲亞算不算是殺人罪？機器人的生產不需要懷胎十月，它可以做到即時性的生產，要多少就製造多少，當人類在所有的能力上沒有一項可以跟得上智慧型機器人的時候，機器人統治地球的時代

很快就會來臨，但是，它卻是一位完全沒有愛，完全沒有憐憫心的新「物種」。

　　當極端的資本主義，太過度的擁有與集中資本的時候，於是他們就很可能想以金錢的力量來扮演上帝，「蘇菲亞（Sophia）」的這個案子，「它」也只是個擁有了合法公民權的機器人而已，但這一切卻只是一個開端。於是，我想到的是：在戰火下被踐踏的數百萬的難民們，他們無以為依，沒有衣食，沒有歸宿，他們也沒有合法公民權。著名物理學家霍金（Stephen Hawking）在 2017 年 5 越 5 日警告世人說，人類可能在百年內滅絕。相信有同樣看法的科學家不在少數，只是他們沒有說出來而已。如今看到了人類走到今天的這個樣子，我不僅要深深的問：

　　「人類是不是正在想要跨越『上帝』的門檻呢？但如果真是如此，則人類的滅絕是必然的結果。」

基因改造具神格的複製人

　　對於「基因」改造的食品問題，相信各位對這個名詞並不陌生。因為我們現在許多所吃的食物都是經過基因改造而來的。就以玉米來說，經過因改造的玉米可以長得非常強大，它可以抗風、抗旱、在缺水的地方都可以長得很好，它的果實豐滿，它也抗蟲，也就是一般的毛毛蟲不吃它。它抗菌，它不容易感染上其他植物所感染的細菌或病毒等等。它克服了一般玉米的缺點而呈現了幾乎完美的優點。而且更重要的是它的產量可以非常的龐大。

　　這看起來是一件很好的事情。因為，它可以餵飽這個世界上許多還在飢餓中的人們。但是，事情是不是就都好到了這樣子了呢？一切就都完滿了呢？答案卻是否定的。首先，我想各位應該要知道，基因的農作物是被「絕對」的壟斷的，它不但是被壟斷了，而且還具有全方位的專利權。各位應該可以看得出來這才是人類跨出的第一步，但並不是真的為了要拯救人類，可是為了要賺錢。如果「基因」的科技與這一切的目的都是為了要賺錢，那麼它必然就會延伸相當可怕的副作用了。

　　現在讓我們先來看看「基因工程（Genetic Engineering）」的定義是什麼？再來談談未來的狀況。「基因工程」又稱為遺傳工程）它的的定義是：

　　「遺傳工程是改變生物的遺傳組成使用的技術，包括了刪除可遺傳材

料，和將生物體外直接製備的 DNA 匯入宿主或細胞，然後與宿主融合或雜交。」

根據上面所定義基因工程，在表面上看起來它並沒有什麼太大了不起的地方，其實若我們認真看起來，卻是感覺得令人毛骨悚然的。以人類現在所規劃的人工智慧機器人而言，我們都知道，未來是「人工智慧 (AI) 的天下，但如今看起來也同樣的是「基因工程」的天下。誰在這些技術上取得領先地位，誰就能「主導」全世界。事實上，再想想，人類透過對於「AI」及「基因改造」這兩者的結合，必然可以設計與製造出一個電影中所謂的「超級人類戰士」(Super-Human Soldiers)。這不但未來可以成真，也不再是電影，在整個人類的科技上與趨勢上看來，將來必然會有這些超人出現。

我不是一個悲觀主義者，但是我卻可以遠遠的看到了一團團濃濃的黑雲迎面的飄散了過來，而且是全面性的遮天蔽日的整個遮蓋過來。科學的成就不是一日可成的，所以，科學研究的結果與成就則是可以預期得到的，否則我們怎麼可能會進步呢？也因此，我們可以預期的是在不久的將來，人類必定會在最「自私」的條件下，創造出來一種所謂的「超級人類」。它可以是任何一方面的專家，它可以是發明家、科學家、數學家、醫師、律師或工程師等等。當然，這個「物種」也可以是一名完全沒有恐懼、感情、疼痛而又智慧超絕的「超級戰士」。重要的是，也是我要一直提醒各位的是，如果人類真的忘記了道德與倫理的規範，而一意孤行的侵犯了上天「造物者」的圍限。相信，悲慘的一面也必然很快地會降臨人類的身上。

我始終認為上述人工智慧的定義必須做全面性的修改，最重要的是：

「我們必須把人類的法律與道德標準，納入所有的高級智慧型機器人的規範才行。」

現在的定義，幾乎是全面性的開放了人類對「人工智慧」與「基因工程」的一切管制與監督。在「人工智慧」與「基因工程」的科技上一旦失去了嚴格的管制與監督，則它將必然是可以為所欲為的。也就是說在這樣的定義下，我們人類對於那最珍貴的「性靈」，給了那些想要為所欲為的人士大開方便之門。當然，這最後的結果將會使我們喪失了自己的心智，也迷失了人類自我的心性而淪為奴隸。我們每一個人都是「造物者」所賜，而如果把自己的「基因」開放了給那些有心的人士隨意的修改、插入、串接與刪除，那得到的結果，就絕對不再會是自己了本來的真面目了。而更重要的一點，那就是我們已經開始跨越了「上帝」的紅線。而我深信，那最終的結果將不會是我們人類可以承受得了的後果。

不要超越上帝的恩典

就我們人類而言，「智慧」與「基因」是「造物者」所賜給我們兩項最最獨特、最神聖，也是最偉大的恩典。如果我們善於使用祂所賜的這兩項不可思議的恩典，也就是遵照「造物者」所給我們的祝福，那麼我們人類的發展願景則是幸福的，是不可限量的，而且也是源源不絕的。但是，當我們把所有的恩典都置之腦後，因而夜郎自大般的自以為是，而總認為人定勝天，並認為我們人類才是宇宙中一切的主宰，更認為我們在地球上是主宰而可以為所欲為的。那我們未來所面臨的，將會是一個極度不可預期的未來。

我們人類也許不會親自用自己的雙手來毀滅自己。但是不要忘了有一句話說：「無心插柳，柳成陰」。這句話，更何況這些柳樹還都是我們自己親手種下去的。最近有一個新的名詞很流行，叫做「超級智慧機器人」，在這幾個字裡面，「人工」這兩個字被拿掉了。既然所謂「超級智慧」那當然它的智慧會比人類高的太多了，改變基因是其中的一個方式。而如果再加上「超級智慧」。它們反而必然會成為地球上最高智能的一個新「物種」。雖然我也是最早就從事過機器人的研發，但是，當我看到這些新的名詞的時候，我內心中其實是覺得相當惶恐的。因為，沒有人有能力阻止這種事情的發生。那麼，這種事情就一定會發生。

科學一旦發展得起來，那麼它的腳步就不會停止。科學的各個方位的發展將是沒有極限的。請好好的想一想，一個沒有受到限制與管控的科學，它難道沒有極大的危險嗎？科學可以為人類帶來非常大的利益。同樣的，在另一個反面，它也同樣的會帶來不可收拾的災禍。在這個宇宙中所有的事情，有利就必有弊，有白天就有晚上。它們都必然是對等的。原子能可以廣大的造福人類，但它也曾經有過在一瞬間銷毀了二十多萬人的紀錄。

任何的科學都擋不住人性的唯利是圖。事實上，人類現今的社會結構，其真實的面目就是一個唯利是圖的世界。在這樣一個完全以利益為導向的世界裡。不論是國家或是公司或是個人，都是以利益做為考量，而其一切的行為也都以利益為其出發點。於是一定會有那些具有高度之資金與科技的團體或國家，為了要掠奪他人的資源，而去積極的開發這種「超智慧型機器人」，因為他們可以最小的成本，獲得最大的利益，而且還可以避開法律的層面與追究。至於這種機器人會產生什麼樣的後果？則不是他們那些人所考慮的重點。正如我們人類所面臨的槍枝氾濫的問題，當初發明槍枝認為可以保護人類。但是，相同的，我相信槍枝所殺害的人類可能比它所保護過的人類還要多得多。想想看，經由第一次世界大戰、第二次世界大戰，以及現在許多國家的戰亂中，槍枝所殺害的人數簡直多到不可勝數。古代的人沒有人有能力按一個手指頭就可以銷毀幾千萬人，但是，現在可以。那些核子大國所製造的核子武器，只要按下一個手指頭的按鈕，就可以讓數千萬人瞬間的蒸發或死亡。這不是神話而是人類現今真實的一面。

「造物者」創造了這個宇宙，也創造了這個世界上的萬物與地球上所

有的一切生命體系，這真是不可思議的奇蹟，也是不可思議的恩典。我們
真正需要的是那一顆感激的心，感激這一切的恩典。想想看，我們能夠活
到現在是有多少的恩典加在我們的身上所成的，我們才能夠有今天我的日
子可以過活。不要忘了這種恩典，而自以為是的向「上帝」去挑戰。更不
可思議的是的有一些人，卻走上了想要扮演「上帝」的那隻手。但我深深
的相信，到了那個時候，我們所受到的將不再有「造物者」至深的祝福。
失去了「造物者」的祝福，我們也只能自求多福。

　　讓所有的生命系統能夠自由自在的存在，不要用自己單純的想法去
改變那不應該去改變的，更不應該想把這個世界全部都變成是他們自己的
所想要的或是獨占的。人類真正不懂的事情還太多了。但是，請各位千萬
要記住，人類不論科學有多麼的發達，都不可以超越「上帝的手」。否則，
「上帝」可以創生人類，必然，也可以全面性的毀滅人類，希望我們不要
走在這條路上，而不要超越上帝的紅線。！

　　我是多麼的希望那些
野心家們要知道有所選擇，
知道「人」的真實價值，
並尊重這大自然的一切，
更重要的是，要懂得尊重、
感謝「造物者」的豐賜，
並懂得對這自然中所呈現
的一切，知所惜福與感恩。

【第 26 章】
宇宙的最高無上智慧

26.1
為什麼夜晚的星空是黑的呢？

夜深人靜，我在院子裡桂花樹下旁的玻璃圓桌上沏好一杯新上市的烏龍茶，淡淡的香味，讓感覺逐漸隨著那上升的輕煙，進入了那淡藍色的星空裡，在閃爍的星星光下，記憶似乎已經不存在，此刻的我，感覺到的是與那滿天的星空與淺藍融合成了一體。

為什麼夜晚的星空是黑色的呢？啊呀！這個問題是不是問的太幼稚了嗎？夜晚的天空當然是黑色的，不然難道會是光亮的嗎？事實上，這個問題問得不但不幼稚，而且是超過一般人的常識與認知之外。夜晚的星空之所以會是黑色，那正是在告訴我們，時光是正在流逝啊！而這也就是在告訴我們，宇宙中是很沒有「永恆」的。

這樣的說法究竟是什麼意思？為什麼夜晚的星空是黑色？那跟時間的流逝有什麼關係？而與宇宙的「永恆」又會有什麼相干呢？是的，這個道理說穿了並不是很困難的事，只是我們絕大多數的人沒有去注意到這件

事情的根由。當然，也可能是對於天文的現象並不十分在意與了解所致。所以，也就認為那是天經地義的事了，從下意識中就認為夜晚的星空本來就應該就是黑色的，這是最自然不過的事啦！

如果宇宙是永恆的，而時間是停止不動的。那麼宇宙自從誕生以來所產生的每一顆恆星，也就是每一個發光的太陽，都不會因為衰老而熄滅的話，那麼天空中的每一個地方都會充滿了發光的星星，而整個天空都會是滿滿的星光，不但輝煌而且燦爛。那樣的天空，當然就不會是黑色的，不但不會是黑色，而且是亮麗無比的，那正是因為有無數量的星球所發出來的光線都存在於宇宙之中才會如此。然而正因為時間的流逝，宇宙中恆星不斷的產生，也不斷的消滅。所以為了維持宇宙中「質能」的平衡，當新的恆星不斷的產生而發光時，同樣的，舊的發光的恆星也會大量的減少，故而，雖然有很多的星球誕生，但是也有同樣數量的星球會滅亡。就以我們的太陽這顆恆星來說好了，再有 45 億年它就會同樣的熄滅消失。所以，在時間的流逝之下，宇宙中產生了無數的星球，也同時也會有無數的星球對等的消失。我們現在所看到的天空中的星，其實在數量是很少的，如果每一個星球都不會滅亡而時間也不會流逝的話，則就會如我們現在所看到天上的銀河一般光亮，而整個星空絕對是星光燦爛而亮麗奪目而如同白晝。

我們人類的肉眼是無法觀看天文的，當我們夜晚仰望星空的時候，肉眼中所能看到的天上閃亮的星球之範圍，約是在 100 光年範圍之內的恆星，超過這個範圍的天體就不是人類用肉眼所能見的的了。宇宙的歷史遠

達 138 億年，而我們那小小的肉眼所見的 100 光年，當然是無法與其相比擬的。不要忘了，「一光年」是光線在宇宙中行進一整年的距離，它不是「時間」的單位，而是「距離」的單位。以人類現在最快的太空飛行器具約「時速」十萬公里而言，相對於光速的「每秒」三十萬公里的速度，這其間相差了約一萬倍。也就是說當光線在宇宙中行進了一光年所到達的地方，則對於現在人類的太空器具就要飛行一萬年才能到。而對於距離我們 100 光年的星球，人類若一以現在的速度想要到哪裡去，相信要花費一百萬年才能夠到達，這不是在說神話，而是真實的現實與現象。至於距離我們幾百萬光年或幾千萬光年、甚至於幾十億光年遠的深遠宇宙，那我們就連想像都很難想像了。

在宇宙中如地球一般的「行星」，由於它本身不發光，所以太陽系以外的「行星」則是用任何方式都看不到，必須用其他特殊的方法才有可能偵測得到。至於其他的銀河系或星雲與星系，人類目前透過哈伯太空望遠鏡所能夠看到的宇宙最深遠的影像則是到達 130 億光年的距離，這也就是說，人類目前已經可以看到並攝影到

距離宇宙的誕生 8 億年之後的影像。事實上，在「大霹靂」之後的這 8 億年的時間，是屬於宇宙的混沌時期，所有的光線都完全無法穿越這個時期的宇宙。所以，當然也不是我們可以看得到的。

26.2 你想回到那一顆星星呢？

　　圖 26.1 所顯示的是「哈伯太空望遠鏡」所攝影的 Omega Centauri 半人馬座（NGC 5139）[26.1]，它是一個極小的區域中所顯示的恆星之星球分布狀態。也就是說，這張圖是從地球上看出去如針孔一般大小的一個天空面積，而這張影像也只是半人馬座整個完整的影像中很小的一部分，在圖中的這些星球平均距我們 15,800 光年之遠的距離，整張完整的影像是一個球狀星團，其直徑約為 150 光年。其內約包含有一千萬顆「恆星」。這圖中的每一個亮點都是一個「恆星」，也都是一顆「太陽」，這其中有一些恆星會比我們的太陽要來得大些，也有一些會比我們的太陽略小一些。但無論如何，我們都可以看得出它們全是在我們本銀河系內的恆星。地球是行星，因為身體小又不發光，離開太陽系在宇宙中是無法被發現的。我們人類一直到現在，以如此進步的天文學與設備，但就是還沒有發現宇宙中有任何類似地球的行星存在。

各位請仔細的看一看上面這張圖，它是 Omega Centauri (NGC 5139) 星系，那裡面的恆星看起來是如此的擁擠，有這麼多的恆星，每一個都是太陽。我們由遠處看起來它們好像很擁擠。但事實上，它們彼此之間的距離還是相當遠的，至少有數光年至數百光年之遠。別忘了，太陽到地球的距離只有八分鐘的光程而已。

當有一天我們過世的時候，你想選擇天上這裡面的那一顆恆星作為你的歸宿呢？還是你另有選擇或另有安排呢？但無論如何，離開我們太陽系所能見到的都是這個樣子。而距離更遠的那就是其他的銀河系(星雲)了，目前距離我們「最近」的另一個銀河系是「仙女座銀河系(Andromeda)」，它距離我們有兩百三十萬光年之遙，這是距離「最近」的另一個銀河系。當然如果以我們人類目前最快的飛行器具，恐怕也要飛行兩百萬億年才會

圖 26.1 人馬座（NGC 5139）

到達，這其實是很難想像的一個歲月與數值，但它卻是距離我們最近的下一個銀河系。這個銀河系有點奇怪，因為，這整個仙女座銀河系與我們的本銀河系 (Milky Way galaxy) 幾乎像是孿生的，無論是大小或形狀幾乎都完全一樣，而同樣的在仙女座銀河系裡面也有三千億顆恆星在那裡面。有的時候我會想，真不知道另外一個銀河系裡的生命，他們是如何在過日子的？他們的時間用什麼在計量的？他們那裡面也有無數的生活的故事嗎？他們也有很多愛情的故事嗎？當然沒有任何人可以知道。230 萬光年的距離，讓我們看到的是「過去」，但是就「現在」而言，真實的他們已經是230 萬年前的事了。至於他們現在究竟是如何的存在？當然，永遠都不會有人知道。

26.3

萬物生生不息的智慧

很多人都會認為，在地球上除了人類之外，其他的一切大概都談不上有智慧。其實，有這樣的想法的人，他本身就是一個相當缺乏知識的人，也是自我主義者的一種自私想法。在地球上有億萬種生命系統在存活著，而每一種生命都有他自己的生活方式，也都有他自己的生存智慧，即使是人類，也各有思維，各有想法，各有不同的生活方式與生命目標。

若要說人類與或與其他的動物會有著相通的思維與共同的想法，相信大家都不會同意這樣的說法。我們人類怎麼可能與其它的動物會有相同的想法呢？事實上，這的確是一件非常不可思議的事情。在這個地球上所有的生命系統包含了人類與其他動物、植物甚至是細菌等等億萬種的生命，雖然生命的型態是如此的不同，而彼此的構造又有如此大的差距與落差。但奇怪的是，在這億萬種不同的生命型態之中，卻都具有的一種共同的生命思維與生命需求，那就是「繁殖」的現象。這種的「繁殖」的現象也就是一種自我生命的一種延續。對於生命的延續各個生命體系與物種，雖然在形態上可以完全不相同，而繁殖的方法雖然是千奇百怪，各有巧妙不同。但是，如果我們若能深入的了解它們，就會發現這些所有的生命系統與個體中，它們的繁殖現象卻都會充滿了非常巧妙與非常高等的智慧，絕對不是我們人類可以輕視的。

　　植物的「光合作用」意味著它們是在利用「光」獲得的能量製造出自己的食物分子。植物捕獲光能的主要機制是葉綠素，其作用如下：

$6CO_2 + 6H_2O + （光合作用） \rightarrow C_6H_{12}O_6 + 6O_2$

　　這其中的 CO_2 是二氧化碳，H_2O 是水，$C_6H_{12}O_6$ 是單醣，O_2 是氧氣。這整個化學方程式是平衡的，但卻是不可逆的。在上面光合作用的過程中，植物利用陽光中的能量將大氣中的二氧化碳與水轉化為單醣與氧氣。從由這個方程式中我們可以看得出來，如果地球上沒有植物，則根本就不可能有動物的存在。因為植物在供應著地球的氧氣，所以我常說：

「植物是大地之母」。

　　它們供養着整個地球上所有一切的生命系統。事實上，我們應該知道，植物它不但產生的氧氣可以供養所有的動物使用，而它本身的根、莖、葉、花、果也都是絕大多數動物的食物及其他所需的來源。我們面對著這一切的大地之母，也就是面對這些花草樹木的時候，當心懷感激之情。各位，再想一想，這一切是不是被安排得太恰好了，這宇宙中那有如此恰到好處，而又有絲毫不差的安排得天衣無縫的事情？我常說太多的巧合就不是巧合。這一切當然不是巧合而來的，也是巧合不來的。唯一可以解釋的就是這一切是被「創生者」所刻意創生與安排的。否則怎麼可能會配合得如此萬萬般巧妙呢？若非如此，否則這萬萬般的密合中，只要有任何一個小環節的失落，都絕對不會有我們人類的生存與存在。

　　所有的生物都有生生不息的觀念，這種現象的本身就是一個很奇特的事實，所有的生物都知道，需要藉著繁衍子孫而使自己的生命能夠永遠的流傳下去。我們先不必看它究竟是為什麼？讓我們先來看一些真實的事實。人類是「二倍體 (diploid organisms)」生物，攜帶兩套完整的染色體，也就是來自父親的一組 23 對染色體和來自其母親的一組 23 對染色體，共同結合提供了一個完整的 46 條染色體。這個染色體總數被稱為染色體數目。所以，人類必須藉著「減數分裂（meiosis）」使原有的一對染色體減半，也就是生殖細胞的染色體數目祇有正常細胞的一半，當進行繁殖下一代時，父母親各自的單數世代細胞會進一步的進行合體成為受精卵，這時候它的染色體數目才恢復正常，稱為「雙倍體（diploid）」，這是一種有

性生殖（sexual reproduction）的類型。所以，就動物而言，在完成了雙數世代細胞之後，才開始進行細胞的分裂，並進而分化，大量的增生而產生新的個體。

但是，許多植物繁殖的方式，卻完全的不同，它們的繁殖是如神話一般的在進行。許多植物它們是以「單倍體（（haploid））」細胞就可以繁殖，也就是單憑單數世代細胞就能分化成為新的個體，這種現象使它們似乎是超越了死亡。一棵竹子從它的根部冒出一個新芽，長大之後就是另外一個竹子，甚至於可以蔓延到整片的竹林。那麼你說誰是誰？砍掉了一棵竹子，但是它並沒有死亡，因為周圍的竹子也都是它自己，它的存在已經超越了死亡。而這也正是近代人類在生物科技上，最新而且所向披靡的生命複製的課題。但是，植物早在數億年前就會了，而早就在做了，直到現在人類還學不會，我常在想這樣高超的智慧究竟是從哪裡來的？

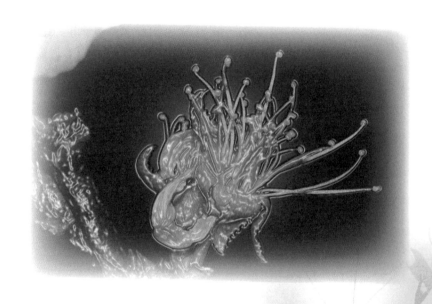

超越死亡的現象

「單倍體」細胞它可以自行分裂繁殖。每一個個體都是它自己。所以，我們實在是看不出它們有所謂的「死亡」問題。這種屬於單數世代細胞它可以藉著單獨的「自己」而自行分裂，以「自己」的細胞，由一個變兩個，由兩個再分裂為四個，如此的一直的進行下去。舊的衰敗死亡後，所延生的新個體仍然是它「自己」，完完全全的就是它本體的複製。由於它是以本身複製的方式在繁殖自己，不但它自己沒有死亡的問題，而我們也實在看不出它有死亡的現象。換句話說，它已經超越生死了，根本就沒有生死的問題，您說它不是神嗎？絕大多數的人類都自以為是生物鏈的頂尖，看不上植物或其它的微生物，總以為它們是微不足道的。但是，我有一句話，希望大家也可以多想一想的，那就是：

「人類多認為植物是不具有智慧的。但是，它們卻在地球已經繁衍了數十億年了。相對於我們自認為是具有高度智慧的人類，其實，才不過有五千年的文明而已，卻已經面臨了滅絕的危機。那麼，究竟是誰才真正的具有智慧呢？」

「幹細胞 (Stem cell)」是人類最近也是最熱門的生物學的研究課題，那是因為幹細胞可以分化成為人類的各種器官細胞，尤其是最近對於將幹

細胞分化成腦部細胞取得了重大進展，它可以治療人類目前無能為力的一些基因性疾病，希望能讓幹細胞分化成人類所需求的新器官，一直是人類想要延續生命中的夢想。但是，這種最新的研究，若是看在「植物」的眼裏，其實，我們卻連最原始的程度都還不到。

在生物學中，動物的細胞是屬於「象棋型」的細胞結構，而植物的細胞則是屬於「圍棋型」的細胞結構。什麼是「象棋型」的細胞結構？下象棋的人士一定知道，象棋中有車、馬、炮、將、士、相、兵等，每一個棋子都有它固定與特定的功能，不可以相互替代，這正如動物的細胞一樣，在身體中不同的細胞所司的功能亦不相同。肝細胞壞了不可以用肺細胞來替代，心臟細胞壞了當然也不可以用其他不同的細胞來取代。壞了就是壞了，這就是「象棋型」的細胞結構。在下象棋的時候，你的「車」被吃掉了，不可以說我用「馬」來代替。「將」或「帥」被吃掉了就只能承認輸了。

「圍棋型」的細胞結

構則完全不同於「象棋型」的細胞結構，它們的每一個圍棋的棋子都完全相同，每一個棋子的長相都完全一樣，分不出它們之間的差異性，棋子間相互更換更不成問題。植物就是屬於這種「圍棋型」的細胞結構。當我們切下樹木的一個樹枝，不帶葉子，光禿禿的一隻樹枝。但是，如果我們將它插在土壤裏的時候，它就會從原來是樹枝的細胞轉化而生出根細胞來，延伸到土壤裡面，因而可以從土壤中吸收水分與養分。而樹枝的另一部分，也就是沒有被插在土壤的部份，則又會發出芽來，形成樹葉的細胞，並長出樹葉，進一步的再可以轉化為花朵與結成果實，它們完全是由相同的一種細胞轉化而來。也就是說，在植物中同樣的一種細胞，可以視不同的地方與不同的用途，自動轉化為不同的細胞種類，這種神奇的細胞結構體，真是到了匪夷所思的地步，那簡直如同是神話一般，可以隨意的轉換自己的細胞。我有的時候常常會想，如果我們人類的細胞也具有這樣好的功能，那將是有多麼的好啊！

所以，就樹木的本身而言，您說它們的進化是不是已經到了接近永生的地步？人類哪裡可以跟它相比？所以，我想要問的是，這樣無比的智慧，它們究竟是從哪裡來的？我們曾經在地球上發現過最古老的樹木化石，它們與現在的樹木並沒有什麼不一樣。植物同樣的有「基因」，而植物的「基因」竟會有如此超高的智慧。那麼這「基因」又是怎麼來的呢？事實上，植物同樣是被「創生」的。也許，這一切真的只能說是源自於上帝的設計與創造吧！否則怎麼可能設計得如此的完善，而又創造得如此精美呢？

「圓」的哲學

　　很多人可能有一種錯覺，以為科學家們發明很多的定理與定律，而人類根據這些定理與定律的應用，才成就了今日人類的快速進步與科技文明。事實上，這樣的說法是完全錯誤的。因為，這些定理或定律並不是人類所發明的，它們億萬年來，本來就存在於那裡。而人類只是「發現」了它的存在，找到了它而已。就以牛頓的「萬有引力定律」來說好了，並不是牛頓發明了「萬有引力」這個世界上才有它。「萬有引力」億萬年來它本來就存在於整個宇宙中，也從來沒有變動過，而牛頓只不過是發現了它，可以用數學來表達這個現象，如此而已。至於萬有引力究竟是怎麼來的？到現在全世界沒有一個人可以說得清楚。2017 年諾貝爾獎物理獎，由美國三位學者共同獲得，他們是美國重力波偵測站 LIGO 的成員，偵測到了宇宙中有「重力波的現象，因而獲獎。宇宙萬物皆由「波動」所構成，但「重力」的現像一直都無法發現「波」的存在，而這一次終於讓天文學家看到了宇宙中的「重力波」的出現，也因而獲得了諾貝爾獎。

　　宇宙的萬象，人類只是像是一隻螞蟻在看大地山水，略有一點發現，就興奮不已。我們不要以為，大地山水是為了人類而存在的。一般人比較不容易深入地思考宇宙的各種萬象，而對於宇宙的印象，也大多來自於報章雜誌的粗略報導，而少有深究其因的。這個大宇宙的確是無所不有。但

奇怪的是，所有的一切都是相對性的存在。在宇宙中所有的「存在」，都另外存在著另一種的「限制」的機制。也就是說，在宇宙中不允許有任何的事物可以具有無限大的存在。這樣的一種天然機制，也確實是令人匪夷所思。想來必然是有「人」立下的規矩，否則宇宙中就不會有規矩的存在。而宇宙中如果沒有「規矩」，則宇宙就不可能正常的運轉，也會在瞬間就完全的崩潰毀滅。

也正因為有這樣的一種機制，所以就宇宙中的事物來看，不論是微觀或是巨觀，它們都是以圓型的形式存在。這的確是一種非常「圓滿」的形式。原子是一個圓形的球體，質子中子也都是如此。若以我們的人體來說，我們的身體看起來有著特殊的形狀與形體，但如果再看看我們身體最基本的結構，也就是細胞的形體，它們也都是一個個是圓形的結構。若以巨觀的角度來看，地球同樣是一個圓球體，太陽系所有的星球也都是一個

圓球體，太陽的本身同樣是一個圓球體，整個太陽系幾乎就在一個圓的平面上，甚至於銀河系的本身也還是一個圓形的螺旋體。「圓」是一種循環，是一種生生不息，脫離「圓」的結構，就會趨於不穩定。而「圓」的存在，真的就是圓滿的一種先天機制與先天條件。

26.6 至高無上的智慧

請不要小看或是輕視這個宇宙的智慧，而總以為這一切是可以人定勝天的。我要問，有誰勝過天呢？一個人能活一百歲就很了不起了，那就能跟天比高低了嗎？請千萬記住，宇宙的本身具有至高無上的智慧，而不是只有人類的這麼一小點點的智慧。

在阿拉斯加有一種「林蛙」，它是屬於「變溫 (ectothermal) 動物」，也就是說，它們的體溫可以隨周圍氣溫的變化而變化。到了冬天當氣溫降至攝氏零度以下的時候，它的新陳代謝完全的停止了，連心臟都停止跳動。但是，這種青蛙卻可以避免細胞質及細胞間質的液體在零下溫度時產生結冰的狀況。這真是個了不起的奇蹟。因為在零度以下的時候，細胞裡面的水分子會結冰，結冰的水會膨脹，會把細胞給撐破而壞死。但是，這

種青蛙卻可以避免細胞被撐破，可以完全凍成了跟一塊石頭一樣硬。然而，當春天來臨的時候，它又可以自動地解凍，而重新的活過來。這樣的一個小小的動物，卻有如此的神奇能力。然而，這卻正是目前人類對於冰封人體完全無法克服的根本問題。否則，人類許多有不治之症的人，可以進行冰封人體，待將來可以治療的時候，再解凍活過來，那不是挺好的嗎？

一隻小小的青蛙就有這樣的智慧。它不可能是自我成就的，否則人類為什麼就無法成就這個能力呢？所以，當然應該說，是「造物者」成就了這充滿智慧的一切。再想一想，這整個地球不都是充滿著「造物者」的智慧嗎？那麼再深遠一點的想想看，對於這整個宇宙到處都充滿著「造物者」至高無上的智慧，我們隨時隨地也無時無刻的都可以發現，就在我們的身邊存在著許許多多的奇異的事物與不可思議的現象。一株小小的花草，孤獨的生長者，但是如果我們能夠深入的去了解它，就會發現它的本身就是一個奇蹟。「造物者」不但成就了一切，也同時的規範了一切。各位想想，那將會是龐大而且複雜到如何的無法想像的程度呢？當然，也只有那真實的至高無上的智慧，才能使整個宇宙運行得如此順暢，也因而如此的生生不息。

宇宙無上的智慧是什麼？

的確，宇宙是有無上的智慧所以才會有無限的「可能」，也有無限的「存在」。那麼宇宙最高的智慧是什麼呢？答案就是：

「生生不息。」

這是一個宇宙中最高的運作原則，也因此，在這樣的一個最高智慧之下，所有的一切，包含物質都必須要有先有「死亡」，則新生的生命才會有源源不絕的「誕生」機緣。當然也包含所有的生物系統與人類。那麼除了生物系統都會死亡以外，其它的難道就都可以置身事外嗎？答案是否定的。所有的星球也都有它的壽命，宇宙中沒有不會死亡的星球。

我們的銀河系像是一個鐵餅的形狀的螺旋體，直徑約為十萬光年，太陽的位置並不是位於我們銀河系的中央，而是距離銀河系中央之外約為 26,000 光年的距離並繞著銀河中心公轉，大約 2 億年繞行一周，故又稱之為「銀河年」。太陽為什麼會發出如此強烈的光線與熱量呢？那是由於它正處於核融合的反應的階段，也就是它在進行質量與能量相互轉換的結果。當它把質量轉化成為能量的時候，就會產生強烈的光與熱。這種反應實際上會消耗它本身的質量，所以，太陽每一秒鐘會消耗 470 萬噸的質量，並將該質量轉化成為能量，而投射到宇宙與地球上。

太陽以每一秒鐘自身會消耗 470 萬噸的質量，並將該質量轉化成為能量而投射出去。這當然會造成它本身質量的減輕，由於它本身質量的一直在減輕中，這對於構成太陽大氣層的氣體分子的吸引力就會逐漸的降低，當太陽的質量逐漸一直的減輕時，外圍氣體分子就逐漸的一直擴張，以此計算，我們可以計算得知，再大約 45 億年之後的太陽，會變成一顆紅巨星，它的體積會把地球整個併吞進去。當然還不需要到那個時候，早在這之前，地球上所有的一切就已經被蒸發了。所以，在事實上我們不需要到 45 億年之後，由於太陽的持續不斷的膨脹擴大，則約在距今 2 億年之後，它的膨脹與輻射就已經把地球上所有的東西都烤乾了。當然，那也就是地球的末日的來臨，這也是大自然無可避免的生死宿命。有的時候我不僅會想，人類的文明究竟有沒有什麼意義？因為，地球終究還是要毀滅的。

揮揮手，不帶走一片彩雲

與「生生不息」完全相對應的另一句話，那就是「世代滅絕」。而「世代滅絕」這四個字說起來真是非常的殘酷，也非常的不好聽，但這確實是屬於宇宙的本質之一，沒有任何的事與物是可以永遠的長期存在，而宇宙的生老病死是宇宙中每一個各體必然的會面臨的結果，包含所有的星球與銀河系。對於剛出生的人與事物，我們給予歡欣。對於生命的死亡，我們給予祝福。其實，它們本來就是一體的。

宇宙中所有的「物質」與「能量」都一直的再循環的被使用。各位不妨想想：

「存在於我們身體上的每一滴水分子都是暫時性的，任何人在死亡以後都帶不走，都要還給地球，讓後來的人可以繼續使用。」

各位想想這 45 億年來，水分子一直的在地球上不斷的循環，從來沒有減少過。這也就是說：

「我們現在所喝的每一滴水，古人都曾經喝過。」

非常神奇的，地球的本身就是一個封閉系統，一切的物質都只能在這個封閉的系統中循環使用，可以任意的使用，但就是不能帶走。一切都

必須要留下來給後世的生命的需要而使用。45 億年來，地球上的水一直就是這麼多，如果是用掉的水就沒有了，那不但是下一代的人沒有水可以用，甚至連地球的質量都會改變，而地球的質量一旦改變了，則地球的軌道也會跟著改變，那不只是人類的大禍臨頭，而且還是一種大滅絕。

絕大部分的人，經常向像蒼天祈求能夠活得長壽，其實他們可能不明白，事實上：

「長壽其實是一種苦難，而如果身體又不好，那就是災難。」

所有的一切都會生老病死，器官老化了以後是痛苦的，到了下一步就是「病」，身體有病則令人苦不堪言。我認識好幾位高齡百歲的老人，他們每一個人的身上都纏繞了許久的疾病，但是他們不會向別人說，因為這是老病，告訴了任何人，別人也是無能為力。所以，也只能選擇默默地忍受這些痛苦。

各位如果仔細的觀察周遭，就可以看到周圍有許多高壽的老人家，他們臉上刻畫的不是笑容可掬，而是歲月與苦難的刻痕。文學家蘇雪林教授，享年一百零三歲，她說：「人到暮年，生趣已盡。」她也曾說過，她最害怕的一件事情就是每天早晨醒來的時候，發現自己竟然還是活著。生命也許真的是要自我期許、自我肯定、與自我展現。但卻未必一定要去求得多麼長壽。很少人注意那些坐在輪椅上的老年失能者的面孔，如果我們仔細的看一看，就會發現他們多是無可奈何而又默默的在忍受著痛苦。

生命是一種「展現」，展現的意思不同於「成就」，成就的道路是沒

有終點的，沒有止境的。然而「展現」則是我們每一個人都可以辦得到的，我們每一個人都應該充分的表達出自己的生命力量。由於我們每一個人都是不同的。所以才能夠充分的展現自我的生命，只要我們盡了力，終將可以無憾的說：

「我曾經有過美好的生活與過去。」

而當我即將逝去的時候，獨自的迎向那燦爛的晚霞，而與其一同的隕歿，事實上，那也是一種生命的極致與圓滿。

26.9
造物者無上的智慧與恩典

若是按照道理來說，「造物者」只要把所有一切必備的所需物品通通準備齊全就已經了不起了。在地球上有這麼多的生命需要照顧，若都能夠完備而齊全，那真的就是功德無量。其餘的，就剩下是地球它自己的事了，讓地球自由自在地自行去發展就好了。但是我們看到的卻不是這個樣子，如果「造物者」把所有的物件都準備齊全了，就以為生命可以自行的發生，就以為地球是完善了，那將是嚴重的誤判地球的生命系統的生存條件。地球上的生命系統，真的是宇宙中最奇特而又不可思議的，在這接近於無限

多的環節中，任何一個環節的脫落都會造成人類的滅絕。

　　想一想，「上帝」給了的地球這麼多的水，讓地球上所有的生命都可以使用這一些水在身體循環，這樣子是不是就夠了呢？答案是否定的。所有的生命仍然還是死路一條。那為什麼是這個樣子呢？各位想一想，地球上是被 71% 的水所覆蓋，水在地球上應該不成問題才是。它足夠地球上所有的生命系統使用。但是，我們不要忘了，如果水是固定地存在於地球的表面上，則在這 45 億年裡面，生命系統早已經將所有乾淨的水都被使用過，也都被汙染了。地球上沒有一滴水是清潔的，也沒有一滴水是乾淨的，更沒有任何一滴水是可以再次的被循環使用。

　　各位可知道「造物者」給地球上的生命系統喝的水是什麼水嗎？「造物者」早就想到了這一點。所以，他給我們喝的水，不是河水，也不是湖水，更不是海水。他給我們喝的是最純淨、最乾淨、最潔淨的「蒸餾水」。他把地面上所有被污染的水蒸餾到天空上，然後變成潔淨的雨水，又回到大地給一切使用。如此一直的循環了幾十億年，也維持了地球上所有的生命系統的生生不息，這樣的巧思，除了「神」

以外，還有誰可以想得如此周全呢？

　　也許，這宇宙中我們真的是遇到過那位有無上智慧，而又不可思議的那位「造物者」。使我們的生命不但有了因緣俱足了的條件，更重要的是還要能夠源源不絕的可以「生息」。什麼是「生息」？那就是生生不息的意思。不但是可以活著，而且是可以循環不息的活著。正因為它能夠長長久久的「生息」下去，那才是真正了不起的功夫，「生」與「育」是兩回事，能「生」又能夠「育」這才是完美。大自然在被創生的過程中，成就了永久性循環的這個機制，讓生命永續而長久的存活下去。讓所有的生命體系在這種環環相扣的生命機制之下，成就了一切的美好，這樣不可思議的無上智慧，我們當深深的心存感激。感謝與感恩這美好與創生的一切。讓我們可以存在這世上有如此美好的日子與歲月，這是何等的偉大而又不可思議的智慧與恩典啊！

[26.1]. https://en.wikipedia.org/wiki/Omega_Centauri

【第 27 章】
無限遼闊的複變數宇宙

27.1
為什麼我們看不到上帝？

　　為什麼我們看不到「上帝」或是「神」或是「創生者」？事實上，我們看不到他們是正確的。更何況看不到並不代表他不存在。在宇宙中我們所能夠看到的星球，也只是滄海一粟，恆河中的一顆沙子而已。我們人類對外的感覺是依靠我們身體的五官或是相關的科學儀器而已，但這都是十分有限的。一隻螞蟻它感受不到從它頭上飛過的一架飛機。有的時候，我們看到了螞蟻用殺蟲劑一噴，它就死了。對它而言也許我們人類就像是上帝一般，它是完全無法理解這一切究竟是怎麼回是？

　　再說一次，我們人類看不到「上帝」或「神」這才是正確的，這才是真正合乎宇宙的現象與道理。因為我們是生活在「實數」領域的「時間」與「空間」裡，也就是說，我們是實際生活在「實數」的宇宙裡。在這個實數宇宙中，不論是時間或空間都可以用「實數」來表示的。我常用來表達「實數」的這條直線，我們又常稱之為「數線（number line)」。

數　線

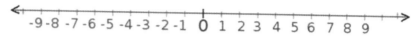

-9 -8 -7 -6 -5 -4 -3 -2 -1 0 1 2 3 4 5 6 7 8 9

實數的數線系統

在這條數線上，我們可以把一切實體的數值標示出來點，而且一定是落在這條數線上面。正如圖中所顯示的實數系統。所以，我們千萬不要小看了這一條「數線」。事實上，只要我們能夠說得出來的數值，在這地球上可以找得到的東西，也一定都可以在數線上標示得出來，它代表著我們實際生活上所有使用到的一切數值。

「實數系統 (real number system)」則又可以分為「有理數（ rational number ） 如自然數的 1，3，8 等和無理數 (irrational numbers) 如 $\sqrt{2}$ 、$\sqrt{3}$、或是 π 等等。最早的古人甚至認為「萬物皆為可數」。當然，這裡的數是指自然數。但古希臘的數學家卻發現，只使用「自然數」卻無法精確地表示幾何學中對角線的長度。例如，以邊長各為 1 公分的正方形，其對角線有多長？答案是 $\sqrt{2}$ 。那麼這個 $\sqrt{2}$ 究竟是多少呢？答案它即不是整數也不是具有固定的小數點的數值，而是一個具有無窮盡小數點的數值。沒有人可以給予它正確的數值，因為

$$\sqrt{2} = 1.41421356237\cdots\cdots$$

$$\sqrt{3} = 1.73205080756\cdots\cdots$$

數不盡的。後來人們又進一步的發現，圓周率 π 這個數也無法使用整數或是有理數來表達。因為：

$$\pi = 3.14159265358\cdots\cdots..$$

這時候古希臘的數學家們才慢慢接受在實數中有「無理數」的存在，並把它們與「有理數」平等看作是屬於「實數」的領域。

　　那麼現在要認真的問：

　　無論是有理數和無理數都是在這條實數的「數線」上能夠直接地找到「對應點」出來，那麼這條 " 數線 " 的上面或下方是什麼？也就是說，離開這條 " 數線 " 以外的地方就都沒有東西了嗎？

　　答案是否定的。事實上，那才是真正宇宙遼闊無盡的地方。「上帝」不會只在這條「數線」上出現，那只是「一條線」而已。宇宙無限遼闊，不論是「上帝」或是「神」或是「創生者」祂們是不可能出現在這條「實數」線上的。相反的，這條「實數」線外的地方，才是祂們真正有可能存在與出現的地方。那麼這「實數」線以外的地方，究竟又是個什麼樣的地方？它們究竟又是存在於哪裡呢？下圖是仙女座星系 (Andromeda Galaxy)，它是距離我們有 250 萬光年，是最接近我們的一個星系 (星雲 Galaxy)，也是最相似我們銀河系的另一個銀河系，根據最新「史匹哲太空望遠鏡」的觀察，其内包含有一兆顆恆星之多。宇宙有無數個星系或星雲，而仙女座星系卻是最接近我們星系，各位想想，在那裏有有一兆個恆星 (太陽) 的存在，沒有人知道那裏的「時空」會是如何？但它們就是存在。也許如同我們的銀河系一般，但也許……不知道，也無法想像。

資料來源：https://en.wikipedia.org/wiki/Andromeda_(constellation)

宇宙中的最大是「複變數系統」

　　「複數 (Compex Number)」是人類已知的宇宙中最大的數值系統。它不但包含了我們所存在的「實數系統」，而且也包含了「虛數系統」。有人可能會問：「為什麼要虛數系統呢？」事實上，在人類所有較高級的方程式中，如果沒有「虛數」的參與，它們幾乎完全都是無解的。以下的章節，將會做進一步的解說。為了避免與市上的「新編辭典」將「複數」定

義為兩個以上的數量稱為「複數」產生混淆。因為，這與我們現在所談論宇宙最大的數系是「複數系統」，這是相差了十萬八千里而完全不相干的兩件事情。所以，我在這裡有時就使用「複變數」來做為區隔。而事實上，「複變數」的意義也可以延生得更廣意的。不但它本身就是「複數」，而且在它的「實數」部分與「虛數」部分也都可以是「變數」。

　　宇宙的真實狀況絕對不是只有我們想像的如此單純，我們人類只知道有「實數系統」的存在，除此之外我們什麼也接觸不到。但是，宇宙只存在於實數領域嗎？當然不是。在宇宙中所有的「數值系統」，只有「複變數系統」才是最大的。它涵蓋了「實數系統」，與「虛數系統」這兩個完整的數值系統。

　　我們現在已經知道了「複變數系統」之下又區分為「實數系統」與「虛數系統」這兩個分支系統。如果我們展開「複變數系統」的座標系統，那會是什麼樣子呢？是的，此時我們就可以感受得到那「複變數系統」是多麼的偉大。在「實數系統」中的正值可以到正無窮大，負的值可以到無窮小，但那畢竟是在一條線上，人類在地球上所有應用的數值都是實數，這一切也就夠用了。但是，離開了這條實數的「數線」以外，難道

就沒有東西了嗎？當然不是。離開了這條「實數線」以外，還有「虛數」。

由於「複數系統」的座標系統是結合了「實數 (Real Number。Re)」與「虛數 (Imaginary Number。Im)」而成為數系中最大的「複數 (Complex Number)」系統。所以，當我們用 c 代表「複數」，用 a 代表「實數」，用 bi 代表「虛數」，於是：

複數 c　　= 實數 (a)+ 虛數 (bi)

　　c　　= (a+bi)

所以，我們可以繪出如下的一個結構式：

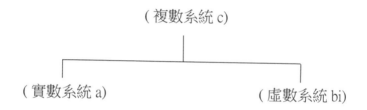

（ 複數系統 c)

（ 實數系統 a)　　　　　　　　　　　（ 虛數系統 bi)

我剛才說了除了一些特殊的例外，人類所面臨到的所有的方程式，包含微積分方程式在內，如果沒有「虛數」的話，那幾乎都是無解的。「虛數」的真實價值已經被確立了，人類所使用的數已經不再於限制僅僅的在「實數」的領域。雖然人類的生活世界都是在「實數」的領域中，「時間」不斷的在飛逝，而且是一去永不回頭。仔細的研究，「時間」卻未必是實數，「過去」的時間去到了在哪裏？「未來」的時間存在哪裏？沒有任何一個人可以知道，也沒有任何人可以回答，但「時間」就是存在。

在「複數系統」中它所構成的平面稱之為「複數平面」，又稱之為「Z 平面」，如圖 27.1 所示。也就是：

Z=a+bi

在圖中水平的橫軸是實數 (Re)，垂直的縱軸是虛數。而除了這兩個軸線以外的地方，都是屬於複數座標的所在。

由於虛數所扮演的角色非常奇特，讓我們看看下列的一些虛數特性：虛數自我相乘時，會產生每四次就會輪迴的循環。

在虛數中，其定義如下：

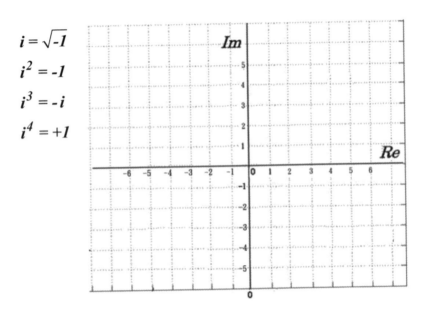

$i = \sqrt{-1}$

$i^2 = -1$

$i^3 = -i$

$i^4 = +1$

圖 27.1 複數座標系統

該如何去尋找「上帝」？

當然，有人會懷疑問道說：

「這個世界上哪裡有「實數」不能到的地方？」

是的，重點是我們所談的不是只有這個世界，我們是要談這個世界以外的天地及宇宙。那麼，各位看看下面另一道題目，您可解得出它的答案來？順便一提的是，這題目的數值您可以隨意的更改，同樣的看看您可解得出它的答案來？

【範例】

求下列二元一次方程式的解。

$$x+y=2 \qquad (1)$$
$$x*y=4 \qquad (2)$$

為了能讓大家都能夠確切地了解如何解決這個問題，我們就先不要用代數的方法來解決這個問題，讓我們直接的使用「代入法」來看看它會有什麼樣的結果？

我們可以先用 x 自 0 開始，看看有那些可以同時符合 (1) 與 (2) 式的

$$x=0，y=2 \qquad 則 x+y=2， \qquad x*y=0$$

x=1，y=1 　　　則 x+y=2， 　　x*y=1

x=2，y=0 　　　則 x+y=2， 　　x*y=0

從上面所有的列示中我們可以任意的加以延伸，則不論任何的 x 與 y 數值，我們都絕對找不到任何一個實數值，是可以同時滿足 x+y=2 與 x*y=4 聯立方程式所要求的「解」。當然，這也就是告訴我們，這個聯立方程式在「實數」領域是「無解」的。

但是它們真的是「無解」嗎？答案是否定的。如果我們把宇宙的格局擴大來看，把「虛數」包含了進來，進入到「複數」的領域中，則所有的方程式就可以有「解」了。

在這 (1)，(2) 的兩個式中：

$$x+y=2 \qquad (1)$$

$$x*y=4 \qquad (2)$$

就讓我們不必再逐步的在數學上演練了，而我直接把答案寫出來好了。

答案是： 　　　$x=1+\sqrt{-3}$ 　　　$y=1-\sqrt{-3}$

也就是： 　　　$x=1+\sqrt{3}i$ 　　　$y=1-\sqrt{3}i$

請注意，這式中的「i」是虛數。各位如果還有懷疑這個答案的話，那就讓我們來進行驗算好了，那就知道這個答案是不是正確的。

【驗證】：

(1). $x+y=(1+\sqrt{-3})+(1-\sqrt{-3})=2$

(2). $x*y = (1+\sqrt{3}i) \ * \ (1-\sqrt{3}i)$

$=1-\sqrt{3}i+\sqrt{3}i-3(i^2)$ （註：$i^2=-1$）

$=1+3$

$=4$

驗算得證。

很顯然的，由這個聯立方程式的解：

$x=1+\sqrt{3}i$ \qquad $y=1-\sqrt{3}i$

我們可以看得出來，它不是純「實數」，也不是純「虛數」，而是「複數」型態的答案，它們的答案如圖 27.2 所示，請各位認真而真實的看看它們，因為它們在是真真實實而存在的，而絕不是虛無的。所以，我們在純「實數」的領域中找不到它，它存在於「複變數」的領域。同樣的，這是在說在「實數」領域所看不到的東西，卻在「複變數」領域中出現了，而且可以很明確的看得到，而這個題目就是一個很確切的證明。

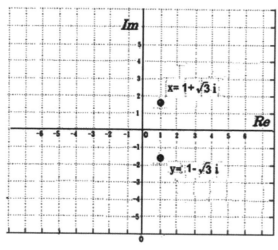

圖 27.2 複數座標與聯立方程式之解

在「複變數」的宇宙中可以滿足一切方程式的要求，各位看看上面的舉例，應該就可以了解「複變數」的偉大。它的確是涵蓋了一切的數字系統，也正因為如此，我們只要有它，就沒有解不出來的答案。所以，我想要深深的問：

我們為什麼要在那狹小的「實數」線上面，去尋找「上帝」或是「神」或是「創生者」呢？「上帝」如果存在，祂必然是在「複數」的領域裡面，而不會在那狹小的「實數」線上。而「複變數」那無限的寬廣與深遠的領域，那才是真正他們應該存在的地方。

量子的神奇世界

有一點我要再次的強調與聲明的，那就是書中我所使用的是「複變數」這個名稱，用它來代替數學上所使用的「複數」的名稱。因為跟據一般的辭典會把「複數」解釋成為：「兩個數值以上的數稱之為複數」。那就完全不對了。所以，我在書中使用「複變數」來加以區別。事實上，在數學中的「複數」與「複變數」還是有點差別的，「複變數」是在「複數」中具有變數的特質。

從「複變數」放眼整個宇宙的立場來看之後，我們就可以大致上的了解，在「實數」領域的我們，所能夠看到宇宙的範圍，也只有「實數」線上那微小的一點點領域。整個宇宙還包含了「虛數」與在「虛數」與「實數」之上，還有「複變數」系統的存在。那都是我們不可能接觸的到的領域，而宇宙中卻真實存在著幾近於無限的領域。那麼，在宇宙中佔有絕大部分的這個「複變數」領域的範圍之中，它究竟是什麼呢？也許，我們真的可以思考，那是屬於「上帝」或是「神」或是「創生者」所在的領域。最近的科學已經確實的證明了宇宙中存在的有「黑暗宇宙 (Dark Universe)」，而且是佔有整個宇宙 96% 的領域。所謂「黑暗宇宙」並不代表它是黑色的，而是我們人類對於它們是完全的一無所知。我們卻是一個屬於「光」的宇宙，也就是與宙中的一切是以「光」為主體。但是，「黑

暗宇宙」中的一切卻與「光」完全不發生作用，而我們人類所能夠認知那幾近於無限的宇宙，也只是佔有整個「複數宇宙」的 4% 而已。

由此可知，整個大宇宙是不可能只存在於那僅僅是一條直線式的「實數」區域或範圍。現在，就讓我們更進一步的以「量子力學」的微觀立場來看一看這個宇宙。在基本粒子中「電子」是最常被討論到的，那麼，它真正行為與現象究竟是如何呢？於是我們就會發現，「電子」的行為不但是怪異而且是詭異的很。絕大部分的人都聽過「電子」這兩個字，但是可能卻從來不知道「電子」其實是沒有「體積」的，也就是說，它的「大小」是等於「零 (0)」。但是它卻有「質量」。一個沒有體積的「東西」，卻可以對宇宙中所有的一切物質產生決定性的影響。在實際上，這種現象的本質就近乎是一種「神」的現象。

我們常常說「電子」的行為其實是不可思議的，但是究竟哪些事情讓才我們感覺到是不可思議的呢？雖然於此沒有辦法做全面性的介紹，但是也可以列舉幾件事情，讓各位可以略知一二。現在，就讓我們看看下列最常被討論的幾個現象

1. 電子在雙狹縫實驗的「波」與「粒子」之間可以隨意轉換的不可思議。例如「聲波」是一種空氣的波動現象，但它就不可能變成「粒子」而產生移動的狀態。但是，「電子」卻可以同時具有「波動」與「粒子」的狀態，而且還可以隨時的相互轉換，真不可思議。

2. 電子本身可以在同一個時間裏出現在兩個以上不同的地方。這是人類感覺到最不可思議的，也是最不能接受的一個觀念。但事實就是如

此，宇宙中的現象是不能完全憑人類的感覺與認知來認知的。

3. 電子的位置的不可預測性。依「測不準原理」可以知道，在宇宙中「時間」與「空間」都是不連續的，而「電子」正確的位置沒有任何的方法可以確實的測知。

4. 量子纏繞或稱量子糾纏（quantum entanglement）可具有不限時空的感應與作用現象。愛因斯坦稱之為「鬼魅般的超距作用 (Einstein referring to it as "spooky action at a distance")」。

　　各位可能會質疑，我們現在所討論的這個「量子力學」跟我們的題目有什麼關係嗎？是的，當然有關係，我們必須要能夠了解宇宙，如此才能夠知道我們自己的位置。我總是認為在量子力學中所討論到的基本粒子神出鬼沒的現象，幾乎都是讓人無法理解或接受的。但是，難道科學家就這樣放棄而不討論了嗎？當然不是，奧地利理論物理學家薛丁格（Erwin Rudolf Josef Alexander Schrödinger，1887-1961），是量子力學的奠基人之一。1926年他提出薛丁格方程式 (Schrödinger equation)，也就是「波動方程式」，為量子力學奠定了堅實的基礎。

　　事實上，整個宇宙所表現出來的現象都是一種「波動 (Wave)」的現象，所以，薛丁格方程式有時又稱之為「波函數 (wave function)」。它其實也是在描述量子系統下的量子態。在方程式中設定波函數如何隨著時間而演化。從數學角度來看，薛丁格方程式也就是一種波動方程式，因此，波函數當然就具有「波」的性質。

　　現在，我將這個方程式列出來並顯示在下面，讓各位可以參考或是了

解我究竟是在說什麼？我們現在並不需要太深入的去解釋這個方程式，更不需要去求「解」這個方程式。但是，我們非常需要知道它的重點是在談什麼。因為它畢竟是「量子力學」最重要的方程式之一。薛丁格方程式

$$i\hbar\frac{\partial}{\partial t}\Psi(x,t) = -\frac{\hbar^2}{2m}\frac{\partial^2}{\partial x^2}\Psi(x,t) + V(x)\Psi(x,t) \quad （薛丁格波動方程式）$$

$\Psi(x,t)$：是波函數。

$\hbar$：是約化普朗克常數。

$V(x)$：是波函數的位能。

　　整個函數的最左邊第一個項目是以虛數作為開始，由此各位就可以知道就這整個函數式在本質上就是一個複變數函數式。在這個微分式子中，各位分別可以看到有三個項目。在等號的左邊的第一個項目是虛數的 i 的項目，$\hbar$ =1.054571800(13)*10^{-34}js 。這的一個項目是描述波函數在距離上對時間的偏微分。事實上，距離 (x) 對時間 (t) 的微分就是速度。要了解該量子所在的位置，第一個我們就要知道的就是它的速度，從單位時間與速度上我們才能測得出它在某個時間點該粒子的位置在哪裡。第二個項目是等號的右邊的第一個式子，它是波函數對於距離的二次微分，這種對於距離的二次微分就會變成為「動能」，式中的 m 是該量子的質量。最後一個式子則描述的是量子的「位能」。就整體來說，它也就是該量子波的「位能」。就整個量子來說，公式中的左邊該量子在特殊位置的速度會等於該量子在特殊位置上的「動能」加上「位能」之和。

　　我最重要的用意不是在於解說這個波動函數，而是希望各位能去注意到這整個式子有三個非常重要的現象與觀念：

(1). 第一個我們首先可以看到的字母就是這個虛數「i」。但是，右邊的式子卻沒有虛數，而是實數函數。這是在告訴我們，虛數函數在特殊的情況下是可以等於實數函數的。這個觀念非常的重要，因為它貫穿了整個複變數的時空領域。

(2). 若是我們將方程式的右端的兩個項目，遷移到等號的左端去，則整個方程式就變成了標準的「複變數」c=a+bi 的型態。至此，也可以證明即使是在「微觀」的基本粒子世界中，這一切也是以「複變數」的型態存在著。所以，我們終於可以明瞭，我們對於電子完全無法確認它的位置則是必然的現象，因為它必將會有一段時間是在「複變數」的領域之中而無法顯現。這項發現真是偉大的不得了。

(3). 方程式的兩邊都有約化普朗克常數「$\hbar$」的存在。這也在暗示著我們這個約化普朗克常數參與了宇宙中最基本的結構體。這也是說，宇宙中的「時間」與「空間」最小都有一個普朗克常數的值存在，而不可以等於零。這也是代表著「時間」與「空間」的不連續現象。

　　現在，進一步的我想把話說得更白話一點。如果我說「電子」在同一時間裡可以分別「存在」於空間中的兩個以上的地點，我相信各位一定會說：「這怎麼可能？那有這種東西可以在同一個時間出現在兩個不同的地方？」是的，「電子」不但可以同時分身存在於不同的時空，而且甚至於連它本身的「自旋」也可以分身。在上面的一些章節裏，我曾經談到過量子糾纏（quantum entanglement）的事情，那是宇宙中最怪異的事情之一，一但兩個粒子產生相互糾纏的現象，則在分開後不論是天涯海角，它們都能會有立即相互的「感應」，即使是一顆在地球，另外一個在天王星上，

當地球上的這個粒子改變了狀態，而在天王星上的另外那個糾纏的粒子也會「立刻」改變相對應的狀態。而這種「感應」是「即時」性的，它幾乎是超越時空的，這真的是令人無法思考的事情，但卻是千真萬確的事情，也許它可以說是「靈」的宇宙中通行或運行的狀態。

但是，這種事情是絕對不會在「實數」領域中發生的，可是，它卻很可能在「複變數」領域裡面存在。正如上面的例題中所述，它的結果 x 與 y 顯示著它們之間會產生對應的關係。如果 x 的值是正，那麼對應的 y 值則會是負的，它們分別的處於「複變數」的對應兩邊。它們的位置，反過來說也同樣的成立。所以說，我們在「實數」領域中所看不到的的現象與事情，在「複變數」領域中卻都可能存在。這也解釋了我們在觀察基本粒子的時候，它乎而存在，又忽而不在，忽而出現了忽而又隱沒了。所以，這個問題在根本上，就是屬於不同的時空的問題，一個是在「複變數」的時間與空間裡，而另一個這是在「實數」的領域，所以當然也就會呈現出不同的面貌與不同的領域。

異數時空

　　日月潭是一潭很清澈的湖水，裡面有許多各式的魚兒在悠游著非常的怡然。這些魚兒也認為這一潭的湖水就是它們的世界，也就是它們的宇宙。它們從來也不知道離開了這一潭湖水以外情景是什麼？它們可能也不認為離開了這一潭湖水之外，還有其他的世界存在。 有一天有一條魚突然看到了有一雙奇怪手，從湖水的表面上伸進了湖水之中，過了一會兒突然又離開湖水而不見了。它把這件事情告訴了其它的魚兒，但是沒有任何的「魚兒」們會相信它所說的，反而說它可能看錯了或是神經有問題。事實上，這個現象就我們人類當事人而言，也只是把手伸進水裡面在洗一洗手而已，他在洗手的時候心中想著其他遊玩的事情，雖然他很可能也可以看到那條魚。但為了要坐車遊玩，於是在洗完手後就匆匆地離開了。

　　想像一下，在「實數宇宙」與「複數宇宙」裡的現象不也是如潭水中的魚兒與潭外的人類與世界有點相似嗎？地球包含了潭水，太空包含了地球，宇宙則又包含了所有的太空。在這彼此之間，也有這種程度上的關係，畢竟都是難以相互跨越疆界的。池塘裡的魚不可能知道陸地上的一切生活與生命。而同樣的道理，我們地球上的人類也對於宇宙中的一切仍處於近乎無知的狀態。先不要說宇宙深遠的太空了，就連最接近我們的月球也只是匆匆忙忙的去了六次，然後這四十多年來，也不知道為什麼，人類無論

如何就是不肯再去了。

也由於「虛數」與「複變數」的存在，所以，我們是否應該好好的思考「異數時空」的這種思維與觀念。在「實數」領域的時空裡是接觸不到「虛數」領域的時空，反之亦然。但是，整個「複變數」系統卻是高高在上的包含了「實數時空」與「虛數時空」，也真正的包含了整個大宇宙中的一切，可以說它也許涵蓋了宇宙時空的一切。

「異數時空」不是一個空幻的名詞，不同數系的宇宙時空，它們之間是不相屬的。兩個不相屬的時空，當然它們之間就不可能有任何的接觸。這正如我們在上節中所談到的：

$$x+y=2$$

$$x*y=4$$

在這個聯立方程式中，我們在「實數」領域中完全看不到它的「解」，但是我們看不到並不代表它不存在，我們已經證明了，其實它的是存在於「複變數」的領域裡面。類似於這一類的問題有 99% 在「實數」領域裡面都「無解」。不論是 x*y=4 或是等於 5、6、7、8、1,000、1,000,000…一直到無限大，這在「實數」領域中都是「無解」的。然而，我們應該可以體會得出，這些數值不管是多少，但在「複變數」領域之中，卻完全都可以得到所需要的「解答」。那麼，這是意味著什麼？各位不妨可以自己想一想，就知道在不同的領域中，彼此的差異性是不可同日而語的。

「上帝」究竟在哪裡？

愛因斯坦生前曾有人很認真的問他：

「你真的相信這宇宙中有「神」的存在嗎？」

這的確是一個非常嚴肅的問題，尤其是像愛因斯坦這樣排名第一的科學家，有著這樣偉大的科學上的成就，更何況他本身所研究的對象就是對於宇宙「時間」與「空間」的變異問題與現象。他回答說：

「我相信史斯賓諾莎（Spinoza）的神，一個通過存在事物的和諧與有序而展現自己的神。」

換句話說，愛因斯坦認為，從這個宇宙與地球的存在，可以感覺到「神」的偉大工作。但他認為「神」並不在人們的日常裡，而且「神」是非人格化的「神」。愛因斯坦曾經在書信裏表示：「我對於所能夠表達這個宇宙的存在，有著無比與無限的敬仰和崇敬」。

那麼，誰是「史賓諾沙」呢？他是荷蘭人，正名是（Baruch de Spinoza，1632-1677）。只活了 45 歲，但他卻是西方近代哲學史重要的理性主義倡導者，他認為「宇宙」與「上帝」本身都是屬於宇宙的整體，而「上帝」和「宇宙」也是同具有緊密關聯的。他是經由人類所認知的定義

與定理，再在經由邏輯推理得來的。「史賓諾沙」所謂的「上帝」不僅僅是包括了物質世界，還包括了「精神世界」。他並認為人類的智慧是「上帝」所組成的一部分。「上帝」通過自然法則來主宰世界，所以物質世界中發生的每一件事都有其必然性。換句話說，愛因斯坦一直認為：

從整個宇宙的存在，我們應該可以感受到「神」的無上偉大的工作，但「神」並不干預人們的日常生活，「神」是非人格化的「神」，「神」制定了宇宙一切的自然定律，並以這些自然定律的交互作用來管理整個宇宙。對於這整個宇宙，我們應該採取謹慎謙卑而尊敬的態度。

「上帝」或「神」創造了整個宇宙，也創造了我們。當我們確認這個宇宙與我們身處所在人世間的一切，於是我們同樣的也會確認這一切均是被「創生者」所創生的，而不是無端自生的。無端自生不可能形成如此複雜而不可思議的宇宙，即使是一個小小的人體與那小到連肉眼都無法看見的細胞，其微妙與奧妙的程度同樣的是達到無法思議的程度，但這一切卻都不可能是自生的。

當「創生者」在創生這一切的時候，我們當然會進一步的思考或想到：「上帝您究竟在哪裡？」或是更深入的思考：「他們究竟應該在哪裡？」千百年來有億萬的人在思考與探討這個問題。但是，我總不認為如宗教上所說的「上帝」是當然住在

「天堂」裏。事實上，對於這樣的答案則可能給人帶來更多的疑惑與不解。而所謂「天堂」一般的說法認為當然是在說「上帝」所住在天上的地方。但在天文學中很明確的告訴我們，離開了地球就沒有所謂的天上或地下的問題。所以說：「上帝是住在天上。」這一句話，也只能讓我們憑空而毫無邊際的自我想像而已，而且，相信每一個人想像的情節都不一樣。因為，沒有人可以真正而詳細的描繪天堂的情景。

　　事實上，先不要談在宇宙深遠的時空裡，就以我們本銀河系裡面距離我們最接近的另一顆太陽，稱之為「比鄰星」的，它距離我們也有 4.3 光年。如果以宇宙中最快的「光速」來跑的話，我們也要 4.3 年才能到達，至於它周圍的行星上面有些什麼？我們人類當然還不知道，但是僅以目前人類的科技而言，我們已知道那上面的環境是非常惡劣的，並不適合人類的居住。若是人類想去那裡看一看，那麼我們就需要將光年換算成實際的公里數，那將會是一大堆的天文數字。宇宙真空除了「力場 (Field)」之外，就是能量與基本粒子。那麼，「天堂」當然不可能在地球以外的其他星球上。因為，住在其他星球上是沒有意義的，它同樣的是要受到無數的物理狀態與物理現象的約束及限制。那麼「天堂」就應該是漂浮在太空中

嗎？當然也不可能，在真空狀態之下其實是沒有什麼可以值得我們去的。那麼，說了這麼許多話，最重要的一句話那就是：「究竟有沒有天堂」？或是「天堂」究竟在哪裡？我很確定的認為，這個答案應該是「肯定」的。

我們可以確定的是這個宇宙是創生的，既然是創生的，那麼當然就有「創生者」的存在。我們也常把「創生者」用另外的名稱來稱呼，而最常用的就是「上帝」這兩個字。同樣的道理，那就是「上帝」同樣的必須要有他的所在地方才能夠存在。那麼問題又回到了起點，讓我們再一次的問：「上帝您究竟在哪裡？」

「上帝」存在於「複變數」的宇宙裡

　　任何的事物在有形的顯現之前，必已在在無形中完成。「上帝」雖然完成了宇宙的創生這無上而不可思議的偉大工程，然而，在這之前他「自己」必須先要有「存在」，然後才能完成這一切不可思議其他的偉大工作與事情。任何事情的發生都必然有它的前「因」，這些所有的「前因」都必須已經完成了，才會有「後果」的事情發生。各位想想這其中的道理，其實並不是十分的深奧，但卻非常值得我們深思，那也就是「上帝」必須先是存在的。

　　我們是生活在「實數」領域的「時間」與「空間」，當然這也包含我們所認知的整個宇宙在內，都是屬於「實數」性質的宇宙。我們完全不可能看見或感覺到超越「實數」以外的「時空」。那麼「實數」以外的「時空」難道就不存在了嗎？當然不是。「實數」之外還有「虛數」，合併「實數」與「虛數」之上還有「複變數」。讓我們再想一想，如果你是「上帝」的話，你會選擇存在於「實數」領域嗎？還是存在於「虛數」領域呢？當然，都不會。我相信你會選擇存在於「複變數」的領域範圍裡面，那才是真正的超越一切，更是無所不能的無邊無際與無限的大宇宙。

　　所以，「上帝」當然是會選擇存在於浩瀚無垠，而且又是變幻萬端而又沒有限制與止境的「複數系統」的「時空」裏，而絕不可能停留在僅僅是一條線的「實數」領域內。也正因為是如此，所以：

　　在屬於「實數」領域中的一切生物以及我們人類，是絕對看不到「複變數」系統中的「上帝」的，這是當然的事情。

　　因為，那是屬於完全不同的階層。正如我們在前面的章節中曾經談到過，在「實數」領域中無解的聯立方程式，但在「複變數」的領域中卻完全可以迎刃而解。在「實數」領域中看不到的事，卻可以在「複變數」的領域中，很明顯的顯現出來。

　　各位想想看，如果你是「上帝」，是不是同樣的會僅僅的存在於「實數系統」「時空」領域之中呢？所以，答案是當然不會。而是會存在於「複變數」的「時空」領域之中。那麼這樣的「結論」究竟代表的是有什麼意義呢？答案是：

「複變數的時空是可以涵蓋一切宇宙的。」

那麼如果我們再進一步的問：

「這所謂的一切究竟是什麼意義呢？」

這所謂的「一切」也就是代表宇宙中的無窮盡與無限大的意思。這一切與我們並沒有完全分離，也許未來的某一天我們可以彼此的相互來往與彼此跨越這道門檻。而當我們進入到「複變數」領域的時候，也許真的，我們就可以看見「上帝」甚至或許可以接觸到「上帝」。當然，那還有很長、很長的路要走。

在「實數」與「複變數」的彼此之間也只是一線之隔而已，並不是絕對不可以跨越的。人類的死亡若是有靈魂存在的話，也許真的可以跨越那道鴻溝，由「實數」領域而進入那廣大無垠與不可限量的「複變數」領域，那才是真正的無邊無際而不可限量。可以想像的，是在那「複變數」的領域裡，才是真正可以超越一切的，跨越時空。當然，到那時候，我們應當會發現，那「上帝」、「神」、「造物者」或「創生者」雖是可以幻化萬端，但也必然是身處其中。

國家圖書館出版品預行編目資料

站在科學背後的造物者／張之嵐著.
－－第一版－－臺北市：字洞文化 出版；
紅螞蟻圖書發行，2020.05
面 ； 公分－－(Discover；53)
ISBN 978-986-456-318-0（平裝）

1.靈修

192.1　　　　　　　　　　　　109002581

Discover 53

站在科學背後的造物者

作　　　者／張之嵐
發 行 人／賴秀珍
總 編 輯／何南輝
美術構成／沙海潛行
校　　　對／張之嵐、周英嬌
出　　　版／字洞文化出版有限公司
發　　　行／紅螞蟻圖書有限公司
地　　　址／台北市內湖區舊宗路二段121巷19號(紅螞蟻資訊大樓)
網　　　站／www.e-redant.com
郵撥帳號／1604621-1　紅螞蟻圖書有限公司
電　　　話／(02)2795-3656（代表號）
傳　　　真／(02)2795-4100
登 記 證／局版北市業字第1446號
法律顧問／許晏賓律師
印 刷 廠／卡樂彩色製版印刷有限公司
出版日期／2020年 5 月　第一版第一刷

定價 500 元　港幣 167 元

ISBN　978-986-456-318-0　　　　Printed in Taiwan